제 2 판

기술경영

인간중심의 기술사업화

김진우 감수

구자영 김선무 김형중 류성일 박승호
변형균 유광용 이교혁 이성호 이재형
이정찬 최화준 허주연

TECHNOLOGY
MANAGEMENT

박영사

⭐ (제2판)머리말

'기술경영: 인간 중심의 기술 사업화' 초판을 내고 제 신상이 많이 변했습니다. 연세대학교 총장의 공식적인 허가를 받고 실제로 기술 창업을 하였습니다. AI기술을 이용해서 디지털 치료제를 만드는 HAII라는 회사를 만든 것입니다. (https://www.haii.io/).

솔직히 말하면, 저는 "기술경영" 전문가가 아닙니다. 기술경영학으로 석사나 박사를 한 것도 아니고 기술경영학으로 연세대학교에 채용된 것도 아닙니다. 그런데 저같은 사람이 어떻게 연세대학교 기술경영학과의 주임교수를 하고 있고, 기술경영연구센터의 센터장을 하고 있을까요?

그 사연은 지금으로부터 약 20년 전으로 거슬러 올라갑니다. 나중에 책 말미의 후기를 읽어보시면 아시겠지만, 1997년 가을, 연세대학교 기술경영학 협동과정 설립과 관련된 제안서를 작성하면서 기술경영학에 관련되었습니다. 그 이후로 협동과정의 운영과 관련된 일을 하다가 몇 년 전부터는 동 과정의 주임교수와 센터장을 맡게 되었습니다.

저의 실제 전공은 HCI(Human Computer Interaction)라는 분야입니다. 디지털 제품이나 서비스를 개발할 때에 사람들에게 쉽고 편리하고 즐거운 사용경험(UX: User Expereince)을 제공할 수 있도록 시스템을 디자인하고, 연구하며, 평가하는 분야입니다.

사실 전통적인 기술경영 학문과는 그다지 관계가 깊은 분야는 아니었습니다. 제가 대학원에서 공부했던 HCI는 전적으로 사용자의 입장에서 제품이나 서비스를 디자인하고 평가하는 분야였고, 기술경영은 기업의 입장에서 첨단 기술을 이용하여 어떻게 새로운 비즈니스 가치를 창출할 것인지를 고민하는 분야였기 때문입니다. 그러다가 최근 20여 년 동안 두 개의 큰 변화가 있었고, 그 변화들은 HCI와 기술경영을 하나로 묶어주는 역할을 하였습니다.

첫 번째 변화는 인터넷, 모바일과 같은 정보통신 기술이 우리 삶에 지대한 영향을 미치기 시작한 것입니다. 예전에는 기술이라 함은 그저 생산 현장에서 전문가들이 사용하는 것으로 치부되곤 했는데, ICT의 발달로 인해 기술은 이제 사람들을 더 행복하게 만드는 데 사용되기 시작했습니다. 그러면서 자연스럽게 기술경영은 기술을 최종적으로 사용하는 사람들에 대해 관심을 가지게 되었습니다.

이는 특히 기술경영 내에서 세 가지 흐름으로 나타납니다. 첫 번째 흐름은, technology of the people입니다. 우리가 만드는 기술이 우리 이웃과 자연과 환경을 아우를 수 있는 기술이어야 한다는 것입니다. 더 이상 과거에 하드웨어나 소프트웨어와 같은 기술 그 자체로만 보던 좁은 시각에서 벗어나, 기술과 관련된 사람과 환경을 포괄하는 관점으로 변모하게 되었습니다. 둘째, technology by the people은 사용자혁신(User Innovation)으로 설명할 수 있습니다. 과거에는 새로운 기술을 만드는 주체가 기업이나 기술전문 연구소였다면, 이제는 그 기술을 사용할 사람들에 의해서 혁신적인 기술이 만들어진다는 것입니다. 셋째, technology for the people은 사용자경험(User Experience)으로 설명할 수 있습니다. 기술의 궁극적인 목적은 그 기술을 이용하는 사람들이 진정으로 좋은 경험을 할 수 있어야 한다는 것입니다.

이 세 가지를 요약하자면 한마디로, "인간중심의 기술(Human Centered Technology)"이라고 할 수 있습니다. 이 책은 매 chapter마다 위에서 언급한 인간중심 기술의 세 가지 측면에서 기술경영을 새롭게 보는 관점과 구체적인 방법, 그리고 절차를 담으려 노력하였습니다. '인간중심'이라는 부제가 이 책에 붙게 된 이유이기도 합니다.

최근 또 하나의 큰 흐름은 바로 기술사업화입니다. 기술이 대기업만이 향유하는 값비싼 재산이 아니라, 신생기업, 특히 소규모, 소자본의 대표격인 스타트업이 새로운 사업을 만드는 과정에서도 광범위하게 사용되기 시작했습니다. 따라서 기술의 개발 자체도 중요하지만, 해당 기술을 어떻게 사업화하느냐 또한 매우 중요한 이슈로 대두되게 되었습니다. '기술사업화'라는 부제를 이 책이 갖게 된 이유이기도 합니다.

이 책을 구성하면서 실제 스타트업에서 기술을 어떻게 활용하여 사업화를 할 수 있을까를 고민할 수 있게 된 기회가 있었습니다. 우리나라 정부에서 창조경제를 활성화하기 위해서 스타트업의 기술사업화를 지원해줄 수 있는 기관을 선정하는 과정에서 우리 학교 기술경영학협동과정이 파트너로 참여하게 된 것입니다. 플리토, 퀄슨, 엔피코어, 스탠딩에그, 라프텔, 그리고 코인플러그 등 다양한 분야에서 활동 중인 스타트업들과 함께 기술사업화 부분을 진지하게 그리고 치열하게 고민해 볼 수 있었고, 그 고민의 과정들이 이 책에 절절히 녹아 있습니다. 이 책의 마지막 남은 부제로서, '기술사업화'가 붙게 된 이유입니다.

인간중심의 기술사업화에 초점을 맞추는 것 외에도 이 책은 아래와 같은 특징이 있습니다.

1. 인간중심의 기술사업화라는 주제를 모두 다룬다는 것은 너무 방대한 작업이고 자칫 잘못하면 지루한 이야기가 될 수도 있습니다. 그래서 이 책에서는 시간이 지나도 변화하지 않을 근본적인 내용만 본문에 담고자 했습니다. 대신에 QR Code를 통해서 이 책의 각 부분마다 추가적인 자료를 스마트폰을 통해서 쉽고 편리하게 볼 수 있도록 제공합니다. 이 부분은 책이 발간된 다음에도 지속적으로 업데이트될 것입니다.

2. 이 책에서는 이론적이거나 개념적인 내용은 최소화하고, 대신에 구체적이고 실용적인 부분에 초점을 맞추었습니다. 만약 어떤 기술을 가지고 기술사업화를 진행하고자 하는 독자라면, 매 chapter마다 나오는 내용을 따라 실제로 해당 프로젝트를 수행하는 데 도움이 되로록 구성하였습니다. 더불어, 연세대학교 기술경영연구센터에서 실제 스타트업들을 대상으로 진행하였던 프로젝트를 각 chapter마다 제공하고 있습니다.

3. 기술경영을 책으로만 공부한다는 것은 참으로 어려운 일입니다. 그래서 이 책에서는 각 chapter마다 해당 내용을 실제 수업 시간에 강의한 내용을 스마트폰을 이용해서 시청할 수 있도록 하였습니다. 그리고 각 수업은 해당 챕터의 저자들과 대표저자가 함께 강의를 함으로써 강의 내용과 책 내용이 일치할 수 있도록 하였습니다.

이 책의 대상 독자는 아래와 같습니다.
1. 대학에서 기술경영을 배우고자 하는 3~4학년 학생들에게 주 교재로 활용될 수 있습니다. 이 책을 교재로 활용하고자 하시는 분들께는 출판사에 요청하시면 총 14주의 강의자료와 동영상 자료를 제공할 예정입니다.

2. 기술 기반의 스타트업에 관심있는 분들에게는 기술 사업화를 구체적으로 실행하기 위한 가이드북으로 활용될 수 있습니다. 가이드북으로 활용하시고자 하시는 분들께는 연세대학교 기술경영연구센터에서 수행하였던 프로젝트 보고서 전체를 공유할 예정입니다.

3. 기업에서 신사업 기획이나 전략 수립 부분에 종사하는 분들은 이 책을 내부 매뉴얼로 활용하실 수 있습니다. 이 책을 메뉴얼로 사용하시고자 하시는 분들은 이 책과 함께 제공되는 동영상 강의 내용을 적극 활용하시기를 바라며, 혹시 추가적인 강의가 필요하시면 대표저자인 김진우 교수에게 연락 주시기 바랍니다.

4. HCI나 UX에 관심있는 학생들과 일반인 그리고 전문가들에게 이 책은 새로운 확장의 가능성을 제공하여 줄 수 있습니다. 새로운 기술은 그 기술을 활용하여 어떻게 비즈니스를 할 수 있느냐에 따라서 지속 가능성이 결정됩니다. HCI/UX

가 아무리 좋은 기술을 발견한다고 할지라도 그 기술을 사업화할 수 있는 방안이 없다면 오래 가지 못할 것입니다. 이 책은 그 기술을 어떻게 더 많은 사람들에게 활용되게 할 수 있는지에 대한 인사이트를 제공하여 줄 것입니다.

마지막으로 이 책의 근본 취지를 설명하기 위해서 에이브러햄 링컨 대통령의 유명한 게티스버그 연설의 내용 중에 일부를 발췌했습니다.

"It is rather for us to be here dedicated to the great task remaining before us…that government of the people, by the people, for the people, shall not perish from the earth."

Abraham Lincoln, November 19th, 1863.

링컨 대통령의 연설문 중에 government를 technology로 바꾼다면 이 책에서 추구하는 인간중심 기술사업화를 아주 잘 설명할 수 있습니다.

기술경영을 공부하는 우리가 앞으로 해야 할 일은 바로 이것입니다. 인간에 의해서 개발되고, 인간과 자연이 중요한 요소가 되어서, 인간의 경험을 위해서 만들어질 기술이 이 땅에서 소멸되지 않고 융성할 수 있기를 기원합니다.

앞서 말씀드린 대로 지난 5년 동안 저는 HAII라는 회사를 만들어 운영하고 있습니다. 연세대학교 기술경영 협동과정의 멤버들이 참여하고, 인공지능 기술을 이롭게 사용하여 질병으로 고생하시는 분들께 효과적이면서도 경제적인 치료제를 만들어나감으로써, 기술경영의 가치를 보여주는 실제 사례가 되기를 기원합니다.

차례

06 기술개발
상상을 현실로 만드는 방법

07 기술조직
Technological Organization

사회적 혁신
기술을 통한 혁신의 궁극적인 지향점

01 인간중심의 기술경영

기술을 위한 기술이 아니라
인간을 위한 기술에 초점을 맞추자

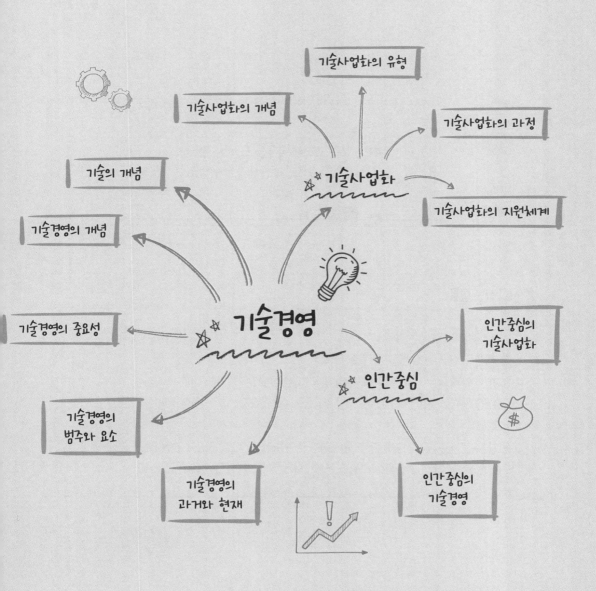

기술사업화의 유형

기술사업화의 개념

기술사업화의 과정

기술의 개념

★ 기술사업화

기술사업화의 지원체계

기술경영의 개념

기술경영의 중요성

★ 기술경영

인간중심의 기술사업화

★ 인간중심

기술경영의 범주와 요소

기술경영의 과거와 현재

인간중심의 기술경영

인간중심의 기술경영

기술을 위한 기술이 아니라 인간을 위한 기술에 초점을 맞추자.

동영상강의

스티브 잡스
(Steve Jobs)

우리의 일은 고객이 욕구를 느끼기 전에
그들이 무엇을 원할 것인가를 파악하는 것이다.

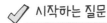

시작하는 질문

- 기술이나 경영에 대해서는 많이 들어보셨죠? 그럼 기술과 경영이 합쳐진 기술경영은 무엇일까요? 기술을 위한 경영일까요? 아니면 경영을 위한 기술일까요?
- 기술경영이 왜 중요할까요? 기술경영을 제대로 모르면 어떤 큰일이 벌어질까요?
- 기술경영을 제대로 실천하기 위해서는 어떤 활동들을 수행해야 할까요? 그중에 특히 중요한 활동은 어떤 것이 있을까요?
- 모든 기술은 결국은 우리 사람들을 위해서 존재하지 않을까요? 그런데 지금까지 우리 인간을 위해서 만들어진 기술이 많을까요? 아니면 새로운 기술을 만들기 위해 우리들이 힘을 쓴 경우가 많을까요?

들어가면서…

　　오늘날 인류는 과거의 어떤 시대보다 발전된 세상에 살고 있습니다. 물론 지역이나 문화에 따라 편차는 있겠지만, 국가별로 끊임없이 발전해왔고, 지금 이 순간에도 우리가 살고 있는 이 세상은 하루가 다르게 변화하고 있습니다. 인류가 이렇게 발전을 거듭하게 된 원인은 무엇일까요? 물론, 여러 가지 동인이 있겠지만, 그중에서 특히, 도구의 사용으로 인해 인류 역사가 발전하고 있고, 점차 그 속도가 빨라지고 있습니다. 예를 들어, 배고픔을 해결하기 위해 돌로 만든 칼과 화살촉을 사용해서 사냥을 하고, 부싯돌을 이용해서 보다 쉽게 불을 만들어 추위와 짐승으로부터 자신들을 보호하기도 하였던 과거의 역사를 쉽게 떠올릴 수 있습니다.

　　또한, 직접 얼굴을 맞대야만 의사소통이 가능했던 과거의 생활이 벨의 전화를 시초로 한 통신기술의 발전을 통해 오늘날에는 지구 반대편 사람과도 실시간으로 대화가 가능하다는 사실은 이미 너무 잘 알고 있습니다. 그리고 COVID-19로부터 인류를 지켜주는 백신도 어떤 의미에서는 도구라고 할 수 있지요. 이러한 도구들이 우리 인간의 일상에서 효과적으로 활용되기 위해서는 칼을 만드는 기술부터 전파를 활용하는 통신기술에까지 다양한 기술들이 뒷받침되어야 했습니다. 인류에게 새로운 도구의 등장은 곧 기술의 진보를 의미하였으며, 이를 통해 인류는 지속적으로 발전해왔습니다. 오늘날 기술의 진화만큼 다양한 기술에 대한 관리와 이를 활용한 기술사업화에 대한 담론이 이슈화되고 있고, 기술자의 관점뿐 아니라 사용자와 경영자의 관점에서 어떻게 기술을 다룰 것인가에 대한 답을 모색하고 있습니다. 하지만 '우물 안의 개구리'처럼 기술 혹은 경영 자체에만 집중하며 사업을 운영해왔던 기업들의 실패사례들을 심심치 않게 접할 수 있습니다. 이러한 문제를 해결하기 위해 1980년대부터 세계는 기술을 '경영'하고자 하는 기술경영이라는 학문에 관심을 가지기 시작했습니다. 본 장에서는 이러한 기술경영에 대한 소개와 더불어, 인간중심의 관점에서 이러한 기술과 경영을 연계하여 혁신적 가치를 창출하기 위한 기술사업화에 대해서 전반적으로 이야기하고자 합니다.

1. 기술경영의 개념

1.1 기술의 개념

기술경영에 대한 정의를 언급하기 이전에 우선, 기술이 무엇인가를 이해를 하고 기술경영의 개념을 설명하고자 합니다. 기술에 대한 정의는 사회에 많은 영향을 미쳐왔기 때문에 매우 다양하게 논의되어 왔습니다.

Dusek(2006)의 "Philosophy of Technology"에서는 기술에 대한 정의를 크게 세 가지 관점으로 정리합니다. 첫째, 하드웨어 관점으로 보자면, 실제 눈에 보이는 기계와 도구를 의미하고, 둘째, 개념적인 관점에서는 목적을 위한 수단으로서의 의미를 가지고 있습니다. 하지만 일반적으로는 사전에서 정의하고 있듯이 '기술이란 과학이론을 실제로 적용하여 자연의 사물을 인간생활에 유용하도록 가공하는 수단', 즉 수단적인 의미로 통용되고 있습니다. 물론 사물을 잘 다루는 'Technique'도 기술의 일부라고 하기도 합니다.

기술은 기업의 관점에서도 그 정의를 생각할 수 있습니다. 기업의 입장에서 기술은 제품이나 서비스를 만들고 활용하기 위한 정보이자 지식입니다. 이러한 기술이 유용한 목적을 달성하기 위한 경제활동의 도구로써 활용되면, 기술은 기업의 가치를 창출하는 힘을 갖게 됩니다.

기술은 순수한 자연현상을 이해하고 설명하는 과학과는 다르며, 과학적인 원리를 적용하는 공학과도 차이가 있습니다. 기술은 개인, 사회, 그리고 주어진 환경에서의 요구사항과 문제를 해결하기 위해 혁신적인 도구와 물질, 그리고 프로세스를 활용하는 것입니다. 기술은 기업과 나라의 경쟁력을 견인하는 수단으로서 활용되며, 이러한 기술에 대한 이해 없이는 혁신은 어렵다고 볼 수 있습니다(Badawy, 1998). 따라서 기술경영에서는 기술 자체보다는 다양한 기술을 보다 효율적으로 관리하고 효과적으로 활용하는 측면을 강조합니다.

1.2 기술경영이란 무엇인가?

1986년 5월에 미국의 국가연구위원회(National Research Council) 소속 전문가들이 만나서 성공적인 기술의 개발과 구현에는 과학과 공학의 진보와 역량뿐만 아니라, 사람, 원자재, 재정적 적합성, 경쟁 환경에 대한 고민이 필요하다고 주장하였습니다. 그 당시만 해도, 전통적인 공학과 경영을 연구하는 학자들은 기술경영의 필요성에 대해 의구심을 가지고 있었습니다. 상호간의 협력과 연계 없이 기존에 해오던 방식대로 개별적 지식 기반을 확대하는 것이 효과적 접근방식이라고 생각했던 것이지요. 그러나, 당시 카세트 테이프 방식을 기반으로 한 음반제작 업체들이 기존의 기술만 고집하다가, 디지털 방식의 콤팩트 디스크에 의해 대체되고 점차 경쟁력을 잃게 되는 사례들이 발생하자, 기술 자체만으로 시장에서 승부를 보기보다는 경영과 결합된 기술경영의 접근방법이 중요하다는 것을 실감하기 시작했습니다(National Research Council, 1987).

기술경영에 대한 연구는 1980년대 스탠포드 경영대학원 William Miller 교수가 Technology Management라는 이름으로 처음 강의한 것을 시작으로, 1990년대 들어서 MIT 경영대학원 MOT 프로그램이 개설되면서 본격화되었습니다. William Miller 교수는, "기술은 조직의 경쟁우위 및 부의 창출을 가능하게 하는 핵심요소이다. 따라서 기술경영은 기술을 바탕으로 조직의 목적을 달성하는 전략적 경영을 말한다"라고 기술경영의 의의를 강조하였습니다.

이를 종합해 보면 기술경영은 조직의 목표를 달성하기 위해 기존의 경영 등 타 영역과 기술을 결합하는 학문이며, 상품과 서비스를 개발하는 데 기술 역량을 집중하는 활동(Badawy, 1998; 신용하 외, 2003)이라 할 수 있습니다. 또한, 조직활동에 있어 기술을 활용하거나 기술을 고려하여 비즈니스 결정 및 가치를 창출하는 행위로 정의할 수도 있습니다(Thamhain, 2005). 그러나 현 시대의 기술경영의 흐름은 사용자혁신, 사용자경험 등 인간중심의 개념을 아우르는 것으로 진화되고 있습니다. 그래서 이 책에서는 기술경영을 '인간중심의 관점에서 조직목표 달성을 위한 경영활동과 기술을 조화롭게 융합하는 학문'으로 정의하고자 합니다.

In Class Discussion Topic

- 기술 자체보다도 기술의 활용이 기업 가치를 높이는 데 큰 도움이 된다는 것을 입증하는 최신 사례를 생각해볼까요?
- 기술경영이 처음 도입되고 나서 지금까지 많은 정의들이 만들어졌습니다. 과거부터 현재까지 기술경영에 대한 정의가 바뀌게 된 동기나 배경은 무엇일까요?

2. 기술경영의 중요성

　최근에 국내 대표기업에 포함된 30개의 IT, 전기, 전자업종 기업 CEO들의 출신 대학과 전공을 조사하였는데, 그중 무려 17명(56.7%)이 공학전공자라는 결과가 있습니다. 또한, 마이크로소프트의 빌 게이츠, 구글의 래리 페이지, 아마존의 제프 베조스 등 현존하는 전 세계를 선도하는 기업들에서도 공학도 출신의 CXO[1]들이 전 세계의 경제와 시장을 이끌어 가고 있음을 볼 수 있습니다. 이것이 비단 현재의 우연한 현상일까요? 과거 조선시대 노비출신 장영실에게 해시계, 측우기 등을 발명하도록 하여 백성에게 혜택을 주었던 세종대왕의 모습에서도 우리는 기술과 경영이 융합되었을 때에 얼마나 큰 성공을 거둘 수 있는지에 대한 사례를 엿볼 수 있습니다.

　현대사회는 과거와 달리 신기술이나 제품이 만들어지는 속도가 급격히 빠른 환경에서 기술 자체의 경쟁력만으로는 기업의 성공을 담보할 수 없는 세상으로 변해가고 있습니다. 이러한 배경은 미국의 하버드대 경영대학원 교수 클레이튼 크리스텐슨 교수가 잘 설명하고 있습니다. 그의 저서 '혁신가의 딜레마(1997)'에서는 [그림 1]과 같은 유명한 이론을 냈습니다. 이 이론에서는 기존의 것을 획기적으로 바꿔줄 수 있는 급진적인 기술을 채택을 하지 않는 고집으로 인해, 기존에 잘 나가던 기업들이 시장에서 외면받게 되고 마는 현상에 주목합니다. 예를 들어, 아날로그 필름의 주력업체인 코닥이 기존 시장에 집착하여 디지털카메라 시장에 대한 대비를 제

그림 1 공급자의 기술과 수용자의 수용도

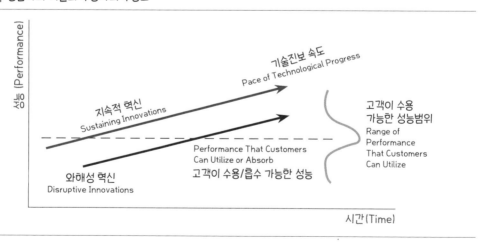

출처: The Innovator's Solution: Creating and Sustaining Successful Growth(1997)

---

1 CEO, CFO 등 최고경영자들을 모두 일컫는 용어

대로 못해 몰락한 것처럼, 기술개발을 위해 투자하는 거대 우량기업들이 기존의 기술 개선에만 집착하여 시장에서 실패하는 사례들에 주목하고 있습니다. 이러한 환경에서 기업들이 성공하기 위해서는 시장의 요구를 보다 빨리 읽고, 융통성 있게 대처하여야 하며, 신기술의 채택과 활용함에 있어, 사용자의 입장을 고려한 전략적인 접근이 필요함을 강조합니다.

하지만 기존 시장을 장악하고 있는 기업들에 비해, 신기술을 가지고 기존 업체들과 경쟁하거나 신규로 틈새시장을 노리는 기업들이 시장에서 성공하는 것이 쉽지는 않습니다. Steven & Burley(1997) 연구에서 밝혔듯이, 3,000개의 새로운 아이디어 중에서 오직 한 개 정도만이 출시될 수 있고, 그렇게 어렵게 출시된 제품이라 할지라도 기존의 유사제품들과의 경쟁에서 고객의 선택을 받는 것은 매우 힘들기 때문입니다.

2005년 Booz Allen Hamilton는 1999년부터 2004년까지 세계 1,000대 기업들이 지출한 연구개발 투자비용과 성장성, 수익성, 주가수익률 등 경영성과 간의 상관관계를 분석해 보았는데, 상호간에 큰 관련성이 없다는 결과를 발표하였습니다. 이것은 과연 무엇을 의미할까요? 이는 기술개발에 얼마큼 투자를 하느냐 보다, 어떤 기술을 어떻게 활용할 것인가에 대한 결정이 매우 중요함을 말해줍니다. 또한, 하버드 비즈니스 리뷰에서 Pisano(2015)는 폴라로이드, 노키아, 선 마이크로시스템즈, 야후, HP 등 많은 글로벌 선도기업들이 지속적으로 성과를 유지하는 데 실패한 이유를 기존의 혁신방식을 그대로 채택하거나 모방하였기 때문이라고 하였습니다. 이와 같이 R&D의 투자가 반드시 기업의 성공을 담보할 수 없으며, 기술에 대한 전략과 접근방법이 공급자 중심에서 탈피하여 사용자 중심을 강조하는 기술경영에 대한 활용도가 오늘날에 더욱더 중요시되고 있습니다. 즉, 기술 자체에 대한 논의에서 더 나아가, 사용자의 시각에서 이러한 기술을 통해 어떤 비즈니스가 필요할 것인가 대한 고민이 필요한 세상이 온 것입니다. 이 책에서 강조하고자 하는 인간 중심의 기술 경영이 필요한 이유이지요.

In Class Discussion Topic

- 최근에 정말 좋은 기술임에도 불과하고, 시장에서 실패한 기술의 사례를 한 번 찾아볼까요?
- 최근에 성공한 기업 중에서 기술은 새로운 것이 없지만, 시장에서 성공한 기업의 사례를 한 번 찾아볼까요?

3. 기술경영의 범주와 요소

기술경영은 1980년 이후부터 생긴 PICMET(Portland International Conference on Management of Engineering and Technology), 국제기술경영학회(IAMOT) 등의 학회를 중심으로 많은 연구가 진행되고 있습니다. 초기에는 기술경영의 활동과 프로세스에 중점을 두고 R&D 관리 측면에 중점을 두다가, R&D의 변천과 함께 전략적 측면도 중요시되는 등 기술과 경영간의 여러 가지 상호연계를 통해 지속적으로 발전되어 왔습니다.

이 책에서는 [그림 2]에 보이는 Beard(2002)의 연구를 참고하여 기술경영의 범주를 미시적과 거시적, 주관적과 객관적, 기술과 인간이라는 3차원을 이루는 세 개의 축을 기준으로 구분하여 설명하고자 합니다. 첫 번째 수직 축에서 기술 채택 혹은 수용의 과정에서 조직적 차원의 전략과 조직기술역량 방향을 어떻게 가져갈지 고민하는 것은 거시적 차원을 강조하는 것이며, 조직 내부적으로 혹은 구성원이 어떻게 기술을 받아들일지는 미시적 차원에서의 기술경영을 의미합니다. 또한 조직 혹은 개인차원에서 기술을 채택 혹은 수용할 때 객관적인 데이터를 바탕으로 의사결정을 하거나, 데이터로는 설명할 수 없는 주관적 의사에 의해 의사결정을 하는 기술경영 영역도 존재합니다. 마지막으로, 기술 자체에 중심을 두고 기술 최적화를 위해 가장 좋은 방법을 찾는 기술적 측면과 이 책에서 주장하는 인간중심적 기술경영 영역도 존재합니다.

그림 2 기술경영의 범주

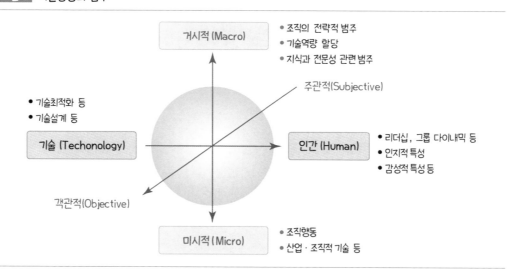

출처: Beard(2002)

그림 3 기술경영의 주요활동

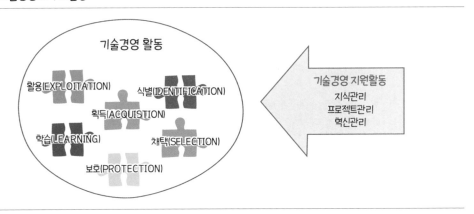

출처: D. Cetindamar et al.(2009)

[그림 2]에서 제시된 기술경영의 범주에서도 알 수 있듯이, 기술경영의 영역은 특정 주제에 머물러 있는 것이 아니라, 기술과 경영의 상호연계를 시작으로 각기 다른 범주의 주제들이 연계되거나 혹은 각 범주의 주제를 포함하기도 합니다. Drejer(1997)는 이러한 기술경영의 활동과 연계하여, 기술경영의 학제영역을 R&D 관리, 혁신관리, 기술계획, 전략적 MOT 네 가지로 나누었습니다.

기술경영의 활동 측면에서 보면, [그림 3]에서 보는 바와 같이 기술경영은 지식관리, 프로젝트 관리, 혁신 관리의 지원을 받아, 기술식별, 선택, 획득, 활용, 보호 및 학습을 하는 여러 가지 활동으로 나누어집니다. 기술식별은 기술 시장조사와 같이 기술을 찾고 정보를 취합하는 등의 과정을 말하며, 기술채택은 관련되는 전략을 기반으로 의사결정의 과정을 의미합니다. 이러한 기술식별과 채택을 통해 선정된 기술은 내부적으로 개발될 수도 있지만, 외부와의 협력을 통해서 기술이 획득될 수도 있습니다. 획득된 기술은 회사에 이익이 되기 위해 사업화의 과정을 거치게 됩니다. 그리고 마지막으로 획득된 기술을 위한 특허 등의 기술보호 활동과 기술에 대한 지속적인 학습활동이 이루어지게 되며, 이러한 기술경영의 활동을 위해 기업의 지식관리, 프로젝트 관리, 혁신경영이 유기적으로 기술경영의 활동을 지원하는 역할을 하게 됩니다.

이와 같이 기술경영의 주요활동을 보면, 기술경영은 기존의 R&D 관리 측면만 중요시되는 것이 아니라, 외부와의 협력과 기술 자체를 어떻게 시장에 맞게 변화시켜 나가야 하는가를 강조합니다. 그런 의미에서 기술경영은 기업 전략과 운영의 관점상에서 기업의 다양한 활동과 영역에서 상호 간에 영향을 미치고 있으며, 기술경영과 관계되어 있는 분야로는 엔지니어링 활동, 재무시스템, 의사결정과정 등 기업의 다양한 활동들을 찾아볼 수 있습니다. 기술경영이 영향을 미치는 다양한 분야에 대해서는 QR 코드[1]를 참조하시기 바랍니다.

In Class Discussion Topic

- 기술을 거시적/미시적으로 나누고 기술중심/인간중심으로 나누었을 때 각 4분면에 해당하는 기술경영의 사례를 생각해 볼까요?
- 최근에 기술경영과 가장 밀접하게 영향을 주고 받는 분야는 무엇일까요? 그리고 그 이유는 무엇일까요?

4. 기술경영의 과거와 현재

기술경영은 기술의 발전과 더불어 진화해 왔습니다. 미국의 경우 제2차 세계대전 직후 R&D 관리 및 프로젝트 관리에서 시작하여 1980년 초반까지 혁신에 대한 이론화가 전개되어 왔으며, 80년대 후반에는 기술경영에 대한 논의가 본격화되었습니다. 이러한 변화는 연구개발의 변화와 많이 연계되어 있기 때문에, 기술경영의 변화를 이해하기 위해서는 연구개발(R&D)의 변천에 대해 이해가 필요합니다. 연구개발의 경우, 1950년부터 1960년대까지를 연구개발의 제1세대라고 부르고 있는데, 이 시기에는 연구개발과 기술 관리에 관한 전략적 체계가 부족하였으며, 연구개발을 간접비용으로 취급하고 과학적 성과에 중점을 두었습니다. 이런 상황에서 사업관리자와 연구개발 관리자 간의 상호 소통이 없었고, 기술 개발 중심의 연구개발이 이루어졌습니다. 하지만 연구개발 제2세대인 1960년대부터는 내부적인 고객에 대한 개념과 프로젝트 관리하에서 시장중심으로 전략이 이끌어갔습니다. 또한 제3세대인 1970년대부터는 사업과 회사의 전략간의 연계를 통한 연구개발을 추진하였으며, 비용감소 등 비용측면을 고려하고 연구개발에 대한 포트폴리오를 구성하여 리스크에 대한 보상이 이루어지도록 하였습니다. 그리고 제4세대에는 1980년에서 1990년대는 시간에 중점을 두고 시장에서 R&D 각축을 벌였으며, 다기능 팀과 병행해서 상품보다는 개념에 중점을 둔 R&D를 추진하였습니다. 제5세대인 2000년대부터는 경쟁사, 공급자, 유통자 등과 협력할 수 있는 네트워크를 바탕으로 연구개발을 추진하였으며, 개발속도를 관리하는 능력이 중요하였고 연구와 개발을 분리해서 진행하였습니다. 예를 들어, 스마트폰의 등장에서 볼 수 있듯이 블루투스 기술, GPS 기술, OS 등 다양한 이해관계자들의 기술이 결합되어 제품과 서비스가 만들어지고 있습니다. 이러한 변화를 Nobelius는 [그림 4]에서 보는 것처럼 5단계로 표현하고 있습니다

그림 4 R&D분야의 세대별 변천

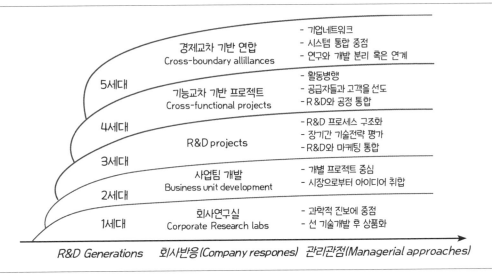

출처: D. Nobelius(2004)

(Description of five generations of R&D processes developed and adapted from Roussel, 1991, p. 39; Rothwell, 1994; Miller & Morris, 1998, p. 19; & Chiesa, 2001, p. 12)

    기술경영의 진화를 이해하기 위해, 그간 Stanford, MIT, 와세다대 등의 연구현황을 분석해보면, 각 대학별로 연구하는 분야는 조금씩 차이가 있지만, 기본적으로 기술 혁신, 기술전략, 기업가정신, 창업, 상품개발 등을 공통적으로 가르치고 있음을 확인할 수 있습니다. 또한 체계적인 연구를 위해 다양한 그룹들이 모여 기술경영 관련 학술대회를 열고 있습니다. 1989년에는 포틀랜드 주립대학교의 공학기술경영학과가 중심이 되어 만든 PICMET(Portland International Conference on Management of Engineering and Technology)가 2004년부터 매년 정기적인 학술대회를 진행하고 있습니다. 더불어, 1992년 마이애미대학교 산업공학과 교수인 Tarek M. Khali의 주도로 만들어진 국제기술학회(International Association for Management of Technology, IAMOT)도 매년 정기적으로 개최되고 있습니다. 과거에는 공학분야에서 기술경영을 주도했다고 하면, 혁신과 경영에 대한 중요성이 강조되면서 1987년부터는 미국경영학회(Academy of Management)에서도 기술 및 혁신 경영분과를 만들어 운영하고 있으며, 기술활동, 기술이전, 기술상업화, 창업교육에 대한 연구를 진행하고 있습니다. 여기의 최근의 연구동향을 보기 위해, 기술 및 혁신 경영분과에서 매년 그 해의 석학으로 선출하는 교수들의 주요 연구내용(표1)을 분석해보면 혁신에 대한 이해를 넘어, 동태적 역량의 활용, 공급자 중심의 혁신에서 사용자 혹은 개인 중심의 혁신 등에 관한 연구 주제들이 주목받고 있음을 확인할 수 있습니다.

표 1 기술 및 혁신 경영분과(AOM) 2016년~2020년 대표석학 연구내용

선출연도	석학 이름	주요연구내용
2016년	Giovanni Dosi	• 기술적 패러다임과 경로의존성, 진화경제학, 역량, 기업 일관성 연구
2017년	Wesley Cohen	• 기업 규모, 시장 구조, 혁신 간의 관계 및 기업이 혁신 투자에 대한 수익을 유지하는 정도인 전유성(appropriability) 연구
2018년	Maryann Feldman	• 혁신, 학술 연구의 상업화 및 기술 변화와 경제 성장을 촉진하는 요소 연구
2019년	Gautam Ahuja	• 기술과 혁신, 경쟁 분석, 글로벌화, 그리고 이러한 맥락에서의 인수와 동맹과 같은 조직 간 협정의 사용에 관한 연구
2020년	Raghu Garud	• 새로운 아이디어와 기술이 어떻게 등장하고, 가치를 인정받고, 상업화가 되는지에 관련된 연구

앞으로의 기술경영은 새로운 기술의 등장에 따른 사회의 변화와 함께 지속적으로 진화할 거라고 예상됩니다. 기존 농업사회, 산업사회, 정보사회로 변화할 때마다 혁신적인 기술의 등장이 사회에 커다란 영향을 미쳤으며, 여기에는 기술과 사회가 상호 진화하는 공진화(Co-evolution)과정을 통해 사회가 진일보됨을 역사 속에서 확인할 수 있습니다. 또한 최근 스마트폰 등 스마트 기기의 등장과 모바일 서비스의 확산에 따라 우리 삶의 스마트 혁명이 시작되고 있으며 점차 전 사회를 근본적으로 변화시키고 있습니다. 이러한 기술혁명과 사회패러다임의 변화와 함께 기술경영은 함께 더욱더 진화할 것으로 예상됩니다.

이러한 변화는 크게 두 가지 측면으로 요약할 수 있습니다. 첫 번째는 인간중심의 기술경영입니다. 기술 자체를 위한 경영보다는 그 기술을 개발하는 사람들, 그 기술을 사용하는 사람들, 더 나아가 그 기술에 직간접적으로 영향을 받을 사람들을 고려하는 기술경영이 중요하게 여겨지고 있습니다. 두 번째는 기술사업화입니다. 기술 자체가 중요한 것이 아니라 그 기술이 가지고 있는 가치를 극대화하는 사업 방안이 더 중요하다는 것입니다. 따라서 이 책은 '인간중심의 기술사업화'라는 초점에 맞추어 기술경영을 바라보고자 합니다. 아래의 두 절에서는 인간중심이라는 점과 기술 사업화라는 점에 대해서 각각 살펴보도록 하겠습니다.

In Class Discussion Topic

• 동일한 회사가 시대가 변화함에 따라서 기술경영의 5단계 변천사를 충실하게 따라 변화 · 발전한 사례를 찾아볼까요?
• 과거는 이미 지나온 것이니까 잘 알 수 있는 반면에 미래를 예측하기는 참 어렵지요. 기술경영의 미래는 어떻게 될까요?

5. 인간중심의 기술경영

2021년에 110개의 실패한 창업기업에 대한 결과를 분석한 자료가 [그림 5]에 있습니다. 이 자료에서 시사하듯이, 자금이 모자란 것도 치명적이지만, 고객을 무시하고서는 기업의 성공은 상상할 수 없으며, 창업기업으로서는 고객을 존중하는 것이 기술경영의 열쇠가 되고 있음을 시사하고 있습니다.

그림 5 창업기업이 실패하는 이유 분석(2021)

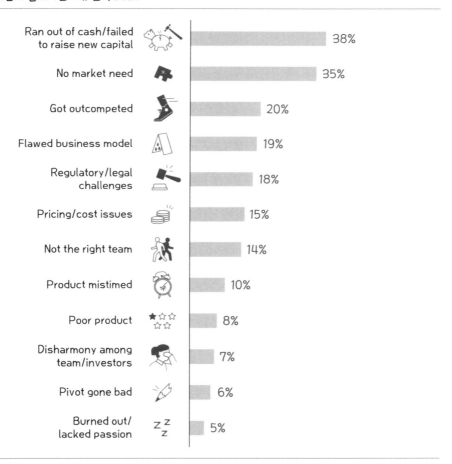

출처: https://www.cbinsights.com/research/startup-failure-reasons-top/

현대사회는 점차적으로 휴먼 파워가 중요시되는 인간중심의 사회로 급속히 진화되고 있으며, 향후의 사회는 창의력과 창조력을 중시하는 인간중심의 사회가 될 것이라고 국내외 전문가들이 예견하고 있습니다. 그리고 이러한 현상과 더불어, 기존의 기술경영이 기술, 조직 전략, 조직 행동이 중심이었다고 하면, 향후의 기술경영은 Beard(2002)가 제시한 것과 같이 보다 인간중심의 기술경영이 연구되고 사회에서 실현될 것으로 보입니다.

허버트 사이먼(1958)은 인간과 조직의 혁신·변화와 같은 것들을 연구하기 위해서는 인간의 비합리적이고 대략적인 의사결정을 연구해야 한다고 하였으며, 이러한 관점은 현대 경영학에 많은 영향을 미쳐왔습니다. 기존의 기업·산업 차원에서의 혁신은 이미 극대화됨에 따라, 향후의 혁신은 제품 자체에서 벗어나, 사람들의 다양한 경험을 바탕으로 진행될 예정으로 보입니다. 이러한 예는 기존의 산업의 진화에서 혁신적인 기술을 중심으로 발전하던 IT 산업이 점차적으로 인간의 경험을 중요하게 생각하는 진화로 변화하고 있다는 현상에서도 관찰될 수 있습니다. 따라서, 미래 기업에 있어서 인간중심적인 기술경영은 필수입니다.

이러한 인간중심의 기술경영을 크게 세 가지 관점에서 나누어 볼 수 있습니다. 우선 첫 번째로 기술을 공급하는 입장에서 기술들이 발현되는 방향이 사용자 혁신(User Innovation)을 지향해야 하며, 두 번째는 기술을 사용하는 입장에서 사람들의 경험(User Experience)에 중점을 두고 기술경영의 방향을 정하는 것이며, 마지막으로 현재 당장 관련된 사람들뿐만 아니라 미래의 사용자와 개발자 그리고 사회 전체까지도 고려해야 하는 사회적 혁신(Social Innovation) 관점으로 나누어 볼 수 있습니다.

우선 사용자 혁신(User Innovation)을 지향하기 위해서는 사용자가 기존의 단순한 수용자의 역할을 벗어나, 직접 기술을 만드는 과정에 참여가 가능하여야 합니다. 인터넷의 발달에 따라 사용자는 기존의 단순한 사용자의 입장에서 벗어나, 일반사용자들의 경험과 니즈를 기업의 기술 혁신에 반영할 수 있는 주체로서 기업의 제품기획이나 설계에 참여할 수 있으며, 기업은 이를 위한 다양한 소통의 환경을 조성하여야 합니다. 이러한 사례는 덴마크의 레고기업이 가상의 레고모델을 만들 수 있도록 CAD 프로그램을 공유하여 사용자 중심의 제품이 나오도록 지원하는 것이 대표적입니다(www.ldraw.org)

Adner(2012)는 기업이 성공하기 위해서 혁신의 중심에 수용자의 최종적인 욕구에 초점을 맞추어야 하고 '공동 혁신 위험'(Co-Innovation Risk)을 줄여가는 것이 지속 가능 경영의 비결이라고 하였습니다. 기술을 사용하는 사람의 입장에서 기술경영의 방향을 정하는 것은 향후 기술을 사용하는 수용자의 경험(User Experience)에 중점을 두고 기술경영이 나아가야 함을 의미합니다. 기존에 통신 수단으로만 생각했던 전화기를 사용자가 여러 경험을 할 수 있는 아이폰과 같은 스마트폰으로 발전한 사례에서 보듯이, 고객이 수용 가능한 경험을 제시할 수 있도록 기술이 활용되어야 하는 것입니다.

마지막으로 사용자와 기술의 공급자가 함께 지속적으로 성장할 수 있는 사회적 혁신(Social Innovation) 관점이 중요합니다. 오픈소스 커뮤니티의 사례에서 알 수 있듯이 소스코드를 공개함으로써 개발자, 사용자 등 여러 사람의 공유와 참여가 이루어질 수 있도록 생태계가 조성될 수 있습니다. 이러한 생태계를 기반으로 자발적으로 참여가능하도록 하는 환경이 제공되고, 기술이 개발, 활용, 보완, 업데이트 등 사용자의 욕구를 예측하고 만족시킬 수 있어야 지속가능한 생태계의 조성이 가능해지며, 인간중심의 기술경영이 실현될 것입니다.

인간중심의 기술경영의 실천한 대표적인 사례로 스티브 잡스(Steve Jobs)를 들 수 있습니다. 그는 생전에 이렇게 이야기했습니다. "'고객에게 그들이 원하는 것을 줘야 한다.'라고 말하는 사람들도 있다. 하지만 그것은 내 방식이 아니다. 우리의 일은 고객이 욕구를 느끼기 전에 그들이 무엇을 원할 것인가를 파악하는 것이다. 사람들은 그들이 원하는 것을 보여주기 전까지는 무엇을 원하는지 잘 모르며, 우리의 역할은 아직 없는 그것을 읽어나가는 것이다."

그의 말처럼 인간에게 기술은 수단일 뿐, 기술 자체에만 몰두하여 제품을 만들고, 정작 고객이나 사용자의 관점을 읽지 못하면, 시장에서 성공하지 못하는 기업으로 낙오되기 십상입니다. 앞으로의 기술경영은 기술과 경영간의 연결을 통해 기술이 조직의 전략과 운영상의 목표를 달성하는 범위를 뛰어넘어, 인간중심의 관점에서 기술과 경영을 바라봐야 할 것이며, 이러한 인간중심적 기술경영이 향후 기업과 사회를 변화시키고 더 나은 국가경쟁력을 가지게 할 것입니다.

In Class Discussion Topic

- 인간중심의 기술경영이 성공한 사례는 무엇일까요?
- 인간중심으로 기술경영을 진행할 때에 가장 어려운 난관은 어떤 것들이 있을까요?

6. 기술사업화의 개념 및 특성

6.1 기술사업화 개념

기술사업화는 '기술을 이용하여 제품의 개발·생산 및 판매를 하거나 그 과정의 관련 기술을 향상시키는 것'으로 정의되고 있습니다('기술의 이전 및 사업화 촉진에 관한 법률' 제2조; 박종복 외, 2011: 38 재인용). 기술사업화의 핵심은 모든 사업에서도 그렇듯이 '사업의 본질을 달성'하는 것입니다. 여기서 사업의 본질이란 V−P−C 관계를 통해 설명이 가능할 것입니다. 즉, 기업은 낮은 원가(Cost)를 실현함으로써 제품이나 서비스를 창출하고, 시장에 제시한 가격(Price)에 대해 고객이 가치(Value)를 느끼게 해주어야 한다는 것입니다(김찬호, 2013: 8 재인용). 그러나 기술사업화의 경우, 기술 자체로는 가치를 창출할 수 없기 때문에 기술을 응용한 사업이 시장에서 성과를 이루어야지만 기술 사업화가 성공하였다고 판단할 수 있습니다. 따라서 기술 사업화는 '기업이 보유한 기술을 실용화, 시장화 또는 사업화하는 모든 과정(기술이전·거래·확산·적용)을 통해 부가가치를 창출하는 제반 활동과 그 과정'으로 이해할 수 있습니다(박종복 외, 2011: 39 재인용).

성공적인 기술사업화는 [그림 6]에서 보는 바와 같이, 기술의 관문과 시장의 관문을 모두 넘어선 결과를 의미합니다. 그러나, 일반적으로 무형의 기술에 대한 시장 수요 정도를 선행적으로 판단하기 어려운 경우가 많습니다. 예컨대 신기술만을 활용한 제품·서비스는 사용자의 학습을 필요로 하는 경우가 많고, 기존에 없었던 새로운 산업구조 또는 생활 양식의 변화를 요구하고, 많은 시간과 투입자원을 요구함에 따라 사업화 성공 가능성이 낮습니다. 따라서 기술 사업화는 기술적 요소(성능, 파급효과, 표준화, 신뢰성 등)가 성공적으로 개발된 이후에, 시장에서 원하는 경제성, 사업화를 위한 투자 유치, 규제 장벽 해소 등의 비기술적 요소들을 포함하여 기술 수용 환경을 조성하는 것을 포함합니다(김찬호, 2013: 7).

그림 6 기술과 시장의 관계

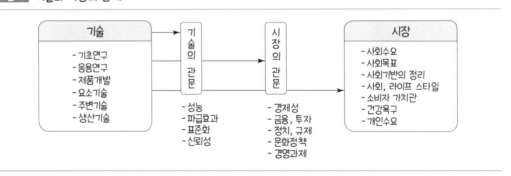

출처: SRI, AT&T; 김찬호(2013) p.8 재인용

6.2 기술사업화의 유형

기술사업화의 유형은 연구개발 비용, 기술 관리 난이도, 기술의 활용가능 등의 자원적 속성, 산업 내 이해관계자 또는 기술 수요자 관점에서의 기술 습득 유형 등 다양한 관점에서 제시되고 있습니다. 이 책에서는 한국과학기술평가원(KISTEP)에서 제시한 '기술 수용자'와 미국 SRIC−BI의 '사업화 스펙트럼' 등 두 개 관점을 병합하

여 기술 사업화 유형을 세부적으로 소개하고자 합니다.

한국과학기술평가원에 의하면, 기술수요자 관점에서의 기술사업화 유형을 크게 내부화, 부분적 내부화, 외부화로 구분하고 있습니다(표 2 참조)[2]. 첫째, 내부화는 기술에 대한 모든 소유권을 보유한 경우로 기업의 내부 자원만을 활용하여 독립적인 자체 기술 개발 또는 인수합병을 통한 기술 보유 형태로 이해할 수 있습니다. 또한 기술료 지불을 통해 모든 권리를 타 기업이나 기관에 이전하는 방식도 포함되며, 대표적으로 카카오톡의 사례를 생각해 볼 수 있습니다.

두 번째, 부분적 내부화는 공동기술 개발을 통해 서로를 보완하는 기술이나 재화, 자원을 가진 기업 간 전략적 제휴 또는 일정기간 동안 로열티 지불을 통해 기술 사용권을 획득하는 방식을 의미합니다. 주로 대기업 내부에서 설립된 사내 벤처를 모기업이 지원하는 경우가 많으며, 과거 3M, Intel, HP가 부설 연구소 또는 벤처기업을 지원한 사례들을 생각해 볼 수 있습니다.

마지막으로 외부화는 외주 개발을 통한 기술 개발 및 구매, 특정 기술이 적용된 제품이나 부품을 구매하여 사업화하는 방식을 말합니다. 예컨대, 아이디어는 있으나 기술 개발 능력이 부족할 경우 타기업의 제품 구매 또는 기술 구매를 통한 사업 고도화가 해당 유형에 속합니다.

표2 기술사업화 유형 및 특징

	기술사업화 유형 (기술수요자 관점)	상대적 비용	사업화 소요기간	향후 기술에 대한 소유권	기술 관리 난이도
내부화	자체 개발	고	장기	전체	저
	인수 합병	고	단기	전체	저
	개별 기술구매	저	단기	전체	저
부분적 내부화	합작투자	저	장기	일부	고
	전략적 제휴	저	장기	일부	고
	기술 라이센싱	저	단기	없음	저
	사내 벤처지원	중	장기	일부	중
	벤처 자본투자	중	장기	일부	중
외부화	외주 개발	저	중·단기	없음	고
	완제품 및 부품 구매	저	단기	없음	고

출처: 김용정(2015) p.18 재인용

---

2 수요자 관점의 세부적인 기술 사업화 유형에 관한 설명은 김용정(2015) pp.15-18의 내용을 재인용하였습니다.

그림 7 SRIC 및 KISTEP의 기술 사업화 유형

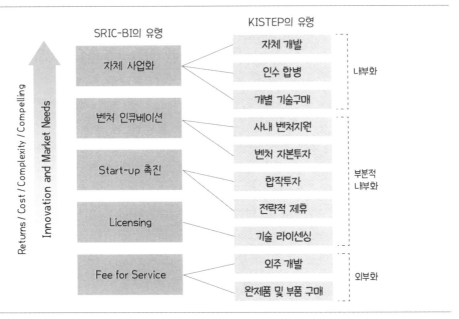

출처: SRIC-BI[2], KISTEP(2013) 재구성

사업화 스펙트럼의 관점은 미국 SRIC－BI(Stanford Research Institute Consulting-Business Intelligence)에 의해 소개되었으며, 기업 또는 개인 등의 기술 수요자가 기술을 사업화하는 5가지 유형으로 구분됩니다[그림 7 참조].[3]

'Fee for Service'는 기술 개발 자체를 용역받는 유형이며, 기술개발 원가 수준의 가치로 인정받아 사업주체에 제공하는 유형이라고 할 수 있습니다. 일반적으로 해당 유형은 창업자가 아이디어는 있으나 기술을 개발하여 사업화할 수 있는 자원이 없을 때, 외부에서 지원받아서 기술을 개발하는 형태입니다. 이때 기술의 소유권은 지원 기관(기술 보유 기관/연구소)이 되므로 기술의 가치실현이 매우 제한적일 수 있는 약점이 있습니다.

'Licensing'은 다른 기업에 기술을 제공하는 대신 기술료를 받는 유형으로, 기술료는 매출액의 일정 규모에서 산정됩니다. 라이센싱 역시 기업이 기술을 사업화할 수 없을 때 주로 활용되며, 기술을 제공한 주체는 사업화 실현 이후 일정한 기술료를 청구하는 방식입니다. 따라서 상기 2가지 유형은 신규 사업에 대한 자원 상실 위험성을 감소시킬 수 있는 장점이 있습니다.

'Start－up 촉진'은 기술을 스핀오프하여 기술 사업화와 창업을 유도하는 형태입

---

3 SRIC-BI의 사업화 스펙트럼 5가지 유형에 관한 설명은 김찬호(2013) p.42의 일부 내용을 재인용하였습니다.

니다. 기술에 대한 노하우를 보유한 연구원이 경영 관점에서의 사업화 역량이 부족할 때, 전문기관을 통한 기술 사업화 도움을 받는 경우가 많습니다.

'벤처 인큐베이션'은 공공 또는 민간 조직에 의한 인큐베이팅 기능을 제공하는 방식으로 보통 신생 벤처가 기술 사업화 및 기업으로서의 자생력을 가질 때까지 일정 기간 동안 물리적인 공간 또는 컨설팅 등의 지원을 받을 수 있습니다.

마지막으로 '자체 사업화'는 기업이 기술 개발부터 사업화까지 모든 과정을 독립적으로 수행할 수 있는 능력을 보유하고 있어, 자체적인 사업 수행을 하는 경우를 말합니다.

[표 2]와 [그림 7]에서 보는 바와 같이 기술사업화의 유형에 따라서 상대적 비용이나, 소요 기간, 향후 기술에 대한 소유권, 그리고 기술 관리 난이도가 달라짐을 알 수 있습니다. 따라서 기술사업화을 추진하는 상황에 따라서 적절한 유형을 선택하는 것이 필요합니다.

6.3 기술사업화의 과정

일반적으로 기술사업화 과정은 보유 기술의 잠재적 가치를 실현하기 위해 이전하거나 생산과정에 적용함으로써 제품 및 서비스를 생산·판매하는 절차(process)를 말합니다(손수정, 2009: 24 재인용). 기술사업화의 과정은 기존 연구자들의 접근 관점에 따라 세부적인 과정이 조금씩 상이하나, 전반적으로 큰 틀에서의 과정은 유사한 패턴을 나타내고 있습니다. 본 절에서는 기술사업화 과정을 졸리(Jolly) 교수의 모델을 기반으로 소개하고자 합니다.

Jolly 교수의 기술사업화 모형은 기술적 속성과 이해관계자와의 상호관계를 포함한 기술의 가치에 따른 5단계 과정을 제시하였으며, 각 단계로 넘어가는 전이과정이 매우 중요하다고 강조합니다. [그림 8]은 Jolly 교수의 5단계 모형을 한국 상황에 적용하여 기술사업화의 단계를 착상, 보육, 시연, 촉진, 그리고 지속의 단계로 구체화한 것입니다. 기술사업화 과정의 이해를 돕기 위해, Jolly 모형을 기반으로 국내 회사의 사례를 QR 코드[2]로 소개하고자 합니다.

- 착상단계: 사업화 추진에 대한 의사결정이 수립되는 단계
- 보육단계: 새로운 아이디어의 사업화 가능성을 기술 측면과 시장수요 측면으로 구체화
- 시연단계: 개발 기술이 시장에서 판매 가능한 제품이나 공정으로 구현되는 단계
- 촉진단계: 본격적인 시장진입에 앞서 시장수용을 높이는 단계
- 지속단계: 본 제품이나 공정이 시장에서 존속하는 단계

그림 8 Jolly의 기술사업화

주: R=연구, D=개발, E=엔지니어링, MF=제조, MA=마케팅

출처: 박종복(2011) p.43 재인용

'착상단계'에서는 기술적 성과를 매력적인 시장기회와 접목시키는 과정을 수행하게 됩니다. 대부분의 발명이 시장의 관심을 얻지 못하여 사업화가 착수되기 어려운 경우를 쉽게 찾아볼 수 있습니다. 이는 시장에서의 독보적인 위치를 점한 이해관계자(stakeholder) 그룹이 발명자의 아이디어에 대한 상업적 가치를 주관적으로 판단되거나, 특정 아이디어만 편파적으로 선호되는 경우가 종종 발생하기 때문입니다.

'보육단계'에서는 새로운 아이디어의 사업화 가능성을 기술 측면과 시장수요 측면에서 구체화시키는 과정을 수행하는 것을 말합니다. 주로 독립 발명가, 대학 및 연구기관, 그리고 중소기업 등이 주된 역할을 수행하고 있으나 이해관계자를 설득하는 과정에서 많은 경우 실패하는 것으로 알려져 있습니다. 이는 관련 이해관계자가 사업화 가능성을 판단하는 데 어려움을 주는 원인에서 비롯되는 것으로 보고되고 있으며, 기술적 원리의 불완전한 규명, 신기술의 미래 발전경로 및 속도의 불확실성 그리고 시장기회의 실현 시점 추정의 어려움 등에 의한 것으로 의견이 제기되고 있습니다.

'시연 단계'는 신기술을 시장에서 판매 가능한 제품 혹은 공정으로 구현하는 과정을 말합니다. 이는 기술적 가능성이 시장진입 시점에서 시장의 수요와 부합해야 하며, 대부분 시연 단계에서 많은 시간이 소비되는 경우가 많습니다.

'촉진 단계'에서는 신기술 제품의 시장수용성(acceptance)을 높이기 위해, 고객 설득과 사회경제적 인프라 조성을 위한 다양한 활동을 포함합니다. 즉, 잠재 고객이 새로운 제품을 수용하기 위하여 관련 기법, 절차, 기준 등의 학습 강도가 높다면 설득과정이 쉽지 않을 것이고, 신기술 이용을 위한 새로운 인프라 구축을 필요로 한다면 이 역시 시장 수용을 저해하는 요인이 될 것입니다.

'지속 단계'에서는 신기술을 이용한 제품 또는 공정이 시장에서 오랜 기간 동안 존속하며 발생하는 가치를 전유하는 과정이라고 할 수 있습니다. 제품 또는 기술의 급격한 진화와 새로운 경쟁자 진입이 위협요소가 됨에 따라, 많은 신생기업이 실패하는 단계입니다. 즉, 기업은 시장 진출 성공 이후에도 비용절감, 제품개선, 경쟁기술 출현 등의 위협을 준비해야 합니다.

기술사업화의 단계를 설명하는 모델은 졸리(Jolly) 교수의 모델 외에도 여러 가지 모델이 있습니다. 이런 다른 모델에 대해서 좀 더 자세하게 알고 싶으시면 QR 코드[3]를 이용해 보세요.

In Class Activity 📍

1. 최근 국내에서 알려진 기술사업화 사례를 찾아보고, 이들의 아이템을 기반으로 기술사업화의 성공 비결을 생각해 볼까요?
2. 또한 이들이 밟았던 과정을 알아보면서 기술사업화의 전체 과정 중에 특히 어떤 단계가 중요했는지 생각해 볼까요?

---

7. 인간중심의 기술사업화와 이 책의 구조

앞서 5절에서 이야기한 인간중심의 기술경영과 6절에서 이야기한 기술사업화를 결합하여 인간중심의 기술사업화를 위한 원리와 절차를 제공하고자 하는 것이 이 책의 목적입니다. 인간중심의 기술사업화를 위해서는 여러 가지 기술 경영의 요소들이 활용되어야 합니다. 기술사업화는 여러 가지 요소들이 조화를 이루어야 하는 복잡한 과정이기 때문에 정부나 사설 기관의 지원도 매우 많습니다. 이러한 지원에 대해서 좀 더 알고 싶으시면 QR 코드[4]를 따라가 보세요.

기술사업화를 지원하는 한 가지 방법으로 이 책에서는 인간중심의 기술사업화의 전체 과정에 대해서 알기 쉽게 구체적인 방법론을 제공하고자 합니다. 아래의 [표 3]과 같이 인간중심 기술사업화 방법론은 총 12가지의 요소들로 이루어져 있습니다.

표 3 인간중심의 기술사업화의 구성 요소

구분	내용	관련 챕터
기술 예측	기술발전 방향을 찾아내고, 새로운 비즈니스 창출을 위한 기술의 잠재력을 탐구함	2장
기술 기획	조직의 비전을 개발하고 비전을 실현하기 위한 기술 개발의 목표와 방향을 설정	3장
기술 혁신	발명, 혁신과정, 새로운 제품과 서비스의 실용적 개발을 위한 환경을 조성하는 방안	4장
혁신 전략	기술 혁신을 관리하기 위한 제반 방안과 전략 기술 과제를 도출하는 방안	5장
기술 개발	새로운 기술과 제품 및 서비스를 시장에 출시하기 위한 기술 개발 라이프사이클 관리 방안	6장
기술 조직	인간중심의 기술사업화를 실행하기 위해 효과적인 조직 구조의 구축 방안	7장
기술 평가	기술의 금전적 가치를 객관적으로 측정할 수 있는 방안	8장
기술 마케팅	자사의 기술을 다른 회사들에 거래할 수 있는 방법 및 절차	9장
기술 금융	기술 개발 및 사업화 과정에서 필요한 자금을 조달할 수 있는 방안	10장
기술 보호	IP 평가, 소싱, 채택, 설정, 특허 등, 새로운 기술의 가치를 보호하는 방안	11장
기술 창업	인간중심의 기술을 기반으로 새로운 사업체를 만들 수 있는 방안	12장
기술 정책	기술사업화와 관련된 국가 및 공공단체의 정책을 이해하고 활용하는 방안	13장
사회적 혁신	기술을 사회적 가치 증진을 위해서 활용하는 방안	14장

이 책의 2장에서는 기술 예측에 대해서 다룹니다. 기술발전의 관점에서 향후 미래 기술에 대한 비전을 제시하기 위해 행해지는 과정이며, 기술 혁신의 중요성이 강조되는 오늘날의 환경에서 기업의 신산업 및 미래 유망기술에 대한 조사와 예측은 기술경영의 시작이라 할 수 있습니다.

이 책의 3장에서는 기술 기획에 대해서 다룹니다. 기술 기획은 기업이 보유하고 있는 한정된 기술과 기술적 역량에 대해 무엇을 집중적으로 추진하고 어떤 기술을 채택 혹은 개발할 것인가에 대한 전략을 만드는 과정입니다. 조직의 비전이 목표를 제시하면 내부적인 기술 전략이 수립됩니다. 이러한 기술 기획은 기업이 경쟁우위 확보를 위해 나아가는 방향을 제시합니다.

이 책의 4장에서는 기술 혁신에 대해서 다룹니다. 기술 혁신에서는 기존 제품의 질적인 향상 혹은 기존 제품과는 다른 새로운 디자인과 제품을 만들기 위해, 기업 내부의 자금 등 물적 관리와 기술개발인력의 확보 등 환경조성이 필요하며, 신기술에 대한 고객에 대한 혜택에 대한 고민도 중요시하게 됩니다.

이 책의 5장에서는 혁신 전략에 대해서 다룹니다. 기술 관리에서는 기술 혁신을 관리하기 위한 여러 방법론을 소개하고, 전략 기술 과제를 도출하기 위해 기회를 탐색하는 과정에 대해서 살펴봅니다.

이 책의 6장에서는 기술 개발에 대해서 다룹니다. 신기술개발은 기존에 존재하지 않는 제품을 만들기 위해 아이디어를 수집하고, R&D 활동, 제품설계, 생산, 판매 등의 과정을 통해 새로운 제품을 만드는 것을 의미합니다. 이러한 신제품을 만들기 위해서는 기존 시장을 지배하고 있는 기술에 대한 분석이 필요합니다.

이 책의 7장에서는 기술 조직에 대해서 다룹니다. 인간중심의 기술사업화를 효과적 효율적으로 수행하기 위해서는 어떠한 조직이 있어야 하며, 어떤 인재가 필요한지를 다룹니다.

이 책의 8장에서는 기술 평가에 대해서 다룹니다. 현재 해당 기업이 가지고 있는 기술이 금전적으로 얼마나 가치가 있는지를 측정하는 다양한 방법들을 소개하고, 그들 중에서 인간중심의 기술사업화에 적합한 방법들을 설명합니다.

이 책의 9장에서는 기술마케팅에 대해서 다룹니다. 어떤 기업이 가지고 있는 기술은 그 기업이 직접 사용하여 기술사업화를 추진할 수도 있지만, 그 기술을 더 효과적으로 사용할 수 있는 다른 기업에 양도하여 사용자와 개발자를 위해 기술의 가치를 극대화하는 방안도 있습니다.

이 책의 10장에서는 기술 금융에 대해서 다룹니다. 기술을 개발하는 과정과 사업화하는 과정에서 자금이 필요하기 마련입니다. 자금을 조달할 수 있는 다양한 방법을 제시하고, 해당 경우에 따라서 가장 적절한 방법이 무엇인가를 구분할 수 있는 방법과 절차를 다룹니다.

이 책의 11장에서는 기술 보호에 대해서 다룹니다. 기술은 그 자체로 보호할 충분한 가치가 있으며, 각 기술의 특징에 따라서 그 방법이 달라질 수 있습니다. 이 장에서는 다양한 기술 보호 방법에 대해서 살펴보고, 인간중심으로 기술을 보호할 수 있는 절차와 방법에 대해서 다룹니다.

이 책의 12장에서는 기술 창업에 대해서 다룹니다. 기술을 기반으로 새로운 사업을 만드는 과정은 그 자체로 매우 큰 주제입니다. 특히, 본 장에서는 인간중심으로 새로운 기술 기반 사업체를 만드는 과정과 절차에 대해서 다룹니다.

이 책의 13장에서는 기술 정책에 대해서 다룹니다. 인간중심으로 기술사업화를 진행하기 위해서는 여러 가지 정책적인 도움이 필요하기 마련입니다. 기술사업화와 관련되어 있는 여러 가지 정책들을 소개하고, 그런 정책들을 효과적으로 활용할 수 있는 방법에 대해서 다룹니다.

이 책의 14장에서는 기술을 통하여 세계 공동체가 풀어야 하는 과제이자 어느 한 주체가 나서서 해결할 수 없는 복잡한 사회 문제(social problem)에 대해 대안을 도출하기 위한 방법론을 다룹니다.

이러한 총 열네 단계의 과정을 통해서 기술중심이 아니라 그 기술을 사용하고 개발하는 사람중심으로 새로운 제품이나 서비스를 만들어 낼 수 있는 단초를 제공할 수 있기를 기원합니다.

In Class Discussion Topic

- 앞에서 여러 가지 기술경영의 구성 요소에 대해서 알아보았습니다. 이런 전통적인 요소 외에 최근 들어서 새롭게 등장하고 있는 기술경영의 중요한 구성 요소는 무엇일까요?
- 인간 중심의 기술경영이기 때문에 특히 그 중요성이 높아지는 기술경영의 구성 요소는 무엇일까요?

나가면서…

이 책에서는 인간중심의 기술사업화라는 측면에서 기술경영의 제반 과정을 다룹니다. 결국 기술의 가치는 그것을 만드는 사람들의 노력의 결과를 그것을 사용하는 사람들의 경험 속에서 발현될 수 있도록 적절한 형태의 사업으로 구체화하는 과정에서 극대화될 수 있습니다. 이 책을 통해서 그러한 과정을 좀 더 효과적 효율적 그리고 재미있게 수행할 수 있기를 바랍니다. 그럼 다음 장에서는 인간중심의 기술사업화 관점에서 본 기술 예측에 대해서 이야기를 나누어 볼까요?

Out Class Team Project

- 이 책을 읽으면서 배운 내용을 실제로 적용해보기 위해서 하나의 특정 기업을 선정해 봅시다.
- 기술경영의 발전진화 방향을 고려한다면, 해당 기업의 신제품을 어떤 방향으로 발전시켜 나가야 할까요?
- 대상 기업의 해당 제품에 대해 인간중심의 기술경영 방법을 적용한다면 최종적으로 추구하는 목표는 무엇일지 구체적으로 작성하여 볼까요?

참고문헌

박종복·조윤애·이상규·성열용·권영관. (2011). 민간부문의 기술사업화 활성화 방안, 산업연구원, (연구보고서 2011-603)

김찬호. (2013). 창조경제시대 중소기업의 기술사업화 성공과 실패 사례연구. 한국과학기술정보연구원 정보분석연구소. ISBN 978-89-294-0320-1

김용정. (2015). 정부 R&D 성과의 기술사업화 실패 사례 연구. 한국과학기술 기획평가원,(연구보고 2015-011)

신용하 외. (2003). 기술경영론: 남향문화.

손수정. (2009). 기초원천기술 경쟁력 강화와 특허정책. 과학기술정책연구원.

Adner, R.(2012). *The wide lens: What successful innovators*: the Penguin Group.

Badawy, M.(1998). Technology management education: alternative models. *California Management Review*, 40(4), 94.

Beard, J. W.(2002). Management of Technology: A Three-Dimensional Framework with Propositions for Future Research Knowledge, *Technology, & Policy*, 15(3), 49-50.

Cetindamar, D., Phaal, R., & Probert, D.(2009). Understanding technology management as a dynamic capability: A framework for technology management activities. *Technovation, 29*(4), 237-246. doi: http://dx.doi.org/10.1016/j.technovation.2008.10.004

Chiesa V.(2001). R&D strategy and organization. London(UK): Imperial College Press

Christensen, C. M., & Raynor, M. E.(2003). *The Innovator's Solution: Creating and Sustaining Successful Growth*: Harvard Business School Press.

Council, N. R.(1987). *Management of technology: The hidden competitive advantage*: National Academy Press.

Drejer, A.(1997). The discipline of management of technology, based on considerations related to technology. *Technovation, 17*(5), 253-265. doi: http://dx.doi.org/10.1016/S0166-4972 (96)00107-1

Dusek, V.(2006). *PHILOSOPHY of TECHNOLOGY: an introduction*. 350 Main Street, Malden, MA 02148-5020, USA: BLACKWELL PUBLISHING.

Miller, WL, & Morris, L.(1998) Fourth generation R&D. New York: Wiley

Pisano, Gary P.(2015). You Need an Innovation Strategy. *Harvard Business Review*, June Issue.

Rothwell R.(1994). Towards the fifth-generation innovation process. Int. Market Rev, 11(1), 7-31.

Roussel P, Saad K, Erickson T.(1991). Third generation R&D. Boston(MA): Arthur D. Little Inc.

Simon, H. A., & Newell, A.(1958). Heuristic Problem Soloving: The next advance in operations research. *Operations Research, 5*(1), 1~10.

Stevens, Greg A., & Burley, James(1997). 3,000 Raw Ideas = 1 Commercial Success! RESEARCH-TECHNOLOGY MANAGEMENT, 40, 16

Thamhain, H. j.(2005). *Management of Technology: Managing Effectively in Technology-Intensive Organizations*. John Wiley & Sons, Inc.

기술 예측

기술은 대충 짐작하는 것이 아니라
정밀하게 예측하는 것

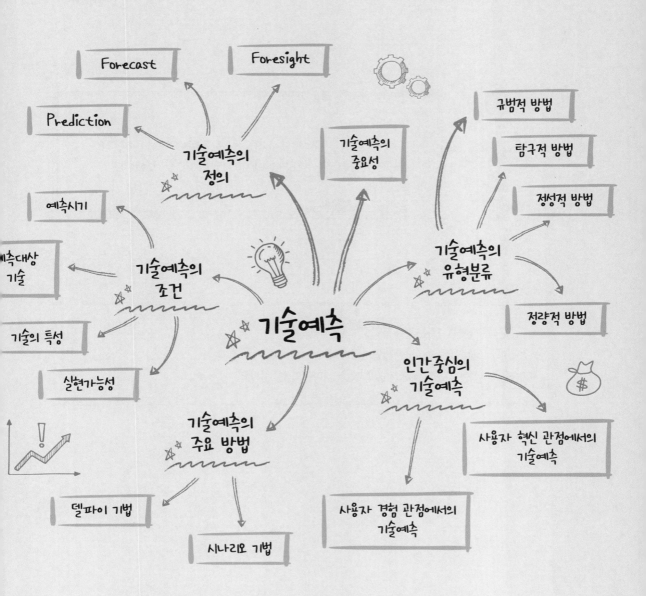

Forecast

Foresight

Prediction

기술예측의
정의

기술예측의
중요성

규범적 방법

탐구적 방법

정성적 방법

예측시기

예측대상
기술

기술예측의
조건

기술예측의
유형분류

정량적 방법

기술의 특성

기술예측

실현가능성

인간중심의
기술예측

사용자 혁신 관점에서의
기술예측

기술예측의
주요 방법

델파이 기법

사용자 경험 관점에서의
기술예측

시나리오 기법

기술 예측

기술은 대충 짐작하는 것이 아니라 정밀하게 예측하는 것

동영상강의

빌게이츠
(Bill Gates)

다음 세기를 내다 보아라. 다른 이들에게 최대한의
능력을 불어넣는 사람이 바로 지도자가 될 것이다.

✓ 시작하는 질문

- 기술을 정밀하게 예측하는 것이 왜 그렇게 중요할까요?
- 정확하게 미래 기술을 예측하는 방법이 있을까요?
- 기술을 예측하는 데 있어, 해당 기술의 사용자는 어떤 역할을 할까요?

들어가면서…

　이번 장에서는 기술 예측에 대한 기본적인 정의와 함께 다양한 측면에서 기술 예측이 어떻게 정의될 수 있는지 살펴보고, 기술 예측에 성공한 사례와 실패한 사례를 통해 기업전략이나 마케팅 측면에서 기술 예측의 중요성을 살펴보겠습니다. 그 다음에 기술 예측이 기업들의 연구개발 측면에서 어떠한 역할을 하고 기본적인 기술 예측 과정은 무엇인지도 한 번 살펴보고, 다음으로 이 장의 핵심이라고 할 수 있는 델파이 기법, 시나리오 기법 등 다양한 기술 예측 기법들을 살펴보고 각각의 기술 예측 기법의 특징과 장단점에 대해 이해해보도록 하겠습니다. 마지막으로 여러 가지 기술 예측 방법 중 여러분들이 나중에 기술 예측을 실제로 할 때 어떠한 기준을 근거로 기술 예측 방법을 선택하는지에 대해서도 짚어보겠습니다.

1. 기술 예측(Technology Forecasting)의 정의 및 중요성

1.1 기술 예측이란 무엇인가?

　예측에 대한 교과서적인 정의는 '합리적이고 과학적인 방법과 이용 가능한 자료 분석의 결과로서 미래의 사건, 조건 또는 상황을 전망하는 작업'(Alan, et al., 2011)입니다. 여기서 예측의 의미를 정의하는 핵심적인 개념은 '합리적이고 과학적인 방법'과 '이용 가능한 명확하고 과학적인 방법론'이 있어야 하고, '실증적인 자료를 분석하고 활용'해야 한다는 것입니다. 만일 이러한 필요조건들이 만족되지 못한다면, 그것은 예측이 아니라 단순한 짐작(Guess)이나 예견(Prediction)에 불과합니다. 이 장에서 알아보고자 하는 기술 예측(Technological forecasting)은 앞에서 정의한 예측에서 그 대상이 기술적 사건이나 기술적 속성인 경우를 가리킵니다. 일반적으로 기술 예측이라는 표현과 관련하여 유사한 개념들로는 Foresight, Forecast 및 Predict가 있으며 그 정의는 아래와 같습니다.

- Foresight: 과학, 기술, 경제 및 사회의 장기적인 미래를 체계적으로 조사하는 과정으로, 가장 큰 경제적 사회적 이익을 가져올 수 있는 전략적 연구 영역과 일반 기술의 등장을 파악할 수 있음(Martin, 1995)
- Forecast: 합리적인 연구의 결과나 이용 가능한 관련 데이터 분석의 결과로 미래의 특정 시점을 전망하는 것(Armstrong, 2001)
- Predict: 현재 기간 이전, 도중 또는 이후의 모든 기간에 대한 단순한 추측(Cuhls, 2003)

그림 1 Forecasting과 Foresight의 차이

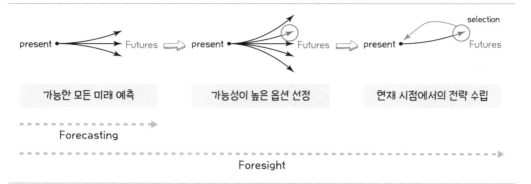

출처: Cuhls(2003)

　간략하게 위 세 가지 용어의 차이점을 살펴보겠습니다. Forecast는 합리적이고 과학적인 방법으로 미래의 특정 시점을 전망하는 것을 의미합니다. 이에 반해, Prediction은 미래뿐만 아니라 과거를 포함한 불명확한 시점에 대해 단순히 추측하는 것에 가깝습니다. 즉, Prediction은 어떤 명확한 근거에 기반한 것이 아니라 'Guess', 우리나라 말로는 추측, 짐작에 가깝다고 할 수 있습니다. [그림 1]에서 보는 바와 같이 Forecast가 단기적이나 중기적인 미래에 대한 단순한 전망이라면, Foresight는 상대적으로 장기적인 미래에 대한 전망이며, 단순히 전망에 그치지 않고 그 전망의 결과에 따라 현재 시점에서 어떤 대처가 필요한지 등에 대한 판단까지 요구하는 좀 더 전략적인 성격이 짙은 용어입니다. Foresight는 Forecast를 포함한 좀 더 넓은 의미를 가진다고 볼 수 있습니다.

　[그림 2]에서 보는 바와 같이 기술 예측이라는 개념은 기술 전략이나 기술 혁신이라는 개념과 밀접하게 연결되어 있습니다. 기술 예측은 그 범위가 미래에 대한 객관적 기대까지로 제한되어 있습니다. 이에 비해 기술 전략(Technology strategy)은 예측에 계획(Planning)까지를 더한 개념이며, 기술 혁신(Technological innovation)은 예측과 계획을 넘어 신기술의 창출에 대한 실행(Creating/Implementation)을 더한 개념입니다. 예를 들어, 이제까지의 각종 자료들을 종합하여 합리적이고 과학적으로 분석한 결과 '향후 5년 후에 10나노미터 이하의 반도체회로 기술이 상용화될 것이다'가 Forecast라면, 이에 비해 Prediction은 단순히 '언젠가는 반도체 회로 기술이 10나노미터 이하 수준에 도달할 것이다'처럼 다소 구체적이지 않은 용어라고 할 수 있습니다. 반면 Foresight는 '향후 5년 후에 10나노미터 이하의 반도체회로 기술이 상용화될 것이므로, 현 시점에서 10나노미터 상용화를 위한 설비투자를 진행할 필요가 있다'라는 의사결정이 포함된 좀 더 전략적인 용어에 가깝다고 할 수 있습니다.

그림 2 기술 예측, 기술 전략, 기술 혁신 관계

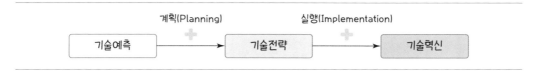

1.2 기술 예측의 중요성

이제까지 수 세기 동안 인류는 빈곤, 건강, 재정, 무역, 교통 등 당면 문제를 해결하기 위한 기술개발에 집중해 왔습니다. 그리고 비록 개발된 기술이 문제를 일으키더라도 그 문제점을 해결하기 위한 또 다른 기술을 개발하는 데 그쳐 왔습니다. 예를 들어, 화석연료 기술이 환경오염이라는 부작용을 유발하면 오염정화라는 새로운 기술로 기존 기술의 단점을 보완하는 식이었습니다. 오늘날 기업규모와 무관하게 대부분의 기업들이 복잡하고 빠르게 변화하는 기술과 밀접한 관계를 맺고 있습니다. 특히 기업이 시장에서 경쟁우위를 유지하면서 지속적인 성장을 추구하기 위해서는 첨단 기술변화에 선제적으로 대응해야 합니다. 그러기 위해서는 기업들은 어떠한 기술을 채택해야 하는지, 언제, 어떻게 이러한 기술을 개발해야 하는지, 어떻게 새로운 기술을 기존 사업영역에 조화롭게 접목시킬 수 있는지, 그리고 궁극적으로 이러한 기술이 소비자의 신뢰 향상에 얼마나 기여할 수 있는지 등에 대해 끊임없이 고민해야 합니다.

실제로 비즈니스 세계에서는 적절한 기술 예측을 통해 기술변화에 발 빠르게 대응하여 성공한 기업으로 도약한 사례와 함께, 반대로 잘못된 기술 예측으로 인해 한순간에 시장경쟁에서 도태된 사례도 비일비재합니다. 이해를 돕기 위해 사례를 통해서 살펴보겠습니다. 월마트(Wal-mart)는 IT기술이 물류 배송과 재고관리에 어떻게 영향을 미칠지에 대해 경쟁기업들에 비해 빠르게 이해해서 소매유통시장에서 우월한 시장지위를 누리고 있습니다. 애플은 휴대폰과 소프트웨어, 운영체제 기술의 융합적인 미래 예측을 통해 iPhone이라는 새로운 형태의 스마트폰으로 전 세계 사용자들의 관심을 독차지한 바 있습니다. 테슬라(TESLA)는 화석연료 자동차를 대체할 전기차 기술을 개발하였으며, 나아가 사람보다 더 안전하게 주행할 수 있는 자율 주행 기술까지 기술을 확대하여 전기차 시장을 지배하고 있습니다. 마이크로소프트(Microsoft)의 빌 게이츠(Bill Gates)는 소프트웨어 운영체제의 기술 예측을 통해 해당 시장에서 독점적 지위를 확보하게 되었습니다. 그 당시 거대 공룡기업 IBM과 협력하여 MS-DOS를 만들고 Window OS를 예측한 덕분에 빌 게이츠는 세상에서 가장

돈이 많은 갑부가 되었고, 지금은 그 돈을 가장 의미 있게 쓰는 사람이 되었습니다. 그는 "다음 세기를 내다보아라. 다른 이들에게 최대한의 능력을 불어넣는 사람이 바로 지도자가 될 것이다."라고 하면서 기술 예측을 강조했습니다.

반대의 경우도 존재합니다. RCA는 영상저장매체의 기술 예측에 실패해 자사의 레이저디스크 플레이어(LaserDisc Player)가 소니(Sony)의 VCR에 시장주도권을 내주면서 수억 달러의 손실에 직면했고, 결국에는 제너럴 일렉트릭(GE)에 인수되는 수모를 겪기도 했습니다. RCA는 1980년대 소니의 VCR이 시장에 출시되기 훨씬 이전인 1970년대 초에 이미 레이저디스크 플레이어를 상용화할 수 있는 기술력을 보유했음에도 불구하고 영상저장매체 기술 예측에 실패해 10여 년 가까이 해당 기술을 창고에 보관만 하고 있었다고 합니다. 이후 1980년대 들어 소니의 VCR에 대응하기 위해 시장에 진출했지만, 기술 예측에 실패해 적절한 진출시기를 놓친 사례로 인용되고 있습니다. IBM 또한 워크스테이션(Workstation)이 개인용 컴퓨터(PC)에 밀리면서 큰 손실을 경험했으며, 제록스(Xerox)는 자사 연구소인 Palo Alto에서 혁신적인 PC 기술을 개발했음에도 불구하고, 기술 예측에 실패해 해당 시장에서의 성장기회를 날려버리고 말았습니다.

앞서 기술된 성공 사례와 실패 사례의 원인은 대부분의 경우 복합적이어서 쉽게 규명하기가 힘든 것이 사실입니다. 그러나 이들 사례에서 공통점을 찾자면 새로운 기술에 대한 효과적인 예측 능력의 보유 유무라고 할 수 있습니다. 성공 기업들은 새로운 기술의 필요성을 인지하고 미래의 특정한 시점에 개발할 수 있는 기술에 대해 규명하고, 이러한 기술들이 경쟁 기술에 비해 어떤 우위를 가질 수 있는지에 대한 분석을 수행하였지만, 실패 기업들은 이러한 기술 예측 과정에 소홀했다는 점에서 큰 차이가 있다고 할 수 있습니다.

기술 예측의 개념과 실제 적용은 전통적으로 향후 30년 전후의 미래를 기준으로 하고 있지만, 다음과 같은 두 가지 큰 변화로 인해 기술 예측의 중요성이 더욱 부각되고 있습니다. 먼저, 시간이 흐를수록 기업들의 연구개발 비용이 기업 성장률에 비하여 상대적으로 급증하고 있다는 점입니다. 이러한 비용 압력이 가중되면서 지속 가능한 경쟁 우위와 수익창출을 담보할 수 있도록 연구개발의 방향을 설정하는 것이 점차 중요해지고 있습니다. 다음으로는, 기술 예측에 있어서 기술 자체가 아닌 사업환경을 고려하는 것이 필요하다는 점입니다. 즉, 구매자가 없으면 아무리 우수한 기술이라도 소용이 없다는 것입니다. 따라서 기술 예측에 있어서 이러한 현실적인 문제를 고려하는 것이 중요하며, 기술 예측의 목표를 기업의 매출 증대와 수익 향상, 소비자 만족, 그리고 궁극적으로는 고객경험의 극대화에 맞추어야 한다는 것입니다. 올바른 기술 예측은 연구개발 활동의 목표를 명확히 하고 기술발전이 시장기회와 연결되도록 하는 역할을 하므로, 기술 예측 활동은 모든 경영의사결정에 수반되는 것이 중요하다고 할 수 있습니다.

아무리 기술 예측을 정확하게 하더라도 조직의 경영의사결정과 변화가 수반되지 않으면 무용지물입니다. Levinthal과 March(1993)는 익숙한 기술에만 매달려 새로운 기술을 습득하지 못하고 시대에 뒤처지는 것을 경계하기 위해 능숙함의 덫(Competency trap)이라는 개념을 소개하였습니다. Teece 등(1997)은 동적 역량(Dynamic capability)을 통해 빠르게 변화하는 환경에서 조직 내외부의 모든 역량을 통합하고 재설계하는 것이 필요하다고 주장하기도 하였습니다. 또한 Christensen(1995)은 새로운 시장을 개척한 신규 제품이 종국에 가서는 기존 제품이 차지하고 있는 시장을 잠식하게 된다는 파괴적 혁신(Disruptive innovation) 현상을 통해 조직은 변화하는 환경에서 끊임없이 미래를 예측하고 그에 대비해야 한다는 것을 일깨워주고 있습니다.

In Class Activity

1. 과거 시장을 주도했지만, 기술 예측이나 시장변화에 대한 적응 실패로 경쟁에서 도태된 기술이나 기업, 제품 등을 한 가지씩 생각해 보고, 기술 예측 측면에서 구체적으로 어떤 면에서 실패했는지 논의해 봅시다.
2. 기술 예측이 매우 필요할 것으로 생각되는 기술 분야를 하나 선정하여 보고 그 이유를 제시하여 봅시다.

2. 기술 예측의 유형분류

지금까지 기술 예측이 무엇이고 왜 중요한지를 살펴보았습니다. 그렇다면 다음으로 기술 예측이 크게 어떻게 분류될 수 있는지 한 번 살펴보겠습니다. 오늘날 기업 경영진들이 직면한 가장 골치 아픈 문제 중 하나는 시간이 지날수록 급격히 변화하는 기술을 기반으로 향후 수년간의 경영계획을 수립해야 한다는 것입니다. 기업들이 이러한 근본적인 문제를 해결하기 위해서는 기술의 정확성, 성격, 속도, 크기 및 향후 자사에 미칠 영향력 등에 대해 예측하는 것이 점점 더 중요해지고 있습니다. 기술 예측을 위해 다양한 기법들이 존재하는데 상당히 여러 종류가 있기 때문에 유형화해서 보는 것도 필요합니다. 기술 예측 방법들은 목적에 따라 규범적인지 탐구적인지, 또는 기법에 따라 정성적인지 정량적인지로 분류될 수 있습니다. 각각에 대해서 잠깐 살펴보고 넘어가겠습니다.

2.1 규범적 방법(Normative forecasting)

먼저 규범적 방법은 목표지향적인 방법입니다. 기술이 인간의 필요를 충족시키기 위해 실현될 것이라는 점을 가정해서 기술 출현시기의 가능성을 예측하는 기법들을 의미합니다. 다시 말해서 규범적 기술 예측은 앞으로 어떻게 할까 또는 어떻게 하고 싶은가를 전망하고자 할 때 이용하는 방법이라고 할 수 있습니다. 여기에 속하는 기술 예측 방법으로는, 연관나무(Relevance tree), 기술연관분석법 등이 있습니다. 각 방법에 대한 자세한 내용은 뒤에서 다시 다루겠습니다.

2.2 탐구적 방법(Exploratory forecasting)

탐구적 방법은 과거 사실에 기반하여 미래를 예측하는 방법입니다. 기술의 속성들이 시간이 지남에 따라 일정한 패턴을 보인다는 가정하에 예측하는 기법들이 여기에 포함됩니다. 교차영향분석, 델파이 방법 등 대부분의 주요한 예측 방법들이 이러한 탐색적 방법에 해당합니다.

2.3 정성적 방법(Qualitative forecasting)

정성적인 방법은 말 그대로 수치나 통계에 의존하기보다는 전문가들의 전문적 견해에 기반하여 평가하는 방법으로, 전문가들의 직관을 충분히 활용하는 기법들이라고 할 수 있습니다. 델파이 방법, 시나리오 기법, 브레인스토밍, 설문조사방법 등이 여기에 해당합니다.

2.4 정량적 방법(Quantitative forecasting)

정량적인 방법은 시계열적인 수치나 통계 자료를 기반하여 이러한 흐름이 미래에도 이어질 것이라는 가정에 기반한 예측 기법이라고 할 수 있습니다. 정성적 방법에 상반되는 개념이라고 할 수 있겠죠. 추세분석, 성장 및 대체 곡선, 추세외삽법, 교차영향분석 등이 여기에 포함됩니다.

대략적으로 주요 기술 예측 방법을 이들 기준에 따라서 분류해보면 다음과 같은 도식으로 표현할 수 있겠습니다.

표 1 주요 기술 예측방법의 분류

기술 예측방법	기법에 의한 분류		목적에 의한 분류	
	정량적	정성적	규범적	탐구적
교차영향분석	○	○	○	○
델파이 기법	-	○	○	○
연관나무	-	○	○	-
시나리오 기법	○	○	○	○
성장곡선	○	-	○	○
브레인스토밍	-	○	-	○
설문조사	-	○	-	○
추세외삽법	○	-	○	○
모델링	○	-	-	○

우리나라의 기술경영 분야의 대표적인 연구자이신 카이스트 배종태 교수는 기술 예측이 무엇이고, 왜 중요한지, 그리고 어떻게 분류될 수 있는지, 기술 예측을 할 때 무엇을 고려해야 하는지 등에 대해서 간략하게 설명한 내용은 QR 코드[1]를 통해서 보실 수 있습니다.

3. 기술 예측의 요소

기술 예측이라고 할 수 있기 위해서 반드시 갖추어야 할 조건이 있습니다. 이번 에는 그 조건들에 대해서 알아보겠습니다. 기술 예측의 정의는 매우 원론적이고 포 괄적인 성격을 띠고 있습니다. 그렇기 때문에 실질적으로 기술 예측이 이루어졌다 고 인정받기 위해서는 다음의 네 가지 조건이 충족될 필요가 있습니다.

3.1 예측시기(Time of forecast)

예측시기가 명확해야 합니다. '2015년 또는 15년 후'와 같은 표현은 예측이지만, '먼 미래 또는 20~30년 후 정도' 등의 시점은 매우 모호한 표현이라서 예측의 조건 을 만족시키지 못합니다. 그렇기 때문에 먼저 예측시기를 구체화하는 것이 무엇보 다 중요합니다.

3.2 예측대상기술(Technology being forecast)

예측을 하고자 하는 대상 기술이 명확해야 합니다. 구체적으로는 기술 분류 체계의 어디에 속하고 공식적인 기술의 이름이 무엇인지가 설명되어야 합니다. 예를 들어, '생명공학에 관한 기술', '차세대 자동차 기술'과 같은 표현은 지나치게 포괄적이고 애매하다고 할 수 있습니다. 그렇기 때문에 기술 예측이 되기 위해서는 조금 더 세부적인 내용으로 그 범위를 제한할 필요가 있습니다. 전자의 경우 '유전자가위 기술'이라는 후자의 경우 '자율주행 자동차 기술'처럼 구체화할 필요가 있습니다.

3.3 기술의 특성(Characteristics of technology)

예측하고자 하는 기술의 성능이나 용도가 무엇인지, 구조는 어떻게 되는지 등에 대해서 가능한 한 자세하게 기술되어야 합니다. 예를 들어서 '인류의 행복에 기여하는 기술', '친환경적인 기술' 등은 기술 예측이라고 하기에는 너무 막연합니다. '유전자를 편집하는 기술이 기존에 비해 좀 더 정교한 기술', '전기차 배터리 효율을 두 배로 늘리는 기술' 등과 같은 표현이 더 좋은 표현이 될 수 있습니다.

3.4 실현 가능성(Possibility)

실현 가능성이 확률적으로 구체화되어야 합니다. '그렇게 될 확률이 매우 높다' 또는 '그럴 가능성이 매우 희박하다'는 예측이 될 수 없습니다. 예를 들어, '2025년에는 조종사가 필요 없는 상업용 항공기가 등장할 확률이 30%이다.' 등의 표현으로 제시되어야 합니다.

In Class Activity

1. 기술 예측의 다양한 유형들 중에서 특히 최근 들어서 더 중요해지고 있는 분야는 어떤 것이라고 생각하나요? 그 이유는 무엇일까요?
2. 평소 관심있었던 기술 분야를 하나 선정해서 기술 예측의 요소들을 반영하여 실제로 해당 기술의 미래를 예측하여 봅시다.

4. 기술 예측을 위한 주요 방법

기술 예측 방법은 공식적으로 100가지 이상 통용되는 것으로 알려져 있습니다. 그러나 이런 방법들을 모두 실제로 적용하기에는 어려움이 많은 것이 현실입니다. 실제 기술 예측이 어려운 것은 혁신적인 기술에 의한 단절적인 변화를 제대로 파악할 수도 없고, 필요한 데이터를 충분히 수집할 수도 없을 뿐만 아니라 각각의 기법들도 완전무결한 것이 아니라 나름의 장점과 단점을 가지고 있기 때문입니다. 따라서 본인이 하고자 하는 기술 예측을 위해서 가장 적절한 기술 예측 방법을 선택하는 것이 무엇보다 중요하다고 할 수 있겠습니다. 이번 장에서는 기술 예측에 있어서 가장 많이 사용되는 방법 몇 가지에 대해서 자세히 설명하겠습니다.

4.1 델파이 기법(Delphi technique)

델파이 기법은 관련 분야 전문가들을 대상으로 반복적인 설문을 실시해서 정성적으로 예측하는 기법입니다. 기술 예측에 있어서 정량적 분석이 정확성이나 신뢰성에 있어서 더 중요하다고 생각하는 분들이 계실 수 있겠지만, 데이터를 이용할 수 없는 분야나, 전문가들의 직관이 데이터에 기반한 방법보다 우수할 때가 많이 있습니다. 델파이 기법이 바로 전문가들의 지식과 경험으로부터 미래의 통찰력을 얻는 가장 대표적인 방법론이라고 할 수 있습니다. 델파이 기법은 같은 내용을 여러 번 반복 설문하는 방법으로, 앞선 설문응답 내용을 다음 설문 시에 분석 정리하여 보충자료로 제공하고, 응답하도록 하는 방법입니다. 이 방법은 여러 명의 전문가를 같은 내용의 설문에 응답하도록 함으로써 어느 개인 전문가의 응답에 대한 단점을 보충할 수도 있습니다.

4.1.1 델파이 기법의 특성

앞에서도 언급했지만 델파이 기법의 가장 큰 특징은 전문가들의 지식에 기반한 직관을 효과적으로 활용할 수 있다는 점입니다. 일반화 혹은 표준화된 자료나 데이터가 없을 경우 전문가의 직관을 통한 합의점을 도출하는 방법이라고 할 수 있겠죠. 델파이 기법의 주요 특성을 좀 더 구체적으로 열거해보면 다음과 같습니다.

① 각 전문가들에게 개별적으로 설문서와 종합된 결과를 주고받기 때문에, 전문가들이 독립적이고 동등한 입장에서 의견을 제시할 수 있습니다. 그 분야에

대한 전문가들의 영향력에 의해 결과가 영향을 받을 가능성이 낮다는 의미입니다.

② 설문이 익명으로 진행되기 때문에 외부의 영향이 거의 없고, 설문과 결과 통보가 반복적으로 진행되기 때문에 전문가들이 지속적으로 관심을 가질 수 있습니다.

③ 설문의 결과는 종합적으로 보여지기 때문에 전문가들 간 의견차이나 소수의 의견에도 관심을 가질 수 있습니다.

4.1.2 델파이 기법의 실행방법

먼저 관련 연구주제에 대해 학회의 추천을 받거나 문헌조사 등을 통해 전문가들을 패널로 선정합니다. 그리고 이들을 대상으로 사전적으로 자유로운 형식으로 질문을 하고 자료를 수집해서 설문지를 만듭니다. 설문지가 만들어지면 이메일이나 우편으로 패널들에게 설문을 요청하고 그 결과를 분석합니다. 분석된 결과와 함께 동일한 설문을 다시 패널들에게 보내게 됩니다. 여기서 패널들은 다른 패널들의 응답을 참고하여 자신의 의견을 조정해서 설문을 제출하고 이러한 과정을 몇 차례 반복해서 진행하게 되면 패널 간에 어느 정도 의견 일치가 됩니다. 의견 일치가 쉽지 않은 경우에는 의견이 일치하지 않는 이유도 중요한 관심의 대상이 될 수 있습니다.

4.1.3 델파이 기법의 조건

델파이 기법의 조건은 세 가지 정도를 들 수 있는데, 이 중 가장 중요한 것이 익명성입니다. 패널로 구성된 전문가들이 서로에 대해서 모르고 있어야 합니다. 다음으로는 설문의 결과가 통계적으로 표현되어야 한다는 것입니다. 설문 결과가 통합되어 중앙값과 IQR(사분위수 범위, Inter Quartile Range)로 계산될 수 있습니다. 중앙값은 자료를 크기 순서로 나열했을 때 가장 중앙에 위치하는 값으로 전체 자료의 수가 홀수일 때는 $(n+1)/2$번째 값이, 전체 자료의 수가 짝수일 때는 $n/2$번째 값과 $(n+1)/2$번째 값의 평균값이 됩니다. IQR은 자료를 크기 순서로 나누었을 때 1/4 지점의 수와 3/4 지점의 수의 차이(3/4 지점의 수에서 1/4 지점 수를 뺀 값)를 의미합니다. 델파이 기법의 원리를 통계적으로 표현하면, 반복적인 설문을 통해 얻어진 자료의 IQR을 줄여나가는 과정이라고 할 수 있겠습니다. 마지막으로 피드백은 요약된 결과가 패널들에게 배포되어 IQR에 벗어나는 예측에 대해 찬성 또는 반대 의견을 묻고 새로운 예측을 하도록 할 수 있어야 한다는 것입니다.

4.1.4 델파이 기법의 장단점

델파이 기법의 장점은 다음과 같습니다. 기술 예측 문제에 대해 객관적으로 접근할 수 있고, 익명성이 보장되고 독립적이기 때문에 전문가들이 자유롭고 솔직한 의견을 게재할 수 있습니다. 따라서, 일부 영향력 있는 전문가들의 의견에 휩쓸리지 않을 수 있습니다. 그리고 여러 전문가 의견을 수렴하여 피드백할 수 있다는 점과 참석자들의 시간 및 경제적인 비용이 절감될 수 있다는 점 등이 있습니다.

단점으로는 시간이 너무 오래 걸릴 수 있다는 점입니다. 반복해서 설문을 진행하다 보면 다양한 이유로 설문에 참여하지 않는 패널이 늘어나게 되어 설문 회수율이 점점 낮아질 수 있다는 점도 중요한 단점입니다. 매회 설문 결과를 피드백하다 보면 전문가들 사이에서도 무의식적으로 다수의 의견에 따라가는 현상이 생길 수도 있고 이럴 경우에는 비록 소수 의견이지만 창의적인 발상이 무시될 수 있다는 단점도 있습니다.

델파이 기법을 적용할 때, 고려해야 할 사항 몇 가지를 언급하고자 합니다. 첫째, 설문을 작성할 때 분석 대상을 구체적이고 명확하게 제시해야 합니다. 둘째, 설문에 참여하는 전문가들의 중간 이탈을 막아야 합니다. 반복되는 설문 과정에서 전문가 수가 줄어들거나, 변경되면 응답 결과의 신뢰도가 떨어집니다. 셋째, 예측 시점을 신중하게 선택해야 합니다. 전문가들은 그 분야에 대해 너무 많은 것을 알고 있어서, 단기 유망 기술은 금방 현실이 될 것처럼, 장기 유망 기술은 마치 영화 속의 먼 미래 기술인 것처럼 생각하는 경향이 있습니다. 넷째, 예측 결과는 검증되기 전까지는 '가설'일 뿐입니다. 검증을 위해서는 시간을 두고 현실에서 벌어지는 일들이 예측 결과와 얼마나 일치하는지 추적할 필요가 있습니다.

4.1.5 델파이 기법의 절차

① 설문작성

분석하고자 하는 기술에 대해 설문서를 작성해서 전문가 패널에게 발송합니다.

② 1차 조사-기술의 실현시기 예측

각 전문가에게 예측대상 기술의 실현 시기를 요구합니다. 각 전문가들의 의견이 수집되면 이러한 결과를 정리해서 다시 전문가들에게 반송합니다.

③ 2차 조사-확인 또는 설명

전문가들은 1차 예측결과를 받고 다른 전문가들의 의견을 검토하고 자신의 예측을 다시 진행해야 합니다. 예측치를 모아서 다시 결과를 내고 2차 결과를 전문가들에게 보내 줍니다. 이러한 과정은 기술의 중요도에 따라서 3차, 4차 등 추가로 진행될 수 있습니다.

④ 최종 예측

현재 조사 차수의 예측치 결과가 이전 차수의 결과와 큰 차이가 없을 경우, 조사를 멈춥니다. 이러한 것을 안정성 평가라고 합니다. 예를 들어, 정량적 기술 예측이라면 변이계수(Coefficient of variation)를 이용하여 안정성을 평가할 수 있습니다. 변이계수는 예측치의 표준편차를 평균으로 나눈 값으로서, 평균 대비 표준편차가 작은 값이면 안정성이 높다고 할 수 있습니다. 일반적으로 변이계수가 0~0.5이면 예측 결과가 안정적이어서 추가 설문이 필요 없으며, 0.5~0.8이면 비교적 안정적이라고 판단하고(이 경우, 추가 설문 진행 여부는 조사자의 판단에 의해 결정), 0.8~1.0이면 결과가 아직 불안정하여 추가 설문이 필요하다고 볼 수 있습니다.

4.1.6 델파이 기법의 예시(관련 자료는 산업연구원, 암 분야 미래기술 예측 부분에서 발췌)

산업연구원 암 분야 미래기술 예측 자료를 통해 델파이 기법의 실제 사례를 살펴보겠습니다.

① 델파이 조사를 통해 기술과제 선정

이 단계는 전체 기술분류 상에서 예측 대상 기술의 목록을 선별하고 예측에 참여할 전문가들을 선정하는 단계입니다. 전문가 패널을 대상으로 한 설문조사에서 다음과 같은 15개의 과제가 선정되었습니다.

표2 델파이 조사를 통해 선정된 기술과제

과제 번호	기술발전 전망 요소
1	항암 주사제도 대부분 경구로 바뀌게 된다.
2	암 치료제의 선택적(표적) 치료가 가능해진다. 즉, 약제의 부작용을 최소화하고, 특정 암세포만 공격하게 된다.
3	항구토제, 항생제, 빈혈억제제, 혈소판 촉진제 등이 개발되어 항암치료 시의 부작용을 감소시킬 수 있을 것이다.
4	혈액이나 소변검사를 통해 유전자 수준에서 암의 조기 진단, 추적이 가능해진다.
5	CT, PET, MRI 등 모든 방사선적, 핵의학적 영상 기계들의 융합기술이 개발되어 하나의 영상기계로 진단하는 방법이 개발되고 효과적인 진단, 기술에 사용될 것이다.

과제 번호	기술발전 전망 요소
6	수술도 곁에서 절개를 가하지 않는 내시경적, 혹은 비 침습적인 방법이 보편화되고 로봇 이용 수술방법이 보편화될 것이다.
7	방사선 동위원소를 이용한 암세포만을 선택적으로 하는 방사선치료가 일반화될 것이다.
8	나노 테크닉을 통한 암세포의 체내 위치 파악 효율이 커져 암의 조기진단과 효율적인 치료가 가능해질 것이다.
9	면역주사처럼 손상받은 유전자를 간단한 주사로 치료하는 방법이 개발될 것이다.
10	암 특이 단백질의 동정으로 암의 백신이 개발되어 예방에 사용된다.
11	SNP 등의 발전에 따라 질병 발생 위험도를 정확하게 예측할 수 있을 것이다.
12	간세포(Stem cell)를 이용한 재생의학(Regenerative medicine)이 활성화될 것이다.
13	컴퓨터와 Bioinformatics를 사용한 치료효과 Simulation법이 사용되며 미리 효과를 예측한 후 실제 사용하는 방법이 도입될 것이다.
14	개개인의 체질에 근거한 맞춤 치료가 가능해질 것이다.
15	이식편대종양효과(Graft versus tumor effect)와 이식편대숙주효과(Graft versus host effect)의 기전을 밝혀 이식편대종양효과만을 선택적으로 취할 수 있을 것이다.

② 제2차 델파이 조사: 기술실현 시기와 현재 연구개발 수준 설문조사

선정된 암 질환의 15개 기술과제에 대해 각각의 기술 실현시기와 현재 연구개발 수준(선진국과 한국의 기술격차)을 주요 항목으로 설문조사를 실시합니다. 아래는 전문가 패널을 대상으로 실시할 설문조사 양식입니다. 이메일이나 우편을 통해 아래 설문지를 전문가들에게 발송하면 전문가들이 답변을 채워 다시 회신하게 됩니다.

표 3 델파이 제2차 설문 양식

이력번호	기술발전 전망 요소	전문도			중요도			실현시기										실현확률			현재의 연구개발수준 (선진국과의 기술격차)				실용화시 국제경쟁력 확보가능성		
								국내					세계													
		대	중	소	대	중	소	5~10년	10~15년	15~20년	20년 이후	모름	5~10년	10~15년	15~20년	20년 이후	모름	10	60	90	기술 선도	2년 이하	3~5년	5년 이상	확보 가능	약간 위험	크게 낙후
		1	2	3	1	2	3	1	2	3	4	5	1	2	3	4	5	1	2	3	1	2	3	4	1	2	3
1	항암 주사제도 대부분 경구로 바뀌게 된다.																										
2	암 치료제의 선택적(표적) 치료가 가능해진다. 즉, 약제의 부작용을 최소화하고 특정 암세포만 공격하게 된다.																										
3	항구토제, 항생제, 빈혈억제제, 혈소판 촉진제 등이 개발되어 항암 치료시의 부작용을 감소시킬수 있을 것이다.																										
...	...																										

위에 2차 설문 양식은 1차 설문 양식에 비해 아래 3차 설문 양식의 경우 2차 설문에서 진행한 설문 결과를 보여주면서 동시에 3차 설문 조사를 요청하는 양식입니다. 이처럼 전문가 패널들에게 기존 설문조사 결과를 함께 제공하게 됩니다.

표 4 델파이 제3차 설문 양식

연번 번호	기술발전 전망 요소	실현시기에 대한 2차설문 응답의 분포										실현시기의 수정응답										선진국과의 기술격차에 대한 2차 설문 응답의 분포				기술격차에 대한 수정응답			
		국내					세계					국내					세계					기술선도	2년 이하	3~6년	5년 이상	기술선도	2년 이하	3~6년	5년 이상
		5~10년	10~15년	15~20년	20년 이후	모름	5~10년	10~15년	15~20년	20년 이후	모름	5~10년	10~15년	15~20년	20년 이후	모름	5~10년	10~15년	15~20년	20년 이후	모름								
		1	2	3	4	5	1	2	3	4	5	1	2	3	4	5	1	2	3	4	5	1	2	3	4	1	2	3	4
1	항암 주사제도 대부분 경구로 바뀌게 된다.																												
2	암 치료제의 선택적(표적) 치료가 가능해진다.. 즉, 약제의 부작용을 최소화하고 특정 암세포만 공격하게 된다.	6.7%	46.7%	20.0%	20.0%	6.7%	33.3%	33.3%	36.7%	0.0%	6.7%											0.0%	0.0%	21.4%	78.6%				
3	항구토제, 항생제, 빈혈억제제, 혐소판 증진제 등이 개발되어 항암 치료시의 부작용을 감소시킬수 있을 것이다.	6.7%	40.0%	40.0%	6.7%	6.7%	40.0%	33.3%	13.3%	6.7%	6.7%											0.0%	0.0%	21.4%	78.6%				
		46.7%	40.0%	6.7%	0.0%	6.7%	73.3%	20.0%	0.0%	0.0%	6.7%											0.0%	14.3%	57.1%	28.6%				
...	...																												

③ 델파이 결과: 과제 중요도 도출 후 실현시기 예측

암 질환 분야 과제 중요도 도출

여러 차례의 설문조사 결과, 아래 표에서 보듯이, 과제번호 2번, 12번, 14번이 전문도가 '대'인 집단과 패널 전체에서 중요도가 높은 것으로 꼽혔으며, 특히 전문도가 '대'인 집단에서는 6번과 15번 과제를 집단 평균과는 달리 중요도가 높다고 보았습니다.

표5 과제 중요도 도출

순위	전체집단			전문도 '대'집단		
	과제	기술과제		과제	기술과제	
1	2	암 치료제의 선택적(표적) 치료가 가능해진다. 즉, 약제의 부작용을 최소화하고, 특정 암세포만 공격하게 된다.		2	암 치료제의 선택적(표적) 치료가 가능해진다. 즉, 약제의 부작용을 최소화하고, 특정 암세포만 공격하게 된다.	
2	4	혈액이나 소변검사를 통해 유전자 수준에서 암의 조기 진단, 추적이 가능해진다.		6	수술도 겉에서 절개를 가하지 않는 내시경적, 혹은 비 침습적인 방법이 보편화되고 로봇 이용 수술방법이 보편화될 것이다.	
3	12	간세포(Stem cell)를 이용한 재생의학(Regenerative medicine)이 활성화될 것이다.		15	이식편대종양효과(Graft versus tumor effect)와 이식편대숙주효과(Graft versus host effect)의 기전을 밝혀 이식편대종양효과만을 선택적으로 취할 수 있을 것이다.	
4	5	CT, PET, MRI 등 모든 방사선적, 핵의학적 영상 기계들의 융합기술이 개발되어 하나의 영상기계로 진단하는 방법이 개발되고 효과적인 진단, 기술에 사용될 것이다.		14	개개인의 체질에 근거한 맞춤 치료가 가능해질 것이다.	
5	14	개개인의 체질에 근거한 맞춤 치료가 가능해질 것이다.		12	간세포(Stem cell)를 이용한 재생의학(Regenerative medicine)이 활성화될 것이다.	

전체 전문가 암 질환 분야 실현시기 예측

[그림 3]에서 보는 바와 같이 암 질환 분야 전체 15개 과제 중 국제적으로는 2011~2015년에 9개 과제가 2016~2020년에 5개 과제가 실현, 국내적으로는 2011~2015년에 6개 과제가 2016~2020년에 7개 과제가 실현될 것으로 예측했습니다. 또한 전체적으로 국내 수준이 국제 수준에 비해 5년 이내의 기술 격차가 있는 것으로 보았습니다.

그림 3 전체 전문가가 예측한 암 질환 부문의 기술 실현시기

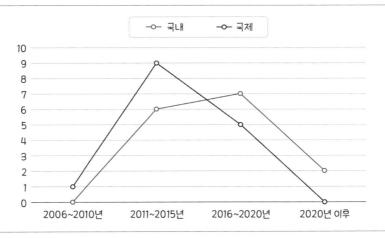

4.2 시나리오기법(Scenarios method)

시나리오 기법은 인과적 과정과 의사결정 시점에 주의를 집중시키기 위해 연속적 사건들을 가상적으로 설정하는 방법입니다. 유명한 학자들이 이 시나리오 기법에 대해서 내린 정의를 살펴보겠습니다.
① 미래에 일어날 개연성이 높고 인간과 사회에 있어 그 영향력이 클 가능성들을 추려내어 이를 제시하는 방법(Michael Porter, 1985)
② 무언가 미래에 결정을 하기 위해서 미래에 변화될 여러 가지 상황들이 어떻게 펼쳐질 것인가를 알게 해주는 도구(Peter Schwartz, 1991)
③ 발생 가능한 미래의 모습들을 예상하는 숙련된 전문적 방법론(Paul Schoemaker, 1995)

위 내용을 대략적으로 요약해 보면 미래의 의사결정을 위해서 미래 상황에 대한 몇 가지 가능한 시나리오를 만드는 것입니다. 시나리오 기법의 장점이라고 하면 변화하는 환경에 대한 가장 탄력적 대응으로 대안을 제시해 줄 수 있다는 것입니다. 시나리오 기법은 기술의 진화과정에서 고려될 수 있는 환경요인들을 포함하며, 기술과 환경, 환경과 환경 간의 상관관계를 추론하고, 정량적 데이터와 정성적 데이터를 사용합니다. 이러한 시나리오 기법은 일반 예측기법에 비해 비용이 많이 소요되고, 장기간의 시간소요가 따르는 단점을 가지기도 합니다.

4.2.1 시나리오 기법 목적 및 특성

시나리오 기법은 어떤 구체적인 결론을 얻어 내기 위해 활용하는 수단이라기보다는 미래의 모든 가능성에 대한 전체적인 윤곽을 그려내는 데 목적이 있습니다. 그리고 의사결정자에게 확실한 결론을 제공하는 것이라기보다는 결론을 내리는 데 고려해야 할 모든 가능성과 방향을 예측해 판단근거로 제공하는 기능을 한다고 할 수 있습니다.

기존의 의사결정 기법들은 하나의 대안을 놓고 집중적으로 분석하고, 불확실성에 대한 판단에서 주관과 추측이 개입되기 쉽다는 단점이 있습니다. 이에 비해 시나리오 기법을 통한 의사결정에서는 개인의 주관이나 추측이 끼어들 소지가 적다는 특징을 가지고 있고, 미래에 대한 모든 가능성을 분석하므로 의사결정자들이 과소 또는 과대 예측할 오류를 줄여줄 수 있다는 점도 차별점이라고 말할 수 있습니다.

4.2.2 시나리오 기법 구성단계

첫 번째는 목표와 현상에 대한 정리 단계입니다. 이 과정은 조직이 처한 환경에 대한 의문을 명확히 하는 단계로 궁극적 목표나 문제를 정의하고 형상화하는 과정입니다. 두 번째는 시나리오 기법에 필요한 정보들을 열거하는 단계입니다. 목표에 대한 의사결정을 할 수 있도록 필요한 정보를 도출하는 과정입니다. 세 번째는 외부 환경인자를 반영하는 단계입니다. 의사결정이 미래에 어떤 모습으로 영향을 미칠 수 있는가에 대한 외부 환경요인을 찾아내는 단계라고 볼 수 있습니다. 네 번째는 시나리오 기법에서 고려할 주요 변수를 설정하는 단계입니다. 이 단계에서는 도출된 주요 환경인자들의 종합적 변화 방향을 설정합니다. 여기까지가 완료되면 그 다음에는 변수들을 이용해 목표에 맞게 시나리오를 작성해야 합니다. 변수가 목표 연도에 변화할 수 있는 가능한 환경의 모습과 각 변수들에 대한 극한 상황들의 상호결합을 통해 시나리오를 작성하는 단계입니다. 마지막으로 작성된 시나리오를 바탕으로 의미를 분석하게 됩니다. 시나리오에서 기회와 위협요인을 도출하고, 전략적 의미를 분석하여 대안을 찾는 단계라고 볼 수 있습니다.

4.2.3 시나리오 수립 방법

한국보건산업진흥원에서 발간한 미래기술 예측 방법론 자료를 이용하여 시나리오 기법에 대해 좀 더 자세히 들여다보도록 하겠습니다. 크게 핵심이슈 파악, 의사결정요소 파악, 환경요인 파악, 시나리오 선별, 시나리오 쓰기, 대응전략 수립 등 여섯 단계로 구분됩니다. 아래 표에 좀 더 자세히 설명되어 있습니다.

표 6 시나리오 수립 단계별 목적과 질문

단계	질문	목적
1	무엇을 의사결정 할 것인가?	핵심이슈 파악
2	무엇을 알아야 의사결정 할 수 있는가?	의사결정요소 파악
3	환경요인은 어떠하며, 핵심이 되는 것은 무엇인가?	환경요인 파악
4	의미 있는 시나리오는 무엇인가?	시나리오 선별
5	미래가 어떻게 펼쳐질지 서술할 수 있는가?	시나리오 쓰기
6	미래에 어떻게 대응해야 하는가?	대응전략 수립

핵심이슈 파악 단계에서는 조직, 기술 등 현재 가장 중요한 이슈가 무엇인지를 명확히 해야 하는 단계입니다. 예를 들어, 사업확장과 다각화를 진행해야 하는지, 또는 장기적으로 기술을 확보해야 하는지 아니면 외부에서 사와야 하는지 등에 대한 이슈를 파악하는 것입니다.

다음으로 의사결정요소 파악단계인데, 여기서는 핵심이슈에 대해 답을 하기 위한 근거가 무엇인지 알아야 합니다. 여기서 말하는 의사결정요소는 외부환경과 관련된 것으로 내부적으로 통제 불가능한 것을 말합니다. 예를 들어, 시장의 크기, 성장률, 정부 정책 방향, 장기적인 경제전망(물가, 환율 등) 등이 있습니다.

환경요인 파악 단계에서는 앞서 선정한 의사결정요소들의 방향과 값을 좌우하는 요인들을 알아야 합니다. 이를 위해서 주로 거시경제 환경 분석인 PEST분석과 산업환경 분석인 마이클포터의 산업구조 분석(5-Forces)이 사용됩니다.

표 7 거시환경과 산업환경 분석

거시환경(PEST)	산업환경(5-Forces)
정치환경 경제환경 사회환경 기술환경	기존 경쟁자 잠재 경쟁자 공급자 구매자 대체재

① PEST(거시환경분석 기법)

PEST분석은 예측할 대상이 처해있는 환경과 기회/위협 분석을 통해 기회를 찾거나, 현재와 변화 방향과의 차이를 발견하기 위해 사용하는 기법입니다. PEST를 분석할 때는 단순히 각 항목 분석에 그치는 것이 아니라, 각각이 우리가 예측하고자 하는 대상에 미치는 영향을 이해하여 대책을 수립 및 실행하는 것이 중요합니다.

PEST = P(Political) + E(Economical) + S(Social) + T(Technological)

표 8 PEST 분석의 요소

정치/법규(Political)		거시경제(Economical)	
• 정치제도	• 정치개혁안	• GDP 성장률	• 인플레이션
• 규제철폐/민영화	• 무역자유화	• 이자율	• 환율
• 반트러스트 법규		• 에너지 가격	
사회-문화(Social)		기술(Technological)	
• 인구추세	• 고객 라이프스타일	• 정보기술	• 기술적 진보
• 여성 노동력	• 환경에 대한 관심	• 신제품 혁신	• 기술확산
• 가치관			

② 산업구조 분석모형

마이클 포터의 산업구조 분석모형은 산업의 경쟁을 결정하는 요인 파악, 경쟁의 강도와 그에 따른 잠재적 수익성 파악에 활용됩니다. 산업구조분석을 이용하면 핵심역량을 도출할 수 있고, 해당 산업분야에서의 경쟁우위 전략을 수립할 수 있다. 또한 전반적인 산업의 경쟁강도를 파악할 수 있으며, 특히 산업 내 어느 부분에서 경쟁이 일어나는지 파악할 수 있습니다. 산업구조 분석은 신규진출 기업의 위협, 기존경쟁자와의 경쟁, 대체품의 위협, 구매자의 교섭력, 공급자의 교섭력, 이렇게 다섯가지 요소로 구성되어 있는데요. 각 항목별로 자세한 내용은 다음과 같습니다.

표 9 산업구조 분석의 요소

분석 요소	내용
신규진출 기업의 위협	신규진출 기업의 위협은 진입장벽과 기존 경쟁사의 예상되는 보복에 대한 분석으로 세분함
기존 경쟁자와의 경쟁	기존 경쟁자간의 경쟁은 산업의 성장률이 낮고, 고정비의 비중이 높고, 철수 장벽이 높을 때 더욱 치열해짐
대체품의 위협	대체품의 가격과 효능이 좋을수록, 대체품을 구매자가 선호할수록, 대체품으로 교체할 경우 발생하는 비용이 없을수록 대체품의 위협이 큼
구매자의 교섭력	구매량이 많고, 구매 비중이 크고, 구매하는 제품이 차별화되어 있지 않으며, 교체비용이 낮고, 후방통합능력이 크고, 구매자가 공급업체에 대한 정보를 많이 가지고, 가격에 민감할수록 구매자가 교섭력을 가질 수 있음
공급자의 교섭력	공급량의 비중이 크고, 공급하는 제품이 차별화되어 있으며, 공급선을 교체할 때 비용이 발생하고, 대체품이 존재하지 않으며, 공급 제품이 구매자에게 중요하고, 공급자가 전방통합능력을 가지고 있을 때, 공급자가 교섭력을 가질 수 있음

환경요인까지 파악되었으면 위 시나리오 재료 중 시나리오 골격에 해당하는 환경요인으로 시나리오를 구조화하고 설계해야 합니다. 보통 가장 중요한 두 가지 불확실한 환경요인만으로 시나리오를 구성해도 충분합니다. 아래 표에서는 전체 여덟 가지 시나리오를 만들고, 이를 위해 시장의 성장 정도, 경쟁 강도, 제품의 다양성 등 세 가지 환경요인을 선정했습니다. 그런데 이 여덟 가지 시나리오를 모두 분석하는 것은 상당히 힘든 작업이 될 수 있고 비용대비 효용 관점에서 필요치 않을 수 있습니다. 그래서 이 중 발생 가능성이 높은 네 가지 시나리오만을 선정하여 다음 단계를 진행합니다.

표 10 시나리오 구성 및 선정 예시

시나리오	내용	시나리오 압축
1	시장이 성장하고, 경쟁이 치열해지고, 제품이 다양해진다.	"무한경쟁 돌입"
2	시장이 성장하고, 경쟁이 치열해지고, 제품이 한정된다.	기각
3	시장이 성장하고, 경쟁이 느슨해지고, 제품이 다양해진다.	기각
4	시장이 성장하고, 경쟁이 느슨해지고, 제품이 한정된다.	"뜻밖의 행운"
5	시장이 쇠퇴하고, 경쟁이 치열해지고, 제품이 다양해진다.	기각
6	시장이 쇠퇴하고, 경쟁이 치열해지고, 제품이 한정된다.	기각
7	시장이 쇠퇴하고, 경쟁이 느슨해지고, 제품이 다양해진다.	"니치의 시대"
8	시장이 쇠퇴하고, 경쟁이 느슨해지고, 제품이 한정된다.	"아 옛날이여"

시나리오가 만들어졌으면 각각의 시나리오별로 미래가 어떻게 펼쳐질지에 대해 구체적으로 서술하는 과정이 필요합니다. [표 11]은 노동조(2004) 시나리오 기법을 통한 도서관 서비스 연구에서 발췌한 시나리오 작성 예시입니다.

시나리오 작성에 사용된 의사결정요소는 기술의 보급 속도, 도서관 정보서비스의 이용도 두 개입니다. 이를 가지고 시나리오를 간략하게 서술하고 연구자의 상상력을 동원하여 자세하게 기술하고 있습니다.

구체적인 시나리오가 완성되고 각각의 시나리오에 대한 미래상황이 자세히 기술되었다면, 그 다음에 해야 할 것은 각 시나리오별로 대안을 도출하는 것입니다. [그림 4]는 [표 10]에서 선정된 각각의 시나리오에 대한 대응을 도출하는 과정을 보여주고 있습니다. 신제품 개발을 핵심이슈로 잡고 이에 대한 의사결정에 따라 다섯 가지 대안을 만들고 있습니다.

표 11 시나리오 쓰기 예시

시나리오1: 기술의 보급이 빠르게 진행되고, 도서관의 정보서비스가 적극적으로 이루어지는 경우

- 이용자는 자신이 갖고 있는 휴대용 단말기를 통하여, 도서관의 다양한 전자정보서비스를 이용하게 된다.
- 도서관은 자관이 보유하고 있는 이용자 정보를 최대한 활용하여 이용자 개인에게 적합한 정보를 단말기를 통하여 실시간으로 알려주게 된다.
- 보다 적극적인 서비스를 지향하는 도서관은 다양한 전자정보를 수집하게 되고, 그에 따라 전자정보원을 생산, 공급하는 출판사와 유통업체들은 전자책, 화상 정보, 동영상 정보, 미디어 정보 등 다양한 형태의 전자정보를 더욱 많이 생산하게 되어 결국 전자정보 시장이 활성화된다.
- 이용자는 도서관에서 제공하는 전자정보 서비스에 대해 만족하며, 보다 나은 서비스를 기대하고 도서관에서 요구하는 개인들의 신상 정보를 적극 제공할 것이다. 이를 통해 도서관은 보다 다양한 개인별 맞춤 서비스를 제공하고 이용자는 더욱 만족을 느껴 도서관 이용은 활성화되고 서비스의 만족도도 계속 상승한다.
- 도서관은 정보수집과 서비스에 따르는 비용의 일부를 이용자에게 부과한다. 도서관에서 제공하는 차별화된 양질의 서비스에 만족한 이용자들은 이를 수용하게 되고 도서관에서는 정보이용에 따른 부과 시스템을 도입하게 된다. 결국 양질의 차별화된 전자정보 서비스에 대해서는 유료 서비스가 정착된다.

그림 4 시나리오에 대한 대안 도출 예시

표 12 시나리오에 대한 대안 도출 예시

대안	내용
1	신제품을 최대한 빨리 값싸게 만든다.
2	신제품을 최대한 빨리 최고 수준으로 만든다.
3	신제품을 상황을 봐가며, 값싸게 만든다.
4	신제품을 상황을 봐가며, 최고수준으로 만든다.
5	신제품을 개발하지 않는다.

이렇게 대안이 만들어지면 각각의 시나리오별로 어떤 대안으로 대응을 할지 결정을 하게 됩니다. [표 13]을 보시면, 예를 들어 "무한경쟁의 돌입" 시나리오의 경우에는 대안2(신제품을 최대한 빨리 최고 수준으로 만든다)나 대안3(신제품을 상황을 봐가며, 값싸게 만든다)으로 대응을 하는 것입니다.

표 13 시나리오별 대응 방안 예시

대안	"무한경쟁의 돌입"	"니치의 시대"	"아 옛날이여"	"뜻밖의 행운"
1	-	-	●	-
2	●	●	-	-
3	●	-	-	●
4	-	-	●	-
5	--	-	-	●

4.3 성장곡선법

성장곡선법은 기술의 진보가 일정 시점을 지나면서 한계수준에 이르는 과정을 S곡선 형태로 단순화한 것으로서, 과거 시계열 데이터를 이용하여 미래의 데이터를 추정하고 예측하는 정량적 분석 방법입니다. 일반적으로 새로운 기술은 완성도가 충분히 성숙되지 않은 상태에서 처음 시장에 등장합니다. 등장 이후, 기술 진보 과정을 거치며 발전하다가 발전의 속도가 한계에 다다르며 완성도는 한계 수준에 도달하게 됩니다. 그리고 마침내 새로운 대체 제품이 나타나면서 기술은 시장에서 사라지고 새로운 대체품의 기술 진보가 시작됩니다. 예를 들면, 카세트 테이프 플레이어가 시장에 출시된 이후, 기기의 크기는 작아지고 성능은 고도화되었습니다. 그러다가 CD 플레이어가 등장하면서 점점 쇠퇴의 길을 걸었고, 지금은 박물관에서나 볼 수 있는 물건이 되어버렸습니다. CD 플레이어 역시, MP3 플레이어의 등장으로 자취를 감추게 되었으며, 이후 스마트폰의 등장과 함께 대부분의 미디어 플레이어는 사라지게 되었습니다.

성장곡선법은 마케팅 분야에서 시간의 흐름에 따른 시장 변동 과정을 분석하는 혁신확산모형으로 적용되기도 합니다. 즉, 기술이 확산되고 사용자들이 기술을 수용하는 과정을 분석하여 미래에 대한 기술 수요예측을 도출할 수도 있습니다.

S곡선을 추정하는 모형은 10여 가지가 개발되었으나, [그림 5]에서 보는 것처럼 Bass 모형(Bass, Frank M., 1969) Gompertz 모형(Hendry, I., 1972), Mansfield 모형(Mansfield, Edwin, 1961)이 가장 많이 사용되고 있습니다. 분석 대상 제품에 따라 S곡선의 형태가 조금

그림 5 Bass model S curve

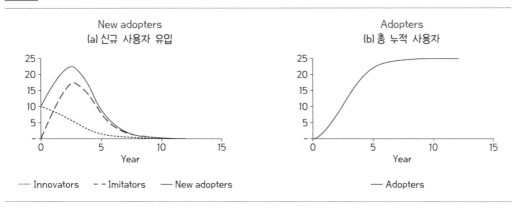

씩 다르므로, 실제 적용 시에는 여러 가지 모델을 데이터에 적용해보고 가장 잘 맞는 모형을 선택하거나, 복수의 모형 분석 결과를 모두 취합하여(예를 들면 평균을 취함) 최종 결과를 도출합니다.

성장곡선법으로 가장 많이 알려진 Bass 모형에 대해 조금 더 자세히 살펴보겠습니다. Bass 모형에서는 잠재적 사용자를 두 개의 그룹으로 나누고, 각 그룹의 기술 수용은 매스미디어 또는 주변 사용자들에 의해 영향을 받는다고 가정하고 있습니다. 매스미디어는 외부 영향으로써 광고와 같은 것들이 있습니다. 주변 사용자는 내부 영향으로서 WOM(Word-Of-Mouth)라고 불리기도 합니다. 외부 영향에 의해 기술을 수용하는 그룹은 신기술에 대한 정보를 접함과 동시에 적극적으로 기술 수용 의사를 표현하므로 Innovator라고 합니다. 반면, 내부 영향에 의해 기술을 수용하는 그룹은 주변 Innovator들이 사용하는 것을 보고 따라서 기술을 수용하기 때문에 Imitator라고 합니다. 위 그림에서 시간의 흐름에 따른 Innovator와 Imitator의 기술 수용 차이를 볼 수 있습니다. Innovator는 시간의 경과와 함께 규모가 지속적으로 줄어들며, Imitator는 처음엔 규모가 작지만 시간의 경과에 따라 점차 증가하였다가 최대 지점을 지나며 점차 감소하는 경향이 있습니다.

5. 예측기간에 따른 기술 예측방법 분류

　기술 예측 기법은 예측기간에 따라 단기예측, 중기예측, 장기예측으로 나누어집니다. 단기예측에는 추세외삽법이 있는데 이는 과거 자료를 기반으로 미래를 예측하는 것이므로, 과거의 추세가 외부적인 요인에 의해 영향을 받지 않는 단기간에만 유효한 방법입니다. 중기나 장기의 경우 변수들이 각종 외부 환경변화에 의해 영향을 받을 수 있기 때문에 추세가 과거와 연속성을 유지하기 쉽지 않습니다. 중기예측으로는 성장곡선법, 시뮬레이션법, 기술연관분석법, 연관나무방법 등이 있으며, 단기예측에서 근거하는 변수들에 비해 변화주기가 상대적으로 길기 때문에 중기예측으로 분류됩니다. 마지막으로 장기예측으로는 델파이기법, 교차영향분석, 시나리오분석 등이 있으며, 정량적 변수에 의존하기보다는 전문가 의견과 같이 정성적 요소에 기반하기 때문에 다른 방법들에 비해서 좀 더 장기적인 예측 방법에 적합하다고 할 수 있습니다.

표 14 예측기간에 따른 기술 예측 방법의 분류

구분	기법	주요 내용
단기예측	추세외삽법	과거 관측치의 경향을 미래의 연장선에 투영하는 방법 지수추세법, 회귀분석법 등
중기예측	성장곡선법	기술의 진보가 일정시점을 지나면서 한계수준에 이르는 과정을 S곡선 형태로 단순화하여 과거 시계열을 이용, 모수를 추정하고 예측하는 방법
	시뮬레이션법	실체를 모형화한 대체물에서 그 제어요인에 대한 실험결과로부터 실체를 예측하는 방법
	기술연관분석법	각 산업에 걸친 기술의 상호관계를 정량화하여 요소기술과 기술의 파급효과를 조사하는 방법
장기예측	델파이 기법	전문가 패널을 구성하여 설문조사를 반복적으로 실시하고 의견수렴을 하는 과정
	교차영향분석법	델파이 기법의 발전된 형태로, 예측대상 기술에 대해 상호영향을 미치는 요인을 분석하는 방법
	시나리오 기법	미래의 가상적인 상황에 대한 주관적인 묘사 다른 예측기법을 기반으로 여러 가지 시나리오 구상이 가능

6. HCI와 기술 예측

6.1 기술 예측에서 소수 전문가 의존 시 문제점

기존의 정성적 기술 예측은 대부분 소수 전문가의 의견에 의존하는 경향이 있었습니다. 그런데 전문가들은 자신이 속한 분야의 문제해결에 있어서는 탁월한 식견을 가지고 있을 수 있지만, 다른 분야와 연계된 복합적인 문제해결에는 최적의 대안을 제시하는 데 한계점을 지닐 수 있습니다. 또한 전문가들의 오랜 경험과 지식이 심리적 편향을 유발하여 예측 모델을 잘못 수립하거나 자료를 편향적으로 선택할 가능성도 존재합니다. 이러한 단점들을 보완하기 위해 전문가들뿐만 아니라 여러 이해관계자를 참여시키는 방안으로 제시되고 있는 인간중심의 기술 예측을 생각해 봅시다.

6.2 사용자 경험(User Experience) 관점에서의 기술 예측

시간이 지날수록 우리가 살고 있는 세상은 급속한 기술 발전과 함께 사회의 진보로 인해 상호의존성과 복잡성이 커지고 불확실성이 증가되고 있습니다. 과거에 비해 복잡성과 불확실성이 커진 상황에서의 문제를 해결하기 위해서는 새로운 접근방식과 함께 다양한 이해관계자의 참여가 점차 필요해지고 있습니다. 사회환경이 과거 기술 주도형에서 사용자 주도형으로 빠르게 전환되면서, 기술 예측도 과거 기술 자체에만 국한된 예측에서 점차 미래사회 전반에 대한 예측으로 변화되고 있습니다. 이에 따라 전문가 중심의 기술적 실현시기 등 과학기술 관점에서 한정된 예측이 아니라, 제품 및 서비스 사용자를 포함한 광범위한 이해관계자를 포함한 사회적 요소까지 고려하는 방향으로 변화가 필요합니다.

특히 ICT 기반의 제품 또는 서비스에 있어서 사용자 경험(UX)은 기술 혁신의 중요한 요소로 자리잡았습니다. 무형자산이 기업가치에 미치는 영향이 점점 커지고 있고, 그에 따라 UX를 반영한 기술 예측은 기업의 전략적 의사결정에 있어서 점점 더 중요한 역할을 하고 있습니다. 그러나 지금까지의 기술 예측은 기술을 기반으로 한 제품 또는 서비스의 성패를 좌우하는 UX 관점을 제대로 반영하지 못하는 한계점을 지니고 있습니다. 따라서, 기술 예측에 있어서 UX적인 요소를 반영해서 UX 투자의 정당성을 부여할 필요가 있습니다. 기술 예측에 있어서 UX 관점의 반영은 예를 들어, 델파이 기법에서 전문가 선정 시 UX관련 전문가들을 포함시키는 방안이나, 시나리오 분석시 PEST분석, 산업환경 분석과 더불어 UX분석을 포함시키는 방안이 있습니다.

6.3 사용자 혁신(User Innovation) 관점에서의 기술 예측

제품과 서비스의 최종사용자들이 점차 기술 혁신의 성공에 중요한 촉매가 되고 있습니다. 사용자는 어떤 제품 또는 서비스가 성공할 것인지, 실패할 것인지를 결정하는 데 중요한 역할을 합니다. 예를 들어, 통신사들은 휴대폰 시장에서 SMS(Short Message Service)의 대중화 이후 기술적으로 좀 더 진보한 MMS(Multimedia Messaging Service)가 점차 SMS의 자리를 대체할 것이라고 예상했지만, 사용자들은 여전히 SMS를 선호하고 있습니다. 이처럼 기업들은 단순히 기술의 진보성을 바탕으로 미래 기술 예측을 할 경우 예측 실패를 경험할 확률이 높기 때문에 사용자 관점에서의 기술 예측이 중요해지고 있다는 것은 아무리 강조해도 지나치지 않습니다.

MIT의 본 히펠 교수(Von Hippel, 1986, 2005)는 첨단기술 제품 개발에 있어서 선도적인 사용자(lead user)가 시장(market place)보다 앞서 있으며, 제품이나 기술에 대해 혁신적인 아이디어를 가지고 있다고 주장한 바 있습니다. 또한 선도적인 사용자는 신제품과 관련된 혁신적인 아이디어를 서로 공유하기를 좋아하며, 이런 아이디어 중에는 상업성이 높은 경우가 많습니다.

Chesbrough(2003)은 개방형 혁신(Open innovation)이라는 개념을 통해 외부와 연계된 연구개발이 기업 내부에만 국한된 연구개발에 비해 좀 더 중요한 가치를 창출해낼 수 있다고 주장하면서 연구개발에 있어서 사용자의 중요성을 강조하기도 했습니다. Von Hippel과 Chesbrough의 주장에서 보듯이, 향후 기술 예측에 있어서 사용자의 참여가 혁신적인 제품이나 서비스 개발에 있어서 무엇보다도 중요한 요소로 자리 잡을 가능성이 높습니다. 이처럼 기술 예측에 있어서 사용자 혁신을 고려하는 것은 점점 중요해지고 있습니다.

지금까지 기술 예측 방법론의 진화 과정을 크게 네 단계로 나누어 볼 수 있습니다. 첫 번째는 전문가 중심의 기술 예측 단계로, 이 시기는 델파이 기법, 시나리오 기법, 로드맵핑 등 정성적 예측 방법이 주를 이루었습니다. 두 번째는 통계적 모델에 기반한 기술 예측 단계로, 이 시기는 모델링, 추세 외삽법 등 정량적 예측 방법이 주로 사용되었습니다. 세 번째는 추세에 기반한 기술 예측 단계로, 각종 과거 지표를 활용한 미래 기술 예측 시기였습니다. 그러나 최근 이러한 기술 예측 방법에서 더 나아가 참여형 기술 예측(Collaborative foresight)으로 발전하고 있습니다. 네 번째 단계의 가장 큰 특징은 전문가뿐만 아니라 사용자를 포함한 기타 비전문가와 다양한 이해관계자 집단을 함께 고려함으로써 이들 간의 사회적 교감을 통해 미래의 기술 예측을 시도하는 것입니다. 따라서 미래에는 사용자 혁신의 관점이 기술 예측에서 더 큰 역할을 할 것으로 기대됩니다.

나가면서…

　기술 예측은 여러 외생적·내생적 요인들을 정확히 파악 및 분석하고 그 분석 결과를 기반으로 미래 유망기술 추이를 유추하는 과정입니다. 미래에 대한 높은 불확실성에도 불구하고, 각국의 선도적 연구단체와 기업들은 미래 기술시장에 대한 우위를 점하기 위해 단기·중장기적으로 다양한 방법론을 개발하여 예측조사를 실시하고 있습니다. 이러한 추세를 통해 많은 기업들이 향후 도래할 미래 기술시장을 신뢰성 높은 확률로 정확히 읽어내려는 노력을 기울이고 있습니다. 델파이 기법과 시나리오 기법은 100가지가 넘는 기술 예측 방법 중 가장 대표적인 방법들로 다양한 기관 및 기업에서 미래 기술시장을 예측할 때 자주 사용되고 있습니다. 최근에는 각각의 방법을 단일적으로 사용하기보다는 혼합하여 사용하는 형태가 나타나고 있고, 사용하는 주체에 따라 최적화된 방법으로 변형하여 사용하기도 합니다. 이렇게 기술 예측은 진화를 거듭함으로써 최근에는 기존의 공급자적 관점에서 벗어나 해당 기술의 수혜자인 사용자를 포함하여 다양한 이해관계자들을 포괄하는 인간중심의 기술 예측 개념과 기법들이 논의되고 있습니다.

Out Class Team Project

1. 일상생활 속에서 자주 접하는 IT기기 중 기술 예측에 실패한 사례와 성공한 사례를 찾아봅시다.
2. 현재 이용하고 있는 제품 중 하나를 골라 해당 제품에 대한 기술 예측 자료를 찾아봅시다.
3. 기술 예측 방법의 선택기준을 고려하여 위에서 찾은 기술 예측 기법이 적절한 방법이었는지에 대해 토의해 봅시다.
4. 현재 사용자들로부터 인기를 얻고 있는 기술을 골라 해당 기술의 기술 예측을 한다면 가장 적절한 기술 예측 방법이 무엇인지에 대해 논의해 봅시다.
5. 자신이 관심있는 기술에 대해 델파이 기법으로 기술 예측을 한다고 가정할 때 전문가 패널을 어떻게 구성할지에 대해 생각해 봅시다.

참고문헌

박병원 외. (2007). 기술동향 예측 기획센터 설립을 위한 사전기획 연구, 한국과학기술 기획평가원.

이세준·이윤준·홍정임. (2008). 통합적 미래연구 방법론의 탐색 및 적용, 과학기술정책연구원.

임현 외. (2011). 미래예측·기획 역량 고도화를 위한 기획연구, 한국과학기술 기획평가원.

황지호 외. (2010). 미국의 기술 예측 동향 및 기법 분석을 통한 미래 기술 예측 선진 모델도출, 한국과학기술 기획평가원.

O'Connell, Richard T., and Anne B. Koehler. (2005). Forecasting, time series, and regression: An applied approach. Vol. 4. South—Western Pub.

Alan, L., et al. (2011). "Forecasting and management of technology." монографiя/L. Alan, A. Porter, T. Roper, T. Mason, F. Rossini, J. Banks, F. Wiederholt.—Wiley.

Georghiou, Luke. "The UK technology foresight programme." Futures 28.4(1996): 359—377.

Martin, Ben R. "Foresight in science and technology." Technology analysis & strategic management 7.2(1995): 139—168.

Vanston, John H. "Technology forecasting: A practical tool for rationalizing the R & D process." NTQ(New Telecom Quarterly) 4.1(1996): 57—62.

Asimakopoulos, S. (2012). New Human Computer Interaction Trends Focus on User Experience.

Mahajan, V., Muller, E., & Bass, F. M. (1990). New product diffusion models in marketing: A review and directions for research. Journal of marketing, 54(1), 1—26.

Chesbrough, H. W. (2003). Open innovation: The new imperative for creating and profiting from technology. Harvard Business Press.

Porter, M. E. (1989). How competitive forces shape strategy. In Readings in strategic management (pp. 133—143). Palgrave, London.

03 기술 기획

Well begun is more than half(1/2) done

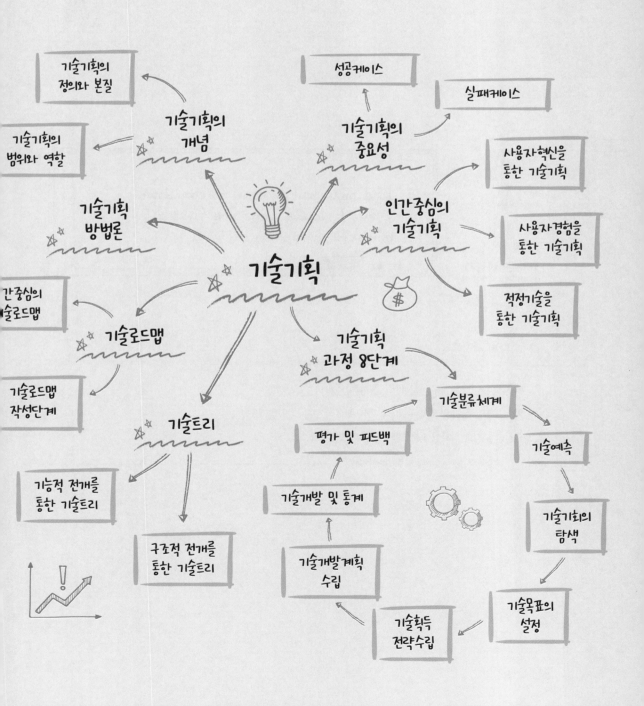

기술기획의 정의와 본질

기술기획의 범위와 역할

기술기획의 개념

성공케이스

실패케이스

기술기획의 중요성

사용자혁신을 통한 기술기획

인간중심의 기술기획

사용자경험을 통한 기술기획

기술기획 방법론

기술기획

적정기술을 통한 기술기획

간중심의 술로드맵

기술로드맵

기술기획 과정 8단계

기술로드맵 작성단계

기술분류체계

기술트리

평가 및 피드백

기술예측

기능적 전개를 통한 기술트리

기술개발 및 통계

기술기회의 탐색

구조적 전개를 통한 기술트리

기술개발계획 수립

기술목표의 설정

기술획득 전략수립

기술 기획

Well begun is more than half(1/2) done

동영상강의

에이브러햄 링컨
(Abraham Lincoln)

If I only had an hour to chop down a tree, I would spend the first 45 minutes sharpening my axe.

✓ 시작하는 질문

- 기술 기획이 무엇이며, 그리고 그것이 왜 중요할까요?
- 기술 기획을 우리 같은 기술 비전문가가 직접 수행할 수 있을까요?
- 인간중심 기술 기획에서 중요한 부분은 무엇일까요?

들어가면서···

　'기술 기획'이란 용어를 그대로 풀어 쓰자면, '기술(technology)'을 '기획'하는 것 정도로 풀어 쓸 수 있습니다. 그러나 이 책에서 언급하는 기술은 '제품을 구성하는 기술'뿐 아니라 개발자나 사용자들이 경험하는 모든 기술, 디자인, 서비스, 제품 등을 포괄합니다.

　1994년 10월 21일, 출근길에 갑자기 서울 한강 성수대교가 붕괴되어 32명이 사망하고 17명이 부상을 당하는 끔찍한 사건이 있었습니다. 트러스(Truss)공법을 무리하게 사용한 점, 안전점검 미이행, 부실공사 등이 사고의 원인으로 지적되었습니다. 또한, 붕괴사고가 일어난 후 재건 공사비용은 780억원(1995~1997), 확장공사 비용은 1,300억원(1998~2004)이 소요되었습니다(당초 성수대교 건설비용은 116억원(1977~1979)에 불과). 만약, 성수대교 건설을 기획할 당시 안전과 관련된 기술을 철저히 고려했다면, 소중한 생명이 희생당하지 않았을 것이고, 재건 공사를 시작하면서 향후 교통 수요를 좀 더 정확히 예측하였다면 추가 확장공사를 굳이 하지 않아도 되었을 것입니다. 성수대교 붕괴 사건은 일종의(건설)기술 기획의 실패 사례로 생각해 볼 수 있습니다.

　2019년 9월에 새롭게 출시한 삼성전자의 스크린이 접히는 스마트폰인 "갤럭시 폴드"는 200만원이 넘는 고가임에도 불구하고 없어서 못 팔 정도의 인기를 얻고 있습니다. 그러나 처음부터 이렇게 인기를 끌 수 있었던 것은 아닙니다. 당초 삼성전자는 갤럭시 폴드를 4월 26일에 미국을 시작으로 유럽과 국내에 출시할 예정이었으나, 미국 언론에 테스트폰 제공 후, 기술적인 하자 발견으로 인하여 9월까지 출시를 연기하게 되었습니다. 결과적으로는 문제가 된 부분을 수개월 동안 보완하여 출시하였으나, 세계 최초로 접히는 스크린의 스마트폰을 출시하는 데 너무 집중하다 보니, 사용자(User)의 편의성, 사용성 등을 간과했던 것입니다. 이것은 기술 기획을 수행하면서, 과도한 일정 앞당기기, 모니터링/평가/피드백 등의 절차가 미흡하여 발생한 것으로 볼 수 있습니다.

　지금부터 몇 가지 사례를 통해 기술 기획의 중요성에 대해 강조하고, 다음으로 기술 기획의 개념과 방법론을 살펴보겠습니다.

1. 기술 기획이 중요한 이유

　요즘 '아이리버'를 아는 사람은 예전에 비해 많지 않지만, 2000년대 초반에 중고등학생에게 인기 선물은 MP3플레이어였고, 그때 가장 갖고 싶어했던 것이 '아이리버(당시 회사명은 레인콤)'에서 나온 삼각형 모양의 MP3였습니다. 2004년 당시 세계 시장 점유율 25%를 차지할 정도로 아이리버의 MP3 플레이어는 유명세를 탔었습니다. 결국 MP3도 아이리버도 과거의 기억 속으로 사라졌지만 지금 이 책에서 이야기하려는 것은 아이리버가 어떻게 MP3 플레이어로 당시 세계시장을 점유할 수 있었는지 그 요인에 대한 이야기입니다.

당시 미국에는 스티브 잡스가 있다면 한국에는 양덕준이 있다는 말이 있을 정도로 아이리버의 양덕준 사장은 디자인 경영을 최초로 전자제품에 도입하는 혁신을 실천한 인물입니다. 양덕준 사장은 당시 기존 MP3 플레이어 제품들과의 경쟁에서 이기기 위해서는 무언가 특별한 '무기'가 필요하다고 판단하여 차별화의 핵심요소로 '차별화된 디자인'이라는 결론을 내리게 됩니다. 전통적인 제품디자인 설계 절차는 시시각각 변하는 소비자들의 요구를 만족시킬 수 없다는 점에 착안하여 기존의 디자인 설계 절차가 아닌 다른 기법에 눈을 돌리게 된 것입니다. 아이리버의 내부에는 디자인을 담당하는 부서가 없었습니다. 디자인 분야는 외부 전문가 집단을 활용하여 아웃소싱하는 것이지요. 대신 자사는 기획이나 마케팅에 집중하게 되었습니다. 사업 초창기부터 미국 실리콘밸리에 본사를 둔 글로벌 디자인 업체인 이노디자인과 협업을 하였습니다. 아이리버는 이노디자인과 원활한 협업을 위해서는 서로 다른 두 회사의 설계 솔루션을 통일하는 것이 중요하다고 생각했습니다. 그리하여 기존의 솔루션을 버리고 새로운 3D CAD솔루션을 도입했습니다. 도입 초기에는 새로운 CAD프로그램을 사용하는 엔지니어들의 거부감과 혼란이 있었으나, 제품개발에 소요되는 시간을 줄일 수 있게 된 것은 물론 시장에서도 좋은 반응을 보이자 오히려 직원들의 호응을 얻게 되었습니다.

아이리버가 출시해 많은 인기를 얻은 최초의 플래시 타입형 MP3 플레이어인 'iFP-100' 시리즈는 제품의 디자인에서 기구설계, 회로설계, 금형설계를 거쳐 양산까지 5개월 이상 걸리던 시간이 3개월 만에 만들어진 제품입니다. 이 제품은 당시 MP3 플레이어는 사각형이란 일반적인 통념을 깨고 삼각형 모양으로 만들어진 제품으로 이후 많은 카피제품이 나오기도 했습니다. 이렇듯 아이리버는 제품개발 초기에 소비자 및 시장의 선호를 파악하여 디자인을 외부 업체에 아웃소싱하여 큰 성공을 거둔 사례입니다. 기술 기획 단계에서 기술(디자인 포함)을 직접 개발할 수도 있지만 외부에 위탁하여 개발하는 것도 성공할 수 있다는 것을 단적으로 보여준 예라고 할 수 있습니다.

좀 더 최근의 서비스 기술 성공사례로, 스타벅스의 모바일 결제 시스템인 '사이렌 오더'를 들 수 있습니다. 여느 커피숍과는 다르게 진동벨 시스템이 없는 스타벅스는 손님들이 카운터에 줄을 서서 주문하고, 커피가 나오기를 한참을 서성이며 기다리는 게 일상이었습니다. 이러한 소비자의 불편과 불만을 해소하기 위해서 2013년에 모바일 앱(App)에 선불로 돈을 충전해서 사전에 음료를 주문하는 시스템인 '사이렌 오더'를 도입했습니다. 사이렌 오더는 전국 스타벅스 매장의 전체 주문량의 18%에 달하는 하루 평균 11만 건이 결제되고 있습니다. 사람이 할 일을 서비스 기술을 통해 수행하면서, 그로부터 얻게 된 비용절감으로 인건비 및 원재료 가격 상승에도 불구하고 커피가격을 올리지 않을 수 있게 되었습니다. 또한 앱에 축적되는 빅데이터를 활용하여 근로자의 근로시간을 탄력적으로 조정하는 데 활용하기도 합니다. 예를 들어, 매장별 피크타임을 요일별, 시간별로 분석하여 파트타임 근무자의 시간을 적절히 배정하는 데 활용하고 있습니다. 뿐만 아니라, 우리나라에서 처음으로 도입된 사이렌 오더는 스타벅스의 근원지인 미국으로 수출되기까지 했습니다. 사이렌 오더의 서비스 기술 기획은 누가 어떻게 한 것일까요? 사이렌 오더의 기획자는 사용자 경험(User Experience)과 밀접한 업무인 매장의 바리스타와 소셜 미디어 담당을 오래하셨던 분입니다. 소비자와 가장 가까운 곳에서 현장을 누구보다 잘 알고 있는 사람이 기획을 한 것입니다. 기술 기획에서 사용자 경험이 얼마나 중요한지 알 수 있는 사례입니다.

반면에 기술 기획이 잘못되어서 낭패를 본 경우도 있습니다. 2004년 CJ 모바일 사업팀은 지팡(G-Pang)이라는 일명 '게임폰' 프로젝트를 시작했습니다. KT가 통신을 서비스하고, 삼성전자와 LG전자가 게임용 단말기를 제작하며, CJ가 게임 콘텐츠를 제공하는 대형 프로젝트였지요. 당시 KT는 마케팅비로 104억원을 투자했고, CJ는 게임 콘텐츠 제작에 405억원을 투자했습니다. 그러나 지팡은 그야말로 '대실패'로 끝나고 말았습니다. 최소 80만대로 예상했던 게임폰의 보급은 고작 4만대에 그쳤고, 40개의 게임이 거둔 총 매출은 1억원이었습니다. CJ 관계자에 따르면, 지팡의 실패 이유는 "너무 빨랐기 때문이다"라고 합니다. 요즘은 소비자들이 휴대폰을 선정하는 기준이 화면크기, 디자인, 성능 등이 큰 부분을 차지하지만, 2004년 당시에는 경량화에 집중하고 있었고, 특별한 기능을 가지고 있는 휴대폰 보다는 크기가 작은 휴대폰이 인기를 끌었었습니다. 이러한 추세에 반하여 지팡은 고용량의 게임을 운용해야 했기 때문에 액정과 휴대폰 사이즈가 커졌고 이로 인하여 소비자들이 외면하게 된 것이죠.

이보다 앞선 2003년에 노키아는 최대의 야심작으로 게임기형 휴대폰인 N-gage라는 제품을 발표합니다. 이 제품 또한 지팡과 마찬가지로 실패하고 말았죠. 당시 모바일 게임 시장이 급속도로 발전하였고, 노키아는 게임을 편안하게 즐길 수 있는 제품이 필요하다는 점을 생각하고 게임에 특화된 디자인을 가진 게임용 휴대폰을 출시하였습니다. 그러나 N-gage는 게임기능에 너무 집중한 나머지 휴대폰이 본래 기능인 통화가 불편하다는 단점이 있었습니다. 결국 N-gage는 소비자에게 외면 당했고, 이 제품을 통해 모바일 게임 시장을 석권하려고 했던 노키아의 야심찬 계획은 수포로 돌아가고 말았습니다.

애플의 스마트폰인 아이폰이 본격적으로 출시되기 시작한 2007년 이전에는 LG전자가 전 세계 휴대폰(피처폰) 시장의 5% 이상의 점유율을 차지하고 있었습니다. 스마트폰이 인기를 얻기 시작할 무렵, LG전자는 스마트폰보다는 기존의 자사 인기 기종인 피처폰에 집중했습니다. 경쟁사인 삼성전자가 2009년에 갤럭시를 출시한 것과 다르게, 2010년까지 스마트폰을 출시조차 하지 않은 것입니다. 결국, 2011년에 스마트폰을 출시하긴 했지만, 성과는 그리 좋지 못했습니다. 또한, 소비자의 니즈를 고려하지 않고, 기술개발에만 집착하여 2016년에 출시한 세계 최초 모듈형 스마트폰인 G5는 출시된 해에 1조 2,000억원대의 적자를 냈고, 같은 해에 출시된 세계 최초 고음질 스마트폰인 V20 또한 소비자로부터 외면을 받았습니다. 굳이 스마트폰에서 고음질의 음악을 들을 필요는 없었던 것이었죠. 스마트폰 시장에 뒤늦게 뛰어든 LG전자는 세계 최초 신기술에 집착한 나머지 사용자를 고려하지 않았던 것이 부진의 이유입니다. 결국 2021년 7월 31일, LG전자는 휴대폰 사업을 시작한 지 26년 만에 완전히 철수했습니다.

위의 사례들은 기술 기획에 있어 소비자의 성향과 시장의 상황을 고려하되, 어떠한 제품이나 서비스가 나오면 이럴 것이라는 추측이 앞선 기획보다는 현재의 기술 수준과 실제 제품이나 서비스를 사용하는 소비자들의 반응을 살펴보는 과학적이고 체계적인 기획이 중요하다는 것을 알 수 있습니다. 이외에도 맥도날드가 기술 기획 실수로 2천억 원이 넘는 손실을 본 내용은 QR 코드[1]를 통해서 보실 수 있습니다.

2. 기술 기획이란?

2.1 기획의 정의 및 본질

'기획'이란 단어는 일상생활에서 매우 흔하게 찾아볼 수 있는 용어입니다. 정부 부처 중에도 기획재정부가 있고, 일반적인 회사 내에도 경영기획실이나 전략기획실 같은 부서들이 있습니다. 그리고, 어떠한 단어라도 뒤에 '기획'이란 말을 이어서 쓰면, 그리 어색하지 않은 용어가 만들어집니다. '마케팅기획', '제품기획', '서비스기획'처럼 말이죠. 이렇게 자주 접하는 '기획'이란 단어는 정확히 어떤 의미를 가지고 있을까요? 앞으로 여러분들이 이번 장에서 배울 '기술 기획'을 본격적으로 탐색하기

전에 '기획'이라는 단어의 의미를 자세히 짚고 넘어가 보도록 하겠습니다. 우선, 기획의 사전적 의미를 찾아보면 아래와 같습니다.

기획(企劃): 꾀할 기(企), 그을 획(劃)

한자의 의미 그대로 해석하면, '일을 꾀하여 계획함'이라는 말이 됩니다. 이 말을 풀어서 생각해보면, 기획이란 '어떤 일을 시작하기에 앞서 필요한 여러 가지 것들을 생각해보고 계획하는 것'이라고 할 수 있겠습니다. 그렇다면 '기획'과 '계획'은 어떻게 다른 것일까요? 위의 단어 풀이를 보시면 그 답을 알 수 있습니다. '기획'은 '계획'을 이루는 과정을 의미하고, '계획'은 '기획'의 결과로 얻어지는 결과물인 것이죠. 또한 영어단어 의미의 차이를 보고도 둘 사이의 차이를 느낄 수 있습니다. plan은 계획이라는 명사이고, planning은 계획하기, 기획 등의 의미를 가진 동명사입니다.

또한, 학자들은 기획을 매우 다양하게 정의하고 있습니다. William Newman(1963)은 '기획이란 무엇을 할 것인가를 사전에 결정하는 것이다'라고 정의하였으며, Gulick(1967)은 '기획이란 사업에서 설정된 목표를 달성하기 위하여 수행되어야 할 일들과 이러한 일들을 수행하기 위한 방법들을 개괄적으로 짜내는 것이다'라고 하면서 기획의 본질은 장래활동에 대한 사전결정 및 준비과정이라고 말하고 있습니다. 이 외에 기획에 대한 다른 정의는 QR 코드[2]를 통해서 확인하실 수 있습니다.

이와 같이 기획이란 단어는 사전적 의미 외에도 여러 학자들이 다양한 정의를 내리고 있습니다. 이 책에서는 기술 기획의 개념을 보다 쉽게 설명하기 위해서 기획의 정의를 '무엇을 할 것인가를 사전에 결정하는 것'이라고 한 William Newman의 정의를 따르도록 하겠습니다.

2.2 기술 기획의 개념

기술개발 계획을 수립하는 과정에서 기술개발 수행 전까지의 절차(연구테마 발굴, 내용 기획, 기술목표 설정, 기술확보 전략 수립, 기술 예측 등)와 기술개발 수행, 기술개발 수행중 조정, 기술개발 완료 후 평가에 이르는 전체 과정을 기술 기획이라고 합니다(오해영, 2007). 이 개념을 그림으로 표현해 보면 [그림 1]과 같이 도식화할 수 있습니다. 일반적으로 의미하는 기술 기획은 위치상으로 실제 기술개발을 수행하기 전까지의 단계인 R&D 계획에만 해당하는 것으로 보여지나, 실제로는 R&D계획 단계에서 R&D 전체 단계를 고려하여 기획하는 것이므로 내용상 범위는 R&D계획부터 R&D결과까지 모두 포함하게 됩니다.

그림1 기술 기획 개념의 범위

2.3 기술 기획의 범위와 역할

기술 기획의 수행범위를 규정하기 위해서, 사업단위에 포함되어야 하는 내용과 사업을 구성하는 세부기술에 포함되어야 하는 내용을 구분하여 살펴보도록 하겠습니다. 정부에서는 국가 주도의 연구개발사업의 관리 등에 관한 규정(2020년 3월 17일 기준)을 통해 기술개발사업의 기획에 포함되어야 하는 사항을 아래와 같이 규정하고 있습니다.

1) 국가연구개발사업의 목표, 세부추진내용 및 추진체계
2) 다른 중앙행정기관의 소관 업무와 관련되는 사항에 대한 조정방안
3) 국가연구개발사업의 평가계획
4) 필요한 자원의 규모 및 인력 확보방안
5) 정부지원의 타당성 검토 결과
6) 연구개발성과의 활용방안 및 기대효과
7) 국내외 특허 동향, 기술 동향, 표준화 동향 및 표준특허 동향

일반적으로 민간에서 수행하는 세부기술의 기획 과정은 ① 기술을 예측하고, ② 목표를 설정한 후, ③ 기초자료를 수집하여 수요가 있는지, 범용기술과 핵심기술은 무엇이고 우리의 수준은 어느 정도인지 분석하고, ④ 도출한 기술의 우선순위를 평가하여 핵심 전략 기술을 도출하는 순서로 이루어집니다.

따라서 정부와 민간이 수행하는 기술 기획의 범위에서 공통적으로 도출할 수 있는 세부기술 수준의 수행범위는 아래와 같습니다.

1) 시장 및 기술 예측
2) 기술개발 목표 설정
3) 기술분류(범용기술과 핵심기술)
4) 기술수준 분석

5) 기술평가(자원과 역량 등)

6) 최종 타깃기술 도출

또한, 기술 기획은 누구를 위해, 무엇을 위해, 누가 수립할 것인가가 분명해야 한다는 전제하에 기술 기획을 수행할 때 유의해야 할 내용을 다음과 같습니다(박지영, 2006).

1) 전략적 선택을 할 수 있도록 계획을 수립한다.

2) 기획의 내용이 의사결정자들에게 이해될 수 있도록 한다.

3) 기획의 방법, 내용, 양식, 시한 등에 있어 혼란이 없도록 일관성을 유지한다.

4) 기획은 다른 관리 시스템과 통합성을 지녀야 한다.

5) 기획은 실무진, 참모뿐만 아니라 계통조직상의 정책 결정자 및 경영관리자가 참여하여야 한다.

이렇게 수행되는 기술 기획의 목적과 역할은 무엇일까요? 기술 기획은 자체적인 연구개발 계획뿐만 아니라 외부로부터 기술을 확보하는 것도 포함하는 총체적인 기술획득을 위한 계획을 수립하는 과정입니다. 결국, 기술 기획은 특정분야의 기술을 효율적으로 획득할 목적으로 최적의 기술 획득 전략을 모색하는 일련의 과정이라고 할 수 있겠습니다. 급변하는 시장 및 기술의 환경 변화, 이용가능한 자원의 한정성 등 우리가 처한 상황에서 희소자원을 효율적으로 사용하여 생산성을 높이기 위해서는 체계적인 기술 기획을 통해 필요한 기술을 획득해야 할 것입니다.

3. 기술 기획 방법론

기술 기획을 수행하는 방법이나 모형이 가져야 할 전제조건으로는 유효성, 효율성, 그리고 활용성이 있습니다. 유효성이란 '당초 계획한 목표 기술을 정해진 기간 내에 성공적으로 완료했는가'입니다. 효율성은 '주어진 자원조건하에서 자원을 최대한 활용했는지와 기술 기획에 따라 설정한 원칙과 절차를 얼마나 잘 지켰는가'입니다. 그리고, 활용성은 '기술 기획을 수행한 경험을 다음 기술 기획에 잘 연계시킬 수 있는가'입니다. 이러한 기술 기획 수행의 전제조건을 고려하며 기술 기획의 과정과 방법론을 알아볼까요?

3.1 기술 기획 과정

기술 기획은 기술기회(기술의 불균형 상태를 극복하기 위한 기술개발 기회)를 탐색하기 위해 기술의 발전방향 및 환경을 분석한 후 달성하고자 하는 ① 목표를 설정하고, 이 목표를 효율적으로 달성하기 위한 ② 획득방안을 수립하여 ③ 계획을 조정, 통제, 평가하는 일련의 과정입니다.

1) 기술목표를 설정하기 위해서는 해당 분야의 기술을 체계적으로 분류하여 기술의 발전 추이와 시장의 환경변화 추이를 분석, 예측하고 미래에 필요한 기술이 무엇인지, 시장수요는 어느 정도인지 조사해야 합니다. 그리고, 기술개발 주체의 보유 자원과 역량, 외부환경을 분석하여 경쟁자와 비교하여 우위를 가질 수 있는 기술분야와 핵심기술을 도출한 후 기술목표를 설정하게 됩니다.

2) 설정된 기술목표를 효율적으로 달성하기 위해서는 최적의 기술획득 전략을 선택하는 과정을 거치게 됩니다. 기술을 자체 개발하기로 결정하면 기술개발 계획을 수립한 후 계획에 따라 기술개발이 진행되며, 공동개발을 하거나 외부로부터 기술을 도입할 수도 있습니다.

3) 진행 과정에서 당초 세운 계획에 대한 적절한 조정과 통제가 수행됩니다. 기술개발이 완료되면 해당기술을 평가하여 성공으로 판단되면 상용화하는 단계로 진행됩니다. 상용화를 거쳐 제품이나 서비스가 출시되면 비로소 기술 기획의 여정이 일단 끝이 납니다. 만약, 실패로 판단이 되면 당초 계획을 수정하는 피드백 과정을 거쳐 다시 1)번이나 2)번의 단계로 되돌아가서 기술개발을 진행하게 됩니다. 이때, 한 가지 더 고려해야 할 점은 성공한 기술이 최종 결과물로 나오더라도 그것으로 그 기술의 수명이 끝나는 것이 아니라 완료된 기술과 연관된 다른 기술 기획에 투입될 수 있도록 연계하거나 개선하는 과정을 추가하면 기술의 수명을 연장하기도 하며, 확장시킬 수 있는 기회가 될 수 있습니다. 위의 과정을 요약하면 다음의 8단계로 구분할 수 있습니다.

1. 기술 분류체계의 정립
2. 미래예측 및 기술발전 방향의 분석(이 부분은 앞서 2장에서 다루었습니다)
3. 기술기회의 탐색
   - 기술의 시장전망 조사
   - 외적 환경과 내적 능력(자원과 역량) 분석
   - 비교우위 기술 또는 분야 추출
4. 기술목표의 설정
5. 기술획득전략의 수립
   - 기술목표를 달성하기 위한 최적전략 선택

6. 기술개발계획의 수립
   – 자체개발, 공동개발, 외부도입 등
7. 기술개발 및 통제
8. 평가 및 피드백(Feedback)

3.2 기술 기획의 일반적 방법론

3.2.1 기술 분류체계의 정립

기술분류는 기술 기획의 첫 단계로 기술들이 가지는 특성을 파악하고, 기술을 구성하는 단위기술을 추출 및 분류하는 과정을 거칩니다. 분류된 단위기술들을 연관성과 목적 등에 따라 정해놓은 체계에 따라 분류하는 단계입니다. 이 단계는 뒤에서 설명할 기술트리에서 사용되는 기능적 분류보다 구조적 분류에 더 가깝다고 볼수 있습니다. 예를 들어, 에어컨 신제품을 개발하기 위한 실내기의 기술분류를 한다면, 팬, 모터, 열교환기 등으로 나눌 수 있습니다. 이때 필요에 따라서 더 하위단위의 기술까지도 분류할 수 있습니다.

3.2.2 기술 예측 및 기술발전 방향의 분석

앞서 2장에서 자세히 이야기한 것처럼 기술 예측이란 어떤 기술이나 기술분야가미래에 얼마나 변화할지(퇴화되거나, 진보하거나, 파괴적으로 혁신하거나) 알아보는 과정입니다. 즉, 기술 예측이란 기술 혁신의 향후 진로방향과 속도에 대해 알기 위한 과정입니다. 현존하는 기술은 향후 어떻게 발전하고, 새롭게 등장한 신기술은 어떠한 형태로 언제쯤 나타날 것인가 예측하는 활동입니다. 기술개발에서 기술 예측이 100% 정확하지 못하더라도, 기술개발계획의 수립과 전략을 설정하기 위해서는 반드시 필요한절차입니다. 기술 예측을 통해 기술개발계획의 자원배분을 효율적으로 하여 최대의성과를 창출할 수 있고, 미래의 새로운 기술을 포착할 수 있습니다. 기술 예측은기술목표의 설정과 전략수립, 평가에서 중요한 역할을 하므로 앞서 2장에서 이야기된 여러 가지 예측기법을 사용하여 수행되어야 합니다.

3.2.3 기술기회의 탐색

기술기회(Technology Opportunities)의 탐색이란 기술의 불균형 상태를 해결하기 위해 기존에 존재하는 기술들의 개선이나 새로운 기술 변화를 탐색하여 기술의 수준을 높일 수 있는 여러 가지 대안을 제시하는 과정으로 설명할 수 있습니다. 대부분의 기술 기획의 경우, 이 과정을 생략하거나 약식으로 수행하는 경향이 있습니다. 그러나 제대로 된 기술기회를 탐색하지 못하면 시장수요에 대한 정확한 분석없이 단순한 흥미나 욕구만으로 수립된 기술목표로 인하여 시장으로부터 외면받는 기술을 개발할 수도 있습니다(앞서 설명한 지팡, N-gage, G5, V20 참고).

기술기회의 탐색과정은 기술의 발전방향 분석결과를 바탕으로 개발하고자 하는 기술의 시장 수요와 보유 기술력 및 자원에 대한 평가를 통해 기술목표에 대한 대안을 선택하는 과정으로 볼 수 있습니다. 이 과정에서 전략경영에서 자주 사용되는 외부환경과 내부능력을 분석하여 새로운 기술기회를 찾아 기술목표를 설정하고 기술획득 전략을 수립하기 위한 기반을 마련하게 되는 것입니다. 외부환경 요인으로는 국내외의 기술 정책, 산업계의 기술개발능력, 시장 수요의 변화, 산업의 발전전망, 정치, 경제, 사회, 문화 등이 있으며, 내부 환경요인으로는 보유하고 있는 기술력, 필요자원의 동원능력, 인적자원의 구성, 조직의 목표 및 비전 등이 있습니다. 현재 보유하고 있는 기술력을 평가하기 위해서는 우선 기술체계를 파악해야 합니다. 이는 세부 요소기술 파악과 주요 기능별 기술들의 분해를 통해 관련기술의 기술체계도(혹은 기술트리, Technology Tree)를 작성하는 것입니다. 기술트리를 바탕으로 여러 기술들 중에서 비교우위 기술을 도출할 수 있습니다. 기술트리에 대해서는 조금 뒤에 자세하게 다루겠습니다.

3.2.4 기술목표의 설정

기술 기획 과정에서 가장 어렵고 중요한 부분이 목표설정 부분입니다. 실제 기술개발 과정에서 공식적인 목표가 없거나, 있다고 하더라도 막연하고 두리뭉실한 목표를 가지고 있는 경우가 많이 있습니다. 기술개발의 목표를 명확하게 파악하여 이를 중요도 및 우선순위에 따라 서열화하고 목표간의 연계성을 설정하는 것이 바람직합니다.

기술목표는 구체적으로 설정하지 않으면 기술획득 전략이나 기술계획 수립 시에 잘못된 결과를 가져올 수 있습니다. 따라서 가능하면 구체적인 성능까지 고려한 기술목표를 세우는 것이 중요합니다. 기술목표 설정에서 목표는 구체적이고 계량적으로 설정되어야 하며, 기술개발이 단계로 나누어져 있는 경우에는 단계별 목표를 마일스톤(시작과 종료 기한)과 함께 제시해주어야 합니다. 또한 단계별로 해당기술을 선도하고 있는 선진국이나 선발기업의 기술수준과 우리의 기술수준을 비교, 분석하여 검토하여야 합니다.

특히, 기술목표를 설정할 때 주의해야 할 사항은 기술목표의 수평적 나열보다 기술목표들 간의 우선순위를 결정하고, 핵심기술을 선정하여 중점적으로 추진하는 것입니다. 대부분의 경우 기술획득에 가용한 자원은 한정적입니다. 이러한 제한된 자원을 활용하여 기술목표를 달성하고 목표한 기술을 효과적으로 획득하기 위해서는 자원 배분의 우선순위까지 고려할 필요가 있습니다. 기술개발 목표가 설정되면, 기술개발의 주요내용을 파악해야 합니다. 즉, 기술개발의 세부내용 파악, 기술개발 포트폴리오 구성, 기술분석(중요성, 파급효과, 성장성, 제품수명주기 등) 등이 필요합니다. 만약 개발해야 할 기술이 여러 개 존재한다면 기술들간의 우선순위를 명확히 결정해야 합니다.

3.2.5 기술획득 전략의 수립

기술개발 목표가 설정되고 기술분석 등을 마친 후에는 기술획득 전략을 검토해야 합니다. 기술획득 전략은 현재 주어진 환경하에 기술목표를 달성하기에 가장 적절한 방법을 선택하는 것을 말합니다. 기술획득 전략의 수립은 기술획득 계획 수립 시 기준이 되므로 효율적, 효과적 전략수립이 매우 중요하다고 할 수 있습니다. 목표하는 기술을 획득하는 방법으로는 크게 '외부기술의 도입'과 '독자적인 기술개발' 두 가지가 있는데요, 외부기술을 도입하는 방법에는 기술도입과 기술사용이 있습니다. 기술도입과 같은 공식적인 방법에는 기술구매, 원하는 기술을 보유하고 있는 회사 매입(M&A), 주문자 상표에 의한 제품 생산(OEM) 등이 있으며, 기술사용과 같은 비공식적인 방법으로는 기술모방, 외부회사의 기술인력 스카웃 등이 있습니다. 또한, 독자적인 기술개발의 범주에 해당하는 방법으로는 독자적 설계에 의한 자체기술개발, 외부 연구기관과의 공동개발, 위탁연구개발 등이 있습니다. 기술획득 전략을 수립할 때에는 여러 가지 방법을 고려하여 획득방법을 우선 결정한 후 구체적인 전략을 수립해야 합니다. 이때, 기술획득에 소요되는 인력, 재원, 시간, 시기, 장비, 시설 등 투입요소에 대한 산출을 가능한 구체적이고 정확하게 예측해야 합니다.

3.2.6 기술개발 계획의 수립

일반적으로 기술획득 전략이 수립되면 전체 과정이 끝난 것으로 간주되는 경우가 많으나, 목표기술의 효율적인 확보를 위해서는 체계적인 기술개발 계획을 수립해야 합니다. 기술개발 계획을 제대로 수립하지 않으면 기술획득 과정에서 발생할 수 있는 오류나 실수 등을 미연에 방지하여 시행착오를 줄일 수 있습니다. 또한, 기술개발 계획을 좁은 의미로 해석하여 계획서 작성만으로 완료하였다고 보는 견해도 있으나, 이는 규모가 작거나 단기간에 이루어지는 기술개발일 경우에 해당하며, 대규모 시스템이나 다학제적인 기술개발의 경우에는 계획서 작성뿐만 아니라 기술개발

체계를 사전에 수립해야 합니다. 기술개발 체계는 기술개발에 참여하는 조직의 구성과 함께 여러 조직들이 유기적으로 연계되어 기술개발이 진행되기 위해 필요한 절차적 규정이나 지침을 만드는 것을 말합니다. 또한 기술개발 계획 수립 시에는 각 세부 기술개발 영역별로(혹은 요소기술별로) 연도별, 단계별 기술개발 일정을 수립해야 합니다. 이러한 일정을 거시적, 미시적인 차원에서 한눈에 파악할 수 있도록 만든 것이 기술로드맵(Technology Roadmap)이며, 기술로드맵 작성은 효율적인 기술개발을 수행하는 데 있어 필수적인 과정입니다. 기술로드맵 작성 방법에 대해서는 뒷부분에 상세하게 다루겠습니다.

3.2.7 기술개발 및 통제

기술개발을 진행하는 과정 중에 계획의 오류, 기술개발 체계의 변경 등 예상치 못한 문제들이 발생하면 이를 조정하고 해결하기 위한 통제가 필요합니다. 기술개발과정은 전체적인 시스템 관점에서 미리 정해놓은 기준에 의하여 통제가 이루어지게 되며, 이러한 통제를 통해서 전체적인 기술개발 계획이 조정됩니다. 기술개발의 통제가 제대로 이루어지지 않으면 계속하여 반복적으로 발생하는 오류를 해결하지 못하게 되며, 목표기술의 획득에 차질이 발생할 수도 있습니다. 특히, 통제과정에서 변경된 사항은 반드시 후속으로 제대로 조정이 되었는지 확인하는 과정을 거쳐야 합니다.

3.2.8 평가 및 피드백(feedback)

기술평가는 기술개발이 마무리되는 단계에서만 이루어지는 것이 아닌 기술 기획 과정 전반에 걸쳐 이루어져야 합니다. 기술개발을 진행하는 과정에서 기술평가를 통해 다음 단계에 필요한 정보를 제대로 전달할 수 있으며, 문제점이나 위험요소를 사전에 인지하여 기술개발의 시행착오를 막을 수도 있습니다.

기술평가는 일반적으로 기술 단기평가(Technology Evaluation)와 기술 장기평가(Technology Assessment)로 구분됩니다. 기술 단기평가는 평가대상 기술의 기술적, 경제적 측면을 중심으로 기술의 진보성, 혁신성이나 경제적 파급효과 등을 분석하여 평가하는 것이고, 기술 장기평가는 개발하고자 하는 기술이 향후 정치, 경제, 사회, 문화 등에 미치는 2차적인 효과를 분석하여 평가하는 것입니다. 과거에는 기술 단기평가 위주의 평가를 실시하였으나 최근에는 장기평가도 함께 고려하여 실시하고 있습니다.

3.3 인간중심의 기술 기획 방법론

인간중심의 기술경영은 ① User Innovation, ② User Experience, ③ Sustainability 의 세 가지 주요 특징이 있습니다. 각 카테고리는 아래와 같은 기술이나 경험을 의미합니다.

1) User Innovation-사용자 혁신에 의하여 만들어지는 기술(by the people)
2) User Experience-그 기술을 사용하는 사람들의 경험(of the people)
3) Sustainability-차세대 인류를 위한 기술(for the people in the future)

위의 세 가지 인간중심의 기술경영 개념을 기술 기획에 적용해 보면 어떠한 기술 기획을 해야 할까요? User Innovation 측면에서의 기술 기획 사례로는 카이트서핑을 이야기할 수 있습니다. 카이트서핑은 연(kite)을 조종해 바람의 힘에 따라 서핑보드를 끌면서 물 위를 활주하는 해상 스포츠입니다. 1990년대 중반까지만 해도 카이트서핑 관련 산업은 거의 존재하지 않았었습니다. 초기 카이트서핑을 위한 카이트 개발은 카이트를 전문적으로 제작하는 기업이 아닌 소수의 카이트서핑 마니아들에 의해 이루어졌습니다. 서핑 기술의 난이도에 따라 다양한 장비가 필요하다고 느낀 사용자들이 스스로 카이트 개발에 참여하게 된 것입니다. 더 나은 카이트 제작을 위해 사용자 스스로 혁신을 주도해 나간 것이라고 볼 수 있습니다. 이러한 사용자 혁신은 제조업체에 혁신을 의존하지 않고 스스로 혁신을 창출하는 사용자들의 활동을 가리키는 개념입니다. 카이트서핑 사례에서 드러나듯이 개인 사용자도 제품 혁신의 주요 원천이 될 수 있습니다. 따라서 기업의 입장에서 어떤 기술이나 제품을 개발하기에 앞서 미리 해당하는 기술(혹은 제품)을 사용하고 있는 사람들이 존재한다면, 사용자들의 경험과 노하우를 통하여 기술 기획 방향을 설정하는 것도 좋은 방법이라고 할 수 있습니다.

그렇다면, User Experience에 해당하는 사례는 어떠한 것이 있을까요? 창업 5년만인 2013년에 구글에 11억 달러(약 1조 3,000억원)에 인수된 이스라엘 웨이즈 모바일에서 만든 웨이즈(Waze)를 들 수 있습니다. 웨이즈는 사용자 참여형 내비게이션 앱으로 GPS 기능이 있는 스마트폰 사용자끼리 교통정보 및 도로정보를 공유할 수 있습니다. 2019년 기준으로 전세계 100여 개국에서 4억 명이 사용하며, 수천명의 관리자들이 자신이 사는 지역의 지도를 편집하고, 정확성을 확인하고 있습니다. 내비게이션을 사용하는 많은 사람들의 경험(자신이 살고 있는 지역의 교통상황, 갑자기 있을 수 있는 도로보수 등)을 바탕으로 내비게이션 시스템정보를 실시간으로 공유한다는 의미에서 User Experience에 해당하는 인간중심의 기술경영이라 할 수 있겠습니다. 과거 국내 내비게이션 회사들이 지도를 만들기 위해 모든 도로를 일일이 측량한 데 비해 이스라엘 행정당국은 '교통 서비스의 질을 올리겠다'며 스타트업들에게 모든 정보를 열어줬기 때문에 가능했던 기술개발이기도 합니다.

차세대 인류를 위한 기술이란 인간이 개발한 기술이나 제품이 인간이나 동식물, 환경 등에 나쁜 영향을 미치지 않는 기술을 의미합니다. 이러한 기술이나 제품은 인간의 후속세대에게 더 나은 환경을 물려주기 위해서 중요하다고 할 수 있습니다. Sustainability 측면의 기술개발 사례로는 Q드럼이 대표적인 사례입니다. 물 부족이 심각한 아프리카에는 물을 구하기 위해 수십 Km씩 물통을 들고 다녀야 하는 사람들이 많이 있습니다. 이 문제를 해결하기 위해 1993년 한스 핸드릭스와 피엣 핸드릭스 형제가 디자인한 Q드럼이 만들어졌습니다. 이 제품은 첨단기술이 적용된 것은 아니지만, 제품의 사용자인 아프리카 현지인들이 겪고 있는 물 운반의 어려움을 해결하기 위한 해결책인 것이지요. 물론 리어카나 자동차로 운반하면 훨씬 쉽게 물을 운반할 수 있지만, 아프리카의 척박한 환경에서 유지보수의 필요가 적고, 값싸게 제공할 수 있는 방법을 찾다가 나온 것이 Q드럼이라고 볼 수 있습니다. 이런 것이 인간중심의 기술개발이고 기획이라 할 수 있습니다.

In Class Discussion Topic

1. 고객의 Needs와 관련이 적은 제품(기술)을 개발하여 시장에서 실패한 사례가 있는지 조사해 볼까요?
2. 스티브 잡스는 기술보다 디자인을 중요시하였습니다(여기에서 의미하는 디자인이란 겉으로 보여지는 형태적인 디자인을 비롯하여 GUI, 하드웨어 및 소프트웨어 간의 연결성을 포함). 어떤 이유 때문이었을지 생각해 봅시다.

4. 기술로드맵

기술 기획 방법론에서 기술개발 계획을 수립할 때 세부 기술개발 영역별로 일정을 수립하여 보기 쉽도록 만든 것이 기술로드맵이라고 설명하였습니다. 효율적인 기술개발을 위해서 필수적인 기술로드맵에 대해서 알아보고 어떻게 작성하는지 방법을 배워보도록 하겠습니다. 또한, 일반적인 기술 기획의 기술로드맵을 넘어 인간중심의 기술로드맵을 만들기 위해서는 어떤 점들을 고려해야 할지에 대해서도 알아보겠습니다.

4.1 기술로드맵의 개념

로드맵(a road map)의 사전적 의미는 "(일, 계획 등을 일목요연하게 정리한) 지침", "특정한 지리적 공간에 존재하거나 존재할 수 있는 경로를 표시한 지도"를 말하며, "여행자가 목적지에 도달하기 위한 여러 경로 가운데 최선의 선택을 하도록 도와주는 의사결정용 도구" 정도로 정리할 수 있습니다. 이러한 로드맵의 개념을 기술개발을 위한 기획도구에 적용한 것을 기술로드맵(Technology Roadmap)이라고 합니다. 여행자가 가고자 하는 목적지에 도달하기 위해서는 지도에 도로명, 거리명, 방향 등의 정보가 제대로 나와 있어야 하듯이, 제대로 된 기술개발을 위해서는 기술개발에 필요한 여러 가지 정보가 기술로드맵에 나와 있어야 합니다.

일반적으로 기술로드맵은 시간과 공간의 두 가지 차원으로 구성되어 있습니다. 공간차원은 특정 시점에서의 과학기술 분야와 기술개발 프로젝트(또는 제품이나 타깃시장) 간의 관계를 나타내고, 시간차원은 동일한 기술의 발전궤적을 나타냅니다. 기술의 발전궤적은 일반적으로 비선형적이며, 예측이 어렵습니다. 따라서, 가능한 한 예측의 오차를 줄이기 위해서 [그림 2]에서 보듯이 기술로드맵의 시간축에는 해당 기술의 과거부터 현재까지의 발전과정을 표시해주고, 이를 기반으로 미래의 궤적을 예측하게 됩니다.

그림 2 기술로드맵의 도식화

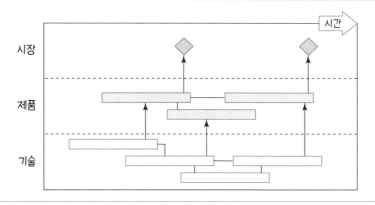

출처: Robert Phaal(2004)

그림 3 기술로드맵 개념도

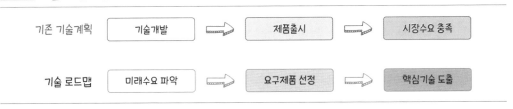

기술로드맵은 현재 보유한 기술을 이용하여 어떤 제품을 만들기 위해 필요한 방법이 아니라 고객이나 시장이 필요한 제품을 개발하기 위해 필요한 핵심기술을 도출하기 위한 방법입니다. 기존의 기술 기획 방법과 기술로드맵의 개념적 차이는 [그림 3]과 같습니다.

기술로드맵은 미래에 필요한 기술과 제품을 예측하고, 이를 달성하기 위한 최적의 경로를 기술적, 경제적 분석을 통해 제시하는 도구로서 정부에서 추진하는 대형 연구개발사업부터 민간의 제품개발 영역까지 널리 사용되고 있습니다.

4.2 기술로드맵 작성단계

기술로드맵을 작성하기 위해서는 작성 주체간의 협동적인 대화과정과 유연성이 요구됩니다. 기술로드맵을 위한 기획은 분야별로 차이가 있지만 기본적인 과정은 유사합니다. 이러한 단계는 순차적인 것이 아니며, 경우에 따라서는 동시에 수행되거나 순서가 바뀌는 경우도 있습니다. 또한, 기술로드맵 개발대상과 산업, 기술의 특성에 따라 개발단계가 달라질 수도 있습니다. 기술로드맵의 작성은 일반적으로 3~6단계로 이루어집니다. 여기에서는 가장 대표적으로 사용되는 3단계 기술로드맵 작성과정을 설명하도록 하겠습니다. 3단계 기술로드맵 작성과정의 주요내용을 살펴보면 ① 기술로드맵을 개발하기 위한 모든 준비 활동을 포함하는 사전준비단계, ② 기술로드맵 개발과 관련된 작성단계, ③ 작성된 기술로드맵을 보완하는 후속단계로 구분됩니다.

표 1 3단계 기술로드맵 작성 단계

단계구분	주요내용	
사전준비단계	• 필수조건에 대한 검토	• 기술로드맵의 범위 및 한계 명시
기술로드맵 작성단계	• 해당 분야의 비전, 목표, 전략 설정 • 핵심시스템에 대한 구성요소와 조건 도출 • 주요 기술영역의 도출 및 분석 • 기술대안들의 도출 및 시간좌표 설정 • 보고서 작성	• 주력 핵심 제품 도출 • 기술성능 목표의 설정 • 요소기술 및 요소기술 대안의 분석 및 평가 • 기술대안 선정
후속단계	• 작성된 기술로드맵 검증 • 기술로드맵의 주기적인 수정 및 보완	• 실행계획 수립

4.3 기술로드맵 작성

기술로드맵은 [그림 4]와 같이 시장의 변화와 트렌드에 따라 등장하게 될 제품을 예상하고, 그 제품에 필요한 핵심기술과 R&D프로젝트를 도출하는 방법입니다. 이 모든 과정이 기술 기획을 하는 주체가 추진하고자 하는 전략적 의도에 맞춰져야 합니다.

그림 4 기술로드맵의 구조

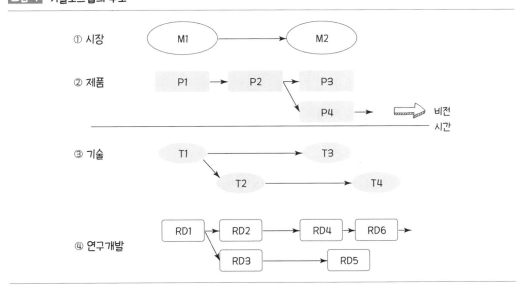

그림 5 기술로드맵 작성방법

그림 5 기술로드맵 작성방법

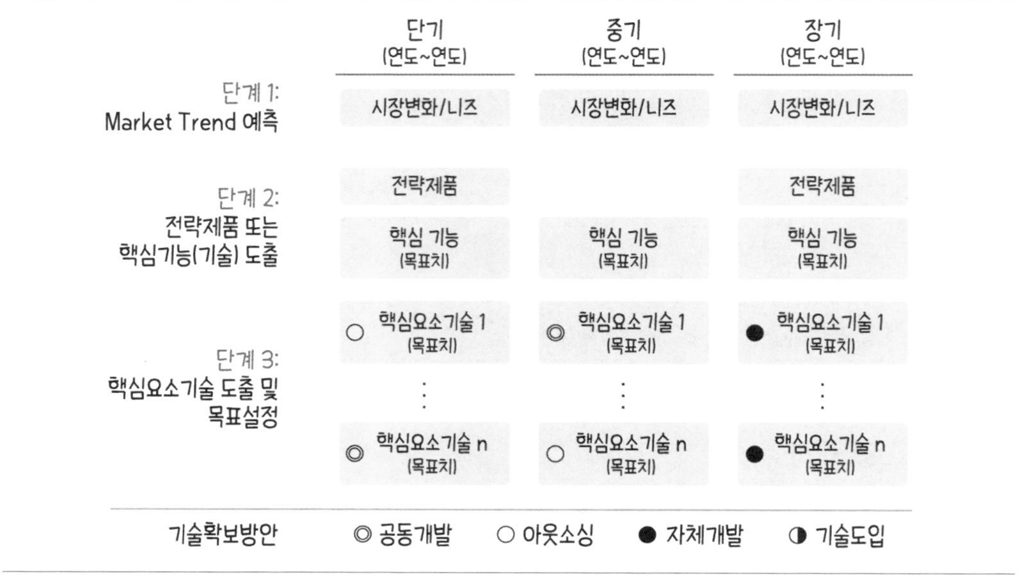

[그림 5]에서 설명하는 기술로드맵 작성방법을 잘 숙지하여 기술로드맵을 한 번 직접 그려보시기 바랍니다.

① 시간축을 잡습니다.
② 시간축을 중심으로 시장의 트렌드를 예측합니다.
③ 트렌드에 맞는 전략제품 또는 핵심기술과 그 수준을 예측합니다.
④ 핵심 요소기술 도출 및 목표를 설정합니다.
⑤ 각 핵심기술별로 기술확보 방안을 도출합니다.
⑥ 시간축을 기준으로 로드맵을 전개합니다.

이때 시간축은 단기, 중기, 장기로 나뉘어 작성할 수 있고 가능한한 기술개발이 이루어지는 연도를 작성하는 것이 좋습니다. 마켓트렌드는 시장의 변화와 소비자의 니즈를 파악하여 예측하게 됩니다. 마켓트렌드를 예측한 후에는 전략제품과 핵심기술을 도출하게 되는데, 이때 전략제품은 여러 개가 될 수도 있고, 하나의 전략제품이 될 수도 있습니다. 전략제품은 그 제품이 가지고 있는 핵심기능을 서술해 주고, 그 핵심기능의 목표치를 함께 표기합니다. 핵심기술을 도출할 때에는 그 기술이 시간축을 따라 달성해야 하는 목표치를 가능한 한 정량적인 수치로 나타내기 바랍니다.

위의 기술로드맵 작성방법을 사용하여 연세대학교 기술경영 연구센터에서 작성한 집단지성 번역 플랫폼인 플리토(Flitto)의 기술로드맵을 QR 코드[3]를 통해서 확인하실 수 있습니다.

4.4 인간중심의 기술로드맵

위에서 설명한 기술로드맵 작성방법에서 인간중심의 개념을 가미한 기술로드맵을 작성하기 위해서 마켓트렌드를 예측한 후에 이에 따른 전략제품을 도출하기에 앞서 인간중심 트렌드 단계를 추가하였습니다. 인간중심 트렌드란 사용자 혁신이나 사용자 경험, 지속가능성과 같은 인간중심 기술경영의 개념을 도입하여 개발하고자 하는 제품이나 기술이 보다 인간의 관점에서 도출되도록 하기 위한 것입니다.

그림 6 인간중심 기술로드맵 작성방법

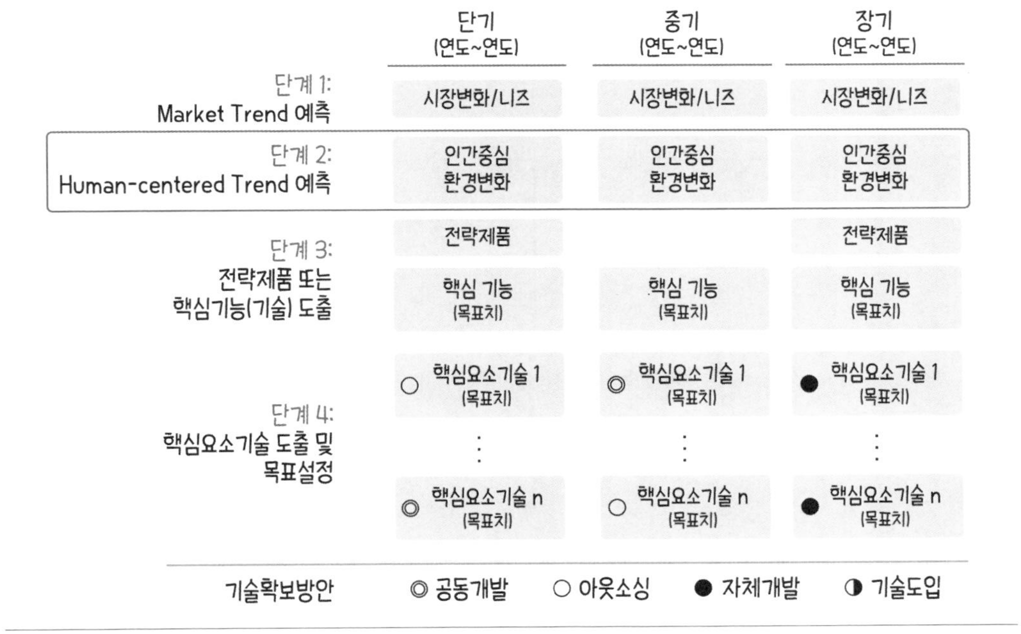

	단기 (연도~연도)	중기 (연도~연도)	장기 (연도~연도)
단계 1: Market Trend 예측	시장변화/니즈	시장변화/니즈	시장변화/니즈
단계 2: Human-centered Trend 예측	인간중심 환경변화	인간중심 환경변화	인간중심 환경변화
단계 3: 전략제품 또는 핵심기능(기술) 도출	전략제품		전략제품
	핵심 기능 (목표치)	핵심 기능 (목표치)	핵심 기능 (목표치)
단계 4: 핵심요소기술 도출 및 목표설정	○ 핵심요소기술 1 (목표치)	◎ 핵심요소기술 1 (목표치)	● 핵심요소기술 1 (목표치)
	⋮	⋮	⋮
	◎ 핵심요소기술 n (목표치)	○ 핵심요소기술 n (목표치)	● 핵심요소기술 n (목표치)
기술확보방안	◎ 공동개발	○ 아웃소싱	● 자체개발 ◑ 기술도입

5. 기술트리

5.1 기술트리의 개념

기술트리(Technology Tree)는 시장의 니즈와 기대되는 성능을 예측하고 실현하는 기술 방식을 연구하는 방법입니다. 일반적으로 기술개발을 담당하는 연구자의 관심은 기술에 집중되기 쉽기 때문에 당초 기술개발의 목표였던 용도만을 염두에 두고 그 이상으로 확대하지 않으려는 경향이 있습니다. 그러나 기술트리는 기술을 '기능'으로 표현하기 때문에 별도의 용도나 여러 가지 기술방식을 폭넓게 생각하게 하여 연구자의 시각을 넓힐 수 있는 장점을 가진 기술 기획 방법입니다. 기술트리의 최상위에는 [그림 7]에서 보는 바와 같이 '목적기능'을 정의하고, 다음은 그것을 실현하는 방식을 정리합니다. 기술트리의 핵심은 트리를 그리기 위한 목적기능과 이를 구현하는 핵심기능을 선정하는 것입니다. 이 핵심기능은 시장의 기대에 부응해야 하며, 경쟁기술보다 더 나은 기술이어야 합니다.

그림 7 기술트리의 구조

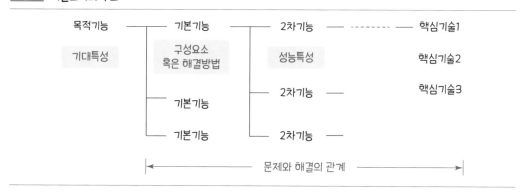

위의 기술트리 구조를 이해하기 쉽도록 [그림 8]과 같이 에어컨의 기능적 전개를 통한 기술트리와 구조적 전개를 통한 기술트리를 살펴보도록 합시다.

그림 8 에어컨의 기능적 전개를 통한 기술트리(좌)와 구조적 전개를 통한 기술트리(우)

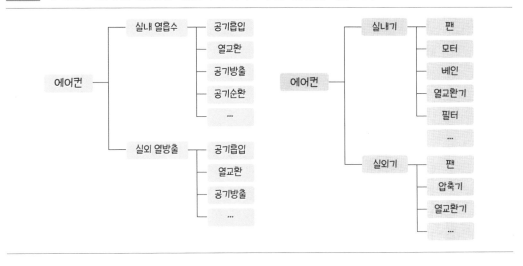

기술트리는 다음과 같은 문제에 기본적인 해답을 제공해 줄 수 있습니다.

1) 기술이 어떤 니즈와 용도로 활용되는가?

2) 기술의 사업성은 있는가?

3) 기술의 사회적 영향력은 어떠한가?

4) 실현하고자 하는 기술방식이나 성능 목표의 수준이 세계에서 어떤 위치에 있는가?

5) 왜 그 기술을 선택했는가?

6) 어떻게 기술 DB를 처리하여 활용할 것인가?

7) 기술개발 계획의 수립방식은 논리적인가?

5.2 기술트리의 활용

기술트리는 기술을 '기능' 위주로 전개하는 방법으로 기술개발의 관점을 '기술' 자체에만 두지 않고, 개발하고자 하는 기술이 어떤 기능을 가지고 있는지에 대해 표현하기 때문에 문제해결 방법과 기술을 다양하게 생각할 수 있도록 해줍니다. 기술트리를 작성하는 주체, 대상, 분야에 따라 기술트리의 작성 목적이 달라질 수 있으나, 일반적으로 다음과 같은 목적을 가지고 있습니다.

1) 유망한 기술개발 영역을 설정

2) 기술을 체계적으로 정리

3) 현재부터 미래의 기술발전 경로에 대한 가설 설정

4) 유망한 테마 설정

5) 핵심기술과 목표수준 설정

6) 핵심기술을 명확히 하기 위해 기술을 세분화

7) 세분화된 기술의 평가기준을 설정

8) 기술트리를 데이터베이스화

9) 특허, 논문 등의 기술 키워드를 기술트리에 표현하여 기능을 인덱스로 정리

10) 기술동향 분석

11) 새로운 기능의 발견

12) 기능과 시장의 니즈, 제품화와의 연계현상 정리

기술트리가 기술개발 경영측면이나 현장의 다양한 요청에 모든 해결책을 제시할 수는 없으나, 기술공개를 통한 외부 참여자와의 합의 형성, 프로젝트관리에 활용, 미래 기술개발 방향 및 목표 예측, 특허전략 활용 등의 효과를 기대할 수 있습니다.

5.3 기술트리의 작성단계

기술트리의 작성단계는 아래의 [표 2]에서 보는 바와 같이 준비단계, 개발단계, 실행 및 추적 단계로 이루어집니다.

표2 기술트리 개발 3단계 프로세스

구분	주요활동	산출물
준비단계	• 기술트리 개발 필요성 확립 • 기술트리 개발에 대한 지원확보와 개발 리더 선정 • 대상테마(기술) 선정 • 기술트리 참여자 선정	• 기술트리 프로세스 디자인 • 참여자 명단
개발단계	• 대상 테마 기술 분석 • 핵심기술, 주변기술의 연구 및 기술분류 • 기술에 대한 평가 • 기술트리 체계화 • 보고서 작성	• 대상테마 기술분석 • 기술에 대한 평가 • 기술트리 • 보고서 초안
실행 및 추적단계	• 요소기술의 개발계획 수립 • 예산 배분 • 보고서 재평가, 검토 및 보완	• 최종보고서 • 요소기술 개발계획

준비단계에서는 기술트리를 작성해야 하는 필요성 확립, 기술트리 개발에 대한

지원확보와 개발 리더의 선정, 기술트리 참여자 선정, 대상테마(기술) 선정 등의 활동이 주를 이루고 있으며, 산출물로는 참여자 명단, 기술트리 프로세스 디자인 등이 있습니다.

개발단계에서는 대상 테마 기술분석 및 기술분류, 핵심기술 및 주변기술에 대한 연구, 기술에 대한 평가, 기술트리의 체계화, 요소기술의 개발계획 수립, 보고서 작성 등을 주요활동으로 합니다. 이때 기술분석 시에는 반드시 시장의 요구와 기대를 분석하는 과정이 필수적입니다.

마지막 단계인 실행 및 추적단계에서는 예산배분, 보고서 재평가, 검토 및 보완, 최종보고서 작성 등의 활동이 이루어집니다. 주요 산출물은 최종보고서와 요소기술 개발계획 등입니다.

5.4 기술트리 작성방법

기술트리는 기능을 실현하기 위한 기술적 대안을 찾는 방법론입니다. 따라서 기능에 대한 요구사항을 명확히하고, 이를 만족시킬 수 있는 핵심 요소 기술을 도출하여야 합니다.

기술트리의 작성방법을 아래의 [그림 9]를 보면서 작성순서대로 설명하겠습니다.
1) 목적기능, 기본기능, 2차 기능을 표로 작성합니다.
2) 2차 기능에 대하여 요구되는 기술특성과 그 목표치를 기입합니다.
3) 2차 기능을 중심(세로축)으로 기술특성을 간트차트로 표현합니다.
4) 간트차트에 주요 목표치를 시간축(가로축)에 맞게 반영합니다.
5) 기능과 기술특성을 고려하여 핵심기술을 도출합니다.

그림 9 기술트리의 작성방법

목적기능	기본기능	2차기능	2017	2018	2019	핵심기술
열을 흡수하여 실내 온도를 낮춘다	실내 열흡수	공기흡입	기술특성 목표치	기술특성 목표치	기술특성 목표치	팬
		열교환				열교환기
		...				...
	실외 열방출	...				...
		공기방출		기술특성 목표치	기술특성 목표치	모터
		...				...

위의 기술트리 작성방법을 사용하여 연세대학교 기술경영연구센터에서 작성한 비트코인 전문 업체 코인플러그의 기술트리는 QR 코드[4]로 확인하실 수 있습니다.

6. 인간중심의 기술 기획

스타트업(start-up)을 시작하거나 새로운 제품(서비스)을 개발하고자 할 때는 거시적인 시각으로 접근하기보다는 사용자 중심의 미시적인 시각으로 접근하는 것이 바람직합니다. 어떤 제품을 개발하고자 할 때, 일반적으로는 시장조사, 소비자 조사, 경쟁사 분석, 자사 분석 등의 분석방법을 사용하여 사업계획서 작성부터 시작합니다. 이와 같은 방법은 이미 존재하는 제품이나 서비스의 유사품을 기획할 때에는 유용한 방법이지만, 스타트업과 같은 혁신적인 기술과 아이디어를 사업화 시키고자 할 때에는 적절하지 않습니다. 오히려, 사업계획서에 집중하기보다는 프로토타입 혹은 데모 등 실제 눈에 보이는(tangible) 것들을 만드는 것이 중요할 수 있습니다. 스타트업은 대기업과 같이 충분한 인력이나 재원이 확보되어 있지 않기 때문에 외부로부터 필요한 재원이나 지원을 받아야 되는 상황에서 발전 가능성을 인정받기 위해서는 최소한의 시제품을 보여주어야 하기 때문입니다. 즉, 사업계획서 작성을 위한 기획보다는 혁신적인 아이디어를 실현시키기 위해 어렴풋이나마 보여줄 수 있고, 만질 수 있는 무엇인가를 기획하는 것이 더욱 중요할 수 있다는 의미입니다. 이것은 스티브 잡스가 말한 "사람들은 자신이 무엇을 진짜로 원하는지 모른다(People don't know what they want until you show it to them)"의 의미와 일맥상통합니다. 여기에 '인간중심'의 개념이 중요하게 작용할 수 있는데, 신제품도 결국 그 제품을 사용하는 소비자(인간)가 어떻게 느끼고 경험하는가에 따라 성공할 수도, 실패할 수도 있는 것이기 때문입니다.

사용자 중심의 tangible한 프로토타입을 활용한 신제품개발 사례를 소개하고자 합니다. 2006년에 LG전자는 휴대용 멀티미디어방송(DMB)용 MP3 플레이어를 개발하고자 하여 10여 명의 다양한 전공의 대학생으로 구성된 프로슈머를 제품의 컨셉 단계부터 참여시켰습니다. LG전자는 매월 프로슈머들을 활용하여 신제품의 초기 아이디어 도출과정부터 디자인, 서비스는 물론 제품에 사용되는 버튼의 위치 및 스크린의 크기 설정과 같은 사항들을 함께 논의하였습니다. 제품이 생산되기 전에는 미리 목업(mock-up) 형태의 모형을 만들어 사용 촉감이나 휴대성 등을 평가하기도 하였습니다. 당시에 해당 제품은 출시하자마자 한 달 만에 1만 5,000대를 판매하는 성과를 거두었습니다.

스노우보드의 개발 사례에서도 사용자 중심의 기술 기획의 중요성을 알 수 있습니다. 스키는 수천 년의 역사를 가지고 있지만, 스노우보드는 세상에 나온지 50여 년밖에 되지 않습니다. 최초의 스노우보드는 샤먼 포펜이라는 미국의 엔지니어가 딸을 위해 두 개의 스키를 볼트로 붙이고 한쪽 끝에 로프를 달아 넓은 스키 형태를 지닌 장난감에서 시작되었습니다. Snow와 Surfer의 합성어인 Snurfer(스너퍼)는 딸의 친구들 사이에서 꽤 인기가 많았고, 포펜은 Snurfer를 상품으로 개발하여 1966년에 무려 10만 개를 팔기도 하였습니다. 스노우보드를 최초로 만든 사람조차도 처음에는 상업화하고자 만든 것이 아니라 단지 자신의 딸을 위해서 만들었다는 것을 보면, 실제 제품을 만져보고 이용해 보면서 경험하는 것이 무엇보다 중요하다는 것을 알 수 있습니다. 만약, 포펜이 Snurfer라는 제품을 직접 만들어 보지 않고 개념과 이용방법을 사람들에게 설명한 후에 반응을 보고 제품을 생산하고자 했다면 스노우보드는 세상에 없었을지도 모릅니다.

In Class Discussion Topic

1. 인간중심의 기술 기획이 큰 효과를 본 사례를 한 번 찾아볼까요? 어떤 점에서 인간중심이라고 할 수 있을까요?
2. 신제품을 개발할 때 목업(mock-up) 모형을 만들기도 합니다. 최근에는 스타트업을 위한 목업 모형 제작에 3D 프린터를 활용하기도 합니다. 목업이나 3D 프린터 출력물이 인간중심의 기술 기획에 어떤 도움을 줄 수 있을까요?

Out Class Team Project

1. 강의 교재에서 소개하고 있는 기술로드맵을 팀별로 진행하고 있는 해당 기업을 대상으로 작성하여 봅시다.
2. 강의 교재에서 소개하고 있는 기술트리를 팀별로 진행하고 있는 해당 기업을 대상으로 작성하여 봅시다.

나가면서···

3장에서 가장 중요한 부분은 인간 중심의 기술 기획의 이해입니다. 고객과 개발자가 배제된 기술 기획은 이미 시작부터 실패한 케이스가 된다고 볼 수 있습니다. 이번 장에서는 그런 고객의 관점에서 특정 기술을 앞으로 어떻게 발전시켜 나갈지를, 특히 기술로드맵과 기술트리를 가지고 설명하였습니다. 다음 장에서는 기술 기획의 성과물 중 새로운 방법 혹은 활동을 의미하는 기술 혁신에 대해서 알아보겠습니다.

참고문헌

길영준 외. (2002). 전략통합형 R&D를 위한 과학적 연구방법론에 관한 연구, STEPI, p.140.

오해영. (2007). 기술 기획, 평가 이슈 도출에 관한 연구, KISTEP, p.23

박지영. (2006). 국가 연구개발 사업의 기술 기획 표준 모델 연구(Ⅰ), 한국연구재단 3, p.8.

Luther Gulick. (1967). Papers on the Science of Administration, Institute of Public Administration, NY, p.27.

Mckinney, Jerame B. and Howard, Lawrence C. (1998), Public Administration: Balancing Power and Accountability, Praeger.

Robert Phaal, Clare J.P. Farrukh, David R. Probert. (2004). Technology roadmapping — A planning framework for evolution and revolution, *Technological Forecasting & Social Change*, 71, 5 − 26.

William H. Newman. (1963). Administration Action: The Techniques of Organization and Management,Prentice Hall, p.34.

http://www.huffingtonpost.kr/2014/10/15/story_n_5987808.html

https://m.etnews.com/200503080027?obj＝Tzo4OiJzdGRDbGFzcyI6Mjp7czo3OiJyZWZlcmVyIjtOO
  3M6NzoiZm9yd2FyZCI7czoxMzoid2ViIHRvIG1vYmlsZSI7fQ%3D%3D/

http://www.ilovepc.co.kr/news/articleView.html?idxno＝2329

https://www.mk.co.kr/news/economy/view/2017/04/267306/

https://www.hankyung.com/it/article/201801255950g

https://en.wikipedia.org/wiki/N−Gage_(device)

http://news.donga.com/3/01/20150508/71139221/1

http://www.15knots.com/

http://animalnewyork.com/2015/cops−want−waze−app−stop−tracking/

https://www.qdrum.co.za/

http://www.bloter.net/archives/219544

http://www.northernexpress.com/michigan/article−5770−snurfing−anyone.html

04 기술 혁신

혁신 역량이 기업의 생존을 결정한다

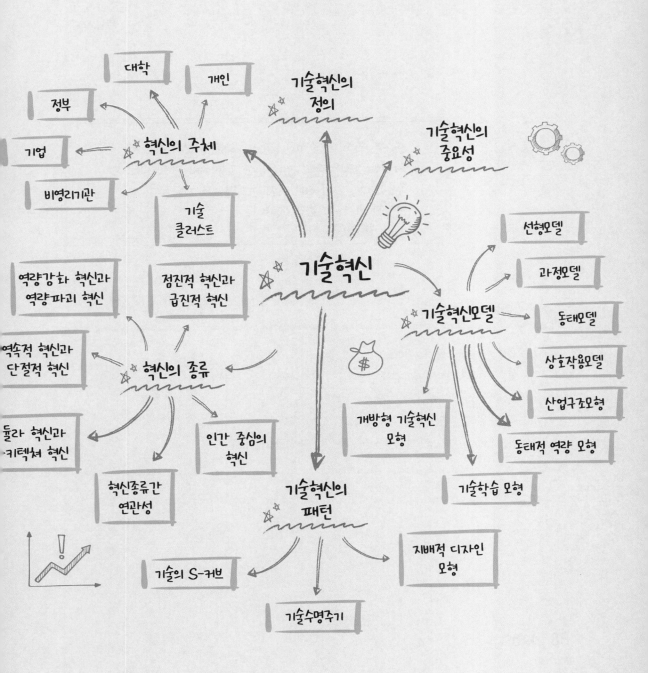

기술 혁신

혁신 역량이 기업의 생존을 결정한다

동영상강의

일론 머스크
(Elon Musk)

> 하늘을 나는 차를 만드는 것은 어려운 일이 아니다. 어떻게 그것을 정말 안전하고 조용하게 만드느냐가 중요하다. 그게 해결되지 않으면 사용자들을 행복하게 하지 못할 것이다.

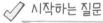

시작하는 질문

- 기술 혁신은 무엇이며 왜 중요할까요?
- 기술 혁신의 종류와 그 차이를 구분할 수 있나요?
- 기술 혁신이 경쟁우위에 어떤 영향을 미치게 될까요?
- 기술 혁신을 관리하기 위한 방법은 무엇인가요?
- 기술 혁신에서 사용자의 역할과 사용자 경험 기반 혁신이 왜 중요할까요?

들어가면서…

　정보통신기술(ICT)의 발전에 따른 정보의 자유로운 이동으로 경제활동에서 시간과 공간의 제약이 완화되고 기업 간 경쟁의 강도가 급속도로 증가하고 있습니다. 특히 애플, 삼성과 같은 디바이스 제조 기업이나 아마존, 구글, 페이스북, 네이버 등의 플랫폼 기업, KT, SKT와 같은 네트워크 사업자들의 고민은 점점 비슷해지고 있습니다. 이러한 글로벌 경쟁 시대에서는 경쟁우위를 확보하거나 유지하기 위해서 기술 혁신의 중요성이 그 어느 때보다 강조되고 있습니다. 이번 장에서는 기술 혁신의 기본 개념과 기술 혁신이 중요한 이유는 무엇인지를 이해하고, 기술 혁신을 설명할 수 있는 중요한 방법들-모델, 원천, 유형, 패턴-은 어떤 것이 있는지, 그리고 인간중심의 기술 혁신에 대해서 알아보겠습니다. 이를 통해, 현재 일어나고 있는 다양한 기술 혁신 현상을 보다 체계적으로 이해할 수 있는 관점을 갖게 될 것입니다.

1. 기술 혁신이란?

　기술 혁신이란 무엇일까요? 오래전부터 기술 혁신에 대한 다양한 정의들이 있어 왔습니다. 조지프 슘페터(Joseph Schumpeter)는 '창조적 파괴(creative destruction)'란 용어를 제시하면서 혁신(innovation)을 통해 기존의 생산 기술과 방식이 파괴되는 과정을 거쳐 경제 발전이 이뤄진다고 하였습니다(Schumpeter, 1942). 피터 드러커(Peter Ferdinand Drucker)는 혁신은 기업의 지속을 위한 연료와 같으며 다른 경영활동처럼 관리되어야 한다고 하였습니다(Drucker, 1985). 제이콥 슈무클러(Jacob Schmookler)는 기업이 제품, 서비스, 수단의 활용, 새로운 것의 투입에서 기술적 변화가 일어난다고 하였습니다(Schmookler, 1966). 이런 기술적 변화를 처음으로 만드는 기업은 이노베이터(innovator)이며 이러한 활동을 혁신(innovation)이라고 정의하였습니다. 리피트 등(Reffitt et al., 2007)은 "혁신은 상업적 목적 또는 공공재가 될 수 있는 이익으로 전환되는 지식과 아이디어의 대화이다. 이익은 새롭거나 개선된 제품, 공정 또는 서비스일 수 있다"라고 정의하였습니다. 여기서 우리는 기존 학자들의 정의를 참고해, 기술 혁신을 공정, 시장, 재료, 조직 등 생산수단의 새로운 결합을 통하여 신제품이나 서비스를 생산, 마케팅, 판매하는 일련의 현상이라고 정의합니다.

　이렇듯 다양한 학자들의 정의들을 살펴보면 기술 혁신의 몇 가지 공통된 특징을 발견할 수 있습니다. 첫 번째, 기술 혁신은 정적이라기보다 동적으로 개선 활동의 과정(process)으로 보는 것이 적절합니다. 두 번째, 혁신의 목적이 상업적이라는 것입니다. 즉, 기업의 경쟁우위 확보 및 수익 창출이 기본적인 목적이라 할 수 있습니다. 마지막으로 기술 혁신은 특정 영역의 개선을 통해 사용자의 효용을 증가시킬 수 있어야 합니다. 기술 혁신을 통해 사용자에게 직접적인 효용을 제공할 수도 있지만(제품 혁신), 제품을 생산하는 단계에서의 공정혁신을 통해 가격을 낮춤으로써 사용자에게 효용을 제공할 수도 있습니다.

기술 혁신(technological innovation)은 "공정, 시장, 재료, 조직 등 생산수단의 새로운 결합을 통하여 신제품이나 서비스를 생산, 마케팅, 판매하는 일련의 현상"을 의미합니다. 베츠(Betz) 교수는 그의 책 'Managing Technological Innovation'에서 [그림 1]과 같은 혁신 프로세스(innovation process)를 도식화하였습니다(Betz, 2011). 자연에서 과학으로 전환되는 과정에서 연구(research)를 통해 자연현상을 발견하게 되고, 과학이 기술로 전환되는 과정에 발명(invention)이 자연현상을 이용할 수 있게 된다고 설명하고 있습니다. 이후 기술이 경제활동으로 바뀌는 상업화(commercialize) 과정에서 자연현상이 내재화되며, 자연을 이용하면서 발생하는 효용은 시장(market)을 통해 확산된다고 하였습니다.

그림1 Innovation process

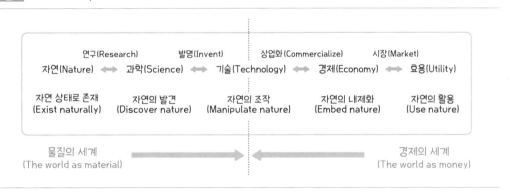

출처: Frederick Betz(2011)

2. 기술 혁신의 중요성

멜리사실링(melissa A. Schiling)은 기술 혁신은 경쟁을 성공으로 이끄는 가장 중요한 동인이라고 했습니다. 기업의 생존에 가장 중요한 요소인 것이죠.

실제로 기업들의 평균 수명이 점점 짧아지고 있습니다. [그림 2]에서는 미국 기

그림 2 S&P등록 500대기업들의 평균 수명

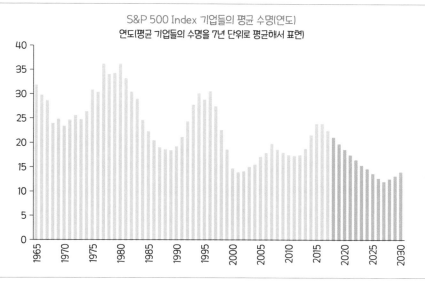

S&P 500 Index 기업들의 평균 수명(연도)
연도(평균 기업들의 수명을 7년 단위로 평균해서 표현)

출처: INNOSIGHT, 2018 Corporate Longevity Forecast: Creative Destruction is Accelerating

업의 평균 수명이 지속적으로 감소하고 있음을 잘 보여주고 있습니다. 글로벌 전략 혁신 컨설팅 그룹 이노사이트가 2018년에 발표한 '기업 존속 전망(Corporate Longevity Forecast)'에서 포춘 S&P500 기업의 존속기간이 1964년 평균 33년에서 2016년에는 24년으로 감소했고 2027년에는 약 12년으로 급감할 것이라고 전망했습니다. 또한, 신용평가사 중 하나인 스탠더드앤드푸어스(S&P)는 500대 기업의 수명을 평균 20년 이하로 추정한다고 하며, 1955년 포춘이 선정한 500대 기업 중 2020년에 생존해 있는 회사는 60개에 불과합니다.

경영컨설팅 회사인 BCG가 2005년부터 매년 가장 혁신적인 50대 기업을 발표해 오고 있습니다. BCG는 2,500명의 글로벌 기업 임원을 대상으로 설문조사와 1,000여 개 기업의 글로벌 혁신성과 데이터베이스를 기반으로 선정해오고 있습니다. 2020년 가장 혁신적인 기업으로 선정된 5대 기업은 Apple, Alphabet, Amazon, Microsoft 및 Samsung입니다. 2019년 대비 가장 빠른 성장을 한 기업은 48위에서 6위로 오른 Huawei, 42위에서 13위로 오른 Walmart, 44위에서 15위로 오른 HP, 41위에서 20위로 오른 Dell입니다. 나머지 혁신 기업들도 QR 코드[1]를 통해서 볼 수 있습니다.

주요 기업들의 모습을 살펴보면, 1위인 애플은 단순 디바이스 판매에서 웨어러블, 서비스 비즈니스를 새롭게 만들어 내고 애플카와 같은 새로운 미래 먹거리에 대한 기대감이 큰 혁신기업입니다. 3위 아마존은 아마존 웹 서비스(AWS)와 같은 혁

신적 서비스를 지속 발굴하고, 아마존 프라임 멤버십과 같은 충성도 높은 고객을 지속 구축하고 있습니다. 한때 수그러드는 기업으로 평가받았던 4위 마이크로소프트는 모바일, 클라우드 중심으로 사업을 재편하면서 영업이익이 높은 혁신기업으로 성장하고 있습니다. 11위인 테슬라는 전기차 시장을 석권하고 있으며 자율주행이나 자동차 보험 등 기존 사업구조를 파괴하는 혁신을 통해 그 가치를 인정받고 있습니다.

[그림 3]을 보면 다수 기업의 연간 출시 제품에서 신제품이 차지하는 비중은 평균 14%로 기업의 연간 매출에 기여한 비중은 38%나 차지하고 있음을 알 수 있습니다(이동기·이정선, 2013). 특히 중요한 부분은 신제품에서 확보된 38%의 매출에서 창출되는 이익이 무려 61%를 차지한다는 점입니다. 다시 말해 기술 혁신은 기업의 이익에 중요한 역할을 할 수 있습니다. 또한 기업의 업종 자체도 변경할 수 있게 하여 기업의 생존에 영향을 끼칠 수 있습니다. 사례로 노키아가 1900년대 초 벌목 기계회사에서 IT 통신기기 및 단말기 제조사로 변신한 경우나, 삼성전자가 국수 회사에서 세계적인 전자 회사로 변신할 수 있었던 것도 기술 혁신을 통해서 가능하였습니다.

그림 3 신제품 · 신기술의 사업적 의미

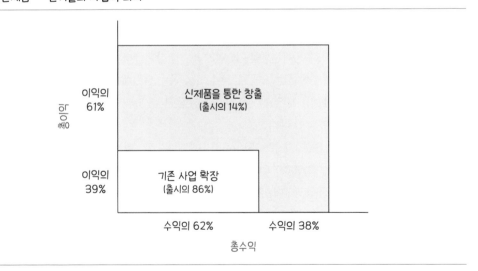

출처: Technology Commercialzation, SBI(SRIC-BI), 2002

3. 기술 혁신 모델

기술 혁신 과정을 모형화해 기술 혁신을 좀 더 잘 이해하고 정책적으로 활용하기 위해 다양한 모델들이 제시되어 왔습니다. 이 절에서는 기술 혁신의 모델들이 어떻게 역사적으로 변해왔는지 살펴봄으로써 기술 혁신을 좀 더 잘 이해하고자 합니다.

3.1 선형 모델(linear model)

선형 모델은 발명에서부터 기술 혁신의 복잡한 과정을 단순화하여 일련의 단계로 간단하면서 명료하게 설명합니다. 선형 모델에는 슘페터(발명→기술 혁신→확산)나 프리만 (기초연구→응용연구→개발→신생산시설 건설) 등 많은 연구자들의 모델이 존재합니다(Schumpeter, 1942; Freeman, 1974). 그중에서 로제거(Rosegger, 1993)의 모델을 살펴보겠습니다. 그는 혁신 과정 모델을 설명하면서 아래 5단계를 제시하였습니다.

그림 4 혁신과정의 선형 모형

기초연구 → 응용연구 → 기술개발 → 투자와 학습 → 확산단계

로제거는 개발된 기술 혁신이 타 기업 및 산업 그리고 개인들에게 모방과 학습을 통해 확산되어가는 과정을 포함하였습니다. 이러한 선형 모델은 간단하게 기술 혁신과정을 설명한다는 장점이 존재하지만 실제 과정은 훨씬 복잡하다고 할 수 있습니다. 선형 모델은 1950년대 과학기술정책에서 지배적인 패러다임을 제시하게 됩니다. 특히 기술 혁신에서 기초연구 및 과학지식의 중요성을 강조하고 있습니다. 발명을 중시하는 선진국적 관점이라 할 수 있습니다. 하지만 기술 혁신의 대부분은 기초연구 및 응용연구 단계가 필요 없는 점진적 혁신(incremental innovation)이 대부분이라는 점과 단계별 산출물이 모형과는 다를 수 있다는 점에서 선형 모델의 한계점이 존재하게 됩니다. 또한 기술 혁신은 체계적인 연구 없이도 우연히 발견되는 경우도 많습니다. 고혈압 치료제를 개발하는 과정에서 비아그라가 우연히 발견된 것이 한 예라고 할 수 있습니다. 무엇보다 1980년대에 이르러 기초과학이 약한 일본이 기술 혁신에서 두각을 드려내는 것을 보고 선형 모델에 대한 의문이 제기되기 시작되었습니다(최영락 외, 2005). 그리고 후진국이나 개발도상국에서는 선진국과는 다르게 앞 단계(연구 및 개발)를 생략하는 경우도 발생하였습니다. 또한 기술 혁신과정에서 빈번하게

일어나는 상호작용과 피드백 관계를 고려하지 못한 채 기술 혁신을 선형으로만 봤다는 한계가 존재합니다.

3.2 과정 모델(process model)

과정 모델은 현실적으로 발명에서 기술 혁신까지 여러 프로젝트가 진행되는 동안 단계를 거치면서 선별되는 과정을 고려하기 위해 제안되었습니다. 여러 연구자들이 분석 단위, 연구 목적에 따라 다양한 모델을 제시하였으나 [아이디어 형성→문제해결→활용 및 확산]이라는 3단계 과정으로 보는 것이 대표적입니다. [그림 5]에서 나타낸 혁신의 깔때기(Innovation Funnel)모형은 초기의 다양한 아이디어들이 중간 단계의 평가를 거치면서 최종적으로 시장에 출시를 하게 되지만 시장에서의 성공이 얼마나 어려운지를 보여줍니다. 멜리사 실링(Melissa A. Schilling)이 혁신의 성공률을 조사한 연구에 따르면 약 3,000개의 정제되지 않은 아이디어 중에 최종적으로 시장에서 성공한 제품은 1개밖에 나오지 않았다고 합니다. 이와 관련해서 개리 해멀(Gary Hamel, 2006)은 Harvard Business Review에서 혁신은 넘버게임(Innovation is always a numbers game.)이라는 점을 강조했습니다.

그림 5 혁신의 깔대기(Innovation Funnel)

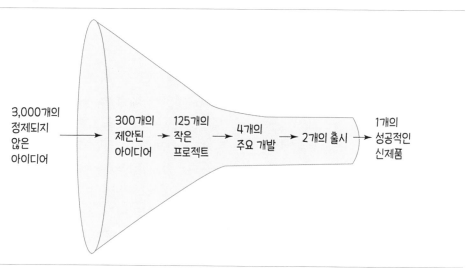

출처: "Strategic Management of Technological Innovation", Melissa A. Schilling, McGraw-Hill, 2009

3.3 동태 모델(dynamic model)

앞의 두 모델이 기업 단위의 모델이었다면 동태 모델은 주로 기업이 제품을 생산하는 생산 단위(Product Unit)의 모델이라고 할 수 있습니다. 어터백과 애버내시(Utterback and Abernathy, 1975)는 기술의 발전과정을 유동기(fluid), 과도기(transitional), 경화기(specific)의 3단계로 구분하였습니다.

그림 6 제품공정혁신의 과정모델(A-U 모델)

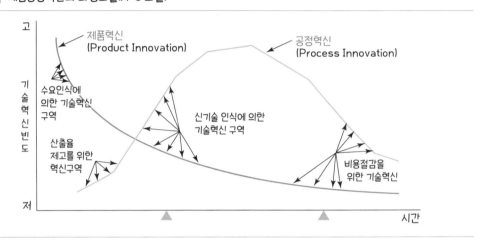

이제 각 단계별 특성에 대해서 살펴보도록 하겠습니다. 처음으로 유동기(fluid)에는 주로 제품개발에 초점을 맞춘 제품혁신이 주를 이루게 됩니다. 제품혁신은 새로운 기술이나 기술들의 조합으로 사용자와 시장의 필요를 만족시키는 것을 의미하며 주로 초기에는 제품의 성능에 집중하게 됩니다(Utterback and Abernathy, 1975). 유동기에는 생산공정이 부분적으로 자동화되고, 차별화 전략을 추진하는 동시에 제품혁신 및 차별화 능력을 바탕으로 수직통합(vertical integration)의 성장전략을 추구하는 것이 바람직하다고 합니다(정선양, 2008). 과도기적 상황(transitional time)을 지나면서 시장에서 제품의 지배적인 디자인(dominant design)이 나타나면서 생산량은 급격하게 늘어나게 됩니다. 이 시기를 경화기(specific)라고 부르며 생산비용을 절감하여 이윤을 확대하기 위한 공정혁신의 비율이 높아지게 됩니다.

동태 모형은 경쟁 환경과 기업의 기술 혁신 전략을 연결시켜서 유용한 모형이라고 할 수 있습니다. 이 모델 역시 선진국형 모델이라 할 수 있으며, 개발도상국이나 신제품을 만들 수 있는 역량이 부족한 국가에서는 앞서 설명드린 제품, 공정혁신의 과정모델인 A-U 모델과 반대의 모습이 보이기도 합니다. 즉 새로운 개념의 제품을 선진국에서 출시한 후 독점적 지위를 점유한 후에 경화기에 개발도상국 등으로 수출하게 되는 경우입니다. 특히 한국의 기술발전 과정은 거슬러 올라가는 모형으로 나아가지만 그 과정에서 한국 나름의 기술을 축적하면서 다시 신제품을 출시하는 등의 독자적인 경로를 추구해가는 것으로 생각됩니다(Kim, 1980).

3.4 상호작용 모델(Interaction Model)

선형 모델이 기술 혁신과정을 지나치게 단순화하였다는 평가와 함께 상호작용 모델이 제안되었습니다. 상호작용 모델은 기술 혁신이 단계를 밟아 순차적으로 일어나는 것이 아니라, 전후방 단계가 상호작용하면서 진행하는 모델입니다. 각 단계마다 예상하지 못한 문제점이 발생하게 되며, 이를 해결하기 위해 전후방 단계 간 상호작용과 피드백(feedback)이 발생하게 된다고 설명하고 있습니다. 이러한 기업의 기술 혁신과정을 설명하기 위해 체인링크(chain-linked) 모델이 제안되었습니다. 혁신의 중심 고리는 [그림 7]에 나타낸 것처럼 잠재시장, 분석적 설계의 발명/생산, 상세설계 및 시험, 재설계 및 생산 그리고 유통과 판매로 이어지게 됩니다. 기업은 잠재

그림 7 **혁신과정의 상호작용모델(Interaction Model)**

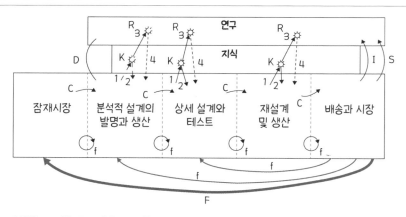

체인링크 모델은 정보와 협력의 경로를 보여준다.
화살표 기호: **C** = 혁신의 중심연결고리, **f** = 피드백 경로, **F** = 특히 중요한 피드백

K-R: 지식을 통한 연구(R)로의 연계와 반작용 경로. 결절점 K에서 문제가 풀린다면 연구(R)로 가는
　　　 3번 연계는 작동할 필요가 없게 된다. 연구(R)로부터의 반작용 연계(4번)는 불확실하기 때문에
　　　 점선으로 표시한다.
D: 발명과 설계의 문제와 연구(R) 사이의 직접적인 연계
I: 기계, 장비, 도구 그리고 기술 과정들에 의한 과학 연구의 지원
S: 직접적으로 또는 외부작업을 모니터링 함으로써 생산 과정 내의 과학에 대한 연구 지원
　　 여기서 획득된 정보는 연계의 어느 부분에서도 활용 가능

출처: S.J. Kline and N. Rosenberg(1986)

시장이 있을 경우, 기존 과학 기술지식을 활용하여 연구개발을 추진하고, 또한 기업은 외부 연구개발 주체(대학, 공공연구기관)에 의뢰해 해결하기도 합니다. 기업은 이를 통해 발명 또는 기본 설계를 이루게 되며, 이후 상호작용을 거듭하면서 상세설계 및 시험 단계에 도달하게 됩니다. 이때 발명 혹은 기본설계에서 축적된 경험과 지식들이 수시로 활용되는 피드백이 발생하게 됩니다. 아울러 현재 시장에 존재하는 제품이나 서비스에 대한 평가 결과 역시 피드백으로 작용하게 됩니다. 하지만 실제 기업 내에서 일어나는 상호작용은 [그림 7]에 표현한 것보다 훨씬 복잡합니다. 연구부서, 개발부서, 마케팅 부서간의 상호작용도 있으며, 연구 부서 내에서도 기초연구와 응용연구의 연구자간에도 상호작용이 발생하기도 합니다.

3.5 산업구조 모형(5-forces Model)

마이클 포터(Michael Eugene Porter)의 경쟁우위 전략은 기업이 경쟁 환경에 따라 어떠한 경쟁전략과 기술 혁신 전략을 채택해야 하는가에 관심을 가지고 있습니다(Porter, 1980). 그가 제안한 "5-forces" 모델은 '어떠한 산업에 들어가 어떠한 사업을 하는가'가 기업 성과와 경쟁 우위에 중요하다는 시각을 가지고 있습니다. 특정 산업 내 경쟁 우위를 결정하는 5가지 요소로서 신규 진입자의 위협, 대체재의 위협, 구매자의 교섭력, 공급자의 교섭력, 동일 업종 내 경쟁자의 위협이 있습니다.

5가지 위협 중에 대체재에 의한 위협이 가장 높다고 할 수 있는데 이는 완전히 다르거나 새로운 산업군으로부터 경쟁 상품이나 서비스가 출현할 수 있기 때문입니다. 기존의 기업이 예측하기 어렵고 또한 대응하기도 쉽지 않게 됩니다. 예를 들면, 스마트폰의 출현으로 기존의 MP3 플레이어나 내비게이션 전문업체들이 대부분 사

그림 8 마이클 포터의 5-Forces

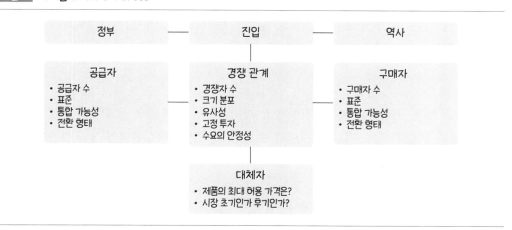

라지게 된 현상을 보면 쉽게 이해할 수 있습니다.

경쟁의 핵심 요소는 구매자의 니즈 충족을 통한 가치의 창출입니다. 가치는 주 활동과 지원 활동의 가치사슬(value chain)을 통해 창조되기 때문에, 가치 창조를 극대화할 전략 구상과 실행이 경쟁우위 창출의 원천이 됩니다. 기업이 선택할 수 있는 전략으로 비용우위, 제품 차별화 그리고 집중화 전략이 있습니다. 마이클 포터의 5-Forces 프레임을 이용하면 산업 전반의 경쟁 환경을 쉽게 파악할 수 있고 시장 진입을 위한 도구로써 역할을 할 수 있습니다. 그래서 처음에는 큰 관심을 모았으나, 왜 동일한 사업에서 사업을 더 잘하는 기업과 못하는 기업이 있는지에 대한 의문에 답을 하지 못하는 단점이 있습니다. 5-Forces는 방법론상으로 정태적인 틀을 사용하며 유형 모델(typological model)에 머물고 있습니다. 또한 산업에서 발생하는 이익과 기업 성과를 설명하는 연결 메커니즘이 없는 것이 한계로 지적됩니다. 기술의 경쟁환경을 구성하는 주요 요인인 기술변화에 대한 배려가 미흡하며, 기업 내부에 체화된 동태적 적응 능력이 경쟁전략으로 활용될 수 있으나 모델에 반영되지 못한 약점이 있습니다.

3.6 동태적 역량 모형(dynamic capability model)

동태적 역량 모델은 티스, 피사노 그리고 슈엔(Teece et al., 1997)에 의해 제시된 개념으로 기업 경쟁력 평가와 경쟁전략 수립에서 장기적인 발전가능성과 잠재력을 중시하였습니다. 기업 경쟁전략의 핵심은 새로운 기술패러다임에 적응하는 능력을 키우는 것으로 과정(process), 위상(position), 경로(path)의 3가지 요소를 제시하였습니다. 과정이란 기업이 일을 처리하는 방식으로 종합·조정, 관행화, 학습, 재구성과 전환 등으로 구성되며 특정 시점에서 다음 시점으로 이동을 가능하게 합니다. 위상이란 특정 시점의 시장 또는 경쟁환경에서 기업의 상태를 나타냅니다. 경로는 과정이 누적되어 나타나는 과거 경로 및 앞으로 나아가는 경로를 의미합니다. 이와 관련해서, 경로의존성(path dependency)이란 개념이 있는데요, 한 번 일정한 경로에 의존하기 시작하면 나중에 그 경로가 비효율적이라는 사실을 알고도 여전히 그 경로를 벗어나지 못하는 경향성을 뜻합니다. 따라서, 기업들이 지속적으로 성장하기 위해서는 자신이 쌓아가고 있는 성공 경험이 환경변화에 의해 더 이상 효력을 발휘하기 어려울 경우 이를 빨리 알아차리고 새로운 경로로 이동할 수 있는 혁신역량이 필요한 것입니다. 따라서, 과정(process), 위상(position), 경로(path) 세 가지 요소들을 얼마나 잘 축적하고, 효과적으로 관리하면서 동태적 경로를 잘 헤쳐나가느냐 하는 것이 동태적 역량을 결정하며, 이것이 곧 기업의 성과로 연결된다는 시각입니다. 동태적 역량 시각은 아

그림 9 동태적 역량(Teece et al., 1997)

프로세스	위상	경로
• 기업 내 작업 방식 • '루틴'으로서 인정되는 일 • 현재의 연습, 학습의 패턴	• 현재 기술과 지적 재산에 대한 투자 • 고객 기반과 공급자와의 관계	• 기업에서 가능한 전략적 선택과 미래의 기회에 대한 매력도

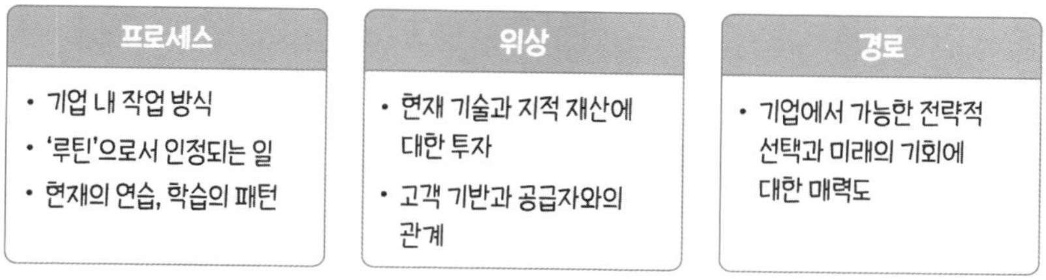

출처: Teece et al.(1997)

직 더 고민해봐야 할 내용들이 많은 발전 중인 모형이지만 정태적인 포터 모형의 취약점을 해결하는 모델로 기대되었습니다(최영락 외, 2005).

3.7 기술학습 모형

기술 혁신은 기술지식을 증가시키는 학습 이론과 밀접한 관계가 있습니다. 개인 학습은 물론이고, 조직 학습까지 중요한 주제가 됩니다. 학습의 유형에는 여러 가지 형태가 존재합니다. 실행을 통한 학습(learning-by-doing), 사용을 통한 학습(learning-by-using), 상호작용을 통한 학습(learning-by-interacting), 탐색을 통한 학습(learning-by-searching), 탐구를 통한 학습(learning-by-exploring) 등이 자주 언급되는 유형입니다.

이 중에서 실행을 통한 학습이 대표적인 개념이며, 사용을 통한 학습이 최근 특히 주목받고 있는 개념입니다. 실행을 통한 학습은 급격한 환경변화에서 많은 실험을 통해 시장에 적합한 지식을 쌓아가는 과정에서 활용되는 형태입니다. 사용을 통한 학습은 다양한 기술 혁신 도구들이 사용자들에게 오픈되고 있으며, 사용자의 필요를 선제적으로 반영하고자 하는 기업들에서 활용되는 등 그 중요성이 증가하고 있습니다.

근래와 같이 기술환경이 급변하는 시기에는 기존의 축적된 기술지식의 변화를 요구하게 됩니다. 그중 축적된 지식을 더욱 강화시키는 것(capability-enhancing)을 요구하거나, 축적된 지식을 파괴시키는 것(capability-destroying)을 요구하게 되는 형태가 있을 수 있습니다. 기존 역량을 파괴하는 기술환경의 변화에서는 특별한 의미의 학습이 필요하게 됩니다. 기술지식은 기본적으로 누적적인 성격이 강하므로 경로의존성(path dependency)이 나타나게 마련입니다. 경로의존성이란 앞서 설명한 바와 같이 한 기업이 선택한 기술을 중심으로 관련 투자가 진행되고 지식이 축적되면서 쉽게 다른 기술로의 전환이 어려워지는 현상을 의미합니다. 기존 기술을 망각하고 새로운 지식을 축적하는 것은 매우 어려운 일이나, 특히 기술경쟁이 심해지는 현대에서는 이렇게 해야만 경쟁에서 이길 수 있습니다. 과거의 성공이 기존의 제도와 관행을 고수함으로써 환경의 변화에 대응하지 못하여 실패로 이어지는 경우가 종종 발생하고 있기 때문입니다.

3.8 개방형 기술 혁신 모형

현대 기술 혁신 활동의 높은 불확실성, 급격한 기술 변화, 대규모 투자 등으로 한계에 부딪힌 기업들은 외부와의 협력을 적극적으로 모색하고 추진하기 시작했습니다. 체스브로(Chesbrough)는 2000년대 초에 개방형 혁신은 기업이 안으로의 지식 흐름(inflow)과 밖으로의 지식 흐름(outflow)을 적절히 활용하여 내부의 혁신을 가속화하고 혁신의 외부 활용 시장을 확대하는 것으로 정의했습니다.

개방형 기술 혁신(open innovation)은 세계적으로 확대되어 왔으며, 내부 조직 축소, 공동 연구개발, 아웃소싱, 인수·합병 등 다양한 형태로 추진되고 있습니다. 기술의 시스템화와 복잡화로 인해 기업 내부의 능력만으로 모든 기술을 개발하기에는 많은 부담이 존재합니다. 또한 기술개발의 가속화와 경쟁의 심화로 독자적 기술 혁신은 큰 부담으로 작용하고 있습니다. 기업들은 외부와의 협력과 활용이 더욱 효과적, 효율적이라는 인식 아래 국내 혹은 해외와 활발히 네트워크를 구축하고 있습니다. 네트워크는 내부화나 흡수·합병보다 매몰비용(sunk cost)을 줄여 조직의 형성과 해체에 유연성을 확장시켜주는 장점이 있습니다. 또한 기술 혁신에 소요되는 대규모 자본의 부담이 경감되며, 각 주체들이 보유한 특유 자산(specific assets)의 상호 교환이 가능해집니다. 이를 위해서는 참여 단위들의 상호주의와 신뢰가 기반이 되어야만 기회주의적인 위험을 낮출 수 있습니다. 하지만 기술의 암묵성(tacitness), 불확실성, 자산 특수성, 비전유성 등으로 인해 시장기구만을 통해 거래하는 데에는 많은 한계가 존재합니다. 그리고 기술은 주로 조직에 체화되므로 가격 메커니즘에만 의존하지는 않게 됩니다. [그림 10]에서 표현한 것과 같이 개방형 혁신에서는 초기에 아이디어를 수집하고 연구 개발을 진행하는 단계 등에서 외부의 혁신역량을 활용하는 것을 의미합니다. 이후 개발이 완료된 이후에는 확보한 기술을 라이선싱하거나 스핀오프를 통해 다시 외부에서 활용이 가능하도록 할 수도 있습니다.

그림 10 폐쇄형 혁신과 개방형 혁신

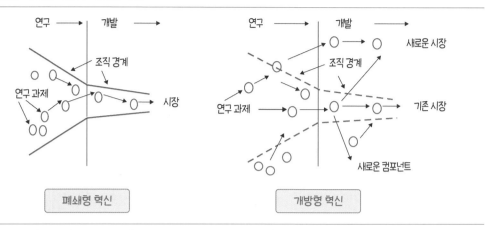

출처: Chesbrough(2003, 2006)

In Class Personal Assignment

1. 본문에서 이야기하고 있는 여덟 가지의 혁신 모형 중에서 최근에 일어나고 있는 기술 혁신 사례를 잘 설명하고 있는 모형은 무엇일까요?

2. 최근 일어나는 혁신 사례 중에서 기존의 혁신 모형으로 설명하기 어려운 것들은 어떤 것들이 있을까요?

4. 기술 혁신의 원천

혁신의 원천은 다양한데 그중에서 전통적으로 기업이 가장 중요한 위치를 차지하고 있습니다. 이는 기업의 기본 목표인 수익 극대화에 기술 혁신이 중요한 위치를 차지하고 있기 때문입니다. 기업 이외에 대학이나 정부는 비교적 상업화로부터는 자유로워서 좀 더 기초과학 기반의 혁신을 만들 수 있습니다. 한편 개인들도 자신들의 사용 경험을 기반으로 사용상의 불편함을 개선하려는 노력을 하곤 합니다.

4.1 기업(firms)

혁신의 원천으로 가장 먼저 꼽을 수 있는 곳이 바로 기업입니다. 자원이 풍부하기 때문에 다양한 혁신 활동이 가능합니다. 1950년대 이후로 대량 생산을 위한 기술 혁신으로부터 시작해 다양한 파생 제품을 만들기 유리한 플랫폼 구조 등의 혁신들이 이뤄져 왔습니다. 예전에는 주로 한 기업 내에서 대부분의 혁신이 가능했지만, 근래에는 다양한 외부 기업들과의 협력이 점점 중요하게 되었습니다. 또한 기업 생태계라는 개념이 소개되면서 기업의 성공이 자신에게만 달린 것이 아니라, 생태계를 구성하고 이를 구성하는 구성원들이 다 같이 잘 되어야만 가능하다는 것을 깨닫게 되었습니다(Moore, 1993; 1997). 즉 산업 플랫폼을 중심으로 보완재를 공급하는 회사들과의 협력이 중요하다고 할 수 있습니다.

4.2 개인(individuals)

발명가 딘 케이먼(Dean Kamen)은 의료기기·제어시스템·헬리콥터 등과 관련된 400개 이상의 특허를 보유하고 있습니다. 특히 세그웨이(segway)라는 개인용 이동 수단으로 유명해진 인물로 개인이 혁신의 주체가 될 수 있음을 잘 보여줍니다. 딘 케이먼은 다음과 같은 말을 하였습니다. "나는 내가 가진 지식으로 다른 사람을 도울 수 있는 일을 하고 싶다. 단순히 돈이나 선물로 일회성에 지나는 도움이 아니라 지속적으로 발전적인 도움을 주는 그런 일을 하고 싶다." 발명가는 아니더라도 개인은 사용자로서 혁신을 이룰 수 있습니다. 스노우보드나 요트의 사용자와 선수들이 직접 제품을 사용하면서 느낀 불편한 점이나 디자인 등의 개선을 한 사례도 있습니다. 이러한 사용자들의 혁신이 점차 증가하고 있으며 기업들은 점점 더 자주 사용자들과의 접촉을 통해 제품이나 서비스의 개선점을 찾으려는 노력을 하고 있습니다.

4.3 대학(universities)

대학 내에서는 우수한 연구인력들이 많은 지적재산권을 창출해내고 있습니다. 이러한 대학 내 연구성과를 활용하기 위해 대학들은 산학협력단과 같은 기술이전센터(technology transfer offices)를 보유하고 있습니다. 미국은 제2차 세계대전의 승리를 대학 R&D가 주요 원인이었다고 판단해 대학의 연구개발 예산을 막대하게 투입해 왔기에 미국의 대학들은 이미 상당한 금액의 지적재산권 수입을 올리고 있습니다. 우리나라 대학의 기술이전 수입은 이에 비해 아직 미흡한 수준이나 지속적으로 증가하는 추세입니다. '2019년 공공연구기관(대학·연구소) 기술이전·사업화 실태조사 보고서'에 따르면 공공연구기관의 기술이전 수입은 '2007년부터 12년 연속 기술이전 수입 1천억 이상을 달성하는 성과를 보이고 있으며, 이 중 대학의 기술이전 수입은 약 788억원(2019년)으로 전년도 대비 약 88억원 증가한 것으로 나타났습니다.

4.4 정부(government)

정부 주도 연구들은 비교적 기업들이 소홀히 하기 쉬운 기초 연구를 지원하는 경우가 많습니다. 정부 산하 연구소, 과학기술단지, 창업보육센터 등의 지원을 통해서 정부 주도의 연구들이 이뤄지고 있습니다. 특히 우리나라에서는 정부 주도의 성공적인 혁신 사례들이 있는데 대표적으로 CDMA 방식의 이동통신기술이 있습니다. 하지만 이후 대표적인 성공사례를 찾기 힘든데 이는 정부 주도의 기술 혁신이 글로벌 표준으로 자리 잡기가 쉽지 않음을 보여줍니다. 와이브로(Wibro)의 사례를 보면 LTE보다 상용화에 앞서면서 4세대 이동통신에서 우리나라가 주도권을 가질 것으로 보였지만, 결국 글로벌 시장에서 지배적 기술로 채택되지는 못하였습니다.

우리나라의 기술 혁신 효율성에 대해서는 QR 코드[2]를 통해서 보실 수 있습니다.

4.5 비영리 기관(nonprofit organizations)

미국의 HHMI(Howard Hughes Medical Institute)는 비영리 기관으로 바이오 의료 연구의 증진과 과학 교육을 위해 연구 활동을 수행하고, 과학 교육을 위해 장학금을 마련하는 활동 등을 하고 있습니다. 이러한 비영리 기관들은 직접 연구를 수행하기도 하지만 연구개발 기금을 축적하고 다른 연구소들의 연구 활동을 지원하는 경우도 있습니다. 리눅스 오픈체계와 같은 OSS(Open Source Software) 프로젝트들도 영리를 추구하지 않고 순수한 의도의 참여자들의 공헌으로 혁신이 이뤄지고 있는 형태라고 할 수 있습니다.

4.6 기술 클러스터(technology cluster)

동일 산업군의 기업들이 지리적으로 가까운 곳에 모여서 기술 클러스터를 형성하는 경우가 있습니다. 이때 공급 가치사슬상의 기업들이 가까운 곳에 위치하고 있어 쉽게 필요한 정보를 획득한다거나 거래 시간을 단축하는 등의 이점을 누릴 수 있습니다. 세계적으로는 실리콘 밸리(Silicon Valley)가 가장 대표적인 사례이며, 국내에는 수원의 전자 단지나 울산의 중공업 단지 등의 예가 있습니다. 기술 클러스터의 장점 중 하나는 기업간 이용 가능한 정보를 공유하는 데 높은 비용이 들지 않는 특성인데요, 이를 정보점착성(sticky information)이 낮다고 표현합니다. 하지만 정보통신 기술의 발전으로 지리적 위치가 정보 획득에 큰 이점이 없을 수 있으며, 기업들의 비밀 유지에 어려울 수 있다는 단점도 존재합니다. 산업군의 특성에 따라 기술 클러스터의 긍정적인 효과에 차이가 있을 수 있다는 정도만 언급하고자 합니다.

4.7 기술주도(Technology Push) vs 수요견인(Demand Pull)

기술 혁신이 새로운 기술적 역량에서 시작한다고 보는 기술주도형(Technology Push)과 고객의 새로운 욕구나 수요에 기반하여 이루어진다는 수요견인형(Demand Pull) 두 가지의 관점이 있습니다. 기술주도형 접근법은 아직 시장과 고객의 수요는 확실하지 않지만 보유한 신기술로부터 출발해 새롭게 고객의 사용가치를 만들기 위해 혁신 제품이나 서비스를 개발하는 접근법입니다. 수요견인형 접근법은 시장에서 고객들이 인식하는 새로운 니즈나 불만족한 점들이 새로운 아이디어가 되어 신기술과 제품 혁신으로 발전되는 것을 말합니다. [그림 11]은 이러한 두 가지 접근법에 대해 잘 설명해주고 있는데요, 이 그림에 의하면 기술주도와 수요견인 접근법이 서로 분절적이 아니라 상호 영향을 미치면서 성공적인 혁신이 일어나고 있음을 알 수 있습니다.

그림 11 기술주도와 수요견인의 상호작용을 통한 혁신

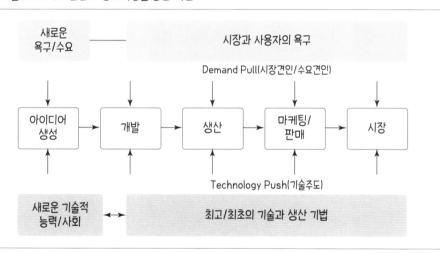

출처: Rothwell(1983)

In Class Personal Assignment

1. 글로벌 경쟁 환경에서 기업이 다양한 혁신의 주체를 잘 통합하여 새로운 혁신기회를 모색할 수 있는 방안은 무엇일까요?

2. AI와 빅데이터 기술에 의해 일어나고 있는 최근의 혁신은 Technology Push vs Demand Pull 관점에서 볼 때, 어디에 가깝다고 생각하나요? 그 이유는 무엇일까요?

5. 기술 혁신의 유형

혁신의 유형을 구분하는 이유는 서로 다른 유형의 혁신들은 다른 종류의 지식기반을 필요로 하며, 산업의 경쟁자와 소비자에게 영향을 미치기 때문입니다. 기술 혁신을 구분하는 기준으로는 신규성의 정도, 시장의 룰(rule)에 미치는 영향, 혁신의 단위, 지속성 여부, 그리고 혁신의 타이밍(timing) 등이 있습니다. 혁신의 구분은 혁신의 특성을 바탕으로 다양한 분류법이 존재하기는 하지만 완전히 독립적이거나 실제에 딱 들어맞는 것은 아닙니다. 그리고 혁신을 바라보는 기업들의 상황에 따라 다르게 인식될 수도 있습니다. 이제부터 각각의 기준에 따른 혁신의 구분들을 살펴봅니다.

5.1 점진적 혁신과 급진적 혁신(incremental or radical innovation)

신규성의 정도(degree of novelty), 즉 현존하는 기술과의 차이 정도가 점진적 혁신과 급진적 혁신을 구분하는 기준이 됩니다. 급진적이란 새로움(newness)과 다름(differentness)의 정도의 조합으로 표현되는데, 가장 급진적인 혁신은 전 세계적으로 새롭고 현재 존재하고 있는 제품, 프로세스와 완전히 다른 것을 의미합니다(e.g., 최초의 무선이동통신). 급진적 혁신은 일반적으로 점진적 혁신보다는 기초 연구에 많은 투자가 필요하며, 연구 기관들과의 협업이 많이 필요하게 됩니다. 그 이유는 급진적 혁신은 새로운 자연 현상에 기반을 둔 경우가 많기 때문입니다(Betz, 2011). 반면 점진적 혁신은 존재하는 제품에 대해 작은 변화(개선)를 의미하며, 누적적으로 제품이나 서비스의 성능 개선을 가능하게 합니다. 혁신의 급진성은 위험의 관점에서도 정의될 수 있습니다. 대개 새로운 지식을 포함하고 있으므로 제조업체나 소비자들은 그에 대한 경험이 제각각 다릅니다. 경험의 정도가 다르다는 것은 혁신의 유용성과 신뢰성에 대한 기업들의 판단이 다를 수 있음을 의미합니다. 혁신의 급진성은 상태적인 개념으로 혁신을 관찰하는 기업에 따라 다를 수도 있고 시간의 흐름에 따라 바뀔 수 있습니다. 예를 들면 디지털카메라의 기술은 필름을 중심으로 사업을 운영한 코닥사의 입장에서는 상당히 급진적인 기술이나, 전자제품이 주 품목이었던 소니사는 급진적이지 않다고 느꼈을 것입니다.

5.2 역량 강화 혁신과 역량 파괴 혁신
(competence enhancing or competence destroying innovation)

기존 역량(existing resources, skills and knowledge)의 파괴 여부에 따라 역량 강화 혁신과 역량 파괴 혁신으로 나눌 수 있습니다. 역량 강화 혁신이란 기업이 가지고 있는 지식이나 기술을 바탕으로 이뤄지는 혁신을 말합니다. 예를 들어 인텔 마이크로프로세서의 386, 486, 펜티엄의 진화과정을 보면 기존 역량을 강화해왔다는 것을 알 수 있습니다. 역량 파괴 혁신은 기업이 가지고 있는 경쟁력을 진부화시키는 혁신을 말합니다. 예를 들면 Keuffel & Esser의 계산을 위한 정밀한 자는 HP나 TI의 전자계산기가 나오는 순간 진부화되어 버렸다고 할 수 있습니다(Melissa, 2013). 또 물리적 디스크 드라이브에서 플래시 메모리 기반의 SSD(Solide State Drives)로의 진화 역시 기존의 역량을 완전히 쓸모없게 만든 혁신의 사례입니다. 하나의 혁신이 역량 강화적이거나 파괴적이라는 것은 어떤 기업의 관점에서 보느냐에 따라 다릅니다. 하나의 혁신이 어떤 기업에는 그 기업이 가진 핵심역량을 강화시키는 반면, 다른 기업에는 그 기업의 핵심역량을 소실시키는 것일 수 있기 때문입니다.

5.3 연속적 혁신과 단절적 혁신(continuous or discontinuous innovation)

기존의 방식을 유지하느냐에 따라 연속적 혁신과 단절적 혁신으로 구분됩니다. 연속적 혁신은 시장에서의 게임의 법칙(rules of the game)은 바뀌지 않으며 기존 방식(product, process, position 등)의 개선이 이뤄지는 혁신을 의미합니다. 단절적 혁신이란 기존의 게임의 법칙과 비즈니스 프레임워크를 바꾸고 혼란시키는 혁신을 의미합니다. 즉 기존에 존재하고 있던 시장의 요구를 만족시키는 기술인데, 그 기술의 바탕에는 완전히 새로운 지식이 깔려 있는 경우를 의미합니다. 앞에서 설명한 점진적·급진적 혁신과 유사한 면이 있으나 혁신의 구분상에서 바라보는 관점의 차이가 있을 수 있습니다. 점진적·급진적 혁신은 기술의 진보 관점이라면 연속적·단절적 혁신의 구분은 비즈니스의 형태나 사용자의 행동 관점을 바라보고 있습니다. 단절적 혁신은 또한 새로운 기회를 열며, 기존의 산업 내 참여자들에게 새로운 환경에 적응하게 만듭니다. 애플사의 iTunes나 App Store는 기존의 시장 필요를 반영하여 비즈니스 모델을 혁신함으로써 기존의 사업 방식을 완전히 바꾼 경우라고 할 수 있습니다.

그럼 이러한 혁신은 어떤 기업이 할 수 있을까요? 처음 아이폰이 전화기능 이외에 MP3 플레이어나 Wi-Fi 같은 기능을 넣을 때까지 이러한 아이디어를 기존의 휴대폰 제조사들은 생각하지 못했을까요? 통신사가 주도권을 잡고 있는 콘텐츠의 제공을 독점이 아닌 공개 시장으로 만들고 싶지 않았을까요? 그렇지는 않았을 것입니다. 기존의 제조사들은 산업 내의 역학관계에 따라 주도권을 쥐고 있는 통신사들의 눈치를 보면서 제품의 기능을 결정하였을 것입니다. 통신사들은 굳이 여러 기능들을 공개하여 그들의 수익모델이 없어지는 것을 원하지 않았을 것입니다. 하지만 이런 환경의 생태계에서 새로운 진입자였던 애플은 비교적 자유롭게 자신들의 서비스를 구현하기 위한 기능들을 넣은 스마트폰을 만들 수 있었습니다. 또한 애플은 자신들의 요구를 비교적 쉽게 주장하기 위해 국가별로 2, 3위 통신사업자들과 거래를 시작하였습니다. 이런 식으로 애플의 사용자 경험은 점점 히트를 치기 시작해 전체 시장의 판도를, 즉 게임의 법칙을 바꿀 수 있었습니다. 이 사례를 통해서 우리는 기술 혁신을 이해하기 위해서는 좀 더 산업 전체적인 관점에서 살펴볼 수 있는 안목을 갖는 것이 얼마나 중요한지 이해할 수 있습니다.

5.4 모듈러 혁신과 아키텍처 혁신(modular or architectural innovation)

모듈러(modular) 혁신은 아키텍처(architecture)는 유지하면서 모듈(module)이나 컴포넌트(component)에 대한 개선이 이뤄지는 것을 말합니다. 즉 하나 혹은 그 이상의 부품을 변화시키지만 전체 시스템의 구조에는 크게 영향을 미치지 않는 혁신을 의미합니다. 예를 들면 휴대전화 시스템에서 음성 통화만 가능하던 것을 동일한 네트워크를 기반으로 SMS를 지원하게 함으로써 문자 통신이 가능하게 된 경우를 들 수 있습니다. 이에 반해 아키텍처 혁신은 모듈들은 그 상태를 유지하면서 아키텍처를 개선하는 것을 말합니다. 즉 전체 시스템의 디자인을 변화시키거나 각 부품간에 상호작용 방식을 바꾸는 것이라 할 수 있습니다. 대부분의 아키텍처 혁신은 시스템 내에서 부품들간의 상호작용하는 배열 관계뿐만 아니라 부품 자체도 변화시켜 디자인을 바꿈으로써 시스템의 변화를 만들어 내는 경우가 많습니다. 예를 들면 예전의 자전거는 안장이 앞바퀴에 있어서 균형 잡기도 어렵고 동력전달도 어려웠던 구조였는데, 안장이 뒷바퀴 쪽으로 이동하고 체인이 채택되면서 자전거의 전체적인 구조 및 모듈을 변화시키게 되었습니다. 아키텍처 혁신은 대개 산업 내의 경쟁자나 기술 사용자들에게 근본적이고 복잡한 영향을 미치게 됩니다. 모듈러 혁신에 비해 아키텍처 혁신은 기업으로 하여금 전체 구조, 즉 각각의 부품과 부품들의 연결 방식, 전체를 이루는 방법까지의 지식을 필요로 하게 됩니다.

이외에도 기타 다양한 혁신의 종류가 있습니다. 이에 대한 자료는 QR 코드[3]를 통해서 보실 수 있습니다.

5.5 혁신 종류간 연관성

앞에서 소개한 혁신들간의 관계에 대해서 핸더슨과 클라크(Henderson and Clark, 1990)는 [그림 12]와 같이 구분하였습니다. 점진적 혁신은 게임의 룰이 명확하며 제품이나 프로세스에 대한 안정적인 상태에서 개선이 일어나며 핵심 부품에 대한 축적된 지식이 활용됩니다. 모듈러 혁신은 전체 구조는 유지하면서 하나의 요소 내에서 큰 변화가 있게 됩니다. 그래서 이미 구축되고 명확한 원천과 사용자들의 프레임워크 내의 새로운 지식이 필요하게 됩니다. 급진적(단절적) 혁신은 게임의 룰을 완전히 바꿔버리면서 새로운 진입자를 위한 기회의 창이 열리게 됩니다. 기존의 핵심 개념과 부품들간의 인터페이스까지 모두 변화시키는 혁신으로, 주로 새로운 자연법칙을 기반으로 하는 경우가 많습니다. 아키텍처 혁신은 와해적 혁신의 경우처럼 다른 그룹의 고객 니즈를 충족시키기 위해 지식 원천과 모듈간의 구성을 재조합해 전체 아키텍처의 인터페이스와 구성을 개선하게 됩니다.

그림 12 혁신을 정의하기 위한 프레임워크

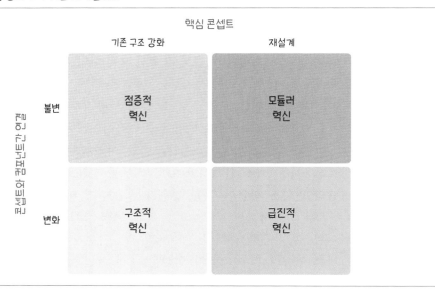

출처: Handerson and Clark(1990)

In Class Personal Assignment

1. 스마트폰은 어느 산업에 어떠한 혁신을 일으켜 왔나요? 앞으로 또 어떤 혁신을 가져올까요?
2. 앞에서 이야기한 여러 가지 혁신의 유형에 속하지 않는 완전히 새로운 혁신이 발생한 경우를 찾아볼까요?

6. 기술 혁신의 패턴

앞서 기술 혁신의 모델, 원천, 유형에 대해서 살펴봄으로써 기술 혁신은 매우 다양한 모습으로 나타날 수 있다는 것을 알 수 있었습니다. 서로 상이한 형태의 기술 혁신을 설명하는 데 하나의 표준화된 틀이 있는 것은 아니지만, 여러 가지 기술 혁신의 추세를 유형화해보면, 몇 가지 특징적인 패턴을 보이고 있음을 알 수 있습니다.

6.1 기술의 S-커브

기술수준의 진보율이나 기술이 시장에서 받아들여지는 수용률은 S자 곡선의 형태를 나타내는 경우가 많습니다. 초기에 기술수준의 진보가 느린 이유는 아직 기술에 대한 이해가 충분히 되지 않았고 기술의 발전 가능성이나 시장에서 주요 기술로 인정받기까지 지켜보는 경향이 있기 때문입니다. 그러던 중 과학자들이나 기업들의 기술에 대한 이해가 충분해지면 기술 발전은 급속히 이뤄지게 됩니다. 이후 기술들이 자기 고유의 한계점에 도달하게 되면 단위당 한계 비용이 증가하게 됩니다. 모든 기술들이 자신의 한계에 다다르지는 못합니다. 불연속적인 기술의 등장으로 새로운 기술이 기존 기술을 빠르게 대체할 때 이러한 현상이 나타나게 됩니다. 기술에 따라서 S자의 모습이 조금씩 달라지기도 합니다. 정보 기술은 [그림 13]에 표현된 것처럼 S커브 모양이 아니라 계단 형태를 가지게 됩니다.

그림 13 물리적기술 및 정보기술에서 나타나는 기술 혁신 패턴

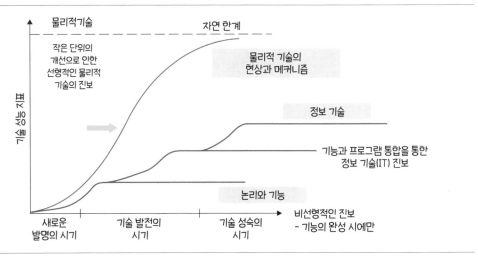

출처: Frederick Betz(2011)

S커브는 관리자 측면에서 기술 혁신의 수준을 파악할 수 있게 해서 투자 시점
및 기술 가치를 결정하는 데 도움을 줄 수 있습니다. 또한 기술의 한계를 예측하고
새로운 기술의 검토 시점을 알려주기도 합니다. 하지만 기술별로 정확한 한계 및 진
보 정도를 파악하기 어렵다는 점 등의 한계점도 같이 가지고 있습니다. 실제로 IBM
은 하드디스크의 산화철에서 한계에 이르렀다고 예측했지만 실제로 후지쯔는 이후
IBM의 예측보다 8배의 밀도를 달성하였다고 합니다(Mellisa, 2013).

6.2 기술 수명 주기(technology life cycle)

초기 이노베이터나 얼리어답터를 거쳐 주류로 확대되면서 기술의 수용도는 급격
히 상승하게 됩니다. 그리고 성장률의 정체를 겪다가 쇠퇴하기 시작합니다. 수용도
라 함은 시장규모와 비례하는데, 이 곡선은 이런 시장 성장 추이를 대체로 정확하
게 모델링하고 있습니다. 앞 절에서 이미 이러한 형태가 S커브를 그리게 된다고 설
명하였습니다. 하지만 실무적으로는 가트너가 개발한 과대 선전 주기(hype cycle)를 활
용하는 경우가 있습니다. 가트너는 기존의 모델링에서 단점을 발견하고, 이 단점
때문에 많은 기술공급 기업들이 시장진입 타이밍을 제대로 맞추지 못하고 실패하는
사례에 주목했습니다. 원인은 기업들이 수용도를 시장규모보다는 그 기술에 대한

그림 14 가트너의 하이프 사이클(Hype cycle)

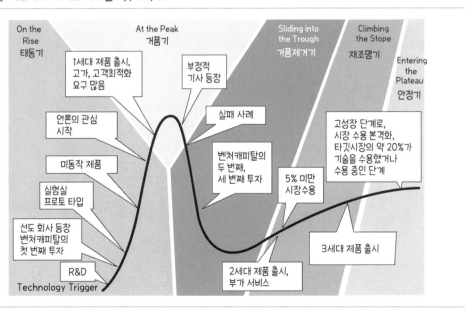

출처: Gartner(2007)

시장의 관심도와 비례해서 판단하는 오류에서 기인하는 것인데, 신기술에 대한 관심도가 최고조에 달할 때 시장이 성장기 들어섰다고 쉽게 판단하기 때문에 성급하게 시장 침투를 시작할 수 있습니다. 또는 반대로 관심이 식어가면 이미 성숙기에 들어섰다고 판단하거나 한물간 기술로 간주해 소홀히 취급하면서 본격적인 성장기에 다른 경쟁자들에게 시장을 내주는 실수를 저지르곤 한다고 하였습니다. 그래서 가트너는 신기술에 대한 수용도와 시장의 관심도는 서로 별개라는 사실을 hype(과대선전) cycle이라는 표를 통해 공개하고 있습니다. 다양한 기술들의 관심도의 상태를 hype cycle 위에 위치시켜서 기술 공급자들의 신기술 연구의 착수, 신기술 투자 지속의 의사결정, 신사업 기회 발굴에 활용되도록 하고 있습니다.

6.3 지배적 디자인 모형(dominant design)

앤더슨과 투시먼(Tushman et al., 1986)은 앞에서 설명했던 어터백과 애버내시(Utterback & Abernathy)의 모형에 근거해, 미국의 미니 컴퓨터, 시멘트, 유리 산업의 역사를 보고 이를 통해 기술적 발전이 일어난 몇 개의 기술주기를 발견하였습니다. [그림 15]를 보면 기술의 불연속성(technological discontinuity)이 혼돈과 불확실성의 시기, 즉 기술의 배양기(era of ferment)를 열게 됩니다. 이 시기에는 신기술이 기존의 것을 대체하는 동안 기술의 여러 형태간에 많은 디자인 경쟁이 발생하게 됩니다.

지배적 디자인(dominant design)은 최초로 단절적 형태로 출현했던 그 당시의 디자인에서 많이 변화된 모습이며, 항상 최고의 기술이 지배적 디자인이 되는 것도 아닙니다. 예를 들어, 홈 비디오 디스크의 포맷 경쟁에서 크기 및 화질 측면에서 우수했던 소니의 Betamax 방식이 아니라 JVC의 VHS 방식이 산업 표준이 된 사례가 있습니다. 이는 관련 기술에 대한 우호적인 협력자가 얼마나 많은지와 실제 소비자에게 중요한 결정요인이 무엇인지를 파악하는 것이 중요하다는 교훈을 줍니다. 지배적 디자인이 출현하는 시기는 기술의 배양기에서 점진적 변화의 시기(era of incremental change)로 옮겨가는 신호가 됩니다. 이때부터 기업들은 시장 침투와 효율성을 높이는 데 초점을 맞추게 되며, 여러 개의 제품과 다양한 가격 정책을 사용하여 시장을 세분화하는 전략을 쓸 수도 있습니다. 여러 기업들은 기술의 불확실성이 제거되었기 때문에 한 가지 기술에 집중하게 되어 학습 효과(learning effect)가 발생합니다. 그리고 여러 기업들이 호환이 가능한 제품들을 출시하게 되고 보완재를 공급하는 기업들도 생기게 되어 네트워크 외부성(network externality)이 생겨납니다. 이러한 효과들로 인해 더욱 기술은 한가지 형태로 쏠림 현상이 나타납니다.

점진적 변화의 시기를 거치는 동안 많은 기업들은 지배적 디자인 이외의 구조를 개발하는 데 투자하기보다는 지배적 디자인과 관련된 그들의 경쟁력을 높이는 데 투자를 집중합니다. 기업의 일상과 능력이 점점 지배적 디자인에만 결부되면서 중요한 구조적 혁신을 식별하고 이에 대처하기 점점 어려워집니다. 그러던 중 다시 와해적 기술(disruptive innovation)로 인해 기술의 불연속성이 나타나게 되는 과정이 반복하게 됩니다.

그림 15 지배적 디자인 모형과 기술 혁신의 패턴

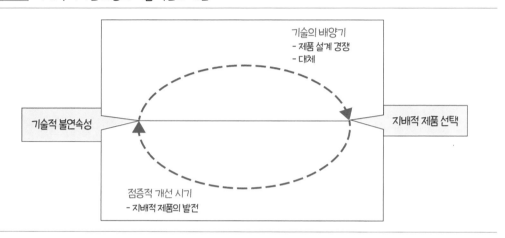

In Class Personal Assignment

1. AI 기술은 Hype Cycle의 어느 단계에 와 있는 기술일까요? AI 기술 내에 음성인식, 비전인식과 같은 기술 또한 어떤 단계에 있을까요?

2. 최근에 발견되는 지배적 디자인(dominant design)은 어떤 것이 있으며, 이의 경쟁 기술/상품/서비스는 무엇인가요? 소비자 입장에서 지배적 디자인의 긍정적인 측면과 부정적인 측면에는 무엇이 있을까요?

7. 인간중심의 기술 혁신

인간중심의 기술 혁신이란 과연 무엇일까요? 앞서 서문에서도 밝혔듯이 인간중심의 기술이란 인간과 자연이 중요한 요소가 된 인간의 기술, 인간에 의해서 개발된 기술, 그리고 인간의 경험을 위해서 만들어질 기술을 말합니다.

7.1 인간중심의 기술(Technology of the people)

한국정보화진흥원(현 한국지능정보사회진흥원)이 발간한 자료(2018)에 의하면 1970년대부터 '인간'을 기술개발의 핵심요소로 바라보는 인간중심의 기술 개념이 논의되어 왔다고 합니다. 개발도상국 및 저개발국의 환경을 고려하여 제공되는 중간기술(intermediate technology), 적정기술(appropriate technology), 선진국 내 사회격차를 해소하고자 하는 사회적 기술(social technology), 시민이 ICT를 활용해 사회현안을 해결하고자 하는 시민 기술(civic technology) 등이 인간중심의 기술이라고 할 수 있습니다. 좀 더 현실적인 사례로는 영유아 안전과 관련한 베이비 테크(Baby Tech), 노년의 삶의 질을 강화하기 위한 고령자 케어 테크(Care Tech) 등이 있습니다.

7.2 인간에 의한 기술(Technology by the people)

인간에 의한 기술은 사용자 혁신과 가장 가까운 개념이라고 볼 수 있습니다. 사용자(고객) 혁신이란, 수요자가 기업의 혁신활동 과정에 참여하여 공동 개발자로서의 역할을 수행하는 혁신을 의미합니다. 사용자(고객)들은 주로 마케팅의 대상으로 인식되어 왔으나, 디지털 경제 확장에 따라 정보의 비대칭성이 줄어들고, 최근에는 ICT 기술의 보편화와 3D 프린팅과 같은 기술의 등장으로 커뮤니케이션 비용과 제조 비용이 낮아지게 됨으로써 사용자 혁신이 더욱 활성화될 수 있는 환경이 되고 있습니다.

7.3 인간의 경험을 위한 기술(Technology for the people)

사용자 경험은 사용자가 어떤 시스템, 제품, 서비스를 이용하면서 느끼고 생각하게 되는 총체적 경험을 의미합니다. 기본적으로 인간의 편리하고 안전한 삶을 지원합니다. 아마존의 Amazon Go와 같이 쇼핑경험에서 고객과의 마찰을 줄이는 것이 대표적인 사례라고 할 수 있습니다. 또한, 장애나 노화 등으로 인간이 수행하기 어려운 일을 잘할 수 있도록 도와주는 기술도 포함됩니다. 즉, 단순 편의를 제공하는 수준을 넘어 연령, 사회계층을 막론하고 행복한 삶을 제공하는 기술을 의미합니다. 인공지능, 가상현실, 로봇 등은 인간에게 안전하고 풍요로운 삶을 제공하는 데 유용하게 활용될 기술입니다.

나가면서···

이 장에서는 기술 혁신의 개념과 중요성에 대해서 알아보았습니다. 기업의 흥망성쇠를 결정하는 가장 중요한 요소가 기술 혁신이라고 해도 과언이 아닐 만큼 기술 혁신의 중요성은 대단합니다. 기업뿐만 아니라 한 국가의 관점에서도 기술 혁신은 정말 중요하다고 할 수 있습니다.

또한, 이 장에서 기술 혁신을 자세하게 설명할 수 있는 여러 가지 모형에 대해서 알아보았습니다. 어느 한 가지 모형이 항상 모든 기술 혁신의 사례를 가장 잘 설명하는 것은 아닙니다. 어떤 맥락과 관점에서 혁신활동을 바라보느냐에 따라 더 적합한 모형으로 설명할 수 있다는 점을 기억해야 할 것입니다. 그리고 기술 혁신의 다양한 종류들을 알아보았습니다. 그중에서 가장 최근에 나오는 기술 혁신이 우리 책에서 강조하고 있는 인간중심의 혁신입니다. 그렇다면 이렇게 중요한 기술 혁신을 실제로 수행하려면 어떻게 해야 할까요? 다음 장에서는 기술 혁신 프로세스를 효과적으로 관리할 수 있는 방법에 대해서 알아보겠습니다.

Out Class Team Project

1. 현재 진행하고 있는 기술 혁신 사업화 프로젝트가 어떤 기술 혁신 유형(technological innovation type)을 지향하고, 기술 혁신패턴(innovation patterns)의 어디에 위치하고 있는지 생각해볼까요? 그에 따라서 중요하게 다루어야 할 이슈는 무엇일지 함께 생각해보면 좋겠습니다.

2. 각 팀이 기술 혁신을 통해 제공할 상품이나 서비스가 어떤 측면에서 '인간중심의 기술 혁신'인지도 생각해봅시다.

참고문헌

이동기·이정선. (2013). 역설적 아이디어(Idea) 창출 활동과 신제품 개발, 기술과 경영, 2013년 11
월호, pp. 34-41.

이방실. (2013). 테슬라가 '자동차 업계의 애플'로 불리는 이유는?, DBR, No. 140, p. 73.

정선양. (2008). 전략적 기술경영, 박영사.

최영락·이대희·송용일·정윤철. (2005). "한국의 기술 혁신모형: 새로운 지평을 향하여", 기술 혁신
연구, Vol. 13 No. 1, pp. 243-263.

한국정보화진흥원. (2018). "인(人)테크'가 이끄는 인간 중심 혁신 성장" 제8호.

Abernathy, William J., and Kim Clark. (1985). Innovation: Mapping the winds of creative
destruction. Research Policy, 14:3-22.

BCG. (2020). "The Most Innovative Companies 2020: The Seiral Innovation Imperative"

Betz, F. (2011). Managing Technological Innovation: Competitive Advantage from Change 3rd,
John Willey & Sons, New York, NY.

Chesbrough, H. (2003). Open Innovation: The New Imperative for Creating and Profiting from
Technology. Boston: Harvard Business School Press.

Chesbrough, H., Vanhaverbeke, W., & West, J. (2006). Open Innovation: Researching a New
Paradigm. Oxford: Oxford University Press.

Drucker, P. F. (1985). Innovation and entrepreneurship: Practice and principles(Perennial
Library ed.). New York: Harper & Row.

Gartner. (2007). "Understanding Gartner's Hype Cycles"

Henderson, R. M., & Clark, K. B. (1990). Architectural Innovation: The Reconfiguration of
Existing Product Technologies and the Failure of Established Firms. Administrative Science
Quarterly, 35(1), 9-30.

INNOSIGHT. (2018) "2018 Corporate Longevity Forecast: Creative Destruction is Accelerating"

Kim, Linsu, "Stages of Development of Industrial Technology in a Developing Country A
Model", Research Policy, Vol. 9, No. 3, pp. 254-277, 1980.

Myers, S., Marquis, D. G. 1969: Successful Industrial Innovation, National Science Foundation,
and Washington.

Porter, Michael E. (1980). Competitive Strategy: Techniques for analyzing industries and
competitors, New York: Free Press.

Reffitt, M., Sorenson, C., Blodgett, N, Waclawek, R., Weaver, B. (2007). Innovation Indicators,
Report to the council for Labor and Economic growth, augustus.

Rosegger, Gerhard. (1993). "The Economics of Production and Innovation: An Industrial Perspective, the 3rd edition", Pergamon Press, Oxford.

Rothwell, R. (1983), "Information and Successful Innovation', British Library Research & Development Reports, No. 5782

S. J. Kline, N. Rosenberg. (1986). An overview of innovation, in: R. Landau, N. Rosenberg (Eds.), The Positive Sum Strategy: Harnessing Technology for Economic Growth, National Academy Press, Washington, D.C., p. 285.

Schmookler, Jacob. (1966). Invention and Economic Growth, Cambridge(Massachusetts): Harvard University Press.

Schumpeter, J. (1942). Capitalism, Socialism, and Democracy. New York: Harper & Bros.

Teece, D. J., Pisano, G., &Shuen, A. (1997). Dynamic Capabilities and Strategic Management. Strategic Management Journal, 18(7), 509 − 533.

Tidd, J., Pavitt, K., & Bessant, J. (2001). Managing innovation(Vol. 3). Chichester: Wiley.

Melissa A. Schilling. (2013). Strategic Management of Technological Innovation 4e, New York: McGraw − Hill Irwin.

Tushman, Michael L., and Philip Anderson. (1986) "Technological discontinuities and organizational environments." Administrative Science Quarterly, 31: 439 − 465.

Utterback, J. M., Abernathy, W. J. (1975). A Dynamic Model of Process and Product Innovation, Omega, The Int. Jl of Mgmt Sci., Vol. 3, No. 6, 639-656.

Von Hippel, E. (2007). Horizontal innovation networks − by and for users. Industrial and Corporate Change, 16(2): 293 − 315.

05 혁신전략

혁신은 주먹구구식이 아니라 전략이다

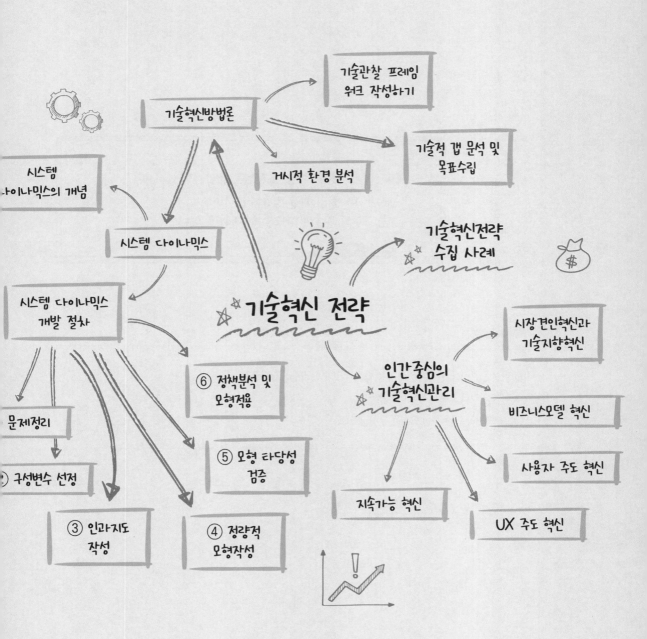

기술혁신방법론

기술관찰 프레임 워크 작성하기

거시적 환경 분석

기술적 갭 문석 및 목표수립

시스템 다이나믹스의 개념

시스템 다이나믹스

기술혁신전략 수집 사례

기술혁신 전략

시스템 다이나믹스 개발 절차

⑥ 정책분석 및 모형적용

인간중심의 기술혁신관리

시장견인혁신과 기술지향혁신

비즈니스모델 혁신

문제정리

⑤ 모형 타당성 검증

사용자 주도 혁신

구성변수 선정

지속가능 혁신

UX 주도 혁신

③ 인과지도 작성

④ 정량적 모형작성

혁신전략

혁신은 주먹구구식이 아니라 전략이다

동영상강의

토요타 아키오
(Toyoda Akio)

내 의도의 가장 힘찬 추진력은 고객 각자에게
전보다 더 좋은 차를 공급하는 것이다.
나는 그들의 얼굴에 미소를 선사하고 싶다.

시작하는 질문

- 기술 혁신을 관리하기 위한 전략과 방법은 무엇이며 왜 중요할까요?
- 기술 혁신 관리의 프로세스는 어떠할까요?
- UX 주도 혁신과 인간 중심 혁신은 무엇일까요?

들어가면서…

　본 장에서는 기술 혁신을 위한 방법론과 전략을 소개하고, 기술 혁신 과제를 도출하기 위해 기회를 탐색하는 시스템 다이나믹스 방법에 대해 살펴보겠습니다. 먼저 기술 혁신 전략 수립에 대한 전체 구조를 살펴보고, 시스템 다이나믹스 분석을 위해 '에너지저장시스템'의 사례를 들어 설명합니다. 또한 전략 수립을 위한 거시적 환경 분석 방법에 대해 살펴보고, '코인 플러그'라는 실제 회사의 사례를 통해 기술 혁신 전략을 수립하는 방법을 알아보겠습니다. 마지막으로 최근 화두가 되고 있는 UX 주도 혁신과 인간중심 혁신, 지속가능 혁신에 대해 설명합니다.

1. 기술 혁신을 위한 방법론과 전략

　기술 혁신의 중요성에 대해서는 앞장에서 설명이 되었습니다. 그런데 실제로 그렇게 중요한 기술 혁신은 어떻게 진행해야 할까요? 먼저 김병근 교수가 정리한 기술 혁신을 위한 방법론들을 살펴보면 [표 1]과 같습니다. '기술의 탐색 단계'에서는 시장과 기술의 기회와 위협 요인들을 탐색하고 평가하게 됩니다. 이때 활용되는 방법론으로 앞서 2장에서 이야기했던 델파이 기법이나 3장의 기술로드맵 등이 활용됩니다. 다음으로 '기술의 선택 단계'에서는 탐색 활동의 결과들과 기업 내 가용한 자원들을 기반으로 미래 선택 대안들 중 최적을 고릅니다. 이때는 다양한 기술평가 방법이 활용될 수 있습니다. 이후 '설계(구현) 단계'에서는 혁신 활동의 조정과 통합을 하게 됩니다. 이 과정에서는 QFD(Quality Function Deployment)와 같은 혁신 관리 툴들이 활용될 수 있습니다. 이후 전개 단계에서는 창출된 혁신들의 사업화 과정 및 기술 혁신을 보호하는 업무들이 수행됩니다. 이후 평가 및 학습을 통해 기존의 프로세스들을 개선하게 됩니다. 이 장에서는 기술의 탐색 과정에서 기회를 포착하는 방법에 대해서 자세히 살펴보겠습니다.

표 1 대표적인 기술 혁신 방법론

혁신역량	주요목적	분석 모형 및 개념	방법론과 기법	해당 Chapter
탐색	시장과 기술의 기회와 위협 요인들 탐색과 평가	기술궤적(Technology trajectories), 존속형/와해적 혁신(Sustaining or disruptive innovation), 급진적/점진적 혁신 (Incremental/Radical innovation) 주도적 사용자/공급자 (Lead customers/suppliers)	Forecasting/Foresight, 델파이(Delphi), 계량서지학(Bibliometrics), Technology road maps	4장(기술 혁신)
선택	탐색활동의 결과들과 가용한 자원들에 기초하여 미래 선택 대안들 가운데 선택	생명주기분석 핵심역량분석 (Life cycle analysis), 핵심역량분석 (Core competencies/technologies) 플랫폼 기술(Platform technologies), First-mover/fast follower advantage	Technology and Innovation Audits, Social network analysis, Portfolio analysis, Peer Assist, Game changer, Multi-criteria assessment	2장(기술 예측) 4장(기술 혁신)
설계	혁신노력과 활동들의 조정과 통합	린 방식(Lean Thinking), 통합 솔루션(Integrated Solutions), 혁신중개(Innovation brokerage), Balanced teams, Agile manufacturing	Technology Plans, R&D alignment tools, Quality Function Deployment, User tool kits	3장(기술 기획) 6장(기술개발)
전개	내부에서 창출하고 획득한 혁신들의 사업화, 혁신으로부터 창출된 가치를 보고	보완적 자산 (Complementary assets), 지배적 디자인(Dominant designs), 기술시장(Market for ideas or products), 전유 체제(Appropriabilitiey regimes)	IPR portfolio management, Standard setting, Real options	11장(기술보호)
학습	혁신과정의 성과를 향상	학습곡선(Learning curves), High-level learning	Post-projet, Evolutions Strategic reviews, Balanced Scorecard	3장(기술 기획) 6장(기술개발)

출처: 김병근

[그림 1]에 기술 혁신 전략 수립에 대한 전체 구조를 표현하였습니다. 기술 혁신의 목적에 따라 일부 추가나 변경이 있을 수는 있으나 전체적인 흐름은 참고할 수 있을 것입니다. 먼저 거시적 환경을 분석한 이후에 주요 추세를 뽑기 위한 방법론(시스템·시장 다이나믹스)을 활용합니다. 이후 비즈니스의 기회를 도출한 다음, 기술적 Gap을 파악하고 시나리오별 민감도 분석을 통해 시장의 진출 방법 및 시기를 결정하는 프로세스입니다.

그림 1 기술 혁신 전략을 수립하기 위한 구조도

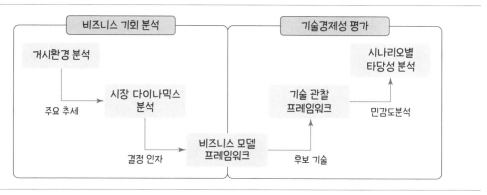

출처: 조인성(2013). "에너지저장시스템을 활용한 비즈니스 모델 도출", 석사학위논문, 고려대학교

　이 장에서는 위의 그림에 제시된 구조에 따라 기술 혁신 전략을 수립하는 과정을 설명하고자 합니다. 보다 쉽게 이해하기 위해 '에너지저장시스템'의 사례를 들어 볼까요? '에너지저장시스템'이란 야간의 유휴 전기를 저장하였다가 전기 소모가 피크인 시점에 다시 전기를 공급하는 시스템입니다. 이는 전기의 발전량이 불안정한 신재생에너지를 이용한 발전 등에서도 활용될 수 있습니다. 에너지저장시스템은 새롭게 떠오르는 다양한 기술 후보군이 존재하고 있으며, 앞으로 지구의 자원이 고갈되고 신재생 에너지가 확산됨에 따라 꼭 도입이 필요한 기술이라고 할 수 있습니다. 이런 측면에서 앞으로의 시장을 예측하고 기업이 적절한 기술을 선택하고 획득하는 과정을 설명하기에 적절하기 때문에 이 절에서는 에너지저장시스템을 사례로 선택하여 기술 혁신 전략을 수립하는 프로세스를 설명하고자 합니다. 특히, 에너지저장시스템에서의 신기술 등장에 따른 새로운 기회를 포착하고 비즈니스모델을 제안하는 예시를 제시하고자 합니다.

1.1 거시적 환경 분석

　먼저 거시적 관점에서 시장과 기술에 대한 정보를 탐색하게 되는데 이때 사용될 수 있는 프레임워크는 앞서 2장에서 설명했던 PEST(Political, Economic, Social, Technological) 외에 [그림 2]에 있는 STEEP(Social, Technological, Economic, Environment, Political/Legal), 그리고 [그림 3]에 있는 오스터왈더(Osterwalder et al., 2005)의 5가지 항목 등입니다. 오스터왈더의 5가지 항목은 기업 경쟁구도, 법적 환경, 사회적 환경, 고객의 요구 사항, 그리고 기술의 변화입니다.

그림 2 STEEP 분석

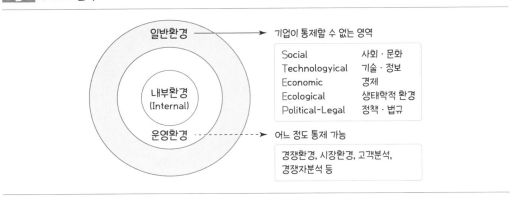

그림 3 오스터왈더의 거시적 환경인자

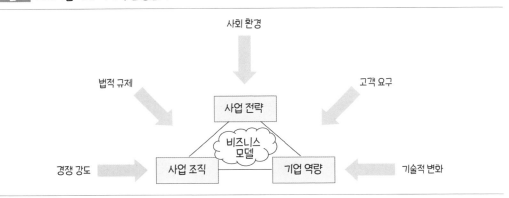

출처: Osterwalder, A., Pigneur, Y. & Tucci, C.(2005).

    또한 비즈니스 모델을 찾기 위한 비즈니스 모델 프레임워크를 만드는 절차는 [그림 4]와 같이 정리될 수 있습니다. [그림 4]를 보면 산업 분석은 해당 제품이나 서비스의 형태에 따라 PEST·Value Chain·Ecosystem을 기본 개념으로 활용할 수 있습니다. 근래에는 플랫폼을 통한 비즈니스 생태계(business ecosystem)를 기반으로 하는 제품이나 서비스가 증가하고 있습니다. 이는 사용자 혁신이나 시장의 지배적 디자인을 설명하는 부분에서 언급된 것처럼 기술 혁신이 다른 기업들과 협업을 통해서 이뤄지며, 보완재를 공급하는 기업들과 사용자들과의 공생이 중요함을 시사합니다.

그림 4 비즈니스 모델과 비즈니스 모델 프레임워크

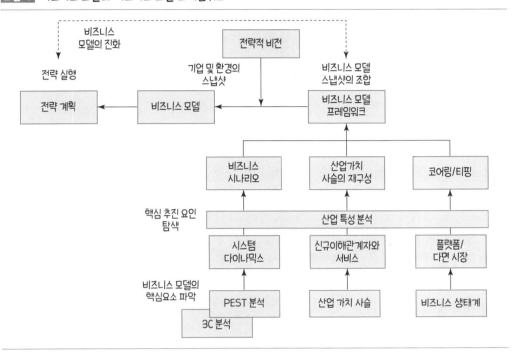

출처: 조인성(2013). "에너지저장시스템을 활용한 비즈니스 모델 도출", 석사학위논문, 고려대학교

산업을 분석한 이후에는 핵심이 되는 추세를 파악하는 것이 중요한데, 시스템 다이나믹스나 플랫폼의 주요 기능으로부터 파악할 수 있습니다. 이러한 주요 추세를 기반으로 가능한 비즈니스 모델을 정리할 수 있으며, 이 중 어떤 비즈니스를 선택할지는 자사의 역량과 비전 등에 달려 있습니다.

1.2 시스템 다이나믹스(System Dynamics)

시스템 다이나믹스(System Dynamics)는 1950년대 말에서 1960년대 초에 MIT 대학의 포레스터(Jay. W. Forrester) 교수에 의해 개발된 시뮬레이션 방법론입니다(Forrester, 1961; 1969; 1971; 1980). 포레스터 교수가 '산업동태론(Industrial Dynamics)'에서 처음으로 언급하였으며, 미국 군대의 생산관리와 재고관리에 적용할 수 있는 모형을 개발하면서 시작되었습니다. 산업, 경제, 사회, 환경 등의 환경 모델링 및 국가 경제 모델의 거시적 관점에서 시스템과 시스템 구조를 분석하는 데 널리 쓰이고 있습니다. 시스템 다이나믹스 방법론은 동태적인 행태변화, 즉 시간의 흐름에 따라 시스템의 행태가 어떻게 변화되는지 살펴보게 됩니다(오세은, 2011).

동태적인 변화를 가져오는 원인을 구조적인 차원에서 분석하게 되는데, 결과를 유발하는 원인을 추적하고 그 원인의 원인을 다시 추적합니다. 이런 방식으로 계속 추적하다 보면 원인과 원인이 서로 물고 물리는 순환고리를 발견할 수 있게 됩니다. 이를 피드백 루프(feedback loop)라고 부릅니다. 시스템의 동태적인 변화를 발생시키는 힘의 원천은 피드백 루프입니다. 시스템이 피드백 루프를 가질 때 비로소 자가 동력을 지니게 되며 이는 시스템의 변화를 외부적인 변수(exogenous variable)보다는 내부적인 변수(endogenous variable)에서 찾는다는 것을 의미합니다(김도훈, 1998). 이렇듯 시스템을 구성하는 변수들 간의 인과관계가 상호 유기적으로 연결되어, 하나의 회로와 같은 형태를 형성하게 되는 피드백 루프를 이해하고 활용하는 것이 시스템 다이나믹스 방법론을 잘 활용하기 위한 핵심이 됩니다.

시스템 다이나믹스 방법론을 통해 기존의 단선적 사고의 한계를 극복하고, 문제의 요인들을 순환적인 인과관계의 고리들로 연결하여 동태적인 분석을 수행할 수 있는 장점이 있습니다. 또한 시스템 구성 변수(기술, 정책, 경쟁 관련 변수)의 변화 정도에 따른 시나리오 플래닝(scenario planning)이 가능해 다양한 상황별 대응을 미리 정리할 수도 있습니다.

시스템 다이나믹스 모형 개발은 모형을 활용하여 해결하고자 하는 문제의 인식에서 출발하며, 모형 정의가 완료되면 시스템을 이루는 구성변수를 선정하고 변수 간 관계를 개략적인 인과지도로 표시합니다. 인과지도상에서 수식 등을 활용하여 변수의 계량적인 정보를 담는 정량적 모형 작성 단계를 거쳐 모형이 완성되면 과거 실측자료와의 비교 등을 통해 개발된 모형의 타당성을 검증하고 최종적으로 사용자

그림 5 시스템 다이나믹스 모형 개발 절차

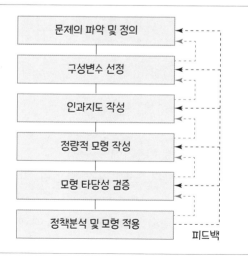

가 정책의 분석, 예측 등에 활용하는 절차를 거치게 됩니다. 이때, 모형 개발 과정에서 각 단계는 이전 단계 작업에 영향을 미치므로 모형이 완성되기까지는 각 단계의 피드백(feedback)을 통한 시행착오(trial and error)를 거칩니다. 시스템 다이나믹스 모형 개발의 절차는 일반적으로 [그림 5]와 같습니다(김기찬, 2007; 오세은, 2011).

I.2.I 문제 정의

문제 정의 과정은 문제에 대한 이해와 이를 통한 시스템의 문제를 해결하기 위한 단순화 과정, 시스템 경계를 확정하는 단계입니다. 문제에 대한 이해는 시스템 사고(system thinking)의 기반에서 이루어져야 하며 시스템의 경계는 문제의 범위와 분석수준을 결정하는 것입니다.

I.2.2 구성변수 선정

구성변수 선정 과정은 시스템 다이나믹스 모형을 구성하는 변수를 선정하는 단계입니다. 문제 정의 단계에서 모형에 영향을 주는 구성변수들을 고려하게 되는데 변수가 너무 많으면 시스템 구조가 복잡해져 이해하기 어렵게 되고, 변수가 너무 적으면 문제의 원인을 파악할 수 없게 됩니다. 또한 시스템 내부 혹은 외부에 존재하는가의 여부에 따라 변수를 선정해야 합니다.

I.2.3 인과지도 작성

이 과정은 선정된 구성 변수들의 상호관계에 대해 인과지도(Causal Loop Diagram)를 만드는 단계입니다. 인과지도는 화살표, 부호, 피드백 고리 등으로 구성되며, 선정된 변수들의 상호 영향관계를 화살표를 사용하여 표시합니다. 화살표의 출발점이 원인이 되고 도착점이 결과 또는 영향을 받는다는 표현입니다. 그 영향의 결과가 긍정(positive)일 경우는 플러스(+) 부호로, 부정(negative)일 경우는 마이너스(-) 부호로 표시합니다.

I.2.4 정량적 모형 작성

정량적 모형 작성과정은 인과지도를 바탕으로 변수들 간의 영향관계를 컴퓨터상에서 시뮬레이션할 수 있도록 흐름도(stock and flow diagram)를 작성하고, 이 흐름도에 변수의 계량적인 정보를 담아내는 단계입니다. 변수들의 특성에 따라서 저량변수(level 혹은 stock)와 유량변수(rate 혹은 flow), 그리고 일반 보조변수(auxiliary), 상수(constant)의 종류로 구분해 사용합니다. 저량변수는 시간에 따라 누적된 값을 가지며, 시간의 흐름의 형태를 띤 유량변수에 의해서 유입(inflows)과 유출(outflows)의 증감이 일어나게 됩니다.

I.2.5 모형 타당성 검증

시스템 다이나믹스 모형화 초기에 최종 모형을 어떻게 검증할 것인가를 판단해야 합니다. 다른 예측법과 달리 시스템 다이나믹스 모형에서는 자료가 없는 변수도 포함해서 모형화하기 때문에 완성된 모형은 반드시 타당성 검증의 절차를 거쳐야 합니다. 모형의 타당성 검증은 일반적으로 모형의 시뮬레이션 예측값과 과거 실적자료를 비교하여 R^2 값으로 검증합니다. 시뮬레이션 결과가 과거 실적자료와 유사한 행태(behavior)를 보이면 타당성이 있다고 판단할 수 있으며 과거 실적자료가 부족한 경우에는 전문가 집단의 의견이나 사용자 그룹의 의견을 참고하여 결정하게 됩니다. 모형 타당성 검증에는 모형 건전성과 객관성 검증이 있습니다. 모형 건전성 검증은 모형의 식과 관계들이 연구자의 의도대로 완성되었는지 확인하는 과정으로 모형의 단위(units) 체크, 민감도 분석(sensitivity test) 등이 있습니다. 모형의 객관성 검증은 모형이 문제의 본질에 적합하게 표현하였는지에 대한 과정으로 객관성을 부여하고 사용자에게 신뢰를 주는 과정입니다. 검증 방법은 모형이 실제 있었던 과거의 자료에 얼마나 근접하게 구현하는지 살펴보는 것입니다. 시나리오 분석에 결과에 대한 전문가의 동의를 구하는 방법도 객관성을 입증하는 방법입니다.

I.2.6 정책분석 및 모형 적용

모형 타당성이 검증된 후에는 시스템에 적용하여 정책의 분석, 예측, 평가 등에 활용하게 됩니다. 모형 활용단계에서 문제의 이해와 변수들의 인과관계를 파악하게 되므로 시스템을 이해하는 학습의 틀로써 사용할 수 있고 이러한 학습과정이 반복되면서 보다 나은 미래예측과 정책 대안을 찾을 수 있게 됩니다.

에너지저장시스템에 관한 시장 다이나믹스 분석의 사례는 [그림 6]에서 볼 수 있습니다.

그림 6 에너지저장시스템에 관한 시장 다이나믹스 분석 예시

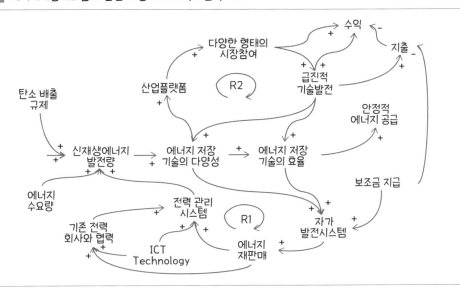

시스템(시장) 다이나믹스는 시간의 흐름에 따른 문제 형태의 변화 추이를 파악하기 위한 방법으로서, 내부 순환적인 특징을 가지고 있습니다. 이러한 관계를 그리기 위해서는 원인과 결과를 화살표로 연결하고 상관관계에 따라 부호를 붙여주면 됩니다. 이러한 과정에서 루프를 형성하게 되는 추동 추세로 R1, R2를 유도할 수 있습니다. 여기서 R1의 루프에서는 새로운 서비스의 필요성으로 도출해 낼 수 있으며, R2에서는 기술의 발전에 따른 플랫폼(platform)의 필요성을 알아낼 수 있습니다. 이러

그림 7 에너지저장시스템에 대한 비즈니스 모델 프레임워크

출처: 조인성(2013). "에너지저장시스템을 활용한 비즈니스 모델 도출", 석사학위논문, 고려대학교

한 시사점을 기반으로 [그림 7]과 같이 가치사슬 관점에서 새로운 서비스를 구분하고(가로축), 세로축은 기업 내 핵심역량을 기반으로 구분해 비즈니스 모델을 찾기 위한 프레임워크를 만들 수 있습니다. 이와 같은 구분은 정해진 명확한 룰이 있는 것은 아니며 분석 대상이나 목적에 따라 달라지게 됩니다.

1.3 기술관찰 프레임워크 작성하기

비즈니스 모델 프레임워크를 통해 자신의 기업에서 적합한 비즈니스를 선택한 후, 기업은 필요한 기술의 발전 수준을 관찰해야 하며 이후 기술 발전 수준을 예측해 시장진입 시기를 정할 수 있습니다.

에너지저장시스템에서는 저장 용량, 투자비용, 장소 제약, 수명, 용도, 저장 시간, 기술 수준, 확보 용이성, 안정성, 관련 정책 등을 고려해서 기술을 관찰해야만 합니다. [그림 8]처럼 내부 통제 가능 여부와 기술·비기술 요소로 분리해 관찰하면 보다 의미 있는 기술 관찰이 가능합니다. 이 역시 정해진 규칙은 없으며 고려 대상을 보고 적절한 분류 기준을 잡으면 됩니다.

그림 8 에너지저장시스템 기술관찰 프레임워크

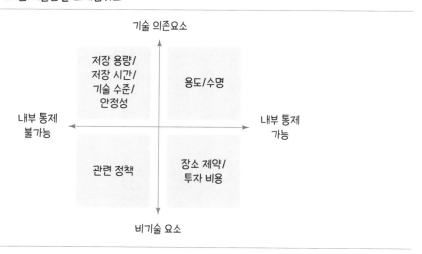

1.4 기술적 갭 분석 및 목표 수립

신기술이 활용되기 위해서는 기존 기술과의 비교가 필수적입니다. 예를 들어, 에너지저장 시스템의 발전원가와 기존의 발전원가를 비교하여 새로운 기술이 기존 기술 대비 경제적 타당성이 확보되는 시점을 예측하는 것이 중요합니다. 예로 들고 있는 에너지저장시스템의 발전원가와 기존의 발전원가를 비교해보면 [표 2], [표 3]과 같습니다.

표 2 ESS(에너지저장시스템) 기술별 평준화 발전원가

Technology	Cycle/년	방전시간	예상수명	고정비 ($/kWh)	발전원가 ($/kWh)	변동비 원가 ($/kWh)	평준화 발전원가 ($/kWh)
Lead-acid Batteries-납축전지	250	4시간	10년	0.04826	0.0812	0.101534	0.149794
Na/S-황화나트륨	365	4시간	10년	0.03808	0.0812	0.101534	0.139614
V-redox -V 레독스	365	4시간	10년	0.04921	0.0812	0.101534	0.150744
Li-Ion -리튬 이온	365	4시간	10년	0.06009	0.0812	0.101534	0.161624
CAES-surface	365	10시간	30년	0.02543	0.0812	0.116039	0.141469

표 3 2012년 9월 원료별 발전단가(한전)

기간	원자력 ($/kWh)	유연탄 ($/kWh)	무연탄 ($/kWh)	유류 ($/kWh)	LNG ($/kWh)
2012/09	0.003790	0.043354	0.063127	0.218827	0.12877

결론적으로 에너지저장시스템의 기술 중 일부는 유류나 LNG를 이용한 발전원가와 비슷한 수준까지 도달했음을 알 수 있습니다. 따라서 본 사례 연구에서는 지역별로 보면 도서 지역이나 유류만을 이용해 발전을 하는 지역에서는 에너지저장시스템이 충분히 경제성을 가질 수 있는 것으로 판단되었습니다.

2. 기술 혁신 전략 수립 사례: 코인플러그

앞서 살펴본 기술 혁신을 관리하는 기법들을 실제 스타트업 기업들에 적용해보겠습니다. 한 기업은 비트코인이라는 가상화폐를 거래할 수 있는 마켓 플레이스를 제공하는 기업이며, 다른 기업은 집단지성을 이용해 온라인 번역 서비스를 제공하는 '플리토(flitto)'라는 서비스를 제공하는 기업입니다. '코인플러그'는 모바일 환경에서 개인간 온라인 결제수단으로 가상통화인 비트코인을 거래할 수 있는 마켓 플레이스와 전자지갑 서비스, 온라인 상점 서비스 등 다양한 분야의 비트코인 거래 플랫폼을 제공하는 기업입니다. 비트코인과 관련된 창의적 서비스의 개발이 가능하도록 비트코인 거래소 API를 공개하여 비트코인 생태계를 형성하려고 합니다. 또한 멀티플랫폼 앱과 웹 서비스를 통해 모바일 환경에서 P2P 결제 및 사용자 본인인증 제도를 도입, 제공하려고 합니다.

2.1 정보 수집

먼저, 비트코인에 대한 전반적인 거시환경을 오스터왈더 5가지 항목에 맞춰서 정리하였습니다.

그림1 오스터 왈더 5가지 항목에 따른 비트코인의 거시 환경 분석

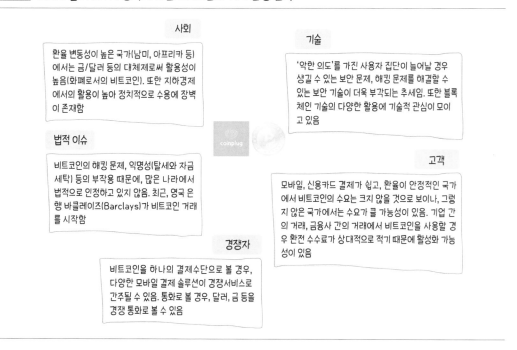

2.2 기회 분석(business model framework)

기회 분석은 앞에서 설명한 비즈니스 모델 프레임워크의 축을 변형하였습니다. Y축에는 기업의 역량으로 비추어 보아 해당 서비스를 출시하기에 어려운 정도를 기준으로 나누었고, X축은 신규 분야를 나타내면서 화폐로서의 비트코인, 다른 콘텐츠를 담을 수 있는 '장부', 그리고 블록체인을 활용한 인프라 세 분야로 나누어 살펴보았습니다.

그림 2 비즈니스 모델 프레임워크에 따른 비트코인의 기회 분석

	비트코인을 활용한 환전서비스	Contracts, Patents Classified information trading	IoT 플랫폼 (사물-사물의 거래)
	비트코인 지갑 ATM Bitcoin 매매	공인인증서 대체 개인 정보 금고 개인용 저장공간	P2P Cloud Service (like AWS)

Easy to Deliver (기업역량) / 높음 / 낮음

비트코인 / 대체제 / 기반기술

신규 분야 (opportunity)

2.3 기술 관찰 프레임워크

비트코인 관련 기술에 관한 이슈들을 관찰하기 위한 프레임워크는 다음과 같습니다.

그림 3 기술 관찰 프레임워크에 따른 비트코인의 기술 이슈 분석

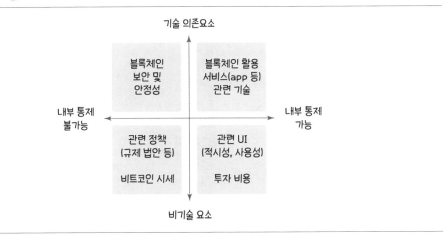

기술 의존요소

블록체인 보안 및 안정성 / 블록체인 활용 서비스(app 등) 관련 기술

내부 통제 불가능 / 내부 통제 가능

관련 정책 (규제 법안 등) 비트코인 시세 / 관련 UI (적시성, 사용성) 투자 비용

비기술 요소

프레임워크는 4가지 요소로 조합된 사분면으로 구성되어 있습니다. 가로축은 '내부통제 가능'과 '내부통제 불가능'이며, 세로축은 '기술 요소'와 '비기술 요소'입니다. 이를 조합하면, 1사분면은 '블록체인 활용 서비스 관련 기술', 2사분면은 '블록체인 보안 및 안정성', 3사분면은 '관련 정책', '비트코인 시세', 4사분면은 '관련 UI, 투자 비용' 등을 예로 들 수 있습니다.

2.4 기술적 갭(Gap) 분석(dynamic model 활용)

이 사례에서는 '제품혁신'을 화폐로서의 비트코인이라고 보고, 공정혁신을 블록체인 기술이라고 보았습니다. 처음 비트코인이 화폐로서 잠시 유행했지만, 그 이후로는 그 쓰임에 대해 회의적인 시각이 많아 더 이상 혁신이 일어난다고 보기 어렵기 때문입니다. 반면, 비트코인을 찍어내는 공정이라고 볼 수도 있는 블록체인 기술은 계속해서 잠재력을 인정받고 있으며, 많은 기업들이 이를 이용하고자 합니다. 현위치는 유동기에 있다고 볼 수 있습니다. 유동기에는 주로 제품 개발에 초점을 맞춘 제품혁신이 주를 이루게 되는데(Utterback and Abernathy, 1975), 비트코인을 좀 더 편리하게 거래할 수 있는 서비스들이 나오고 있는 것을 제품혁신의 일환으로 볼 수 있습니다. 이때는 제품혁신 및 차별화 능력을 바탕으로 수직통합(Vertical Integration)의 성장전략을 추구하는 것이 바람직하기 때문에(정선양, 2008), 비트코인을 서비스하는 스타트업들 간의 협업이 필요해 보입니다.

그림 4 비트코인의 기술적 Gap 분석

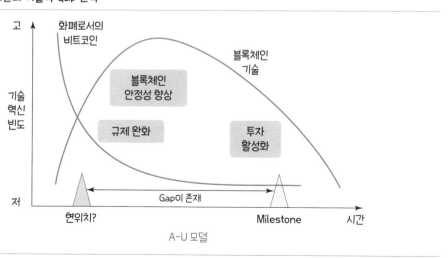

A-U 모델

2.5 목표(Roadmap)

코인플러그 회사의 향후 목표를 앞에서 조사한 내용들을 바탕으로 설정하였습니다.

그림 5 코인플러그의 목표(Roadmap)

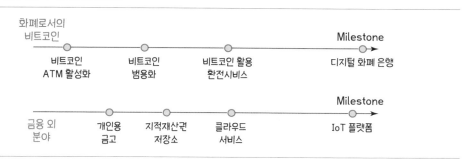

코인플러그 이외에도 연세대학교 기술경영연구센터에서는 플리토라는 회사에 대한 기술 혁신 전략도 수립한 바 있습니다. 이에 대한 자료는 QR 코드[1]로 확인하실 수 있습니다.

3. UX 주도 혁신과 인간중심 혁신(human-centered innovation)

3.1 시장견인 혁신과 기술지향 혁신(market-pull and technology-push innovation)

제2차 세계대전 이후 기술지향(technology-push) 혁신에 많은 관심을 갖고 연구들이 진행되었습니다. 과학적 지식의 발명과 기술의 발달이 기술 혁신을 일어나게 한다는 견해입니다. 그러나 이러한 기술 혁신 사례는 전자산업, 제약산업 등 소수에서만 발견되었습니다. 1970년대 이후 시장 견인(market-pull) 모형에 대한 관심이 높아지게 되었는데, 시장 수요와 시장 여건이 기술 혁신을 유도하는 핵심요소라는 견해입니다(Betz, 2011).

시장견인 혁신은 시장이 존재한 이후에 발생하게 됩니다. 그런 다음 시장에서 제품과 서비스를 사용한 고객의 경험은 제품과 서비스의 성능에 대한 좋은 정보와 그들의 기술에서 어떤 개선이 바람직한지 알려줍니다. 이는 기술지향 혁신을 불러옵니다. 급진적 혁신을 통해 고객이 이전에 경험하지 못한 새로운 제품·서비스의 기능을 만들어 낸다면, 고객 정보는 더 이상 유용하지 않게 됩니다. 근본적으로 새로운 기술·제품은 새로운 시장을 만드는 것이어야 합니다. 이러한 동기의 종류를 기술지향 혁신이라고 합니다. 주요한 새로운 혁신의 역사에서, 기술지향 전략은 항상 시장견인 전략보다 선행하고 있습니다. 그러나 기본적인 혁신이 발생한 이후는 적절한 시장견인 전략이 실행될 수 있습니다. 시장견인 혁신전략은 주로 점진적 혁신을 만들고 기술지향 혁신전략은 주로 급진적 혁신을 만들게 됩니다(Betz, 2011).

그러나 원천이 무엇이든지, 기술 혁신이 상업적으로 성공하려면 그것은 시장과 일치해야 합니다. 크리스토퍼 프리먼(Christopher Freeman)은 "아마도 이 기술 혁신을 안전하게 만드는 최고 수준의 일반화는 기술적 가능성과(시장의) 필요가 합성이 되어야 한다는 것이다"라고 하였습니다(Freeman 1974; Betz, 2011).

3.2 비즈니스 모델 혁신(business model innovation)

피커 스카진스키(Peter Skarzynski)는 그의 책, 『핵심에 이르는 혁신』에서 성공적인 혁신은 최신 기술 연구를 통한 혁신보다, 획기적으로 기업이나 업계의 관행을 깨뜨린 비즈니스 모델 혁신의 경우가 많다고 했습니다(피터 스카진스키 & 로완 깁슨, 2009). 예를 들어 많은 사람들이 게임의 법칙을 바꾸었다고 평가하는 애플의 아이폰은 기존의 이동통신사가 모든 콘텐츠를 통제하던 시장에서, 누구나 원하는 콘텐츠나 서비스를 스마트폰에 올릴 수 있게 만듦으로써 게임의 법칙을 바꿀 수 있었습니다. 즉 기존의 단면시장을 앱스토어라는 플랫폼을 활용하여 양면시장으로 만든 것입니다.

2006년 세계 시가총액 10대 기업은 마이크로소프트를 제외하고 모두 에너지와 금융 기업이었습니다. 하지만 2016년엔 1위에서 5위까지 모두 플랫폼을 기반으로 비즈니스 모델을 혁신한 기업들(애플, 구글, 마이크로소프트, 페이스북, 아마존)이었습니다. 2020년 7월 기준, 1위에서 5위까지도 모두 플랫폼 기업입니다. 미국 NYU 스턴 경영대학원의 스캇 갤로웨이(Scott Galloway) 교수는 현 시대를 장악하는 기업들 중 구글, 아마존, 애플, 페이스북 4개사를 일컬어 '디지털 4대 깡패'라고 말했습니다. 이들은 플랫폼 기반의 비즈니스 모델 혁신을 통해 기업이나 소비자가 자유롭게 뛰어놀게 하면서 자신들은 큰 이익을 챙겨가고 있기 때문입니다.

예를 들어, 전통 제조업 대표기업 제너럴모터스(GM)가 기업가치 680억 달러를 달성하는 데 걸린 시간은 1908년 창업 이후 107년입니다. 그러나 신생 플랫폼 기업인 우버는 불과 5년 만에 달성했습니다. 또한 페이스북은 140년 역사의 세계적인 제조기업이자 혁신기업으로 정평이 난 제너럴일렉트릭(GE)의 시가총액을 추월했습니다. 2020년 페이스북은 시가총액 6,800억 달러를 돌파하며 시가총액 세계 6위에 올라섰습니다. GE는 종업원이 수십만 명이고 160여 개국에서 사업을 운영합니다. 삼성전자는 종업원이 30만 명이 넘고, 전 세계 79개국 공장에서 제품을 생산합니다. 2020년 1월 기준, 삼성전자의 시가총액은 약 350조 원이었습니다. 반면, 페이스북은 종업원이 2만여 명이고 직접 생산하는 제품이나 서비스는 사실상 없습니다. 그런데도 삼성전자나 GE의 시장가치를 훨씬 능가합니다. 페이스북의 자산은 네트워크에 있습니다. '친구 맺기'로 가상공간의 플랫폼을 제공한 후 20억 명의 사용자에게 광고 수익을 올립니다.

플랫폼은 비즈니스의 판도 바꿉니다. 미디어 전략가인 톰 굿윈(Tom Goodwin)은 2015년 3월 '테크크런치(TechCrunch)'에 다음과 같은 글을 기고했습니다.

"세계에서 가장 큰 택시 기업인 우버는 소유하고 있는 자동차가 없고, 세계에서 가장 많이 활용되는 미디어인 페이스북은 콘텐츠를 생산하지 않는다. 세계에서 가장 가치 있는 소매업체인 알리바바는 물품목록이 없으며, 세계에서 가장 큰 숙박 제공업체인 에어비앤비는 소유한 부동산이 없다."

대규모 인력이나 공장, 설비가 필요 없기 때문에 플랫폼 기업은 성장도 빠릅니다. 과거 기업들은 시장가치 10억 달러가 될 때까지 성장하는 데 평균 20년이 걸렸지만 페이스북은 6년, 에어비앤비는 3년도 채 걸리지 않았습니다.

전문가들은 4차 산업혁명에서 기회를 찾고 궁극적으로 승리하는 첫 번째 키워드로 '플랫폼'을 꼽고 있습니다. '플랫폼 혁명'의 저자이자 '싱커스 50 레이더'에 꼽힌 상지트 폴 초우더리(Sangeet Paul Choudary)는 "4차 산업혁명은 파이프라인(가스 수송관처럼 선형적인 형태의 공급망) 형태의 비즈니스가 대부분이었던 1, 2, 3차 혁명과는 완전히 다르다"면서 "4차 산업혁명을 이끌 주인공은 플랫폼을 구축하거나 활용하는 기업이 될 것"이라고 말했습니다. 실제로 노키아는 세계 최대 휴대전화 제조업체였지만 전형적인 파이프라인 형태의 비즈니스 모델을 구사했고, 애플은 '앱스토어'라는 생태계를 만들어 플랫폼 비즈니스 모델을 만들었습니다. 그 결과 노키아는 망했고, 애플은 승승장구하고 있습니다. 이렇듯 비즈니스 모델의 혁신은 기술 혁신을 통한 시장의 변화보다 훨씬 더 크고 넓게 산업 전반에 영향을 미칠 수 있습니다. 그리고 획기적인 비즈니스 모델의 혁신은 주로 기존의 산업 내 확고한 위치를 가진 기업들보다는 작은 신생기업이나 다른 영역에서 새롭게 진출하면서 기존의 나쁜 관행을 개선하고자 할 때 일어나곤 합니다.

그렇다면 이러한 플랫폼 비즈니스 모델에서 성패를 좌우하는 핵심은 무엇일까요? 바로 인간중심의 철학이 잘 반영되어 있는가의 여부입니다. 플랫폼은 사람들이 디지털 세상과 상호 작용하는 방식을 바꾸고 있기 때문에 인간중심 철학이 투영되어야 성공할 수 있습니다. 가트너의 리서치 부사장인 브라이언 버크(Brian Burke)는 "사람이 기술을 이해해야 했던 모델에서 기술이 사람을 이해하는 모델로 변화할 것"이라며, "따라서 의도를 파악해야 하는 역할은 사용자에서 컴퓨터로 넘어갈 것"이라고 말했습니다. 이처럼 플랫폼 기반의 비즈니스 모델 혁신에서도 인간중심의 철학과 인간중심의 기술 전략이 반영되어야 성공할 가능성이 높아집니다.

3.3 사용자 주도 혁신(user-led innovation)

오랫동안 기술 혁신의 주축이었던 제조기업 이외에 수평적 사용자 주도 혁신은 많은 장점을 가지고 있습니다. 여기서 사용자는 개인과 기업을 포함하는 개념입니다. 폰 히펠(2007) 교수는 제조기업보다 사용자들이 상업적 가치가 큰 신제품이나 신공정 개발의 주도자가 될 수 있는 사례를 제시하고 사용자 주도 혁신의 중요성을 강조하였습니다(Von Hippel, 2007). 여기서 사용자란 주로 '선도적 사용자(lead user)'입니다. 기업들이 사용자와 상호작용을 통해 기술 혁신을 수행하면서 사용자가 기술 혁신의 의사결정을 주도하는 경우(consumer as co-developers)가 증가하고 있습니다. [그림 9]를 살펴보면 전통적인 기술 혁신 모델에서는 사용자는 공급자인 기업들에게 자신의 요구사항을 알려주거나 제품이 개발되면 자신의 조건에 맞게 적응시키는 활동을 수행하는 데 그쳤습니다. 하지만 사용자가 혁신자인 모델에서는 자신들의 경험과 요구사항을 적극적으로 기술 기획 과정에 반영해 시제품을 만들며 관련 지식과 정보를 다

그림 9 신제품 개발에서 사용자의 역할 변화

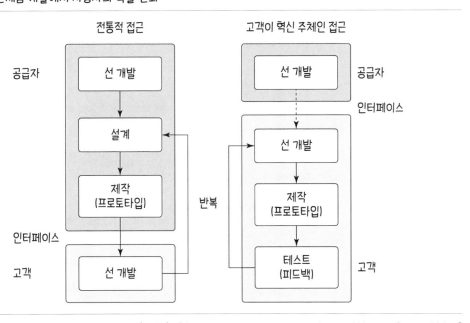

출처: Thomke, s. and von Hippel, E.(2002), "Customers as Innovators: A new Way to Create Value"

른 사용자에게 확산하는 등의 기술 혁신 과정의 주체로 참여하게 됩니다.

사용자 주도 혁신의 사례로 Apache Server나 Rodeo Kayaking, 서핑 보드, '쏘나타 커스텀 핏' 등이 예가 될 수 있습니다. Apache Server는 OSS(Open Source Software)의 형태로 자발적인 사용자들의 재능 기부로 우수한 성능의 소프트웨어로 자리매김할 수 있었습니다. Rodeo Kayaking이나 서핑 보드 등은 실제 카약·서핑 보드의 사용자들이 직접 자신들의 필요에 의해 제품을 개선하면서 혁신하게 된 경우입니다. 현대자동차의 쏘나타 커스텀 핏은 '고객이 직접 만드는 자동차' 컨셉으로 고객 참여형 소통 프로그램 'H－옴부즈맨'을 통해 오픈 이노베이션 방식으로 개발된 차입니다. 핵심사양부터 트림구성, 최종 모델명까지 모두 'H－옴부즈맨'이 직접 기획하고 선정한 것이 특징입니다. 자동차 상품기획 현장에 고객이 직접 참석해 차량 핵심 부품과 트림구성에 대한 아이디어를 제시하고 해당 아이디어가 채택돼 실제 판매되는 차가 만들어지는 것입니다. 2017년에 시작된 'H－옴부즈맨'은 현재까지 매년 새로운 고객을 참여시켜 신규 트림을 지속적으로 출시하는 등 끊임없이 변화하며 시장을 리드하고 있습니다.

사용자 주도 혁신은 다양한 사용자들의 필요가 존재하고, 경쟁이 치열해진 환경에서 시장의 성공을 위해 매우 중요해지고 있습니다. 사용자 주도 혁신은 초기에는 주로 해당 분야의 사용자이면서 전문적인 지식을 보유한 사용자들에 의해 이뤄졌다고 할 수 있습니다. 일반 사용자들은 사용하면서 느끼는 불편함을 해소할 만한 능력이나 정보가 부족했으며 비용 또한 높았기 때문입니다.

기업들은 제품 기획 초기 단계부터 다양한 고객들의 필요를 반영하기 위해 노력하고 있으며, 근래에는 자신들의 제품이나 서비스의 생태계 확장을 위해 '혁신의 도구(tools of innovation)'를 공개하고 있습니다. Open API나 SDK(Software Development Kit) 등을 공개해 사용자들이 직접 원하는 서비스나 애플리케이션을 만들 수도 있고 판매도 가능한 장소를 공개하기도 합니다. 요즘은 클라우드 컴퓨팅 등의 ICT 기술 발전과 3D 프린터와 같은 간단한 제품을 직접 만들어 볼 수 있는 환경으로 인해 사용자 주도 혁신이 예전보다 훨씬 쉽게 일어날 수 있는 여건이 형성되고 있습니다. 즉 사용자들의 '문제 해결 능력(Problem-solving capability)'이 생기면서 비용 또한 줄어들고 있다고 볼 수 있습니다. 해당 분야의 전문가뿐만 아니라 일반 사용자들도 직접 혁신이 가능해지는 추세라 할 수 있습니다. 사용자들은 커뮤니티를 형성하여 서로의 지식과 역량을 공유하기도 하며, 여기서 만들어진 제품이 상용화되는 경우도 종종 있습니다. ICT 기술의 발전으로 여러 사람들이 모여서 소통하거나 기술 혁신을 위한 협업이 쉬워지고 있으며, 기술 혁신의 도구들이 점점 사용자로 이전하고 있는 상황에서 사용자 주도 혁신의 중요성이 앞으로 더욱 증가할 것은 자명한 사실임에 틀림없습니다.

3.4 UX 주도 혁신(UX driven innovation)

UX 주도 혁신이란 온라인 미디어 및 디지털 기기 등을 활용해 기업과 다른 사람들과 교류하는 사용자가 그들의 사용 패턴에 적합한 제품이나 서비스를 선택할 수 있게 도움을 줍니다. 기존의 기업들은 주로 자신들의 소비자들을 대상으로 우수한 성능의 제품을 만들기만 하면 되었으나, 요즘은 완전히 다른 개념의 접근이 필요합니다. 소비자 이외에 사용자의 관점에서 미리 제품을 사용해보기도 하고 다른 사람들과 정보를 공유하기도 편해졌습니다. 그러면서 제품의 성능이 아니라 경험의 제공, 즉 본질적 가치의 전달 방식이 더욱 중요해졌습니다. 조광수 교수에 따르면, 사용자 경험(UX)은 사람들의 마인드를 표준화시킬 수 있기 때문에 중요하다고 합니다. 즉 사람들이 화면을 키우기 위해서는 엄지와 검지를 대각선으로 움직이면 된다는 직관적인 UI를 사용하면 되는 것으로 인식되는 것이 그 예입니다(조광수, 2012). 그리고 애플이 처음 앱스토어를 만들고 사용자들은 언제든지 자신들이 원하는 기능을 찾아서 사용이 가능해졌으며, 다양한 개발자들의 생태계가 구축된 것 또한 사용자 경험의 혁신을 통한 표준화된 서비스 모델이 되었습니다. 이러한 예를 보면서 한국의 기업들은 first mover냐 fast follower냐가 중요한 것이 아니라 플랫폼 선점을 통한 사용자 경험의 lock-in이 더욱 중요함을 인식해야 합니다. 예를 들어, 세계 최대 전자상거래업체인 아마존의 '가젤 프로젝트'는 '최저가-가두기 전략'으로 요약됩니다. 처음부터 손실을 목표로 잔혹한 가격전쟁을 벌이며 경쟁사들을 초토화하는 게 우선입니다. 그 다음에는 전에 없던 고객경험을 제공하며 고객들을 가둡니다(lock-in). '가두리 양식장'에서 고객들이 빠져나갈 길은 없습니다. 이 과정에서 난 수익은 또 다른 시장을 초토화하는 밑천이 됩니다. 실제로 고객들은 아마존의 빠른 배송 서비스 등에 중독되었고, 아마존은 온라인 서점에서 시작해 지금은 선점한 플랫폼, 즉 '가두리 양식장'에서 모든 물건(A부터 Z까지)을 팔 수 있게 되었습니다.

그렇다면 좋은 UX란 무엇이며 어떻게 만들 수 있을까요? UX는 인공물과 상호작용하는 사용자 경험의 관점에서 유용성, 인지, 사회인지적 그리고 정서적인 측면을 포함하고 있습니다. ISO에서는 UX를 제품, 서비스 시스템을 사용하거나 사용을 예측한 것으로부터 오는 결과에 대한 개인의 인지와 대응이라고 정의하고 있습니다(ISO9241-210, 2012).

좋은 UX를 만들기 위해서는 애플의 새로운 부흥을 이끈 스티브 잡스(Steve Jobs)의 말처럼 IT뿐만 아니라 인문학 등 다양한 학문의 분야들이 결합되어야 할 것입니다. 그리고 그 기본은 인간의 본질적 욕구를 살필 수 있어야 하며, 심플하고 사용하기가 쉬워야 합니다. 즉 어떤 제품이나 서비스를 사용하면서 사람이 실수를 하게 된다면, 그것은 한 개인의 실수가 아니라 제품이나 서비스가 직관적이지 않으며 잘못 설계된 것으로 바라보아야 한다고 합니다(Norman, 2013).

3.5 지속가능 혁신(sustainable innovation)

프라할라드 교수(C. K. Prahalad, 2008)는 그의 책 『The New Age of Innovation』에서 경영 환경 이슈로 지속가능성을 언급하고 있습니다. 이제는 더 이상 피할 수 없는 이슈로 그린(green)으로 대두되는 지속가능성에서 혁신소재를 발굴하고, 기업의 전략과 연계하여 성장해나가는 것이 미래 기업의 조건이라고 말하고 있습니다. 기업들은 지속 가능한 혁신, 즉 친환경적인 노력이 비용의 증가만 가져오고 경쟁력을 떨어뜨린다고 우려를 하고 있습니다. 하지만 기후 환경의 문제와 더불어 사람들의 인식이 점점 지속 가능한 혁신을 수행하는 기업들을 선호하게 되고, 많은 정부에서도 지속 가능한 성장을 장기적 관점에서 추구하고 있기 때문에 지속가능 혁신은 앞으로도 기업의 생존에도 중요하다고 할 수 있습니다. 그렇다면 기업이 지속가능 혁신을 추구하는 것이 정말 기업의 경쟁력에 불리하기만 할까요? 프라할라드는 수년간 30개의 기업을 대상으로 지속 가능 관련 활동을 조사한 결과, 지속가능성은 기업 운영과 기술 혁신의 원천이고, 궁극적으로 수익 증대와 비용 절감이 가능해져 수익이 증가하는 것으로 분석하였습니다.

지속가능 혁신의 사례로 도요타의 하이브리드 차량을 들 수 있습니다. 미국의 캘리포니아 주는 1990년대 후반 '제로에미션(Zero Emission) 구상', 즉 탄소 배출을 제로로 한다는 목표 아래 연비와 배기가스 규제 제도를 도입하였습니다. 이 규제는 전기자동차 개발을 유도하기 위한 유인책적인 성격을 가지고 있었습니다. 다른 경쟁사들이 지지부진한 사이에 도요타는 초기부터 규제에 주목하고 대응하기 시작하였습니다. 도요타는 기존 가솔린 엔진과 전기모터를 결합한 하이브리드 기술에 대대적인 투자를 단행하게 됩니다. 최고 경영자가 직접 주관해가며 90년대 초반부터 21세기 자동차의 조건을 연구하는 G21 프로젝트를 착수하였습니다. 결국 도요타는 프리우스라는 성공 모델을 만들게 되고, '하이브리드=도요타'라는 이미지를 선점하면서 세계 1위에 등극하게 됩니다. 이러한 지속가능 혁신을 통한 도요타는 환경 기업으로서의 이미지 구축 및 경쟁 기업과의 차별화에 성공하게 되었습니다.

반면, 2015년 배출가스 사기극을 벌인 폭스바겐은 창립 77년 만에 최악의 위기를 맞기도 했습니다. 폭스바겐은 기술이 연비 규제를 따라가지 못하자, 디젤 차량에 소프트웨어를 장착해 배출가스 검사를 받을 때는 배출가스 저감장치를 정상적으로 작동하게 하고, 실제 도로에서 주행할 때는 꺼지도록 하는 방식으로 미국 환경

보호청의 배출가스 검사를 통과한 사실이 적발됐습니다. 이 사태로 폭스바겐 그룹은 벌금 180억 달러를 포함해 최대 340억 달러(약 38조 5,000억 원)로 추산되는 재정적 손해를 부담하게 된 데다가 차주와 투자자들이 집단소송을 내는 등 창립 77년 만에 최악의 위기를 맞았습니다. 도요타와 폭스바겐의 사례는 지속가능 혁신 관점에서 우리에게 큰 시사점을 제시해 줍니다.

'경제적 가치'와 '사회적 가치'를 동시에 추구해야 할 '자본주의 5.0시대'에 장사꾼으로 낙인찍히면 그 기업의 생명은 오래가지 못합니다. 더욱이 인터넷과 SNS 등이 발달한 '스마트 시대'에 소비자들은 한 회사를 '최대한 빠르게 성공하게 하는 데 일조'하거나, '최대한 빠르게 망하게 하는 데 일조'할 수도 있습니다. 실제로 언론과 소비자들이 '나쁜 기업 폭스바겐'의 소식을 퍼 날랐던 속도는 전광석화와 같았습니다.

그렇다면 지속 가능한 혁신을 성공시키기 위해 우린 어떤 전략을 추구해야 할까요? 바로 '시장 전략(Market Strategy)'과 '비시장 전략(Nonmarket Strategy)'을 동시에 고려하는 '통합 전략'을 추구해야 합니다. '시장 전략'은 간단히 말해 기업을 둘러싼 1차적인 '시장 환경'을 고려하여 수립한 전략을 말합니다. 1차적인 시장 환경에는 주로 '고객', '경쟁자', '공급업체', '투자자' 등이 존재합니다. '비시장 전략'이란 1차적인 시장 환경 밖에 있는 규제기관, 정부, 시민단체, 비정부기구, 언론매체, 활동가 등을 고려해 수립한 전략을 말합니다. 비시장 전략이란 이러한 시장 외적 요소들을 활용해 지속 가능한 경쟁우위를 달성하고자 하는 노력이라고 정의할 수 있습니다. 결국,

그림 10 기업의 시장 & 비시장 환경

출처: 〈MIT 슬론 매니지먼트 리뷰〉, 2010년 봄호

'시장 전략'은 '실리'를 취하는 것과 연결되어 있고, '비시장 전략'은 '명분'을 취하는 것과 연결되어 있습니다. 기업은 시장 내 존재인 동시에 사회의 일부이기도 하기 때문에 시장 밖에 존재하는 비시장 환경을 무시할 수 없습니다. 따라서 기업들은 시장 환경과 비시장 환경이 어우러진 하나의 '통합 전략'을 만들어야 지속가능을 담보할 수 있습니다. 한마디로, '통합 전략'이란 훌륭한 목적을 가지고 명분과 실리를 동시에 추구하는 전략입니다.

In Class Personal Assignment

- 비즈니스 모델 혁신을 통해 성공한 서비스의 사례를 찾아보고, 성공 이유를 생각해 봅시다.
- 인간중심 혁신, UX-driven Innovation, 인류를 위한 혁신의 사례를 찾고, 무엇이 성공 요인인지 설명해 봅시다.

나가면서···

본 장에서는 기술 혁신 전략을 수립하는 과정에 대해 자세히 다루었습니다. 이를 위해서는 거시적 환경을 분석하고, 시스템 다이나믹스 방법을 적용하여 미래 시나리오를 예측해보고, 기술 경제성 평가를 통해서 기술적인 갭을 분석하고 전략적인 목표를 설정해야 합니다. 이러한 전략적 목표를 바탕으로 실제 기술을 개발하는 과정을 관리하는 것은 다음 장에서 자세히 알아보도록 하겠습니다.

Out Class Team Project

기술 혁신 전략을 수립하는 과정을 실제 기업을 대상으로 실행하여 봅시다.
1. 정보 수집
2. 기회 분석
3. 기술 관찰 프레임워크
4. 기술적 GAP 분석
5. 목표

참고문헌

김기찬 외. (2007). "시스템다이내믹스", 한국교통연구원.

김도훈 외. (1998). "시스템사고와 시스템다이나믹스"

오세은. (2012). "교통부문 탄소배출량 저감정책 평가모형 개발", 한국항공대학교 석사학위 논문.

이재형. (2016). 전략을 혁신하라, 청림출판.

정선양. (2008). 전략적 기술경영, 박영사.

조광수. (2012). "왜 UI/UX인가 Special Report 01", DBR, No.106, pp. 64 − 69.

조인성. (2013). 에너지저장시스템을 활용한 비즈니스 모델 도출. 석사학위논문. 고려대학교. 서울

피터 스카진스키 · 로완 깁슨. (2009). 핵심에 이르는 혁신, 비즈니스맵.

Betz, F.(2011). Managing Technological Innovation: Competitive Advantage from Change 3rd, John Willey & Sons, New York, NY.

Forrester, Jay W. (1961). Industrial Dynamics. Cambridge, The MIT Press.

_____. (1969). Urban Dynamics. Cambrdige, The MIT Press.

_____. (1971). World Dynamics. Cambridge, Wright − Allen Press.

_____. (1980). "System Dynamics − Future Opportunities." TIMS Studies in the Management Science 14. North − Holland Publishing Company.

Freeman, C. (1974). The Economics of Industrial Innovation, 1st edn, Harmondsworth, Penguin; 2nd edn 1982 London, Frances Pinter

ISO(International Standard Organization). (2012). "ISO 9241 − 210:2010: Ergonomics of human − system interaction − Part 210: Human − centred design for interactive systems."

Law, E. L. C., & van Schaik, P. (2010). Modeling user experience–An agenda for research and practice. *Interacting with computers, 22*(5), 313 − 322.

Norman, D. (2013). The design of everyday things. New York: Doubleday.

Osterwalder, A., Pigneur, Y. and Tucci, C. (2005). Clarifying business models: origins, present, and future of the concept, *Communications of the Association for Information Systems*, Vol. 15, pp. 2 − 40.

Prahalad, C.K. and Krishnan, M. S. (2008). The new age of innovation, McGraw − Hill, New York.

Thomke, S., and von Hippel, E. (2002). "Customers as Innovators: A new way to create value." *Harvard Business Review 80*(4): 74 − 82.

Utterback, J. M., Abernathy, W. J. (1975). A Dynamic Model of Process and Product Innovation, Omega, The Int. Jl of Mgmt Sci., Vol. 3, No. 6, 639–656.

Von Hippel, E. (2007). Horizontal innovation networks—by and for users. *Industrial and Corporate Change, 16*(2): 293−315.

[뉴스기사]
KBA News, [이슈&뉴스] 4차 산업혁명 주역 '플랫폼의 힘'(2017.07.27)
한국경제, 현대차, 고객 참여한 '쏘나타 커스텀 핏' 연말 판매(2017.10.29)
머니투데이, [MT리포트] 아마존의 제국건설 공식…최저가−가두기 전략(2018.03.13)

06 기술개발
상상을 현실로 만드는 방법

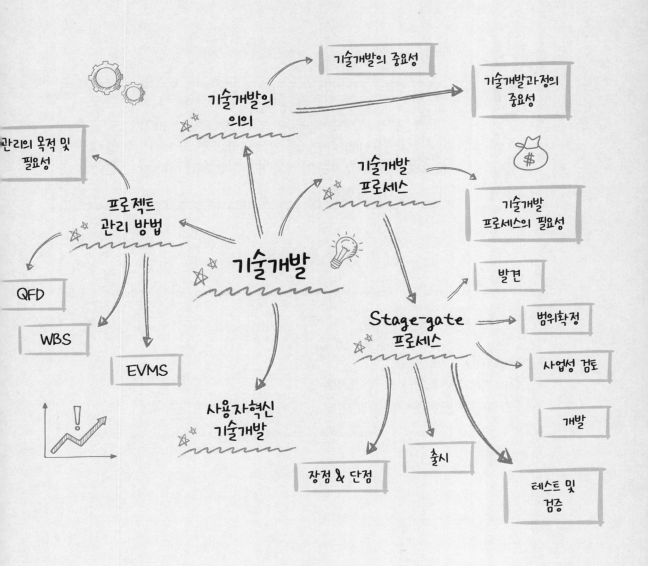

기술개발의 중요성

기술개발과정의 중요성

기술개발의 의의

관리의 목적 및 필요성

기술개발 프로세스

기술개발 프로세스의 필요성

프로젝트 관리 방법

기술개발

발견

QFD

Stage-gate 프로세스

범위확정

WBS

사업성 검토

EVMS

개발

사용자혁신 기술개발

출시

장점 & 단점

테스트 및 검증

기술개발

상상을 현실로 만드는 방법

동영상강의

로버트 쿠퍼
(Robert Cooper)

오늘날의 비즈니스 환경에서는 진정한 혁신과 과감한 신제품을 개발하는 것은 참 어려운 도전 과제이기 때문에 많은 기업들은 조금 더 작고 덜 야심찬 혁신 시도로 전환한다.

 시작하는 질문

- 아이디어를 현실화하기 위해서는 무엇을 해야 할까요?
- 기술개발에 있어 개발 프로세스는 왜 필요할까요?
- 프로젝트 관리는 왜 필요할까요?
- 프로젝트 관리에 있어 중요한 요소는 무엇일까요?
- 프로젝트를 관리하는 방법은 어떤 것이 있을까요?

들어가면서

소비자들의 니즈가 다양해지고 기업간의 경쟁이 심화됨에 따라 기업들은 경쟁적으로 새로운 제품, 기술들을 내놓고 있습니다. 애플의 아이폰은 시장출시와 함께 통신시장 전체를 변화시켰습니다. 이전까지 단순히 전화를 주고받기 위해 사용되었던 휴대폰은 친구들과 게임을 즐기고, 영화를 보고, 인터넷을 서핑하는 멀티미디어 기기로 만들었습니다. 스마트폰이라는 말 그대로 휴대폰을 스마트한 새로운 기기로 재탄생시켰습니다. 이러한 새로운 기기의 탄생에 소비자들은 열광했으며, 얼마 되지 않아서 당시 휴대폰 업계의 1인자인 노키아를 무너트렸습니다. 이와 같이 새로운 제품, 기술은 기업 성장 및 경쟁의 원천으로서 그 중요도가 점점 커지고 있습니다. 이렇게 새롭고 창의적인 제품이나 기술의 개발은 어떻게 이뤄질까요? 반짝이는 아이디어만 있으면 가능할까요? 새로운 제품, 기술을 개발하기 위해서는 아이디어를 현실화할 수 있는 인력, 비용, 기간 등 많은 자원의 투입이 필요합니다. 성공적인 제품 및 기술은 기업에 막대한 성공과 본원적인 경쟁력을 제공하나, 기술개발에서의 실패는 기업의 재정적 손실을 넘어서 기업의 존립 자체를 위태롭게 만들기도 합니다. 때문에 제품, 기술개발에 있어 기술개발과정에 대한 관리가 무엇보다 중요하다 할 수 있습니다. 이번 장에서는 성공적인 기술개발을 위해 필요한 기술개발 프로세스 및 중요한 관리요소, 이를 관리하기 위해 다양한 방법론에 대해 학습하고자 합니다.

1. 기술개발의 의의

1.1 기술개발의 중요성

앞서 서론에서 언급한 바와 같이 애플은 아이폰 출시를 통해 통신시장의 패러다임을 바꿨습니다. 이후 애플은 아이패드, 아이패드 미니, 아이패드 프로와 같이 혁신적인 제품을 내놓을 때마다 고객들로부터 선풍적인 반응을 이끌며 애플을 창의적인 기업으로 포지션하고 있습니다. 더불어 이러한 기업이미지 및 시장의 반응은 애플의 매출 및 주가에도 영향을 미쳐, 애플을 전 세계가 주목하는 기업으로 만들고 있습니다.

그럼 이러한 성공적인 기술개발을 통한 시장 선점 및 확대는 일부 기업에 국한된 문제일까요? Cheskin & Fitch(2003)의 설문조사에서 약 87% 이상의 기업들이 사업 성공을 위해 제품혁신이 중요하다고 생각합니다. 이러한 기업들의 인식은 [그림 1]의 실증적인 통계에서도 나타나고 있습니다. [그림 1]에서 보듯 우수기업의 신제품 매출 비율 및 수익비율이 매우 높은 것을 알 수 있습니다. 이는 신제품이 기업 성과에 차지하는 비중이 매우 크다는 것을 보여주고 있습니다.

그림 1 신제품 매출 및 수익 비율

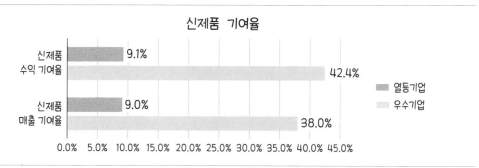

출처: Improving NPD Performance and Practice(2003), American Productivity & Quality Center

그림 2 제품 생명 주기

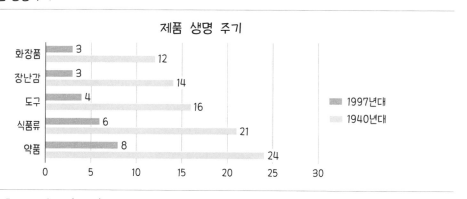

출처: "Von Braun, C. F.(1997). The innovation war."에서 A.D. Little의 도표 재인용

[그림 2]는 1940년대와 1990년대의 산업별 제품 생명 주기를 나타낸 그림입니다. 과거 50년 전과는 비교할 수 없을 정도로 제품의 생명 주기가 짧아졌습니다. 이는 고객의 니즈가 훨씬 다양해지고 그 변화의 속도가 빨라졌으며, 이에 부응하기 위해 기업들이 지속적으로 빠르게 새로운 제품을 출시하기 때문에 나타나는 현상으로도 볼 수 있습니다. 다양한 해석이 있을 수 있으나 고객 니즈의 변화, 혹은 경쟁에 따른 빠른 제품 출시라는 해석 모두 과거에 비해 기업들이 새로운 제품, 기술개발을 위해 얼마나 노력하고 있는지를 보여주는 자료라 할 수 있습니다. 이처럼 제품, 기

술개발은 과거 어느 때보다도 기업의 성과 및 성장, 생존에 커다란 영향을 미치고 있으며, 이를 위해 기업들은 많은 자원을 투자하고 있습니다.

1.2 기술개발 과정

기술개발에 있어 중요한 요소는 무엇일까요? 창의적인 아이디어? 뛰어난 기술자? 고객 및 시장 분석? 최근 들어 창의성이 화두가 되며, 창의적인 아이디어가 각광을 받고 있습니다. 많은 미디어를 통해 창의적인 아이디어를 사업화시켜 성공한 많은 기업들이 소개되어 있습니다. 창의적인 아이디어는 제품, 기술개발에 있어 중요한 요소임이 틀림없습니다. 그러나 창의적인 아이디어만으로 새로운 제품, 기술을 성공적으로 개발할 수 없습니다. 창의적 아이디어를 바탕으로 이를 현실화할 수 있는 능력이 반드시 요구됩니다. 고객 분석을 통해 혁신적인 아이디어를 도출하고, 시장 조사를 통해 아이디어의 사업성을 검토하고, 시제품을 만들어 수많은 테스트를 통해 문제점을 개선하는 일련의 절차들이 필요합니다. 이러한 일련의 절차에서 각 단계별로 전문적인 인력이 필요하며, 시제품 제작, 마케팅 조사 등 비용이 소요됩니다. 더불어 아무리 좋은 아이디어라 할지라도 경쟁자가 유사한 아이디어의 제품을 먼저 시장에 내놓는다면 지금까지의 제품, 기술개발은 헛수고가 되고 맙니다. 이렇듯 기술개발은 창의적인 아이디어와 더불어 수많은 과정 및 자원을 투입해 완성되는 것으로, 복잡하고 어려운 기업 활동입니다.

[그림 3]은 제품, 기술개발의 어려움을 잘 보여주고 있습니다. 성과가 뛰어난 우수기업은 프로젝트 성공률이 79.5%인 반면, 열등기업은 4개의 프로젝트 중 1개는 (25.7%) 시장에 내놓지도 못하고 프로젝트를 중단하고 있습니다. 때문에 새로운 제품 및 기술을 개발하기 위해서는 효율적인 개발 프로세스 및 이를 관리할 수 있는 방

그림 3 신제품 프로젝트 성공률

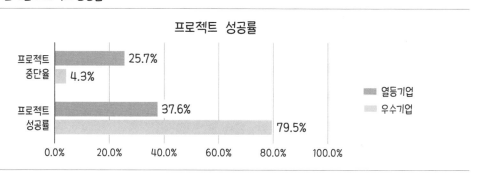

출처: Improving NPD Performance and Practice(2003), American Productivity & Quality Center

법이 필요합니다. [그림 3]은 또한, 기업별로 프로젝트 성공률이 다르다는 것을 보여주고 있습니다. 우수기업의 성공률이 79.5%인 반면, 열등기업은 25.7%로 3분의 1에도 미치지 못하고 있습니다. 이러한 차이는 어디서 나오는 것일까요? 우수기업이 열등기업에 비해 더 많은 자원을 투입할 수 있어 나타나는 현상일까요? 아니면 다른 개발프로세스 및 관리 방법을 보유하고 있어서일까요?

[그림 4]는 프로젝트 관리능력에 대한 목표 일정 및 예산 준수율을 도표로 나타내고 있습니다. 자원이 한정적인 만큼 예산을 벗어났다는 것은 그만큼 기술개발에 더 많은 비용이 투입되었다는 것을 의미하며, 이는 기술개발로부터 기업이 얻어 낼 수 있는 가치가 줄어듦을 의미합니다. 또한 목표 일정을 벗어났다는 것은 적기에 시장에 새로운 제품을 출시하지 못했다는 것으로 이는 시장 선점의 기회를 잃어버릴 수 있음을 의미합니다. 따라서 정해진 기간, 한정된 예산 내에서 프로젝트를 완료하는 것은 성공적인 기술개발에 있어 중요한 요소입니다. 그림에서 우수기업은 프로젝트의 80%를 목표 기간 및 예산 내에 마치고 있습니다. 이에 비해 열등기업은 예산준수율이 15%에 미치지 못하고 있으며, 일정 준수에 있어서도 20%로 우수기업 대비 4분의 1 정도입니다. 이는 우수기업과 열등기업의 기술개발 프로젝트의 효율성과 속도가 매우 큰 차이가 있다는 것을 보여주고 있습니다.

그림 4 목표 일정과 예산 내에 마치는 프로젝트 비율

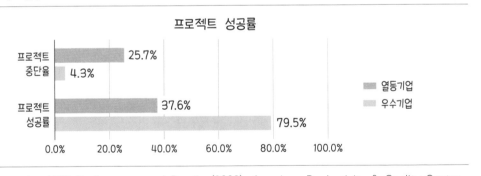

출처: Improving NPD Performance and Practice(2003), American Productivity & Quality Center

이렇듯 기술개발에 있어 효율적인 기술개발 관리는 성공적인 기술개발을 위한 필수 요소라 할 수 있습니다. 아이디어와 뛰어난 기술을 넘어 정해진 자원 내에서 효율적으로 제품 및 기술을 현실화하여 적기에 시장에 출시함으로써 기업의 가치를 높이는 일련의 전 과정이 기술개발 과정입니다.

최근 5G 시작과 함께 자율주행, 스마트팩토리, 헬스케어, 스마트시티 등 4차산업 혁명이 본격화되고 있습니다. KT 경제경영연구소에 따르면 2030년 이들의 사회경제

적 가치는 47.8조원에 이를 것이라고 합니다. 이러한 혁신기술은 기업에 새로운 성장 기회를 제공함과 더불어 시장 불확실성에 따른 리스크를 동시에 안겨주고 있습니다. 시장 불확실성을 가장 잘 표현하는 신조어로 VUCA라는 단어가 회자되고 있습니다. VUCA는 변동성을 나타내는 Volatility, 불확실성을 표현하는 Uncertainity, 복잡성의 Complexity, 모호함을 나타내는 Ambiguity의 합성어입니다. 즉 4차산업혁명 시대는 변화가 다양한 형태로 빠르게 진행되는 한편 변화를 일으키는 요소를 예측하기 어렵고, 이들 간의 인과관계를 파악하기 힘들 뿐만 아니라 그 현상을 판별하기도 어렵다는 것입니다. 이러한 시대의 변화는 기술 개발 과정에 있어서도 과거 정교하게 계획된 개발 방식에서 벗어나 빠르게 시도하고 개선하는 형태로의 변화를 요구하고 있습니다. 다음 절부터는 정해진 자원 내에서 효율적으로 제품 및 기술을 현실화시켰던 개발프로세스 및 프로젝트방법인 Stage-Gate, QFD, WBS, EVMS뿐만 아니라 4차산업혁명의 불확실성에 따라 최근 관심을 받고 있는 애자일(Agile) 개발 방법론인 린 스타트업(Lean Startup), 스크럼(Scrum), 칸반(Kanban) 그리고 디자인 씽킹(Design Thinking)에 대해 설명하고자 합니다.

2. 기술개발 프로세스

2.1 기술개발 프로세스의 필요성

기술개발에 있어 프로세스는 왜 필요할까요? 기술 개발 프로세스는 아이디어를 상품화하는 일련의 과정, 즉 청사진이라 할 수 있습니다. 두 개의 숫자를 더하는 단순한 프로그램 개발에 있어 프로세스는 중요하지 않습니다. 그러나 앞서 언급했듯이 새로운 제품이나 기술을 개발하는 과정은 단순하지 않으며, 여러 사항들을 고려해야 합니다. 일련의 과정들을 정형화하고 과정마다 필요한 요구사항 및 고려사항을 명시한 것이 기술개발 프로세스입니다. 표준화된 개발프로세스를 통해 제품 및 기술개발에 필요한 전반적인 사항을 확인할 수 있으며, 이에 소요되는 자원을 예측할 수 있습니다. 무엇보다도 개발 프로세스를 통해 얻을 수 있는 중요한 포인트는 프로세스의 진행에 대한 의사결정의 도구로 사용할 수 있다는 것입니다. [그림 5]는 일반적인 개발 프로젝트의 라이프 사이클을 보여주고 있습니다. 그림에서 보듯이 프로젝트의 초기 단계에서는 비용이 크지 않으나 프로젝트가 진행될수록 비용이 기하급수적으로 증가합니다. 따라서 기술개발 프로젝트의 시작을 결정했다 하더라도, 시장환경의 변화, 예측하지 못한 변수의 발생 등으로 프로젝트를 계속 진행하는 것

그림 5 프로젝트 라이프사이클

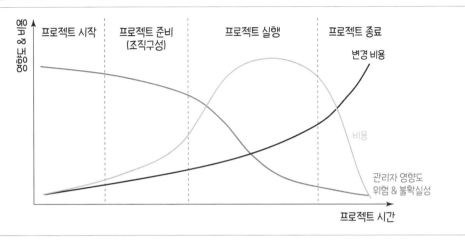

출처: PMBOK(2001)의 Project Lifecycle과 Stakeholders' Influence 도표 조합

이 경제적이지 못하다고 판단되면 이를 중지시킬 수 있어야 합니다.

개발 프로세스는 단계별로 산출되는 산출물을 통해 제품, 기술개발의 성공 가능성을 예측하고 진행여부를 결정할 수 있는 의사결정 수단으로 사용합니다. 이를 통해 기업은 잘못된 기술개발을 계속 추진함에 따른 더 큰 손실을 사전에 예방할 수 있습니다. 이처럼 개발 프로세스는 기술개발 전반에 대한 정형화된 과정 및 고려사항, 의사결정을 위한 산출물을 정의함으로써 기술개발에 따른 기업의 리스크를 줄이고, 효율적으로 기술개발을 추진할 수 있는 토대를 마련해 줍니다. 다음으로는 이러한 기술개발 프로세스에 있어 가장 보편적으로 사용되는 Stage—Gate 프로세스에 대해 이야기해 보도록 하겠습니다.

2.2 Stage-Gate 프로세스

Product Development Institute사의 등록 상표이기도 한 Stage—Gate 프로세스는 Rober Cooper가 수많은 기업을 컨설팅하며 경험한 개발 프로세스들을 기초로 개발된 신제품 개발 프로세스입니다(Cooper, 1999). Stage—Gate 프로세스는 [그림 6]에서 보듯이 신제품 개발을 관리하기 위한 아이디어에서부터 제품 런칭까지의 과정을 체계적으로 정의하고 있습니다. 각각의 단계는 다음 단계의 제품개발로 진행하기 위한 경영진의 승인을 획득하기에 앞서 성공적으로 수행해야만 하는 활동들로 구성되어 있습니다. 여기서 중요한 것은 다음 단계로 넘어가기 위해 경영진의 승인을

그림 6 Stage-Gate 프로세스

출처: Cooper(1994). Third-generation new product process

받아야 한다는 것과 이를 위한 활동들을 정의했다는 것입니다. 이를 통해 기업은 프로젝트가 당초 목적에 부합하지 못할 경우, 프로젝트를 중단함으로써 프로젝트 진행에 따른 막대한 비용 및 인력, 시간 손실을 예방할 수 있습니다.

각 단계의 진입을 위한 Gate에서 경영진은 프로젝트 진행에 대한 의사결정을 내리게 되는데, Gate는 구체적으로 다음의 3가지 기능을 수행합니다.

• 해당 단계의 성과물에 대한 품질 체크
• 프로젝트의 진행 및 중단 의사결정을 위한 평가
• 다음 단계를 위한 실행계획 검토 및 자원투입의 결정

Stage-Gate 프로세스는 Gate를 통해 해당 단계에서의 프로젝트 성과를 확인하고, 이에 따른 프로젝트의 진행, 중단을 결정하게 됩니다. 더불어 다음 단계로 넘어갈 경우, 다음 단계에서 필요한 실행계획을 검토하고 소요 자원의 투입을 결정하여 프로젝트 진행에 대한 위험도를 낮추는 동시에 다음 단계를 위해 필요한 제반의 자원을 확보함으로써 프로젝트의 성공률을 높이게 됩니다.

2.2.1 Stage-Gate 프로세스의 각 단계

Stage-Gate 프로세스는 일반적으로 발견(Discovery), 범위확정(Scoping), 사업성 검토(Build Business Case), 개발(Development), 테스트 및 검증(Tesing and Validation), 출시(Launch)의 6단계로 구성됩니다. 이 6단계는 정형적인 개발 프로세스로서 프로젝트의 성격에 따라 한 두 단계가 합쳐지거나 생략될 수도 있습니다. 예를 들어, 기존 제품 및 기술을 개선하는 프로젝트의 경우 이미 제품, 기술이 시장에 출시되어 있기에 발견, 범위확정의 단계가 생략되거나 축약될 수 있습니다.

① 발견(Discovery)

신제품 개발을 위한 기회를 발견하고 신제품 아이디어를 생성하는 단계로, 기업의 전략과 고객의 요구를 고려하여 신제품 및 기술에 필요한 요구사항 등을 체크하는 준비단계입니다. 또한, 이러한 다양한 기회가 기업이 보유하고 있는 자원에 부합하는지를 검토합니다.

② 범위확정(Scoping)

발견단계에서의 아이디어에 대해 좀 더 체계적이고 거시적인 분석을 수행합니다. 이를 위해서 시장성 조사, 기술적 위험도, 생산 타당성 분석, 기본적인 투자비용 분석, 그리고 법적/규제관련 위험분석 등을 통하여 다시 한 번 아이디어의 현실화가 가능한지를 체크합니다. 이 과정을 통하여 투자회수가 가능한 프로젝트 개발 범위를 확정하는 의사결정을 수행하게 됩니다.

③ 사업성 검토 보고서(Build Business Case)

해당 단계에서는 구체적인 수익비용 분석과 함께 벤치마킹, 아키텍처 및 플랫폼, 신제품의 생산 가능여부를 분석하고, 재무적 타당성 등의 분석을 실시합니다. 특히, 해당 단계에서 제품 정의, 프로젝트 개발 타당성, 프로젝트 계획 및 기획 등과 같은 구체적인 계획을 수립합니다.

④ 개발(Development)

제품, 기술 시제품이 새로 개발되는 실험적 단계입니다. 다양한 테스트를 거치게 되며, 특히 고객의 피드백을 통해 제품을 개선시키는 단계입니다. 또한, 생산팀의 신제품에 대한 개발 계획 및 마케팅팀의 시장 출시 계획이 상호 협조하에 병행하여 진행될 수 있도록 해야 합니다.

⑤ 테스트 및 검증(Testing and Validation)

제품 출시에 앞서 제품 생산, 경제분석을 통해 예측되는 문제점을 조기에 발견하고 베타 테스트 및 시험 판매 등을 통하여 시장을 예측하는 단계입니다.

⑥ 출시

앞서 기술한 단계 점검 및 테스트 검증이 완료되면, 본격적으로 신제품을 전면 생산운영하며 판매를 위한 마케팅이 진행됩니다. 이 단계 이후에는 지속적인 모니터링을 통해 제품의 품질을 보증하며, 제품 개선을 통하여 체계적인 사후관리를 동시에 수행하게 됩니다.

2.2.2 Stage-Gate 프로세스의 장점과 단점

[표 1]은 Stage-Gate 프로세스의 장점과 단점을 기술하고 있습니다. Stage-Gate 프로세스의 장점은 개발 프로세스를 정형화하여 제품 및 기술개발의 가속화를 가능하게 하며, 신제품 개발목표를 달성하는 동시에 프로젝트를 관리하여 부실 프로젝트를 조기에 예방하고, 개발 과정의 잘못된 의사결정 가능성을 낮추어 전체적으로 프로젝트의 성공 확률을 향상시키는 것이 가능하다는 점입니다. 또한, 개발과 판매 부서의 연계로 인하여 조직 간의 협력을 유도하는 데 유용하다는 장점이 있습니다. 그러나 한편으로 지나치게 정형화된 프로세스로 인해 제품 및 기술개발 업무의 유연성을 놓칠 수 있다는 것은 단점으로 지적됩니다. 즉 앞서 언급한 기존 제품, 기술에 대한 개선과 같은 개발프로젝트나 아직 시장이 형성되지 않은 제품 및 기술에 대해서도 규칙적으로 모든 절차 및 산출물을 요구할 경우 Stage-Gate 프로세스의 장점은 퇴색될 수밖에 없습니다.

표 1 Stage-Gate 프로세스의 장/단점 비교

장점	• 잘 조직된 혁신은 경쟁우위의 원천이 될 수 있음 • 제품 개발의 가속, 제품의 라이프 사이클 단축이 가능함 • 신제품의 성공 가능성 증대, 부실한 프로젝트를 초기에 예방함 • 우선순위를 매기고 집중할 수 있게 해주는 전체적인 계획을 제공함 • 단계별 조직 내 다양한 부서의 직원들의 참여와 투입을 명확하게 함 • Net Present Value(순 현재가치) 등과 같은 각종 성과 측정 규정과 결합이 가능함
단점	• Stage-Gate 접근방식은 기본적으로 순차적으로 전개되는데(폭포수 모델: Waterfall) 이 점에서 제품 개발은 순환고리(Loops)를 사용하여 병행적으로 조직될 수도 있음 • Stage-Gate 모델은 새로운 아이디어를 창출하는 발견 프로세스 및 활동들을 다루지 않음 • 조직화에는 강할 수 있으나, 창조성을 함께 실행하는 것은 쉽지 않음

Stage-Gate 프로세스는 기술개발 단계를 체계적으로 정의하고, 각 단계별로 진행되어야 할 행위를 명확히 정의하고 있습니다. 더불어 각 단계별로 다음 단계로의 승인 프로세스를 만들어 기술개발에 따른 리스크를 관리한다는 점에서 많은 장점을 가진 개발 프로세스입니다. 그러나 이러한 Stage-Gate 프로세스가 절차를 지키기 위한 절차로 전락할 경우 오히려 제품 및 기술개발의 걸림돌이 될 수도 있음을 인지해야 할 것입니다. 기술개발에 stage-gate를 적용한 사례는 QR 코드[1]를 통해서 알아보실 수 있습니다.

2.3 린 스타트업(Lean Startup) 프로세스

린 스타트업 프로세스는 제조 공정에 있어 낭비 요소를 제거하고자 하는 도요타의 린 생산방식에서 시작했습니다. 린(Lean)은 군살 없이 일체의 낭비가 최소화된 상태를 의미합니다. 제조 공정의 각 과정을 분석해 가장 낭비되는 과정을 찾고 이를 개선함으로써 제공 공정을 최적화하는 것입니다. 이러한 방식은 소프트웨어 개발에 적용되어 코딩 과정상의 낭비 요소를 제거, 원활한 흐름을 구성하는 애자일 개발 방법론으로 변화되었으며, 최근에는 신제품 및 스타트업의 제품, 서비스 개발 프로세스로 발전했습니다. Stage-Gate 프로세스가 단방향의 선형적인 프로세스인 반면, [그림 7]에서 보듯이 린 스타트업은 순환구조를 가지고 있습니다. 아이디어를 발굴해 제품을 만들고 이를 시장에 출시, 고객의 반응을 측정해 데이터화하고 이를 통한 학습으로 다시 제품을 개선하고 새로운 제품을 위한 아이디어를 발굴하는 선순환 구조를 빠르게 반복하게 됩니다. 이러한 개발 방법론의 기조에는 불확실하고 빠르게 변화하는 외부환경에서 완전한 계획을 수립하기보다는 시장에서 고객 관찰을 통해 고객의 숨겨진 니즈를 찾고 이를 테스트하는 반복적인 과정을 통해 고객 가치를 창출하고자 하는 의도가 있습니다. 이러한 린 스타트업 프로세스에서 중요한 것은 MVP(Minimum Value Prototype)입니다. MVP는 제품의 컨셉을 검증할 수 있는 모든 형태의 프로토타입을 말합니다. 이를 통해 고객의 반응을 빠르게 살피고 수집된 반응을 기반으로 제품을 개선하게 됩니다. 린 스타트업의 또 하나의 중요한 과정은 개발 방향 전환(Pivot)입니다. 여기서 방향 전환이란 린 스타트업 프로세스를 진행하는 과정에서 가설에 대한 중요한 오류가 발생하거나, 시장의 변화가 발생할 경우 제품을 과감히 개선하거나 정리하는 것을 의미합니다. 이를 통해 린 스타트업 프로세스의 순환구조로 인해 자칫 무의미하게 무한 반복되는 것을 막을 수 있습니다. 이처럼 린 스타트업 프로세스는 MVP를 통해 빠르게 제품 컨셉에 대한 가설을 검증하고 시장의 반응에 맞게 개선하는 과정을 통해 불확실하고 변화가 높은 시장의 요구를 충족시킴은 물론 제품 컨셉이 시장에 수용되지 않는 경우 합리화를 통해 기업 리스크를 줄이게 됩니다. 그러나 린 스타트업은 Stage-Gate 프로세스가 개별 과정을 통과하는 데 있어 필요한 의사결정 기준을 명확히 한 것과는 달리 개별 과정을 넘어가는 기준 및 제품 합리화의 기준이 명확하지 않다는 점, 순환구조를 빠르게 진행해야 한다는 선언적인 원칙은 있으나 이를 시스템적으로 구조화할 수 있는 툴이 없다는 한계가 있습니다.

그림 7 린 스타트업 프로세스

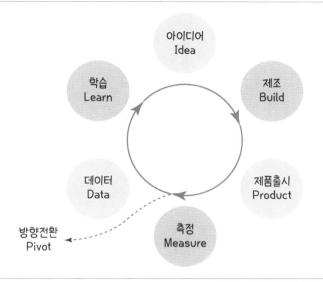

스마트폰 개발에 있어 애플과 삼성의 제품 개발 주기 및 제품 종류를 비교하고, 이러한 신제품 개발 전략
이 개발 프로세스 및 관리 방법에 미치는 영향에 대해 생각해봅시다.

3. 프로젝트 관리 방법

앞서 '1.2 기술개발 과정'의 [그림 3], [그림 4]를 통해 보았듯이 많은 기술개발
프로젝트들이 도중에 중단되거나 실패로 끝납니다. 더불어 많은 기술개발 프로젝트
들이 예산을 초과하거나 프로젝트 기간을 넘기고 있는 것을 실증적인 통계를 통해
살펴보았습니다. 이러한 프로젝트의 실패, 예산 및 기간의 초과는 단순한 재정적인
손실을 넘어서, 시장 선점의 기회를 놓칠 수 있습니다. 따라서 기업은 기술개발에
있어 한정된 자원을 기반으로 이를 효율적으로 활용하여 기술개발 프로젝트를 진행
하여야 합니다. 이것이 프로젝트 관리의 목적이며 프로젝트 관리가 필요한 이유입
니다. PMBOK(Project Management Body of Knowledge)는 전산업계에 필요한 프로젝트 관리의
영역을 범위관리(Scope Management), 비용관리(Cost Management), 일정관리(Time Management),
인력관리(Human Resource Management), 품질관리(Quality Management), 커뮤니케이션 관리

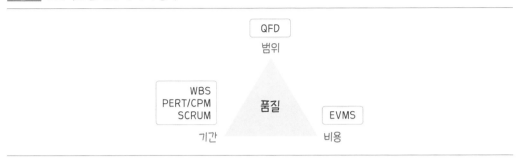

출처: Van Wyngaard, C. Jurie, Jan-Harm C. Pretorius, and Leon Pretorius. "Theory of the triple constraint—A conceptual review." 재인용 및 수정

(Communication Mangement)의 6개 영역으로 나눠, 각 영역의 절차 및 방법을 정리해 놓고 있습니다. 이 중에서도 범위(Scope), 비용(Cost), 기간(Time)을 가장 핵심적인 분야로 이야기합니다. [그림 8]은 세 가지 영역 프로젝트 관리의 목적 및 대표적인 방법론을 잘 보여주고 있습니다.

여기서 범위(Scope)는 프로젝트 레벨에서 목표와 범위, 체계를 말하며, 구체적인 제품 및 기술레벨에서 고객들이 원하는 제품이나 서비스의 요구사항들에 대한 정의를 의미합니다. 이를 관리할 수 있는 방법으로 QFD(quality function deployment) 기법과 함께 디자인 씽킹(Design Thinking)을 소개하고자 합니다. 시간(Time)은 제품개발에 있어 제품개발 시간을 최소화하는 것을 의미하며, 대표적인 방법으로 WBS(work breakdown structure)과 함께 애자일(Agile) 개발방법론으로 각광을 받고 있는 스크럼(Scrum), 칸반(Kanban)에 대해 설명하도록 하겠습니다. 마지막으로 비용(Cost)은 제품 개발에서 발생하는 제품개발 비용을 의미하며, 이를 관리하기 위한 방법으로 EVMS(Earned value management system)을 이야기하도록 하겠습니다.

4. 서비스 요구사항 관리

4.1 품질기능전개(Quality Function Deployment, QFD)

QFD는 신제품 개발 시, 고객의 요구사항 및 이를 구현하기 위한 기술을 나열하고 이들 간의 관계를 맵핑하는 도구입니다. 이를 통해 고객의 요구사항을 청취하는 사업 부서와 이를 기술로 구현하는 개발 부서가 함께 모여 구체적인 요구사항들에 대한 기술적 방안을 논의함으로써 부서 간의 간극을 줄여 고객 만족을 높일 수 있는 제품 및 기술을 개발하는 데 목적이 있습니다. 더불어 신제품 개념정립, 설계, 부품계획, 공정계획, 그리고 생산계획과 판매까지 모든 단계를 통해 고객의 요구가 최종 제품과 서비스에 충실히 반영되도록 하여 고객의 만족도를 극대화하는 데 초점을 맞추고 있는 품질경영의 대표적인 방법론 중 하나입니다. QFD의 기본개념은 고객의 요구사항을 제품의 기술특성으로 변환하고, 이를 다시 부품특성과 공정특성, 그리고 생산에서의 구체적인 사양과 활동으로까지 변환하는 것입니다. 이런 목적을 달성하기 위하여 신상품 개발의 초기단계부터 마케팅 부서, 기술 부서 및 생산 부서가 서로 밀접하게 협력해야 합니다. 이 도구는 1970년 중반부터 품질경영의 중요성이 인식되면서 세계적인 자동차 기업인 도요타(Toyota)와 그 부품 업체들에 의해 활성화되었습니다. 이를 통해 도요타(Toyota)는 1977~1984년에 생산직접 단계까지 30%의 비용 절감을 통한 혁신을 달성했으며, 시장의 신제품 출시시간을 1/3가량 단축시키는 동시에 제품 품질 또한 향상시키는 성과를 얻어냈습니다. 특히, 신제품 개발 프로세스에 참여하는 다양한 이해관계자들에게 공통 언어를 제공함으로써 효과적인 의사소통이 이루어지고, 개발상에 발생되는 문제에 대해 구조화된 해결 과정을 통해 조직이 협력을 이루게 했다는 평가를 받고 있습니다.

[그림 9]는 QFD의 실현방법으로 많이 사용되는 HOQ(House of Quality)의 예시입니다. HOQ는 집 그림으로 된 모양 때문에 붙여진 이름으로 7개의 부분(영역)으로 구

그림 9 House Of Quality

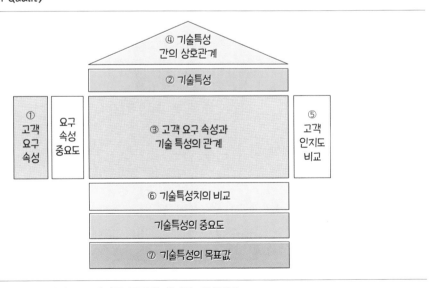

출처: 중소기업청 · 대한상공회의소 고객감동 품질의 신제품 개발전략

성되어 있습니다. 1부터 7까지 영역을 단계별로 채워 넣어 가다 보면 자동으로 고객 요구사항에서 제품 목표사항이 나오게 되는 구조로 되어 있습니다.

4.1.1 고객 요구 속성 파악 단계(CA: Customer Attributes)

HOQ의 왼쪽에 위치하고 있는 CA들은 '고객의 소리(VOC: Voice of Customer)' 또는 '요구품질'이라고 불리기도 합니다. 이들은 고객이 사용하는 언어로 표현되기 때문에 정성적이며 모호한 경우가 많습니다. 이러한 정보를 수집하고 분석하기 위해 설문조사, 개별면담, 전시회 참가, 계획된 실험 등 여러 가지 방법을 수행하게 됩니다. 1단계는 QFD의 활용에 있어 매우 중요하기에 전체 노력의 절반가량이 이와 같이 고객집단을 규정하고 그들의 요구사항을 추출하는 데 소요됩니다.

4.1.2 기술특성 파악 단계(EC: Engineering Characteristics)

HOQ의 위쪽에 위치하고 있으며, 하나 이상의 CA에 영향을 미치는, 기술특성 및 요소를 의미합니다. CA와 달리 EC들은 제품이 완성된 후 정량적으로 측정될 수 있어야 하고, 제품에 대한 고객의 인식에 직접적으로 영향을 줄 수 있는 것이 선정되어야 합니다. 이러한 기술특성은 '대용특성'이라고도 불리기도 합니다.

4.1.3 CA와 EC와의 관계 설정 단계

HOQ의 몸체부분은 CA들을 나타내는 행과 EC들을 나타내는 열이 교차하여 행렬과 같은 형태를 가지고 있습니다. 교차된 위치에는 CA와 EC간의 상관관계(+, -)와 상관강도(상, 중, 하)를 정량적으로 표시합니다. 이와 같은 관계도의 작성은 CA와 EC의 설정이 적절히 되었는지 점검하는 기회를 제공합니다. 즉, 비어있는 행이나 열이 있다면 이것은 CA나 EC의 설정에 문제가 있음을 반영하고 이러한 열은 중요한 CA의 누락 또는 의미 없는 EC의 포함 등을 의미합니다.

4.1.4 EC간의 상호관계 파악 단계

HOQ의 지붕에 해당하는 부분에는 EC 간의 상호관계가 제시됩니다. 이 상호관계들에는 설계 시에 고려해야 할 기술특성들의 상충관계가 포함되는데, 이러한 상충관계를 통해서 획기적인 품질향상을 이루기 위하여 해결해야 할 잠재적인 연구개발 요소를 발견할 수 있습니다.

4.1.5 고객 인지도 비교 단계

HOQ의 오른쪽에는 앞서 규정된 CA별로 자사제품과 경쟁제품들에 대한 고객들의 인지도(만족도)가 비교되어 있습니다. 이것은 고객들이 기존 및 경쟁제품에 대한 만족도 평가에 의해 작성되므로, 필요한 자료는 주로 고객설문을 통하여 얻어지게 됩니다.

4.1.6 EC값 비교 단계

HOQ 몸체의 아래쪽에는 자사제품 및 주요 경쟁제품의 현재의 EC값들이 기록됩니다. 이 자료는 대개의 경우 실제 제품의 EC값 측정하여 값을 반영하는 방법을 주로 사용합니다.

4.1.7 EC의 목표치 설정 단계

HOQ의 가장 아래쪽에는 EC의 목표치가 기록됩니다. EC의 목표치는 앞서 작성된 HOQ의 모든 정보를 이용하여 설계되는 제품이 고객의 요구사항을 가장 잘 만족시킬 수 있도록 정해집니다. 앞서 실시한 CA와 EC간의 연관관계의 강도와 각 CA의 상대적인 중요도를 곱하여 각 EC별로 가중합이 산출되며, 높은 가중합을 가진 EC들이 중요한 기술특성으로 간주되며, 이들의 우선순위를 개발 시 고려합니다. 단, 이 단계에서는 EC 상호 간의 관계도 고려되어야만 합니다.

4.1.8 선택적 항목

제품의 특성과 HOQ의 활용목적에 따라 선택적으로 항목을 필요에 따라 추가할 수 있습니다. 예를 들어 고객의 불만횟수를 CA별로 기록한 열이나 EC별로 기술적인 어려움을 기록한 행을 필요에 따라 추가할 수도 있습니다.

연세대학교 기술경영 연구센터에서 QFD를 이용해서 스타트업 기업인 플리토의 기술 개발 프로세스를 계획한 사례는 QR Code를 통해서 보실 수 있습니다.

QFD는 신제품 개발 시 각기 고유한 업무영역을 가지고 있는 관련 부서 간의 커뮤니케이션을 촉진하여 제품 설계 시 효과적이고 체계적인 논의가 가능하도록 해줍니다. 신제품 개발을 위해 최고 경영자와 마케팅, 기술, 그리고 생산 부서의 책임자들이 한자리에 모였다면, 이들은 무엇에 관해 어떠한 방법으로 이야기할 수 있을까요? QFD의 유용성은 여기서 발휘됩니다. 자칫 여러 부서의 사람들이 자신들만의 언어로 제품개발에 대해 이야기할 때, HOQ는 고객의 니즈 및 이를 충족시킬 수 있는 기술적 방안을 맵핑하고, 검토하는 과정을 통해 제품 및 기술개발에 대해 명확한 목적과 청사진을 공유할 수 있게 해주는 유용한 도구로 사용될 수 있습니다. 이외에도 QFD를 활용함으로써 얻을 수 있는 이득에 대해서는 QR 코드[2]를 통해서 확인해 보실 수 있습니다.

4.2 디자인 씽킹(Design Thinking)

QFD는 고객의 요구사항을 이미 알고 있다는 가정하에 이를 구현하기 위한 기술을 나열하고 이들 간의 관계를 맵핑하는 도구입니다. 과거 고객의 요구사항이 단순했던 것과 달리 지금의 고객 요구사항은 매우 다채로우며 더불어 끊임없이 변화하는 상황에서 제품개발을 위한 고객의 요구사항을 알기란 쉽지 않습니다. 디자인 씽킹은 IDEO에서 나온 디자인 방법론으로 최종사용자가 경험하게 될 해결책에 집중해 문제를 풀어나가는 방법입니다. 특히 공감이라는 프로세스를 통해 전문가의 오류를 방지하고 인간중심적 사고를 통해 사용자를 심도 있게 관찰할 것을 요구합니다.

[그림 10]은 디자인 씽킹의 일반적인 프로세스입니다. 공감단계에서 문헌조사뿐만 아니라 사용자 현장 인터뷰, 사용자의 경험을 따라가는 Journey Map 등을 활용해 고객의 문제를 찾게 됩니다. 공감을 통한 통찰을 통해 고객의 문제를 정의하고 이를 해결하기 위한 아이디어를 도출하게 됩니다. 이후 도출된 아이디어를 기반으로 간단한 프로토타입을 통해 테스트를 진행한 후 최종적으로는 개발에 들어가게 됩니다. 디자인 씽킹은 기존 개발프로세스 및 개발방법론에서 간과했던 고객 니즈를 찾기 위한 방법론이란 점에서 가치가 있습니다. 그러나 고객의 숨은 니즈를 찾기 위한 공감이라는 과정에 있어 정성적인 요소가 많다는 점, 통찰을 얻는 데 있어 개인의 역량 차가 크다는 점에서 한계가 있습니다.

그림 10 디자인 씽킹 프로세스

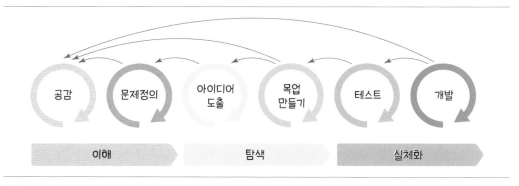

출처: Nielsen Norman Group Design Thinking 101

혁신적이었으나 시장에서 실패했던 제품 및 기술의 사례를 찾고, 이들의 실패 요인을 강의 교재에서 소개하고 있는 프로젝트 품질 관리 방법론을 통해서 생각해 봅시다.

5. 프로세스 관리

5.1 작업분류체계(Work Breakdown Structure, WBS)

[그림 11]의 WBS 예시에서 보듯이 WBS는 프로젝트 진행 과정에 있어 필요한 일련의 작업들의 명세라고 할 수 있습니다. PMBOK에서는 WBS(Work Breakdown Structure)를 프로젝트 목표를 달성하기 위해 프로젝트 팀이 실행할 작업 목록 및 산출물, 그리고 그들 간의 관계로 정의하고 있습니다. 프로젝트 관리자는 이러한 작업 명세들간의 선후관계 및 계층관계를 정하고, 각 작업별로 소요 기간을 계획함으로써 프로젝트에 소요되는 전체 시간을 관리할 수 있습니다. 프로젝트 관리자는 WBS를 통해 프로젝트의 총 범위를 구성하고 정의하며, 프로젝트 작업을 세분화하여 프로젝트에서 수행되어야 할 작업의 누락, 중복을 방지하고, 프로젝트 참여자들과 작업의 내용과 범위를 공유할 수 있는 커뮤니케이션 수단으로써 활용됩니다. 동시에 WBS의 각 작업단위는 프로젝트에 소요되는 자원, 시간, 원가, 인력을 산출하고 관리하기 위한 기초가 됩니다. 따라서 작업을 세분화할수록 작업의 원가와 일정에 대한 신뢰성을 높일 수 있습니다.

그림 11 WBS 작업분류체계 예시

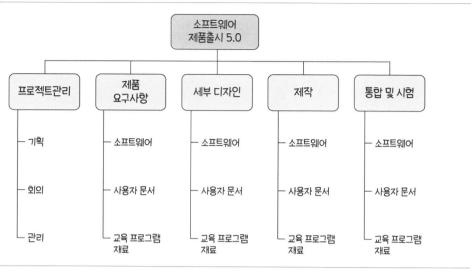

출처: PMBOK(2001)

5.1.1 WBS(Work Breakdown Structure) 작성

WBS를 작성하는 정형화된 방법이나 기준은 없습니다. 다만 프로젝트의 목적, 범위, 기술적 요구사항 등을 고려하여 작업단위를 분류, 작은 단위로 세분화하고, 다시 이를 큰 단위로 Grouping하는 반복적인 작업을 통해 WBS를 작성하게 됩니다. 이봉희(2005)의 연구에 따르면 아래와 같은 사항에 대한 고려가 필요하다고 이야기하고 있습니다.

1) WBS 단위 요소에 단 1개의 구체적인 산출물을 만들어 내야 한다.
2) WBS 단위 요소는 모든 하부 요소의 집합체로 표시되어야만 한다.
3) 산출물들은 어떻게 만들어지느냐(설계, 구매, 조립 등)에 따른 레벨에 의해서 논리적으로 세분화되어야만 한다.
4) 산출물들은 다른 산출물에 비해 독특하고 유일하여야 하며, 성공적 계획을 위해 하위 레벨로 더욱 세분화될 수 있어야 한다.
5) WBS 개발 과정은 특별히 프로젝트 범위가 변경되었을 때를 대비하여 유연성이 있어야 한다.
6) 모든 산출물들은 WBS 내에 명백히 포함되어야 한다.
7) 모든 중요 보고요소(검토회의, 월간보고서, 시험보고서 등)는 WBS 내에 포함되어야 한다.
8) 모든 활동들은 조직구조와 예산 사용에 모순되지 않아야 한다.
9) 산출물들은 업무 완성을 위한 WBS 요소, 조직, 개인별 중복을 방지하기 위해

서 명확히 정의되어야만 한다.

10) 산출물들은 적당한 크기를 가지며 효율적 통제를 위해서 적당한 규모로 정의되어야만 한다.

연세대학교 기술경영연구센터에서 WBS를 실제로 활용하여 프로젝트를 수행한 자세한 자료는 QR 코드[3]를 통해서 확인하실 수 있습니다.

5.1.2 WBS 일정계획 수립

WBS를 통해 프로젝트에 필요한 작업들이 명시되면, 각각의 작업에서 소요되는 시간을 계획함으로써 전체 프로젝트의 소요 시간을 예측하고, 관리할 수 있습니다. 더불어 WBS는 작업 간의 계층관계를 표현하기에 [그림 12]에서 보듯이 작업의 선후, 계층관계에 따라 소요되는 시간에 대해서도 계획을 수립할 수 있습니다. 그러나 이러한 일정계획 수립에 있어 불확실성이 존재하기에 PERT(Program Evaluation & Review Technique)에서는 개별 작업에 대해 확률적으로 비관치, 낙관치, 보통치를 산정, 이를 일정 계획에 포함시켜 일정 계획의 반영하기도 합니다.

그림 12 WBS 일정 계획

업무	상태	작업자	진척도	1주 1일	2일	3일	4일	5일	6일	7일	2주 8일	9일	10일	11일	12일	13일	14일
상세 설계																	
요구사항 분석	완료	홍일동	100%														
아키텍처 및 컴포넌트 설계	완료	홍일동	100%														
데이터 베이스 설계	진행중	홍이동	60%														
기능 개발																	
개별 컴포넌트 개발	진행중	홍이동															
컴포넌트 연동 개발	진행중	홍이동															
테스트																	
기능 테스트	대기중	홍삼동															
통합 기능 테스트	대기중	홍삼동															
성능 테스트	대기중	홍이동															
배포																	
기능 배포	대기중	홍이동, 홍삼동															
배포 후 통합 테스트	대기중	홍이동, 홍삼동															

WBS는 프로젝트의 범위를 식별하고, 프로젝트의 진행에 있어 필요한 작업들을 정의하여 프로젝트를 진행하기 위한 뼈대를 만드는 과정입니다. 이후 개별 작업에 대해 일정 계획을 수립함으로써 프로젝트 관리의 목적인 시간을 관리할 수 있기에 매우 유용한 도구라고 할 수 있습니다. 그러나 작업을 지나치게 세분화할 경우 이를 관리하는 데 따른 자원의 낭비가 발생할 수 있습니다. 지나치게 세분화할 경우, 산출물 작성에 많은 자원이 투입될 수 있기 때문입니다. 특히 실제 프로젝트 진행할 때는 시장 상황의 변화, 예산 문제 등으로 인해 프로젝트 방향성의 변화, 범위의 변경 등이 발생하는 경우가 많습니다. WBS를 지나치게 세분화하는 경우, 일부의 작업변경으로 그치는 것이 아닌 새롭게 작업을 정의하고, 기존 작업과의 일정을 새롭게 잡는 등 전체 WBS 및 일정을 변경시켜야 하는 경우가 발생할 수 있다는 것을 유의하여야 합니다.

5.2 스크럼(Scrum)

스크럼 프로세스는 경험적 프로세스 관리에 중점을 둔 점진적이고 반복적인 개발 프로세스로 짧은 개발 주기를 특징으로 합니다. WBS가 개발 사항을 사전에 정의, 각 개발 사항별로 일정 계획을 수립하는 등 프로젝트를 계획적으로 엄격하게 관리하는 반면 스크럼은 개발 요구사항인 백로그를 바탕으로 스프린트라 명명된 1~4주의 짧은 주기 동안 제품을 개발 후, 고객의 피드백을 기반으로 다시 백로그를 도출해 스프린트를 돌리는 반복적인 개발 프로세스입니다. 여기서 제품개발 요구 사항인 백로그도 제품 전체의 개발 사항을 정리하는 것이 아니라 스프린트 기간 동안 개발할 수 있는 범위만으로 한정하게 됩니다. 이를 통해 스크럼의 가장 큰 목적인 짧은 개발 주기를 달성할 수 있습니다.

[그림 13]은 스크럼 프로세스의 일반적인 과정 및 요소를 나타내고 있습니다. Product Owner는 사업부서의 요구사항을 정리, 우선순위화하며 개발팀에 고객 및 사업부서의 피드백을 전달해 주는 역할을 합니다. 이에 반해 스크럼 마스터는 스프린트 프로세스의 전반적인 상황을 모니터링, 코칭하고 Product Owner와 개발팀 간의 가교 역할을 수행합니다. 마지막으로 개발팀은 5~9명으로 구성되며 제품 디자인, 개발, 검증에 이르기까지 제품 개발에 필요한 모든 구성원이 참여된 복합기능팀으로 구성됩니다. 사업부서가 제품 개발을 위한 요구사항인 제품 백로그를 제공하면 Product Owner와 개발팀은 이를 우선순위화 함으로써 스프린트 기간 동안 진행할 개발 범위인 스프린트 백로그를 만들게 됩니다. 이후 스프린트 리뷰를 통해 Product Owner 및 고객들과 개발된 사항을 공유하게 됩니다. 마지막으로 스프린트

그림 13 SCRUM 프로세스

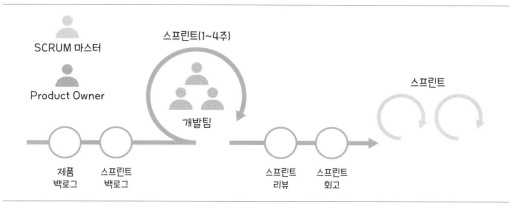

회고를 통해 스프린트 개발 기간 동안 발생한 문제점이나 비효율성을 검토하여 다음 스프린트 때 개선해야 할 사항들을 도출하게 됩니다. 이처럼 스크럼은 1~4주라는 극단적으로 짧은 개발 기간을 달성하기 위한 개발 범위 설정, 고객 피드백 및 스크럼 개선점을 공유, 도출하는 과정을 스프린트를 통해 반복하여 고객 가치를 점진적으로 개선하고 스프린트의 효율성을 높임으로써 시장의 불확실성 및 변화에 대응할 수 있다는 장점이 있습니다. 그러나 스크럼에서 권고하는 1~4주라는 기간은 물리적인 제품을 제작하기는 지나치게 짧기에 웹서비스와 같은 소프트웨어 개발에 적합하다는 점에서 한계가 있습니다. 물론 물리적인 제품 특성에 맞춰 스프린트 기간을 늘릴 수도 있으나 이는 스프린트에서 추구하는 빠른 개발 주기를 통한 반복 개발의 효과를 퇴색시킬 수 있습니다. 더불어 제품 개발에 필요한 5~9명의 복합기능팀을 구성하기 위해서는 기업의 조직 변화가 불가피하며 이에 따른 수평적인 조직 체계 및 스프린트 팀단위 성과평가 방식으로의 변화가 필요하기에 기존 수직적인 조직 체계를 가지고 있는 기업 입장에서는 수용하기 어렵다는 한계가 있습니다.

5.3 칸반(Kanban)

스크럼이 스프린트를 반복하는 것을 통해 프로젝트를 전체적인 관점에서 관리하는 반면, 칸반은 개발 과정에서의 개별 업무를 관리하는 방법론입니다. 칸반은 제조공정에 있어 적시성(Just in Time)을 지원하기 위해 개발된 방법론으로 기존 프로세스를 인정하면서 프로세스를 가시화, 최적화하는 것에 중점을 두고 있습니다. [그림 14]는 칸반 방법론에서 쓰는 칸반 차트로 개발 프로세스의 개별 과정을 명확화 및 가시화하고, 개별 과정에 진행 중인 업무를 모니터링하여 단계별 업무를 관리하게 됩니다. 즉 특정 과정에서 병목이 생길 경우 업무를 제한하고, 업무 공백이 생길 경우 전 단계의 업무를 당겨와 처리함으로써 전체 프로세스의 업무 흐름을 최적화하게 됩니다. 칸반에서 중요한 점은 각 과정의 경계 및 다음 단계로 진행시키기 위한 조건에 대한 정의를 명확히 하는 것입니다. 조건 정의가 명확치 않을 경우 단계별 이동에 주관적인 요소가 개입될 여지가 크며 이는 프로세스에 병목 및 공백을 발생시킬 수 있어 칸반이 추구하는 적시성을 저해하게 됩니다. 앞서 이야기했듯이 칸반은 기존 프로세스를 인정하며 개별 업무의 흐름을 관리하는 방법론이기에 기존 개발 방법론뿐만 아니라 스크럼 방법론과 혼합해 사용하는 경우가 많습니다.

그림 14 칸반 차트

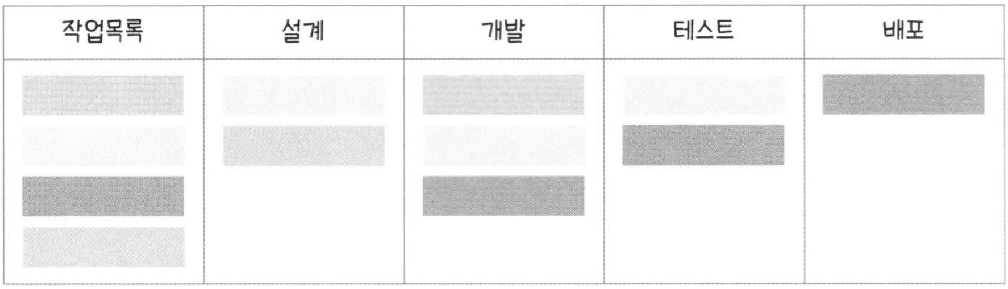

작업목록	설계	개발	테스트	배포

6. EVMS(Earned Value Project Management System)

Fleming과 Koppleman은 EVMS는 계획된 작업 계획 대비, 실제로 진행되는 작업을 측정하는 것이며, 이를 통해 프로젝트의 사업 비용과 일정을 관리하는 기법이라고 정의하였습니다(Fleming & Koppleman, 1996). EVMS는 비용과 일정이라는 두 요소를 기반으로 프로젝트의 계획 대비 실적을 통합적으로 관리할 수 있는 수단으로, 프로젝트의 진행 정도 및 실적을 파악할 수 있는 동시에 향후 예측을 가능하게 합니다. 여기서 EVMS의 핵심은 비용과 일정이라는 두 요소를 통합하기 위해 프로젝트 업무를 동일 기준인 화폐라는 단위로 측정하여 통합된 기준에 의거하여 원가와 일정 계획을 수립하는 것입니다. 화폐라는 하나의 단위로 프로젝트를 관리하기 때문에 프로젝트에 소요되는 예산을 명확히 파악할 수 있으며, 더불어 지연에 따른 비용 역시 파악할 수 있습니다. [표 2]는 EVMS 활용의 장점을 요약한 것입니다.

표 2 EVMS 활용의 장점

EVMS 활용의 장점(Fleming & Koppelman, 1996)
• 일원화된 관리기법을 통해 프로젝트의 정확성, 일관성 유지
• 일정, 비용, 그리고 업무 범위의 통합된 성과 측정
• 축적된 실적 자료를 통한 프로젝트의 성과 예측
• 사업비의 효율적 관리
• 계획된 작업 공정과 실제 작업 공정의 비교 관리
• 비용 지수를 활용한 프로젝트 총 사업비 예측 관리
• 비용 지수와 일정 지수를 함께 고려한 총 사업비의 예측과 통계적 관리
• 잔여 사업관리의 체계적 목표 설정
• 계획된 사업 목표 달성을 위한 주간 또는 정기적 비용 관리
• 중점관리 항목의 설정과 조치

EVMS 구성요소는 [표 3]과 같이 성과측정을 위한 계획요소, 성과측정 및 경영분석을 위한 측정요소, 그리고 분석요소로 분류됩니다.

표 3 EVMS 구성 요소

	용어	약어	내용
계획 요소	Work Breakdown Structure	WBS	작업분류구조
	Organization Breakdown Structure	OBS	조직분류구조
	Control Account	CA	통제계정
	Performance Measurement Baseline	PMB	성과측정기준선
측정 요소	Planned Value	PV	계획가치
	Earned Value	EV	실적가치
	Actual Cost	AC	실투입비용
분석 요소	Schedule Variance	SV	일정편차 EV − PV
	Cost Variance	CB	비용편차 EV − AC
	Schedule Performance Index	SPI	일정성과지수 EV/PV
	Cost Performance Index	CPI	비용성과지수 EV/AC
	Estimate To Completion	ETC	잔여사업비추정액(BAC-EV)/CPI
	Budget At Completion	BAC	완료시점예산 ΣPV
	Estimate At Completion	EAC	최종사업비추정액 BAC/CPI

계획요소는 작업분할구조(WBS), 조직분할구조(OBS), 통제계정(CA)으로 구성됩니다. WBS는 작업범위 및 개별적인 세부 작업들로 구성되며, 통제계정은 WBS상의 특정 계층을 말하며 개발업체의 조직과 작업구조를 통합한 매트릭스 상에서 정의되어 비용, 일정 및 작업들이 통합되어 관리됩니다.

측정요소는 주기적으로 프로젝트의 실적을 측정하는 성과지표로 계획가치(PV)는 일정 계획에 의해 특정 시점까지 완료해야 할 작업에 배분된 예산이며, 사업성과(EV)는 특정 시점까지 실제 완료한 작업에 배분된 예산입니다. 실투입비용(AC)는 특정 시점까지 완료한 작업에 투입된 비용입니다.

분석요소는 측정요소의 측정된 기준값을 통해 실제 프로젝트가 수행되는 과정에서 특정시점의 성과를 파악하고 향후 일정과 비용을 분석하는 지표입니다. 일정편차(SV)는 특정시점에서 계획 작업 대비 진행된 정도를 나타내는 값으로 SV<0이면 지연, SV>0이면 단축, SV=0이면 정상을 의미합니다. 비용편차는(CV)는 특정 시점에서 사업성과(EV)와 실투입비용(AC)의 차이로 비용의 초과 또는 절감을 나타냅니다. 즉 CV<0이면 비용 초과, CV>0이면 절감, CV=0이면 정상을 의미합니다. 일정성과지수(SPI)는 계획 작업에 대한 성취 작업의 비율이며 SPI<1이면 지연을 SPI>1이면 단축을 의미합니다. 비용성과지수(CPI)는 실행작업에 대한 모든 비용의 가치(EV/AC)를 나타내며, CPI<1이면 비용 초과, CPI>1이면 비용절감을 나타냅니다. 이러한 EVMS의 요소들을 통하여 비용 집행 정도, 일정 진행 정도를 각 요소들의 관계들을

그림 15 EVMS 관리곡선

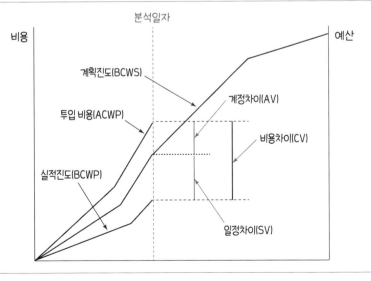

출처: DoD, 1980 Cost & Schedule Control Systems Criteria for Contract Performance Measurement

통해 나타낼 수 있으며 [그림 15]와 같이 표현됩니다. 프로젝트 관리자는 주기적으로 개별 요소들의 값을 산출하여 계획 대비 성과를 비교, 분석하여 프로젝트의 현황을 파악하고, 이에 대한 적절한 통제를 가하게 됩니다.

EVMS는 프로젝트 관리 절차인 착수(Initiating), 계획(Planning), 실행(Executing), 통제(Monitoring & Controlling), 종결(Closing)의 5단계에서 통제(Monitoring & Controlling)에 대한 방법론입니다. 즉 사업의 진행 상황을 모니터링하여 계획 대비 실행의 성과를 측정, 분석하고 이에 대한 관리적 조치를 취하는 기법입니다. 프로젝트 기간이 짧을 경우에는 EVMS의 효과가 크지 않을 수 있습니다. 그러나 장기 프로젝트의 경우에는 프로젝트의 기간이 길기 때문에 모니터링 및 통제가 제대로 이뤄지지 않을 경우 프로젝트의 현황이 제대로 파악되지 않을 수 있습니다. 이럴 경우 EVMS와 같은 툴이 없으면 프로젝트는 방향성을 잃고 표류할 가능성이 큽니다. EVMS는 일정과 비용이라는 두 요소를 화폐라는 동일 기준으로 치환하여 관리함으로써 프로젝트에 소요되는 직접적인 비용뿐 아니라 프로젝트 일정 지연에 따른 간접적인 비용까지 모니터링 및 통제 관리할 수 있는 유용한 방법론입니다.

EVMS 작성 예시로서 미국 에너지성의 "Cost and Schedule Control Systems Criteria for Contract Performance Measurement: Data Analysis Guide"의 내용 중 일부를 정영수와 이영환(1999) 연구자가 번역한 내용은 QR 코드[4]를 통해서 보실 수 있습니다.

7. 사용자 혁신 기술 개발

기업 간 경쟁이 심화되고 고객의 니즈가 다양해짐에 따라 기업들은 제품 및 기술개발에 사용자를 직접 참여시킴으로써 사용자 중심의 기술을 개발하기 위해 노력하고 있습니다. 앞서 살펴본 Stage-Gate 프로세스에서 이러한 노력의 일환으로 설문조사, 시제품 테스트 등 다양한 단계들을 두고 있으나 사용자의 직접적인 참여 프로세스에 대해서는 명확히 언급하고 있지 않습니다. 더불어 QFD에 있어서도 기업내 다양한 부서가 참여하기는 하나, 사용자의 목소리는 마케팅부서나 사업부서가 간접적으로 제시를 하고 있습니다. 이러한 개발 프로세스는 세분화되고, 구체화된 고객의 니즈를 제품 및 기술에 반영하기 어렵게 만듭니다. 따라서, 고객의 니즈를 충실히 반영한 제품 및 기술을 개발하기 위한 사용자 경험이 반영된 사용자 주도의 혁신 기술 개발 프로세스가 요구되고 있습니다.

카카오톡은 카카오톡 메신저의 기능 개선을 위해 대화 형태의 '100가지 개선 프로젝트'를 진행하여, 사용자들이 카카오톡을 통해 어떠한 경험을 하며, 카카오톡이라는 커뮤니케이션 수단을 통해 어떻게 소통하고 싶어 하는지를 알고자 했습니다. '100가지 개선 프로젝트'는 개시 한 달 만에 약 6만여 건의 의견이 제시되었고, 당시 1천만 명의 가입자 중 40만 명이 기능 개선 요구사항 투표에 참여하는 등 뜨거운 관심을 이끌어내었습니다. 이를 통해 카카오톡이 보지 못했던 사용자들의 목소리를 파악할 수 있었습니다. 카카오톡은 이러한 끊임없는 사용자와의 상호작용을 통해 사용자 참여, 사용자 혁신의 개발 프로세스를 공급자와 사용자라는 관계를 넘어 카카오톡이라는 서비스를 함께 발전시키고 운영하는 파트너의 관계로 격상시켰습니다.

　사용자 혁신 기술의 또 하나의 사례는 노드스트롬의 애자일 개발 프로세스입니다. 노드스트롬은 1901년 설립되어 100년 넘게 4대에 걸쳐 가족에 의해 운영되고 있는 백화점입니다. 노드스트롬은 이커머스의 활성화와 함께 급격한 매출 감소를 겪게 되자 온/오프라인상에서 고객 경험을 높이기 위한 혁신을 추진하였습니다. [그림 16]은 노드스트롬이 추진한 애자일 개발프로세스로, 앞서 애자일 개발 방법론으로 언급한 디자인 씽킹, 린 스타트업, 스크럼을 결합하여 노드스트롬만의 애자일 개발방법론을 만들었습니다. 이를 통해 고객의 니즈를 파악하고, 스크럼으로 빠르게 서비스를 개발, 개선하며 시장환경이 변화하는 경우 린 스타트업에서 언급한 방향전환(Pivot) 과정을 수행하게 됩니다. 이러한 애자일 방법론을 통해 노드스트롬은 오프라인 매장을 온라인 구매를 위한 체험공간화하는 한편, 교보문고의 바로드림서

그림 16 노드스트롬 애자일 개발 프로세스

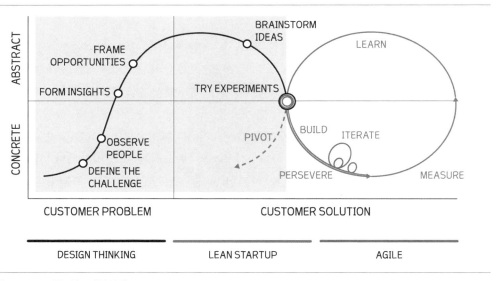

출처: 노드스트롬 이노베이션랩

비스와 유사하게 온라인으로 구매한 상품의 전달처로 오프라인 매장을 사용함으로써 온·오프라인 채널을 옴니채널화하는 데 성공했습니다. 이를 통해 신규고객의 30%를 온라인을 통해 확보하고, 온라인 웹사이트 주문의 25%를 오프라인 매장에서 처리할 수 있었습니다.

제품 및 기술 개발에 있어 사용자의 니즈를 파악하고, 이를 만족시키는 것은 충분 조건이 아닌 필수 조건으로 각인되고 있습니다. 그러나 그 중요도에 비해 제품기술 개발과정에 사용자를 참여시켜, 사용자가 중심이 되는 사용자 혁신 개발 프로세스는 아직 정립되지 않은 상태입니다. 따라서 앞으로의 기술 개발 프로세스 및 프로젝트 관리 방법론에 있어 이에 대한 많은 연구가 진행되어야 할 것으로 보입니다.

In Class Personal Project

사용자 혁신 개발 프로세스의 사례를 찾고, 그러한 프로세스들의 성공 요인에는 어떠한 것이 있는지 고민해 봅시다.

나가면서···

오늘날처럼 급변하는 시장환경에서 기업 내의 혁신적인 신제품 비중은 시간의 흐름에 따라 점점 증가하고 있습니다. 또한, 성공적인 신제품 개발 및 확산능력은 기업을 성공으로 이끄는 중요한 역량이 되고 있습니다. 그러나, 기술개발에 대한 실제 사례를 조사해보면, 신제품 개발 성공률은 저조하며, 특히 상위기업과 하위기업의 신제품 성공률은 큰 차이를 보이고 있습니다. 이는 기술 및 제품 개발 시 시스템적인 프로세스 및 이를 관리할 수 있는 방법론의 보유 유무가 영향을 미치고 있음을 알 수 있습니다. 따라서 한정된 자원으로 성공적인 기술 개발 프로젝트를 진행하기 위해서는 개발 프로세스 및 프로젝트 관리 방법이 반드시 필요합니다. 더불어 4차 산업혁명이 도래함에 따라 시장의 불확실성 및 변화가 커지면서 새로운 개발 프로세스 및 프로젝트 관리 방법론을 요구하고 있습니다.

기술 및 제품 개발 시 정형화된 개발 프로세스는 제품 및 기술 개발의 효율성을 높이며 기술 개발 실패 시 발생할 수 있는 리스크를 예방할 수 있음을 Stage-Gate 프로세스를 통해 알아보았습니다. 또한 린 스타트업 프로세스의 순환 개발 프로세스를 통해 빠른 시장 변화에 맞춰 제품을 개발하는 프로세스를 살펴보았습니다. 더불어 프로젝트의 품질을 보장하고, 프로젝트의 일정 및 비용을 관리하여 기업의 한정된 자원을 효율적으로 사용할 수 있게 하는 프로젝트 관리방법론으로 QFD, WBS, EVMS에 대해 실례와 함께 구체적으로 학습했습니다. 한편으로 고객의 숨은 니즈를 찾는 방법으로 디자인 씽킹을, 점진적이고 반복적인 과정을 통해 복잡하고 불확실한 환경하에 프로젝트를 관리하는 방법으로 스크럼, 칸반으로 대표되는 애자일 개발방법론에 대해 공부했습니다. 제품 및 기술개발 과정은 창의적인 아이디어만으로 해결되는 것이 아니며 불확실하고 모호한 시장환경에서 기업의 한정된 자원을 바탕으로 복잡한 단계 및 관리를 통해 이뤄지는 기업활동입니다. 이번 장을 통해 독자들이 이를 인지하고 창의적인 아이디어들을 성공적으로 현실화할 수 있는 지식 및 방법론을 학습했기를 바랍니다. 다음 장에서는 실제로 이런 기술개발을 실현할 수 있는 조직을 어떻게 구성할 수 있는지에 대해서 알아보도록 하겠습니다.

Out Class Team Project

1. 강의 교재에서 소개하고 있는 프로젝트 품질 관리 방법론인 QFD를 팀별로 진행하고 있는 해당 기업을 대상으로 실행하여 봅시다.
2. 강의 교재에서 소개하고 있는 프로젝트 일정 관리 방법론인 WBS를 팀별로 진행하고 있는 해당 기업을 대상으로 실행하여 봅시다.

참고문헌

이봉희. (2005). WBS(Work Breakdown Structure)를 이용한 일정관리 방안. 전기저널, 80-90.

정영수·이영환. (1999). "EVMS 개념의 이해와 활용 방안: 선진 프로젝트 성과측정 기법." 한국건설산업연구원.

중소기업청·대한상공회의소 싱글 PPM 품질혁신추진본부. (2007). 품질혁신 교육-고객감동 품질의 신제품 개발전략.

정보통신산업진흥원. (2013). 애자일 SW개발 101

APQC. (2003), Improving NPD Preformance and Practice, American Productivity & Quality Center.

Cheskin & Fitch. (2003). "Fast, focused and fertile: the innovation evolution," *Research report.*

Cleland, D., & Ireland, L. R. (2006). Project Management: Strategic Design and Implementation.

Cooper, R. G. (1994). Third-generation new product processes. *Journal of product innovation management, 11*(1), 3-14

Cooper, R. G. (1999). Product leadership: creating and launching superior new products. Basic Books

DoD. (1980). Cost & Schedule Control Systems Criteria for Contract Performance Measurement, DoD/CR-0017, Department of Defense(DoD), USA.

Fleming, Q.W. and Koppleman, J. M. (1996). Earned Value Project Management, Project Management Institute: Upper Darby, PA, USA.

Guide, A. (2001). Project Management Body of Knowledge(PMBOK® GUIDE). In Project Management Institute.

Van Wyngaard, C. Jurie, Jan-Harm C. (2012). Pretorius, and Leon Pretorius. "Theory of the triple constraint—A conceptual review." IEEE International Conference on Industrial Engineering and Engineering Management. IEEE, 2012.

Von Braun, C. F. (1997). The innovation war. Prentice Hall PTR.

07 기술조직
Technological Organization

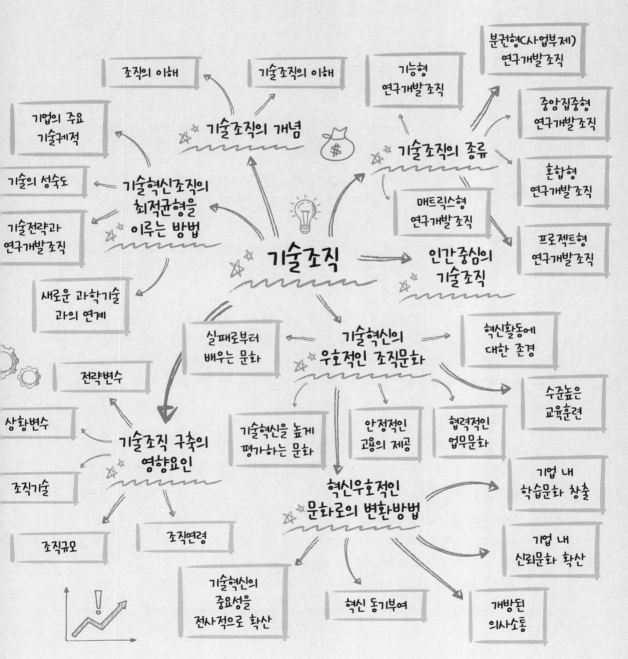

조직의 이해

기술조직의 이해

기능형
연구개발조직

분권형(사업부제)
연구개발조직

기업의 주요
기술궤적

기술조직의 개념

기술조직의 종류

중앙집중형
연구개발조직

기술의 성숙도

기술혁신조직의
최적균형을
이루는 방법

혼합형
연구개발조직

기술전략과
연구개발조직

매트릭스형
연구개발조직

프로젝트형
연구개발조직

새로운 과학기술
과의 연계

기술조직

인간중심의
기술조직

실패로부터
배우는 문화

기술혁신의
우호적인 조직문화

혁신활동에
대한 존경

전략변수

수준높은
교육훈련

상황변수

기술조직 구축의
영향요인

기술혁신을 높게
평가하는 문화

안정적인
고용의 제공

협력적인
업무문화

조직기술

기업 내
학습문화 창출

혁신우호적인
문화로의 변환방법

조직규모

조직연령

기업 내
신뢰문화 확산

기술혁신의
중요성을
전사적으로 확산

혁신 동기부여

개방된
의사소통

기술조직

Technological Organization

동영상강의

제시카 알바
(Jessica Alba)

세상 모든 엄마, 아빠들이 아이들과 더 안전하고
행복하게 살 세상을 만들 거예요.

"할리우드의 톱 배우이자 어니스트 컴퍼니의 창업자인 제시카 알바(Jessica Alba)는 "세상 모든 엄마, 아빠들이 아이들과 더 안전하고 행복하게 살 세상을 만들 거예요"라며, 정직한 제품과 서비스 제공뿐만 아니라 아동보호기금 등 여러 비영리 아동단체들과 환경, 에너지, 의학 분야까지 적극 후원하고 있습니다. 기업가로서 제시카 알바의 지속가능성에 대한 확고한 의지는 어니스트 컴퍼니의 친환경 기술개발에 매우 큰 영향을 미친다는 것을 알 수 있습니다.

시작하는 질문

- 기술조직은 무엇이며 왜 중요할까요?
- 기술조직의 종류를 설명할 수 있을까요?
- 기술조직의 관리 방법은 어떤 것이 있을까요?
- 기술조직을 구성하는 문화와 행위를 설명할 수 있나요?
- 인간중심의 기술 조직을 생각해 볼까요?

들어가면서…

　　이번 장에서는 기술 관련 회사나 기관의 조직에 대해 이야기합니다. 경영학은 조직을 합리적으로 운영하는 것에서부터 시작한다는 말이 있습니다. 특히, 기술경영에 있어서 조직의 운영은 매우 중요한 요소 중 하나입니다. 기술을 만드는 것도, 기술을 혁신하는 것도, 기술을 평가하는 것도 결국 사람이기 때문에 기술경영에 있어서도 각 조직의 특성을 파악하고 잘 관리하는 것이 성공적인 기술경영의 시작입니다. 간단히 말해 기술조직은 기술을 만들고 다루며 기술목표를 달성하고자 하는 인력구조를 가리킵니다. 기술조직에 대해 이해하기 위해서는 우선 조직에 대한 이해가 선행되어야 합니다. 그럼, 이제 조직과 기술조직이 무엇인지, 왜 기술경영에서 중요한지 살펴보겠습니다.

1. 기술조직은 무엇이며 왜 중요할까요?

　　조직을 먼저 이해해 봅시다. Weber는 조직을 특정한 목적을 가지고 그 목적을 달성하기 위하여 구성원 간에 상호작용하는 사람들의 협동집단이라고 정의하였습니다. Barnard는 2인 이상의 사람들이 모여 의식적으로 상호 의사전달하는 조정된 행동체계라고 정의하고, 조직은 협동이 잘되어야 건강하고, 협동이 잘되지 않으면 병약하다고 하며 협동의 중요성을 강조했습니다. 또한 Allen은 구성원이 조직의 목적 달성을 위하여 수행해야 할 직무의 성질, 책임과 권한을 명확히 하고 이것을 위양함으로써 상호의 관계를 설정하는 과정이라고 설명했습니다.

　　이렇게 기술조직의 다양한 정의와 설명을 관통하는 필수요소는 무엇일까요? 바로 직무 배분과 구성원입니다. 이 두 필수요소를 기준으로 '직무를 배분하는 조직구조론적인 시각'과 '조직 구성원을 분석·관리하는 조직행위론적 시각'으로 크게 조직론을 구분하여 볼 수 있습니다. 조직구조론은 기업 형태, 계층적 상하관계, 단위조직 분화 등 조직의 물리적 형태를 어떻게 구성하여 직무를 배분할 것인지에 관한 분야이며, 조직행위론은 조직 내 개인의 심리적 행위를 다루기 위해 조직 내 상하 관계, 조직원들 간 소통 방식 등에 대한 분야입니다(박용태, 2011).

　　조직화(Organizing)란 하나의 조직이 가지고 있는 공통된 목표를 합리적으로 추구하고 달성하기 위해 직무 내용 및 권한, 책임 그리고 목적에 따라 할당하는 과정으로, 최고경영자는 기업이 가진 목적의 실현을 위해 기업을 적절하게 조직화하여야 합니다. 따라서 조직은 기업의 전략 변화에 따라 바뀌며, 기업의 전략은 환경에 따라 변화합니다. 만약 기존의 조직에서 비효율성이 발생한다면, 그 조직의 생존과 발전을 명백히 저해하므로 구조 변화가 필요하게 됩니다. 이에 Chandler는 이러한 조직 변화의 흐름에 대해 "조직은 전략을 따른다(Structure follows strategy)"란 명제를 제시하기도 했습니다.

조직에 관한 여러 정의에 미루어 볼 때, 조직은 공동의 목표를 달성하기 위해 의도적으로 정립한 체계적 구조 안에서 구성원들이 상호작용하며, 외부환경에 적응하는 인간의 사회집단 또는 집합체로 이야기할 수 있습니다.

이러한 조직의 전반적인 정의를 기반으로 기술조직을 정의하자면, 기업이 수립한 기술전략 및 목표를 추진하고 달성하기 위해 의도적으로 정립된 체계화된 구조이며, 그 안의 구성원들이 상호작용하는 집합체라고 설명할 수 있습니다. 즉, 기술조직은 기술목표의 효율적 달성을 위해 기술의 내용 및 기술 작업의 범위를 명확히 정의하여 구성원들에게 배치하고 조정하는 일련의 과정이며(윤재홍, 2014), 조직 자체가 그렇듯, 기술조직의 구조 역시 외부환경의 변화에 대한 적절한 대응으로써 다양화됩니다(Khalil, 2000).

이와 같이 광의적 의미에서의 기술조직을 정의했다면, 협의의 기술조직은 연구개발조직(R&D Organization)을 의미하는데, 연구개발조직은 사업을 강화하고 지원하기 위해 이미 출시된 제품을 개선하고, 기능을 확장하고, 기술을 지원하는 데 적합한 조직을 뜻합니다. 이러한 연구개발조직은 규제와 고객정보, 시장정보 등 환경이 변화하는 것을 토대로 제품이나 서비스의 사양을 개선하고 신규 기능을 추가하는 등 능동적인 대응을 통해 시장점유율과 브랜드 파워를 유지하는 핵심적인 조직입니다(안재홍, 2014).

[그림 1]과 같이 연구개발(R&D)의 중앙집권화는 의사결정의 권한이 기업의 최고계층에서 유지되는 정도를 의미하는 반면, 분권화는 의사결정이 기업구조의 낮은 단계에서 이루어지는 정도를 의미합니다. 연구개발(R&D) 활동을 기업의 부서에 분권화하면 개별부서들의 욕구에 긴밀하게 부합하는 새로운 제품이나 공정의 개발이 가능해집니다. 그들이 만드는 해결책은 부서의 운영구조와 잘 맞고 그 부서가 담당하는 고객들의 요구와 잘 맞을 가능성이 높습니다. 개발 프로젝트 또한 서로 다른 부서들에 존재하는 지식과 시장 접촉의 다양성을 활용할 수 있는 이점을 갖습니다. 반면, 불필요하게 중복되는 연구개발(R&D)활동들이 다양한 부서에서 동시에 수행될 수 있고, 이로 인해 기업의 다른 부분에서 가치를 창조할 수 있는 기술의 잠재성이 실현되지 않을 수 있습니다. 게다가 다양한 연구개발(R&D)부서들을 갖는 것은 규모의 경제와 학습곡선의 효과를 누릴 수 없다는 것을 의미합니다.

이에 반해 만일 기업이 연구개발(R&D)을 하나의 부서에 집중시키면 규모의 경제효과를 극대화시킬 수 있을 것이고, 연구개발(R&D) 인력의 전문화와 다양한 프로젝

그림1 중앙집권적 R&D와 분권적 R&D 활동

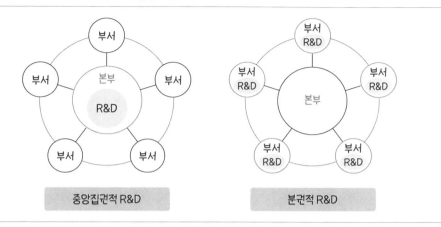

트 개발을 통한 학습곡선 효과의 극대화를 이룰 수 있습니다. 또한 중앙 연구개발 (R&D)부서가 기업 구석구석에 걸친 신기술들의 활용을 관리함으로써, 신제품 개발에 서의 일관성을 유지하고 가치 있는 신기술이 충분히 활용되지 않을 가능성을 줄여 줄 수 있습니다.

결론적으로 연구개발(R&D)의 중앙집권화가 기술적 변화(또는 환경적 이동)에 대한 기업의 유연성과 대응력을 향상 또는 방해하는가에 대해서는 약간의 의견차이가 있으나, 높은 수준으로 중앙집권화된 기업은 엄격한 명령과 지배구조를 통해 기업의 하부단계에까지 변화를 강요하는 것이 가능하기 때문에 전체적인 방향 설정에도 대담한 변화가 가능할 것입니다. 반면, 분권화된 기업은 중대한 변화를 이루기 위해 모든 부서들로부터 협조를 얻으려고 노력해야 하지만, 모든 의사결정이 계층을 따라 최고 경영자에까지 연결될 필요가 없고, 하부 계층의 직원들이 독립적인 의사결정과 변화의 권한을 통해 어떠한 기술적 또는 환경적 변화에 더 잘 반응할 수 있을 것입니다(Melissa A. Schilling, 2010).

2. 기술조직의 종류를 설명할 수 있을까요?

이렇듯 연구개발조직은 내외부의 환경에 따라 서로 다른 조직구조를 구성하며, 변화해 나가고 있다. 대표적으로 조직분권형 조직, 중앙집중형 조직, 혼합형 조직, 프로젝트형 조직, 매트릭스형 조직 등이 있습니다.

2.1 기능형 연구개발조직

연구개발조직이 기능부서와 유사한 수준으로 위치하여, 주로 규모가 작은 중소기업에서 채택하는 경우가 많습니다. 일반적으로 기업은 제품 수가 적은 소조직으로 시작하기 때문에 이와 같은 기능형 조직에서 제품 수가 많아지고 사업이 다각화됨에 따라 조직 역시 사업부제로 전환되어가는 과정을 따릅니다(Chandler, 1962). 이러한 기능형 조직은 최고 경영자 이하 각 부문은 수평적으로 기능하며, 최고 경영자와 각 부분 간은 수직적으로 직접 통괄하는 형태입니다(신용하, 2008). 따라서 최고위층에서 최하위층까지 단선적이고 획일적인 명령 및 권한체계를 갖추어 직계 조직 또는 군대식 조직이라고 불립니다. 제품혁신, 급진적 혁신, 중장기적 연구보다는 공정혁신과 점진적 혁신, 단기적 연구에 초점을 둡니다(신용하, 2003).

기능형 조직은 따라서 상급자와 하급자 간 관계가 단순하며, 소규모이며 명령체계가 명확하므로 연구활동을 쉽게 통제할 수 있습니다. 또한 소규모 기업의 성장을 위해 기술 혁신 및 개발, 활용에 목표를 갖습니다. 그러나 조직이 다각화되어 규모가 커질수록 적용하기 어려운 구조이며, 모든 권한과 책임이 최고경영자에게 집중되어 규모가 크고 복잡성이 증대될수록 효율성이 떨어집니다. 또한 책임과 권한이 부족한 하급자는 업무에 대한 유인이 떨어져 저조한 창의성을 보이게 됩니다(신용하, 2003; 윤재홍, 2014).

그림 2 기능형 연구개발조직구조의 예

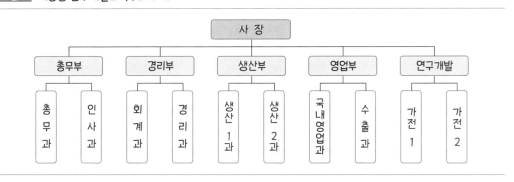

출처: 신용하(2003)

장 점	단 점
• 상급자와 하급자의 상호관계가 단순하고 알기 쉬움 • 연구활동 통제가 용이함 • 소규모 기업규모 & 간단한 연구활동 조직에 적합함 • 약한 경쟁력의 기업이 성장을 위해 기술 혁신 개발 및 활용에 목표를 두기에 적합함	• 대규모 조직에 적용하기 어려움 • 상급자에게 권한 집중되어 업무가 복잡해지면, 상급자의 책임이 과대해져서 효율적인 관리가 어려워지기 쉬움 • 적은 권한의 하급자는 열의와 창의성을 상실하게 됨 • 부문간 불충분한 정보교환으로 유기적 사업조정 어려움

2.2 분권형(사업부제) 연구개발조직

사업별 연구개발조직이 별도로 존재하는 사업부형 연구개발조직 구조로, 기업의 규모가 커져 가며 효과적인 기술 혁신활동을 수행하기 위해 전체 기업을 작은 단위 부서로 나눠 사업별로 분권화합니다. 이러한 분권형 조직은 제품별, 고객별, 지역별로 사업부를 편성하고 각 단위별로 이익중심점(Profit Center)을 설정하여 연구개발과 관리를 할 수 있도록 권한을 부여합니다.

분권형 조직은 급변하는 환경에 적절히 대응할 수 있도록 하며, 업무를 사업별로 명확히 규정할 수 있게 합니다. 또한 각 사업별로 리더를 지정하게 되어 경영자의 육성을 촉진하며, 제품 라인별로 중요성을 부각시킬 수 있습니다. 또한 업무가 명확한 만큼 책임 역시 명확히 나뉘며 사업 실적과 직접적으로 연계됩니다. 그러나 분화된 사업부 간 경쟁이 심화되어 장기적으로 조직 전체의 전략이 우선순위에서 낮아져 기술투자가 어려워집니다. 또한 조직 전체의 기술축적 및 공유, 전문성 확보가 어렵고 기업 목표와 사업부 과업 간 분쟁이 발생할 수 있습니다(신용하, 2003; 윤재홍, 2014).

그림 3 분권형 연구개발조직구조의 예

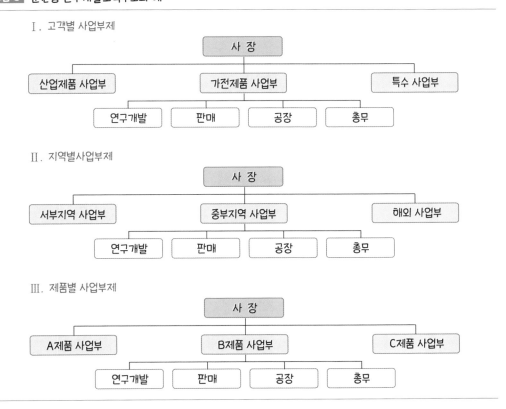

Ⅰ. 고객별 사업부제

Ⅱ. 지역별사업부제

Ⅲ. 제품별 사업부제

장 점	단 점
• 급변하는 환경에 적절히 대응 가능함 • 업무를 정확히 규정 가능하며, 복합적 업무 병행 가능함 • 제품의 중요성을 부각시키며, 책임한계가 명확함 • 사업실적과 직접적으로 연계될 수 있음 • 미래사업 창출 역할 수행을 위해 요구되는 연구개발 예산을 배정할 수 있음	• 사업부 간 경쟁이 심화되어 조정이 어려움 • 장기적으로 전사 차원의 전략적 업무수행 우선순위가 무시되어 기술투자가 용이치 못함 • 기술축적 및 공유, 전문성 확보가 어려움 • 기업 목표와 사업부 과업 간에 분쟁이 발생할 수 있음 • 전사 차원의 기술전략 & 연구개발 방향성이 통합 운영되지 않아 연구개발 예산이 낭비될 가능성이 큼

2.3 중앙집중형 연구개발조직

전사적 차원에서 기업의 모든 연구개발 업무를 비롯하여 미래 사업 준비, 기존 사업 강화, 기술역량 강화 모두 수행하는 조직으로, 기업의 기술개발역량을 한곳에 집중하여 중앙연구소 등을 운영하는 것을 말합니다. 중앙연구소는 각 사업부에서 필요한 기술적 수요를 충족시키기 위해 운영되며, 단기적 목표뿐만 아니라 중장기적 연구도 목표로 합니다. 최고경영자가 연구개발을 중요하게 생각하고 기술 혁신을 추구할 때, 전통적 기능부서의 관료적 문화에서 분리하여 독립적으로 설치하며, 중앙연구소의 리더는 최고경영자와 기능부서 간 수직적 명령체계에서 독립적으로 따로 떨어진 명령체계를 갖습니다(정선양, 2006; 윤재홍, 2014).

중앙집중형 구조는 독립된 연구개발 관리가 가능하므로, 기술지식의 축적과 관리에 효율적이며, 기술개발활동에 있어 규모의 경제 및 시너지 효과를 창출할 수 있습니다. 또한 인수합병 등의 상황에서 독립된 연구개발조직은 연구개발기능을 효과적으로 통합할 수 있는 장점을 갖습니다. 그러나 사업부와 분리되어 있다는 점은 실적과의 연계성에서 저조함을 보이는데, 즉 연구개발의 성과가 실질적인 기업의 니즈를 충분히 반영하지 못할 가능성이 있습니다(신용하, 2003; 윤재홍, 2014).

그림 4 중앙집중형 연구개발조직구조의 예

장 점	단 점
• 기술지식의 축적 & 관리가 효율적이고, 프로젝트 간 상호 시너지 극대화 구조로서 연구개발 전문성 확보가 용이함 • 기업 인수합병에 의해 잠정적 운영되는 연구개발조직 구조인 경우, 연구개발 기능의 효과적인 통합이 가능함	• 사업부와 분리된 조직이기에 사업과 동떨어진 연구가 수행될 가능성이 존재함 • 신제품 개발 경우, 연구개발과 사업주 간 연계가 어려워 사업 니즈를 충분히 반영 못하거나, 기술개발 방향성에 대한 컨센서스를 이루는 데 어려움을 겪을 수 있음

2.4 혼합형 연구개발조직

혼합형 연구개발조직은 중앙집중형 연구개발조직과 분권형(사업부제) 연구개발조직의 중간적 형태로, 전사적 차원의 중앙연구소와 사업부별로 소규모 연구단위가 함께 운영됩니다. 구조의 구성, 역할 및 책임은 기업이 요구하는 미래 사업의 준비, 기존 사업의 강화, 기술역량의 강화 중 어디에 집중할 것이냐에 따라 전략적으로 선택됩니다. 연구개발 조직의 중복으로 인한 소모적 구조임에도 불구, 기업 전체의 기술 포트폴리오를 균형 있게 구성할 수 있는 구조이기도 하다. 이러한 혼합형 조직은 글로벌 시장에 진출한 거대 대기업들로, 상당한 기술 역량을 확보하여 경쟁력을 갖춘 기업이 많습니다(정선양, 2006; 신용하, 2003; 윤재홍, 2014).

혼합형 조직은 중앙집중형과 분권형의 중간적 형태이므로, 각 조직의 장단점을 상호 보완하여 구성할 수 있으며, 중앙연구소에서 핵심 기술 혁신 업무를 담당하고 각 사업부에서 제품 개발 등을 담당하는 등 기업의 선택과 집중을 분산시킬 수 있습니다. 그러나 연구개발활동의 중복 가능성이 크고 따라서 소모적이고 낭비적인 자원 활용이 우려됩니다. 또한 연구개발조직의 복잡성이 증대되어 있기 때문에 전사적 연구개발활동의 연계 및 관리가 비효율적이 될 가능성이 존재합니다(정선양, 2006; 신용하, 2003; 윤재홍, 2014).

그림 5 혼합형 연구개발조직구조의 예

장 점	단 점
• 중앙집중형과 분산형의 장단점을 상호 보완함 • 제품개발은 사업부 차원에서 담당, 생산기반기술 혹은 핵심기술 개발 등은 중앙연구소에서 집중적으로 관리함	• 연구개발활동에 있어서 중복가능성이 있고, 이로 인한 부족한 자원 낭비의 위험성이 높음 • 연구개발조직의 복잡한 네트워크 구조로 전사 차원에서 제대로 관리하지 못하면 높은 비효율이 발생할 수 있음

2.5 프로젝트형 연구개발조직

기업이 수립한 특정한 계획의 추진 및 달성을 위해 각 부문의 기능을 통합하여 해당 프로젝트를 위하여 일시적으로 구성된 조직으로, 팀에 기초한 조직구조 또는 TF(Task Force)라고도 명명합니다. 구성원 간 수평적인 형태를 취해 계급에 의한 수직적 명령체계로부터 야기되는 취약점을 보완하며, 기업전략의 효율적 집행을 위해 팀의 리더로서 프로젝트 관리자를 두고 팀 구성원을 능력 있는 인재로 확보하는 것이 최우선입니다. 일반적으로 상대적으로 영구적인 각 기능부서에서 구성원을 차출하여 조직하므로, 프로젝트 팀의 구성원들에게는 프로젝트 관리자와 부서 관리자 모두 상사가 됩니다(정선양, 2006; 신용하, 2003; 윤재홍, 2014).

특정한 업무 및 목표의 달성을 위해 일시적으로 조직된 구조이므로, 매우 능동적이고 유연하며 신축성이 있습니다. 따라서 외부환경이 기술적·시장적 측면에서 복잡성이 높고 급변할 경우 적용하기 좋습니다. 그러나 수평적인 구조에서 기인하는 업무의 책임 및 권한의 모호한 경계로 인하여 전통적 조직과 비교하여 업무의 합리성이 저조할 수 있습니다. 또한 두 명의 상사와 각기 맺는 보고체계로 인하여 갈등이 유발될 수 있으며 구성원에 대한 평가 및 보상 체계 등과 관련하여 문제가 발생할 소지가 있습니다(신용하, 2003; 정선양, 2006; 민경호, 박양근, 2007; 윤재홍, 2014).

장 점	단 점
• 특정목표의 달성이나 임무를 수행하기 위해 일시적으로 구성되므로 조직구성의 신축성이 있으며, 특정 업무에 우수한 인적자원과 기타 자원을 집중시킬 수 있음	• 조직구성원 간 상호작용이 직급·명령에 의존하지 않고, 동일한 입장에서 수평적 접촉의 형태를 취함으로써 전통적 기능조직으로의 업무 합리화를 기대할 수 없음

기업이 새로운 제품을 개발하기 위해서 이를 위한 프로젝트형 연구개발조직을 구성하는 것이 매우 중요한데, 이 프로젝트형 연구개발조직은 해당 프로젝트의 구성원들의 참여 및 조직 구성하는 방식에 따라 크게 (1) 기능형(functional), (2) 자율형(autonomous), (3) 경량형(light weight), (4) 중량형(heavy weight)으로 나눌 수 있습니다.

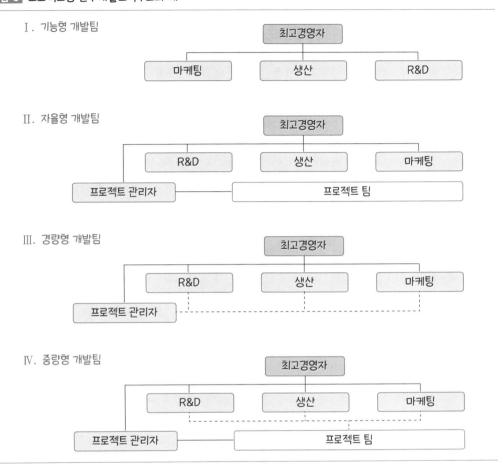

그림 6 프로젝트형 연구개발조직구조의 예

Ⅰ. 기능형 개발팀

Ⅱ. 자율형 개발팀

Ⅲ. 경량형 개발팀

Ⅳ. 중량형 개발팀

2.5.1 기능형 개발팀

신제품을 개발하는 데 있어서 기능형 개발팀 구조란 팀 구성원들이 그들의 마케팅, 생산, 연구개발 등과 같은 기능부서에 여전히 소속해 있고, 각 기능부서의 관리자에게 정규적으로 업무보고를 하고 평가를 받지만 신제품개발 프로젝트를 논의하기 위해서는 시간을 할애하여 별도로 모이는 조직구조를 뜻합니다. 이러한 기능형 신제품 개발팀은 임시적으로 존재한다고 할 수 있고, 팀 구성원은 자신의 시간 중 극히 일부를 신제품 개발팀 프로젝트에 사용합니다. 또한, 이 구조는 별도의 신제품 개발 프로젝트 관리자 역시 존재하지 않는 경우가 많으며, 팀 구성원들 역시 자신이 속한 기능부서의 성과를 바탕으로 보상을 받기 때문에 신제품 개발팀 프로젝트에 그다지 헌신적이지 않을 수 있습니다.

2.5.2 자율형 개발팀

기능형 개발팀 구조와는 반대로 자율형 개발팀 구조는 구성원들이 각자의 기능부서에서 나와서 영구적으로 신제품 개발팀에 속해서 일하는 조직구조를 뜻합니다. 자율형 개발팀 구조는 신제품 개발 프로젝트 관리자를 중심으로 구성된 팀원들이 각 기능부서의 장으로부터 완전히 독립되어 있습니다. 자율형 팀의 신제품 개발 프로젝트 관리자는 프로젝트의 중요성을 인정받아 주로 조직 내에서 매우 높은 상급 관리자가 맡기 때문에 모든 기능 부서로부터 필요한 자원을 요구할 수 있는 힘과 권한을 갖고 있으며, 팀원들에 대한 평가와 보상 또한 프로젝트 관리자가 타 기능 부서와는 배타적으로 할 수 있습니다. 자율형 개발팀은 조직 내에서 통용되는 운영 절차를 따르지 않고 종종 신제품 개발팀만의 정책, 규정, 보상 시스템을 만들기 때문에 기업 내에 마치 독립적인 부서처럼 간주됩니다. 이러한 자율형 신제품 개발팀은 주로 빠르고 효율적인 의사결정을 위해 적합하고, 신제품 개발은 기업의 기존 기술과 일상 업무에서 벗어난 특성을 띠는 경우가 많다. 하지만, 이러한 자율형 개발팀 조직은 신제품 개발 프로젝트가 완료된 후 팀 구성원들을 각기 다른 조직 내로 다시 흡수시키기가 힘들 수 있다는 단점이 있습니다.

2.5.3 경량형 개발팀

경량형 개발팀 구조란 팀 구성원들이 기능형 팀 구조처럼 그들의 기능 부서에 속해 있고, 기능부서의 관리자가 팀 구성원에 대한 평가와 보상권한을 여전히 유지하고 있으나 기능부서 간 팀원들의 의사소통과 조정을 쉽게 할 있는 프로젝트 관리자를 별도로 두는 조직구조를 의미합니다. 경량형 개발팀 구조를 보면 프로젝트 관리자와 기능부서별 구성원 사이에는 가는 점선으로 연결되어 있는 반면, 기능부서의 관리자와는 굵은 실선으로 연결되어 있음을 알 수 있습니다. 이는 구성원은 기능부서의 관리자에게 업무를 보고하고, 평가 및 보상을 받지만 신제품 개발 프로젝트와 관련해서는 프로젝트 관리자를 통해서 다른 기능부서에 속해 있는 팀 구성원과 의사소통을 하고 업무 조정만을 받는 것을 뜻합니다. 이러한 경량형 개발팀 구조는 기능형 개발팀 구조처럼 임시적으로 존재하나 기능형 개발팀 구조보다는 팀원들이 자기 업무시간을 좀 더 많이 신제품 개발 프로젝트에 할당합니다. 그리고, 프로젝트 관리자는 조직 내에서 상급 관리자보다는 전형적으로 중간급 관리자가 맡도록 되어 있으므로, 이러한 경량형 개발팀 구조는 기존 조직 내 의사소통과 업무조정이 크게 요구되지 않는 부차적 프로젝트에 적합하다고 볼 수 있습니다.

2.5.4 중량형 개발팀

경량형 개발팀 구조와는 달리 중량형 개발팀 구조는 구성원들이 각자의 기능부서에 여전히 속해 있기는 하지만, 좀 더 독립적으로 나와서 신제품 개발 프로젝트 관리자와 함께 일하는 조직구조를 의미합니다. 중량형 개발팀 구조는 각 기능부서에서 빠져나온 구성원들이 모여서 프로젝트 관리자를 중심으로 하나의 팀을 형성합니다. 이러한 중량형 개발팀 구조에서 신제품 개발 프로젝트 관리자는 기능부서의 장보다 직책이 보다 높은 상급 관리자가 주로 맡기 때문에 필요한 자원을 요구하거나 팀 구성원을 평가 및 보상하는 데 보다 많은 권한을 갖고 있습니다. 이 중량형 개발팀 구조는 전사적인 기능부서를 아우르면서 의사소통과 조정을 하는 데 뛰어나고, 기능형 또는 경량형 팀 구조의 구성원들과 달리 신제품 개발팀의 핵심 구성원들은 때때로 신제품 개발 프로젝트를 위해 헌신할 수 있어서 신제품 개발의 속도와 조직 전체의 관심을 부여할 수 있습니다. 그러나 이러한 중량형 개발팀 구조 역시 각 구성원들이 각 기능부서에서 완전히 독립한 것이 아니고, 신제품 개발을 위해 임시적으로만 존재하기 때문에 사실 개발팀 구성원 개개인의 장기적인 경력개발은 팀 프로젝트 관리자보다는 기능부서의 장에게 더 많이 있다고 할 수 있습니다. 신제품 개발팀 구성원들이 신제품 개발팀 프로젝트에 많은 시간을 할애하지만 업무 평가와 보상에 있어서 신제품 개발팀 관리자보다는 기능부서의 장에게 더 많이 권한이 주어져 있다고 할 수 있기 때문에 팀 구성원의 관점에서 보면 신제품 개발팀 프로젝트 관리자를 따르는 것도 중요하지만, 프로젝트가 해체되었을 때를 대비해서 기능부서의 장의 의향과 권한을 염두에 두어야 합니다.

2.6 매트릭스형 연구개발조직

매트릭스형 연구개발조직은 전통적인 기능형 조직과 분권형(사업부제) 조직을 혼합하여 각 조직의 장점을 결합한 조직입니다. 일명 그리드 조직(Grid R&D Organization)이라고도 명명하며, 프로젝트형 조직과 마찬가지로 기능형 조직에서 필요한 인력을 차출하고 프로젝트 종료 시 복귀하도록 하는 동태적 구조이지만, 기존의 사업부형 조직의 인원과 결합하여 프로젝트를 수행하게 한다는 점에서 더 장기적이고 영구적인 특성이 강하다는 차이를 가지며, 따라서 프로젝트형 조직의 한 형태로 보기도 합니다. 매트릭스 구조는 다음의 세부 구조로 나뉘어 설명되기도 합니다(민경호, 박양근, 2007; 윤재홍, 2014).

매트릭스형의 조직은 시장 및 환경변화에 신속하게 대응할 수 있는 유연성을 가지고 결합 형태를 띠는 등 부문 간 협력을 촉진합니다. 기능부서와 연구개발 업무를 함께 수행하는 등 인력 활용의 범위가 넓고 기능부문과 연구개발 부문 모두에서 전문지식을 축적하여 사업과 연구개발 모두에서 동등하게 활용할 수 있습니다. 또한 조직원의 창의성이 증진되어 연구 수행에 있어 장점이 있습니다. 그러나 구성원들이 갖는 양 직무에 관한 이중 권한과 책임에서 기인한 역할갈등이 발생할 수 있고 결합조직이 갖는 이질성에 의해 구성원 간 권력투쟁이 발생할 수 있습니다. 더불어 연구과제 또는 업무 내용상 문제가 발생할 시 책임이 분산되는 등의 이유로 실질적 행동보다 토의가 많고 해결비용이 과다하게 소요되기도 합니다(신용하, 2003; 윤재홍, 2014).

그림 7 매트릭스형 연구개발조직구조의 예

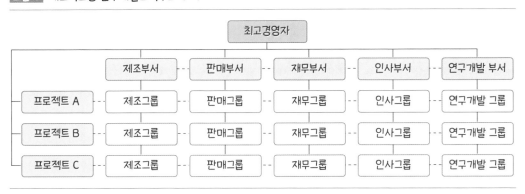

장 점	단 점
• 고객요구나 환경변화에 신속한 대응이 가능함 • 관련 부문 간 협력 촉진 및 인력활용의 신축성이 높음 • 축적된 전문지식을 사업에 동등하게 활용 가능함 • 프로젝트 간 관리의 일관성 유지 가능함 • 연구원의 창의성을 촉진함	• 이중권한과 책임으로 인한 역할갈등을 유발함 • 구성원 간 권력투쟁이 발생하기 쉬움 • 문제해결을 위한 행동보다는 토의가 많음 • 신규 프로젝트 수행시 극심한 인력이동으로 업무연속성 결여 및 조직구성원의 사기 저하가 나타날 수 있음

2.6.1 조정 매트릭스형 연구개발조직

원래의 기능부서에 소속되어 있으면서 해당 부서 업무의 일환으로 어떠한 연구과제에 참여하는 형태로, 연구과제 수행 업무가 상대적으로 독립적이며 개별적이고 계획이 가능할 때 적용될 수 있습니다. 특히 연구 책임자는 과제의 현황과 구성원에 관한 정보를 각 기능 부서의 장에게 제공하여 구성원들이 필요한 업무를 수행할 수 있도록 환경을 조성하는 조정자의 역할만을 담당합니다(윤재홍, 2014).

2.6.2 지도자 매트릭스형 연구개발조직

연구개발 조직의 구성원은 개인적인 성향과 전문 직업인의 특성을 강하게 갖고 있고, 연구과제의 성과가 불투명하면서도 수행 압력이 높을 때 나타나는 조직형태로, 연구목표의 달성을 위해 연구책임자는 방관자적 입장에서 벗어나 직접 조직을 지휘하고 통제하여 성과 창출을 위해 노력합니다(윤재홍, 2014).

3. 기술조직의 구축에 영향을 미치는 요인

3.1 기술조직의 설계

기술조직의 다양한 형태 중 기업에 적절한 선택을 하기 위해서는 각 구조의 장단점에 따라 기업이 속한 내외부적 환경을 비롯하여 최고 경영자의 전략에 따라 투입 대비 산출을 극대화할 수 있도록 설계해야 합니다. 따라서 기업에 주어진 여건 하에서 조직구조의 최적 형태를 결정하는 작업을 조직 설계라고 할 수 있습니다. 조직 설계에 대한 접근 방식으로는 고전적 접근방법, 신고전적 접근방법, 현대적 접근방법 등이 존재합니다.

특히 현대의 지식기반사회에서 연구개발조직을 설계할 때는 투입 대비 산출을 극대화하는 방안으로, 양적 성과보다 질적 성과를 제고하는 데 더 큰 중점을 둡니다. 특허 출원의 수 등의 수치로 나타내는 지표보다 실제로 출원된 특허로부터 사업화

표 1 조직설계 접근방법의 분류

구분	고전적 접근	신고전적 접근	현대적 접근
유효조직 형태	• 계층조직(관료조직)	• 인간관계 중시 • 조직 내 비공식적 조직 중시	• 전략변수, 환경 · 기술 · 규모 등 상황변수 강조
대표학자	• M. Weber • F. Taylor • H. Fayol	• McGregor • Argyris • Likert	• A. Chandler • J. Wodward
단점	• 관리자에게 유리한 조직 • 환경에 긴밀하게 대응하지 못함 • 인간적 측면 무시	• 인간적 특면 외의 환경 · 기술 등의 조직설계요인 간과 • 인간의 동기요인을 지나치게 단순하게 가정	• 다양한 설계요인을 고려하므로 조직 단순화가 어려움

출처: 신용하(2003)

가능성이 얼마나 되는가 등 실질적인 성과에 관심을 두며, 따라서 성과의 창의성에 주안점을 둡니다. 이때 연구개발 조직은 연구개발 성과와 창의성을 극대화하는 조직으로 설계되어야 하며, 기본적으로 이는 계층 구조가 적은 조직, 연구원의 자율성과 책임성 간 균형을 추구하는 조직, 비연구조직과 연구조직 간 구별되는 설계와 구별되는 평가 척도가 설정된 조직, 연구개발의 수요자와 끊임없는 의사소통이 가능한 조직 등으로 설계됩니다.

3.2 조직설계의 결정요인

조직설계 시 영향을 미치는 결정요인에 대해 살펴보면, 기업이 속한 환경, 기술 수준, 조직의 규모 등의 상황변수를 비롯하여 조직이 목표하는 바를 성취하기 위한 전략변수가 매우 중요합니다(신용하, 2003).

3.2.1 전략변수

앞서 소개한 Chandler의 명제 "조직은 전략을 따른다(Structure follows strategy)"를 생각해보세요. '기업은 조직의 전략이 확정된 후 조직 구조를 결정해야 한다'는 명제가 도출될 만큼, 전략은 조직 설계에서 가장 먼저 고려되어야 할 매우 중요한 요소입니다. 기업은 전사적 목표에 따라 전략을 세우고, 이는 적절한 조직의 구조를 결정하는데, 이러한 전략과 구조 간의 연계성은 다음과 같이 정리됩니다.

표2 전략과 조직구조의 연결

전략	조직구조	조직특성
• 활동영역 차별화(집중화, 좁은 시장)	기능형 조직	규모가 작고 단순
• 비용 선도(저렴한 가격)	기능형 조직	규모가 크고 공식적 대량의 표준품 생산에 적합
• 시장차별화(광고 및 가격 차별화)	분권형 조직	기능형 조직과 특수조직의 중간 형태
• 혁신적 차별화(제품 및 서비스 혁신)	매트릭스형 조직	유연성과 협력이 요구되는 특수조직

출처: 김영규(1994); 신용하(2003)

3.2.2 상황변수

기업은 상황에 따라 영향을 받는 존재로, 기업이 속한 환경, 기술 수준, 조직기술, 조직의 규모, 조직이 가진 경험과 문화 등으로 대변되는 조직연령 등이 상황변수로 작용할 수 있습니다.

① 외부환경

기업은 운영을 위해 필요한 자금, 인력, 기술 등의 자원이 필요하며 이를 이용하여 생산하는 제품 또는 서비스를 소비할 시장이 필요합니다. 이러한 자원 및 제품을 거래하고 공급하는 외부환경은 조직의 목표달성에 큰 영향을 미칩니다. 특히, 법과 제도를 통해 기업의 활동을 규제하고 기술 표준 등을 설정하여 시장을 통제하는 정부의 정책은 기업에 대응해야 할 가장 영향력이 큰 외부환경으로 볼 수 있습니다. 이러한 외부환경은 변동성과 불확실성이 크기 때문에 기업의 운영에 위협요소로 작용할 수 있어 조직설계에 있어 매우 중요한 변수로 취급되어야 합니다(신용하, 2003).

외부환경은 크게 안정적·가변적·동요적 환경으로 나눌 수 있습니다. 갑작스러운 변화가 발생하거나 예상치 못한 변수가 없는 안정적 환경은 전통적인 수직적 구조 등이 적합합니다. 그러나 변화가 급격하고 기술진보가 빠른 동요적 환경에서는 유기적이고 수평적인 구조가 적합하며 빠르고 유연한 의사결정체제가 필요합니다. 가변적 환경은 이러한 두 환경의 중간적 환경으로 제품이나 서비스, 시장, 규제나 정책, 기술 수준 등이 변화하지만 비교적 정확한 예측이 가능한 환경을 말합니다(신용하, 2003).

표3 환경에 적합한 조직의 특성

구분	안정적·가변적 환경	동요적 환경
조직구조	• 계층조직(Hierarchy)	• 유기적인 매트릭스조직
조직기능	• 분업시스템	• 유기적 네트워크
생산원리	• 효율성 • 생산성 • 소품종 대량생산 • 규모의 경제(Economy of Scale)	• 유연성 • 창조성 • 다품종 소량생산 • 영역의 경제(Economy of Scope)
기술수준	• 로테크(Low-Tech) 위주	• 하이테크(Middle High-Tech)
시장목표	• 시장수요(판매자시장, Seller's Market)	• 고객요구(구매자시장, Buyer's Market)
문제처리방법	• 문제 제기형(What's the Problem)	• 문제 해결형(Problem Solving)
조직구성원	• 낮은 교육수준 및 훈련	• 높은 교육수준 및 훈련
생산요소	• 자본·사람 중심(Capital·People Intensive)	• 지식중심(Knowledge Intensive)

출처: 매일경제신문사(1998); 신용하(2003) 재가공

사회는 점점 급격히 변화하는 동요적 환경으로 이동하고 있으며, 과거 안정적 환경에서 설계된 기술 조직은 경쟁력 확보를 위해 변화를 요구받고 있습니다. 기업은 빠르게 변화하는 환경의 요구에 즉각적인 대응을 할 수 있는 능동적인 의사결정체계 및 신장된 문제해결능력을 소유해야 합니다(신용하, 2003).

② 조직기술

조직이 연구과제를 비롯한 과업을 수행하기 위해 투입한 자원들을 연구성과 등의 산출물로 변환시키는 데 사용하는 조직이 공유하는 지식이나 도구 등을 조직기술이라 합니다. 따라서 투입물의 성질, 연구과제의 난이도 등에 따라 조직기술은 달라지며, 투입물은 외부환경으로부터 주어지기 때문에 조직기술은 환경과 함수관계에 있습니다. 또한 연구과제 등 과업에 따라 이용되는 조직기술이 달라지고, 조직이 공유하므로 구성원 간 또는 부서 간 상호 의사소통 및 업무 의존성에 영향을 미칩니다.

③ 조직규모

기업은 사업이 다각화되고 생산하는 제품 수가 많아질수록 규모의 복잡성이 증대되고, 이렇게 조직규모가 커질수록 경제적 규모의 효과가 나타나게 됩니다. 조직의 구성원이 추가될수록 조직 내 인간관계를 비롯하여 부서의 수가 증가하고, 조직을 운영하기 위한 분업 및 분권, 통합, 연계 등 수많은 복잡성이 증가합니다(신용하, 2003).

④ 조직연령

조직이 생성된 이후의 경과된 연수를 조직연령이라 하며, 일반적으로 조직연령과 조직규모는 상당한 상관관계가 있습니다. 일반적으로 조직은 시간이 지남에 따라 성장하고 그에 따라 조직규모가 커집니다. 조직연령은 그 자체로 독립적인 상황변수이지만, 이러한 상관관계로 인해 조직구조를 변화시키는 요인이 연령인지 규모인지 구분하기 어렵다. 모든 통제 변수가 동일하게 조정되면, 조직은 연령에 따라 경험을 축적하고 이에 따라 업무를 분화하고 공식화하려는 경향이 강해집니다(신용하, 2003).

4. 기술 혁신조직의 최적균형을 이루는 방법

이러한 변수들에도 불구하고, 기업의 최고 경영자는 기술조직을 설계하는 데 있어 중앙연구소를 운영하는 집권적 형태에서부터 사업부별 연구소를 운영하는 분권적 형태에 이르기까지, 그 사이의 최적 균형을 찾는 방안을 고민하여야 합니다. 기술 혁신조직을 설치하는 데 있어 연구자들은 최적의 균형에 영향을 미치는 요인들을 다음의 네 가지로 도출하였습니다(Tidd, 2005; 정선양, 2006; 윤재홍, 2014).

4.1 기업의 주요 기술 궤적

기업이 가장 비중을 두어 중점적으로 주력하는 기술이 어떻게 선택되고 개발되고 연구되어 왔는지를 볼 수 있는 기술 궤적은 전사적 차원에서 강력한 방향성을 반영합니다. 기술 궤적은 기업이 속한 산업군에 따라 다르고, 따라서 기술 혁신조직은 이에 따라 달라집니다(정선양, 2006; 윤재홍, 2014).

4.2 기술의 성숙도

S-Curve의 머리 부분에 해당하는 신생 기술은 기술의 성숙도가 낮다고 표현할 수 있으며, 연구개발활동의 집중적 투입이 필요하므로 전사적 차원의 중앙연구소 형태가 적합합니다. 기술사업화 이전 단계에서 시행착오 및 학습을 위한 연구활동의 상당한 수행이 필요하며, 사업 부서로부터 분리시켜 즉각적인 사업적 성과에 대한 요구로부터 분리되게 하는 것이 좋습니다. 그러나 기술의 성숙도가 높을 경우 각 사업부별 연구개발조직을 구성하여 제품 또는 서비스에 따라 전략적으로 연구개발을 수행하는 것이 좋습니다. 기술 성숙도가 높은 제품은 제품 자체의 차별적 기술보다는 가격경쟁 및 빠른 시장 출하 등 즉각적인 사업화 및 시장요구 반영이 중요하기 때문입니다(정선양, 2006; 윤재홍, 2014).

그림 8 Technology S-Curve

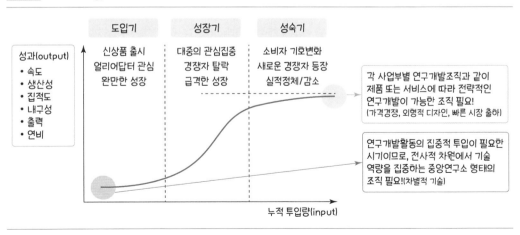

4.3 기술전략과 연구개발조직

기업의 목표가 단기적으로 시장지향적인 성장을 추구하는지, 중장기적으로 신기술의 개발 및 활용을 추구하는지에 따라 기술전략이 달라지며 당연히 이는 기술조직 선택에 영향을 미칩니다. 기술조직은 기업의 전사적 전략에 의해서 영향을 받는 것뿐만 아니라, 더 직접적으로는 기술전략에 따라 구체적인 연구개발조직의 목표 및 조직구성이 결정됩니다. 단기적이고 시장지향적인 목표를 가진 기업은 이미 시장에 출시된 제품을 점진적으로 혁신하는 데 중점을 두게 되어 사업부별로 연구역량을 갖는 것에 비중을 두지만, 중장기적인 신기술 개발 및 활용에 목표를 두는 기업은 전사 차원의 기술 집중적 역량강화에 관심을 가지므로 중앙연구소 형태를 선택합니다(정선양, 2006; 윤재홍, 2014).

4.4 새로운 과학기반기술과의 연계

새로운 과학기반기술과 연계하는 기업은 기존의 연구개발조직과는 다른 새로운 형태의 구조를 추구합니다. 중앙연구소를 운영하면서도 새로운 지식을 습득하기 위해 대학이나 공공연구기관과 긴밀한 연계를 맺습니다. 또한 대학 및 공공연구기관으로부터 새로운 기업이 기술창업 등을 통해 분리 독립하는 경우도 있으며, 모태조직인 대학 및 공공연구기관과 긴밀한 협력이 이뤄집니다(정선양, 2006; 윤재홍, 2014).

기술 조직의 인적자원 관리에 대해서는 QR 코드[1]를 통해서 확인할 수 있습니다.

5. 기술 혁신에 우호적인 조직문화

혁신적 조직은 혁신적 문화를 영위한다. Drucker(1985)는 혁신(Innovation)은 실제적인 작업이며 따라서 다른 기능부문과 동일하게 관리되어야 한다고 주장했습니다. 그러므로 학습할 수 있고 연습할 수 있는 일정한 원칙에 의해 이뤄지는 과정으로, 따라서 혁신적 조직은 전사차원의 혁신과정과 문화를 공유한다고 볼 수 있습니다. 기술혁신의 창출을 위해 기업은 내부적으로 기업의 체제와 문화가 기업의 전략에 적절한지 판단하고 연구개발활동을 조정해야 합니다. 기업의 전략이 성공하기 위해서 기업은 혁신적으로 바뀌어야 하며, 최고 경영층은 이를 위해 유연하고 변화를 수용하며 실패를 용인할 수 있는 기업가적 문화를 확산해야 합니다. McLaughlin 등(1999)은 조직문화는 기술변화 창출에 있어 강력한 수단이라 주장했습니다(정선양, 2006).

혁신적 기업은 소위 혁신우호적 문화(Innovation-Supportive Culture)라고 불리는 독특한 문화를 공유합니다. 기술 혁신에 우호적인 문화란 개방된 의사소통, 건강한 사업문화에 영향을 받으며(Stern, Jaberg, 2003), 아래와 같은 문화적 특징을 갖습니다(Vahs & Burmester, 1999; 정선양, 2006).

5.1 기술 혁신을 높게 평가하는 문화

혁신적인 기업은 기업 내 구성원들 간 기술 혁신의 중요성과 창조적인 열정을 공유하고 있으며, 이를 추구할 수 있도록 기업의 비전과 미션 등 기업의 가치체계에 충분히 반영합니다. 기술 혁신을 높게 평가하는 기업은 기업의 탄생 이래로 경과된 시간, 즉 조직연령에 따라 수많은 기술 혁신활동을 축적해 왔으며 이를 통해 기술 혁신의 필요성 및 중요성을 인식·전파하고 기업 활동의 근본적인 가치로 추구합니다(정선양, 2006).

5.2 안정적인 고용의 제공

혁신에 우호적인 기업들은 조직을 구성하는 직원들의 열정을 북돋고 안정적인 고용을 제공함으로써 구성원들이 조직에 협조적입니다. 고용이 불안하면 일반적으로 조직의 구성원은 기업과 기업의 혁신활동에 대해 적대감을 갖게 되어 혁신적인 문화의 구축이 어렵습니다. 따라서 혁신적인 기업은 기술 혁신의 성과 창출을 위해 구성원의 해고를 가능한 회피하여 안정성을 제공하여야 합니다(정선양, 2006).

5.3 협력적인 업무문화

혁신적인 기업은 구성원들 간 신뢰도가 높고 활발하며 적극적으로 협력하는 분위기입니다. 기술 혁신과 창출된 성과의 활용을 성공적으로 진행하기 위해서는 다양한 구성원과 부서 간 협력이 필수적인데, 이러한 협력관계는 신뢰문화가 전사 차원으로 확산되었을 때 용이합니다. 이러한 업무문화의 구축은 매우 오랜 기간이 소요되므로, 최고경영자가 오랜 시간을 투입하여 협력 문화를 조성하겠다는 결정이 중요합니다. 따라서 최고경영자는 기업을 조직화할 때 수평적 조직을 구성하고 구성원들이 기업의 발전과 직면한 문제 해결 방법 등에 관해 논의하고 기업의 의사결정 과정에 참여할 수 있도록 적절히 업무의 권한과 책임을 배분해야 합니다(정선양, 2006).

5.4 수준 높은 교육 훈련

혁신적인 기업은 조직 내 구성원의 높은 역량이 기업의 혁신과 성공으로 이어짐을 충분히 인식하고 이를 신장시킬 수 있는 수준 높은 교육훈련에 투자합니다. 따라서 혁신적인 기업은 조직 내외의 교육 프로그램을 다양하게 개설하고 활용하여 많은 학습기회를 제공합니다. 또한 직무순환(Job Rotation)을 통해 여러 직무를 경험하게 하는 등 기업의 다양한 부분을 학습하게 합니다(정선양, 2006). 특히 연구개발 직무를 수행함에 있어 이러한 교육 훈련은 창의성과 전문지식이 필요한 직무의 특성상 매우 중요하며 더불어 구성원 간 전문지식을 서로 교류하여 축적할 수 있는 문화 역시 필요합니다.

5.5 혁신활동에 대한 존경

혁신 우호적인 기업문화의 특징은 조직 내 다른 구성원이 혁신적인 활동을 할 때 깊은 존경을 나타내는 문화를 공유한다는 것입니다. 이러한 문화 내에서는 어떠한 구성원이 성공적인 기술 혁신을 이루거나 문제를 해결하는 등 소위 '챔피언'과 같은 혁신활동을 통한 성과창출에 성공하였다면, 조직 내 구성원들은 경쟁에서의 실패로 인한 좌절감이나 박탈감을 느끼는 것이 아니라 챔피언의 업적을 인정하고 스스로의 성과를 창출하기 위해 강도 높은 학습과 지식창출에 매진하는 등 동기가 부여됩니다. 또한 성공적인 챔피언은 아이디어 창출을 비롯하여 아이디어의 구체화 등에 있어 솔선수범하는 모델의 역할을 할 수 있고, 동료의 인정을 통해 성공적인 혁신 활동을 유지하고자 하는 동기를 부여받습니다(정선양, 2006).

5.6 실패로부터 배우는 문화

혁신적인 기업은 실패를 배척하는 것이 아니라 오히려 받아들이고 이로부터 적극적으로 학습하여 발전하도록 독려합니다. 기술 혁신의 과정은 수많은 아이디어와 수많은 선택이 필요하며 모든 아이디어와 선택이 성공하지 않기 때문에 실패와는 불가결한 관계입니다. 혁신의 깔때기 모형을 생각해보면 3,000개의 아이디어에서 300개의 아이디어를 고르고, 이 중 가능성 있는 125개의 아이디어를 작은 프로젝트로 발전시키고, 이 중 4개의 프로젝트를 골라 심화하고 2개를 선택해 시장에 출시했을 때, 단 1개의 신제품이 성공한다고 합니다. 결국, 혁신은 3,000개의 시도로 시작해 2,999개 아이디어가 사장되고, 3개의 심화된 프로젝트가 무산되고 1개의 신제품 라인이 실패하는 그야말로 실패의 연속적인 과정이라 말할 수 있습니다. 즉, 혁신은 그 자체로 수많은 시도의 종합이므로 유연하고 변화를 반영하고 실패를 용인하는 문화는 기술 혁신을 창출하는 강력한 수단이 됩니다.

6. 혁신 우호적인 문화로의 변환 방법

혁신 우호적 문화가 기술 혁신과 기술조직 경영에 매우 중요하므로, 그렇지 않은 문화를 가진 기업은 혁신에 있어 도태될 수 있습니다. 따라서 기업은 전략적으로 혁신 우호적 문화를 확산해야 할 필요가 있습니다. 일반적으로 문화는 정적인 것으로 여겨지지만 실제로 문화는 지속적으로 변화하며 이로 인해 그간 혁신에 성공적이었던 기업들도 시간이 경과됨에 따라 혁신성이 저해되는 경우가 발생합니다. 그렇다면 기존의 혁신 비우호적 문화에서 혁신 우호적인 문화로 변경하거나 지속적으로 혁신 우호적인 문화를 갱신하기 위해 어떻게 해야 할까요? 일반적으로 문화변경의 동인은 새로운 인력의 고용, 새로운 전략의 도입, 시장 및 경쟁 환경의 변화 등을 들 수 있습니다(정선양, 2006).

이때 기업은 기업의 전략과 구조, 그리고 문화 간 효과적인 연계를 통해 문화변경 전략을 수립해야 합니다. 특히 기업의 문화와 기업의 전략 간 균형 잡힌 조화가 필요합니다. 기업의 새로운 전략 수립은 앞서 기술한 바와 같이 혁신에 우호적인 문화를 전제로 하며, 이러한 혁신 우호적인 문화의 창출에는 조직원의 창의성을 제고하고 유연성을 제공하는 조직의 구성이 필요합니다(정선양, 2006).

또한 문화 변경은 구성원들 간 그리고 부서 간 협력과 상호 신뢰를 토대로 다지고 혁신의 가치를 공유하는 등 시간이 많이 소요되는 작업이며, 바람직한 방향성 제시가 필수적입니다. 만약 잘못된 방향으로 문화변경이 이뤄지면 기업에 위험요인으로 작용한다는 점에서 세심한 변경작업이 필요합니다. 따라서 기업문화의 변경은 급진적이고 기계적인 방법에 의해 추진되기보다, 기존 문화가 가지고 있는 전반적인 요소와 의미, 영향 정도를 고려해 점진적으로 추진되는 것이 좋습니다(정선양, 2006).

이러한 문화의 변경에는 문화 변경의 충분한 시간을 할애하고 전사적인 문화 공유를 위해 구성원들과 소통하고 동참을 독려하는 등 최고 경영층의 적극적인 의지가 필요합니다. 혁신 우호적인 문화의 창출을 위해서 추진해야 할 과제는 대표적으로 다음과 같습니다.

6.1 기술 혁신의 중요성을 전사적으로 확산할 것

조직 내 일부 구성원, 일부 하위 조직만이 혁신에 우호적이라면 혁신의 흐름은 단절되고 마지막 성과까지 이어지지 못할 가능성이 있습니다. 따라서 기업의 모든 구성원이 기술 혁신활동의 참여자가 되어야 하며, 특히 최고 경영층이 기술 혁신의 중요성에 대해 인식하고 전사적으로 확산시키는 데 관여해야 효과적입니다.

6.2 기업 내 학습문화를 창출할 것

지속적인 기술 혁신을 위해서는 지속적인 지식축적이 필요하며, 이를 위해서는 새로운 지식, 새로운 기술, 새로운 시장의 흐름 등을 습득할 수 있는 기반이 조성되어야 합니다. 구성원 간 상호 신뢰를 바탕으로 서로의 지식을 공유하고 서로의 발전을 돕고 조직 내 기술 혁신 성공사례를 확산하고 유사 사례의 창출을 유도하는 선순환적 구조가 필요합니다. 또한 기술 혁신의 과정에서 불가결하게 발생하는 실패를 용인하고, 발생 원인에 대해 공개적으로 해결하며, 이로부터 학습하는 문화 창출이 필요합니다.

6.3 기업 내 신뢰 문화를 확산할 것

앞서 기술한 바와 같이 구성원이 고용의 안정성을 제공받지 못하면 장기간 업무에 열중하며 능력을 신장시켜야 할 필요를 느끼지 못하고 기업의 혁신에 적대감을 느낍니다. 또한 구성원 간 또는 부서 간 신뢰가 바탕이 되지 않으면 협력을 통한 효율적인 업무 수행 및 활발한 지식 공유 등이 저해됩니다. 따라서 기업은 소속 구성원들로 하여금 안정성, 소속감, 행복감을 느끼게 하고 이러한 긍정적인 감정이 증진되도록 해야 하며 이를 위해 구성원들에게 기업에 대한 주인의식 및 신뢰를 확산시켜야 합니다.

6.4 개방된 의사소통을 가능하게 할 것

기술 혁신과정은 다양한 분야의 지식과 긴밀한 협력이 필요합니다. 따라서 구성원 간 협력적 문제해결을 위해 솔직하고 개방된 의사소통 문화가 필요합니다. 또한 실패를 용인하고 이로부터 학습하기 위해서는 서로의 경험을 솔직하게 공유하도록 해야 할 것입니다.

6.5 혁신동기를 부여할 것

구성원들이 기술 혁신활동에 적극적으로 동참하도록 하기 위해 다양한 인센티브 (Incentive)를 제공할 필요가 있습니다. 특히 혁신 과정의 가장 기초가 되는 다양한 아이디어를 제시하고 사업화할 수 있는 방안을 고안한 인력에 대해 충분한 보상을 하는 것은 자발적이고 활발한 구성원의 혁신활동 참여에 유인이 될 수 있습니다(정선양, 2006).

동기(Motive)란 개인의 행동을 특정 목적을 달성하기 위해 일정한 방향으로 작동시키는 내적 심리상태를 의미하며, 실제 작동되도록 유도하는 과정을 동기부여 (Motivation)라고 합니다. 기업 전체의 성과는 개인의 성과를 기반으로 하기 때문에 조직원에게 동기를 부여하는 것은 기업에 있어 매우 중요합니다. 기술조직의 구성원들에게 기술 혁신활동을 지속적이고 성공적으로 수행하도록 하기 위해서는 최적의 환경과 적절한 보상을 제공해야 합니다. 이를 위해서는 기술조직의 구성원의 성향 및 특성을 이해하는 과정이 선행되어야 합니다. 연구개발조직 구성원의 특성을 제대로 이해하지 못할 때, 타 직종 종사자들과 동일한 방식으로 관리하고 환경을 조성하게 되고 결과적으로 조직원의 사기 저하를 야기하여 성과 창출을 저해하게 됩니다(신용하, 2003; 윤재홍, 2014).

일반적으로 연구개발을 수행하는 조직원은 자신의 연구 분야와 조직 내 업무 분야에서 성과를 창출하거나 맡은 바를 완수하였을 때 성취감을 느끼고 이를 통해 성장하는 것을 매우 중요하게 여깁니다. 전문가로서 인정받고자 하는 강한 욕구를 토대로, 자신의 지속적인 발전을 원하고, 또한 권위 있는 학술지나 학회에서의 논문 발표, 타 연구자의 연구에 인용되는 등 동종 업계의 연구개발 인력들로부터 인정을 받는 것을 중시합니다. 자기 방식대로 자유롭게 업무를 수행하고자 하는 경향이 강해 최소한의 관리와 통제를 원하며, 스스로 하고 싶은 일을 하고 있다고 느낄 때 편안한데, 이러한 편안함은 창조성이 극대화되는 데 있어 필수적입니다(윤재홍, 2014).

이러한 연구개발에 종사하는 조직원의 특성을 파악하여 올바른 동기부여를 제공하기 위해서는 어떠한 환경조성이 필요할까요? 우선, 자기 분야에서의 성취감과 성장성을 느끼도록 교육프로그램을 제공하여 지식 습득 및 전문가적 역량을 함양할 수 있도록 하고, 도서관, 학술지, 잡지 등 연구관련 DB 등 지식 원천(Knowledge Source)을 제공하여 연구원들의 지식 습득 의욕을 고취시키고, 조직원 간 지식공유를 활성화하여 동료에게 지식을 제공하고, 또 전달받도록 하여 지식창출(Knowledge Generation)이 활성화될 수 있는 환경 등을 제공해야 합니다(윤재홍, 2014).

더불어 동종업계에서의 인정을 받는 등 외적 공정성을 추구할 수 있도록 저널이나 학회 등에 논문 제출을 장려하고, 연구 업적에 관한 특허를 출원하도록 직무발명에 대한 보상제도를 실시하고, 동료들에게 우수사례로 인식될 수 있도록 확산시키는 등(Recognition 프로그램) 적절한 방법들을 제공해야 합니다(윤재홍, 2014).

또한 사업 운영이라는 현실적 여건에 따라 개인 선호도보다 기업의 선호가 연구영역을 결정하는 데 있어 주요하지만, 그럼에도 연구원의 자율성을 보장할 수 있는 방안을 제공해야 합니다. 업무 양식을 유연하게 해주고, 업무시간의 일부를 재량적으로 구성하여 창조성을 증진하는 데 사용할 수 있도록 제도적 뒷받침 등이 필요합니다(윤재홍, 2014). 예를 들어, 3M사는 조직의 구성원들로 하여금 스스로의 업무시간 중 15%를 기본업무 외 새로운 아이디어를 고안하고 창의적인 업무를 탐색하는 데 사용하도록 하는 제도를 실시하여 기업 내 창의적이고 유연한 업무 문화를 확산시켰습니다. 이 시간을 잘 사용하는 사람이 더 나은 평가를 받고 빠르게 승진하기 때문에 성공적인 챔피언 사례로 인식되어 반드시 15%의 시간을 사용하도록 강제하지 않음에도 3M 내에서 하나의 전통적 문화로 자리잡았습니다(정철화, 2007).

기술 조직의 행동을 분석하고 이해하는 데 도움이 되는 인간행동에 관한 동기 관련 이론은 QR 코드[2]를 통해서 볼 수 있습니다.

6.6 기술조직에 맞는 리더를 양성할 것

기술경영에 있어 경영자는 공학 또는 기술 분야 출신의 창업자이거나 조직 내 하위 계층에서 시작한 기술인이 승진을 통해 관리자나 경영자가 되는 경우가 많습니다. 이들은 일반적인 최고 경영자와는 달리 기술적인 능력이나 기술에 기초한 아이디어를 가지고, 이를 바탕으로 창의적인 제품, 서비스를 설계하기도 한다. 기업에 처음 입사하여 조직의 하위 계층에서 근무할 때와 관리자 또는 최고 경영자로 승진하게 되면 조직원에게 요구되는 능력이 달라지며, 이때 관리자나 경영자에게 요구되는 능력은 기술과 관련된 실제 업무 기능보다는 경영자원의 효율적 투입, 그리고 사업활동과 연구개발활동의 상호 유기적 조율 등과 같은 관리 기능이 될 것입니다. 따라서 리더십 이론의 개괄을 통해 기술경영자들의 관리능력을 분석하고 개발할 수 있는 방법을 살펴보는 것이 필요합니다(Kenzo, 2008; 민경호, 박양근, 2007).

리더십 이론에 대한 개괄은 QR 코드[3]를 통해서 볼 수 있습니다.

7. 인간중심의 기술조직

7.1 기술을 혁신하는 사람들에 대한 기술조직적 관점

효과적인 기술 혁신을 달성하기 위해서는 앞서 이야기했듯 혁신을 위한 조직문화, 혁신을 위한 시스템이 확보되어야 합니다. 전통적인 기술 혁신의 관점에서 기술 혁신은 기술을 만들고 제공하는 기업이 주체가 되어 일어나는 것으로 가정할 수 있습니다. 그러나 근래 들어 공급자가 아닌 사용자, 특히 선도적 사용자가 주도하는 혁신의 중요성이 부상하고 있습니다. 이는 기존 전통적 기술 혁신 모델에서 사용자의 역할이 주어진 제품을 자신의 환경에 맞추어 적응시키는 것에서 사용자의 경험, 요구 등을 적극적으로 기술 및 제품 개발 과정에 반영하는 것으로 확장됨을 의미합니다. 이러한 사용자 주도 혁신은 다품종 소량생산의 현대에서 주효한 혁신 중 하나이며, 기업은 사용자 주도 혁신이 가능하도록 기업 내 시스템을 만들고 문화를 확산시켜 나가야 할 요구에 직면하게 되었습니다. 그렇다면 사용자 주도혁신의 성공 사례에는 어떤 것이 있을까요?

적극적인 사용자 참여로 혁신을 만들다 – 레고(Lego)

세계적 장난감 제조 업체 레고사는 제품의 팬들을 대상으로 신제품을 공개하여 의견을 듣고 아이디어를 얻어 이후 제품 개발에 반영하는 사용자 주도 혁신을 시스템화하고 있습니다. 이러한 레고사의 성공적 혁신은 2004년부터 레고사를 이끈 CEO, Jørgen Vig Knudstorp의 리더십에서 비롯되었습니다. 그는 Focus Customer Group에게 레고사만이 가지고 있는 특별한 브랜드 가치에 대해서 물었고, 심도 있는 토론 끝에 레고 브릭만의 독특함, 감성적으로 호소력 깊은 브랜드 이미지 등을 도출했습니다. 레고사는 지속적으로 제품의 선도적 사용자를 찾아 프로토타입의 콘셉트를 공유하고 이에 대한 피드백을 반영해 더 나은 레고 라인을 만들기 위해 노력하였고, 이러한 과정을 통해 출시된 Mindstorms NXT제품은 사용자가 직관적이고 쉬운 프로그래밍을 통해 직접 로봇을 만들고 자유롭게 구동할 수 있도록 하는 혁신성을 포함하며 15만 개 이상 판매되는 대성공을 거두었습니다(IMD Case study, 2008). 현재 레고사는 사용자 주도의 제품 혁신을 위해 LDraw 같은 커뮤니티(www.ldraw.org)에서는 가상의 레고 모델을 만드는 CAD프로그램을 제공하고, Brickfilms.com에서는 레고를 이용해 애니메이션을 제작할 뿐 아니라 오프라인상에서도 레고사용자 그룹(Lego User Group)을 만들어 새로운 아이디어를 창출하고, 신제품 개발에 적용하고 있습니다.

7.2 기술을 사용하는 사람들에 대한 기술조직적 관점

기술을 사용하는 것도, 기술을 만드는 것도, 조직을 구성하는 것도 사람이라는 점에서 '인간'과 기술 조직 간 관계를 조명하는 것이 중요합니다. 가장 먼저, 기술을 만드는 사람들에 대한 기업이 사용자 경험(UX, User Experience)에 대해 관심을 가지고 제품 개발 등에 고민하기 시작하면서 사용자 경험을 담당할 인력과 조직에 대한 관심도 늘어났습니다. 특히 새로운 제품이나 서비스를 개발하는 데 있어 처음부터 디자인, 인터랙션, 인터페이스 등에 대한 설계를 함께 시작하는 경우가 많아졌습니다. 그럼, UX 담당 부서를 통해 새로운 서비스를 성공시킨 사례에는 어떤 것이 있을까요?

UX혁신으로 은행 성공 공식을 바꾸다 – 카카오뱅크(Kakao Bank)

서비스 시작 12시간 만에 18만 7,000좌 돌파, 인터넷 전문은행 카카오뱅크가 서비스 오픈 당일인 2017년 7월 27일 세운 기록입니다. 한나절 만에 시중은행이 2016년 1년간 개설한 비대면 계화 개설 건수(15만 5,000좌)를 훌쩍 뛰어넘었습니다. 이 당시 시중은행 본점에는 모바일 UX를 전담하는 조직이 없었고, 본사에서 모바일뱅킹 서비스 기획을 하더라도 앱 제작은 계열사 등 외주를 주는 경우가 태반이었으나, 카카오뱅크는 출범 초기부터 UX전담 채널 조직을 구성하고 그로부터 상품과 서비스를 구체화했습니다. 이 파트에는 카카오나 네이버같이 IT회사에서 커뮤니티, 블로그, 광고 같은 플랫폼 서비스를 기획한 경험이 있는 경력자들이 주로 모였습니다. 이들은 카카오뱅크의 앱 UX가 카카오뱅크의 핵심역량이라는 점을 누구보다 잘 알았습니다. 새로운 은행의 가치와 정체성을 만들어가는 단계부터 적극적으로 관여했고, 이들을 통해 IT회사의 조직문화와 역량이 자연스럽게 카카오뱅크에 이식됐습니다. 이렇게 탄생한 카카오뱅크 앱은 기존 은행 앱 사용자들의 불편함을 해소해 주었습니다. 공인인증의 불편함 대신 사용자들에게 모바일뱅킹이 쉽고 재미있는 일이라는 새로운 경험을 제공하는 데 성공했습니다(DBR Case Study, 쉽다, 편하다, 재밌다! UX혁신으로 은행성공 공식을 바꾸다, 2018.01).

7.3 차세대 인류를 위한 기술조직을 위해서는 어떤 리더십이 필요할까요?

근래 들어 '지속가능성'은 혁신을 도모하여 성장을 추구하는 기업에 있어 피할 수 없는 이슈가 되고 있습니다. 일반적으로 지속가능성은 친환경적인 녹색 경영과 함께 자주 이야기되는데, 환경의 질을 개선시키는 데 중대한 역할을 수행하여 국민

후생을 증대시키고, 사회적 가치를 실현하는 도의적 책임으로 환원되어 다루어졌습니다. 그러나, 이제 친환경적이고 지속가능한 기술로의 혁신은 도의적 책임에서 벗어나 실질적이고 현실적인 고민거리가 되어 기업의 전략과 목표에 반영되어야 하며, 이를 위해서는 기업의 최고경영자의 친환경적 경영에 대한 확고한 의지가 필요합니다. 그렇다면, 환경친화적인 기업은 어떤 리더십이 필요할까요?

스타트업을 넘어 유니콘 기업으로 – 어니스트 컴퍼니(The Honest Company)

어니스트 컴퍼니는 세계적으로 유명한 여배우 Jessica Alba가 2012년에 설립한 스타트업으로, 친환경적 무독성 원료로만 생산한 기저귀, 로션, 샴푸 등의 유아용품을 판매합니다. 안전한 유아용품의 필요성을 느낀 CEO가 직접 무독성 제품을 만들기 시작한 어니스트 컴퍼니는 창업 5년 만에 17억 달러의 기업가치를 올리며 성장하였고, 친환경적 기업에 부여하는 '비 코퍼레이션(B Corp)' 인증을 받으며 사회적 기업이 되었습니다. CEO인 Jessica Alba는 회사의 성공에 안주하지 않고 많은 스타트업이 겪는 어려움에 도움을 주고자 스마트 오피스 플랫폼 업체에 수십억 원을 투자하고 SCHF(Sager Chemicals, Healthy Families)연합의 대변으로서 정부에 유해 화학물질에 대한 관리강화를 요구하기도 했으며, 또한 '건강한 아이 건강한 세상(Healthy Child Healthy World), 스텝업 여성 네트워크, 아동보호기금 등 여러 비영리단체도 후원하는 등 대표 사회적 기업으로 발돋움하고 있습니다. 어니스트 컴퍼니의 사업수익은 친환경 무독성 원료 개발에 재투자되며, 제품 생산공장은 재생에너지로 만든 전기로 운영된다. Jessica Alba의 지속가능성에 대한 확고한 의지는 어니스트 컴퍼니의 친환경적 기술 개발에 매우 큰 영향을 미친다는 것을 알 수 있습니다(수퍼리치, '제시카알바'는 왜 스마트오피스 플랫폼에 거액을 투자했나, 2016.01.30).

나가면서···

이번 장에서는 기술 혁신을 실제로 수행하는 조직을 어떻게 설계하고 어떤 동기를 부여하고 어떻게 현신에 우호적인 조직 문화를 만들 수 있는가에 대해서 알아보았습니다. 결과적으로 모든 일은 사람이 하는 것이고, 그 사람들이 즐겁고 흥이 나서 혁신적인 사업에 몰입하였을 때에 비로소 혁신적인 기술이 나올 수 있다고 본다면 이런 조직을 만드는 것이 얼마나 중요한지 공감할 수 있습니다. 다음 장에서는 이런 조직을 통해서 만들어진 기술의 가치를 제대로 평가할 수 있는 방법에 대해서 알아보도록 하겠습니다.

- 이 장을 읽으면서 배운 내용을 실제로 적용해 보기 위해서 하나의 특정 기업을 선정해 볼까요?

- 여러 가지 제반 여건을 고려해 보았을 때 이 기업의 기술조직 구조는 어떤 모습이어야 할까요?

- 해당 기업의 문화를 혁신 우호적으로 만들기 위해서는 어떤 조치를 조직에 적용할 수 있을까요?

- 해당 기업에 인간중심의 기술 조직을 만들기 위해서는 어떤 변화를 주어야 할까요?

참고문헌

민경호 외. (2007). "기술경영", 한국폴리텍대학교.

박용태. (2011). "기술과 경영(공학도를 위한)(개정판 2판)", 생능.

신용하. (2003). "기술경영론", 극동기술경영연구원.

신용하 역. (2008). "기술·경영전략 길라잡이", 극동기술경영연구원.

윤재홍. (2014). "기술경영", 이프레스.

정선양. (2006). "전략적 기술경영", 박영사.

정철화. (2007). 삼성&도요타 창조경영, 무한.

DBR. (2015). 기업혁신으론 부족하다. 사용자가 문제제기 "혁신 콘테스트"를 배우자.

DBR. (2018). 쉽다, 편하다, 재밌다! UX혁신으로 은행성공 공식을 바꾸다.

수퍼리치. (2016). "제시카 알바"는 왜 스마트오피스 플랫폼에 거액을 투자했나?

Allen, L. A. (1958). Management and Organization McGraw−Hill.

Bamard, C .I. (1938). The Functions of the Executive, Cambridge, MA: Harvard University Press.

Chandler, A .D. (1962). Strategy and Structure Cambridge, Mass: the MIT Press.

Drucker, P. F. (1985). The Discipline of Innovation. HavardVusiness Review, May−June, 67−2.

IMD. (2008). Innovation at the Lego Group(A)

Khlil, T. (2000). Management of Technology: The key to competitiveness and Wealth Creation. Boston: McGraw Hill.

McLaughin, J. Rosen, P.,Skinner, D., and Webster, A. (1999). Valuing Technology: Organizations, Culture and Change, Londen & New Work Routledge.

M. Weber. (1947). The Theory of Social and Economic Organization, NY: Free Press.

Stern, T. and Jaberg, H. (2003). Erfolgreiches Innovations management: Erfolgsfaktoren− Grndmuster−Fallbeispiele Wiesbaden: Gabler, pp. 67−81

Vahs, D. and Burmester, R. (1999). Innovations management: Von der Projuktideezurer folgreichenVermarktung. Stuttgart: Schaffer−Poeschel.

08 기술가치평가
Technology Valuation

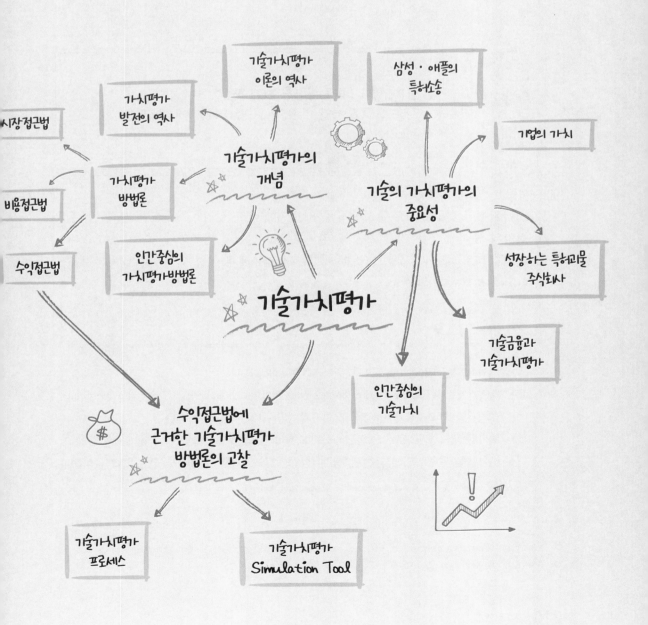

기술가치평가
이론의 역사

삼성·애플의
특허소송

가치평가
발전의 역사

시장접근법

기업의 가치

기술가치평가의
개념

가치평가
방법론

기술의 가치평가의
중요성

비용접근법

성장하는 특허괴물
주식회사

수익접근법

인간중심의
가치평가방법론

기술가치평가

기술금융과
기술가치평가

인간중심의
기술가치

수익접근법에
근거한 기술가치평가
방법론의 고찰

기술가치평가
프로세스

기술가치평가
Simulation Tool

기술가치평가

Technology Valuation

동영상강의

데이비드 설리
(David Cearley)

인간중심의 스마트 공간은 2020년 가트너 전략 기술 트렌드의 주요 영향을 구성하고 평가하는 데 사용되는 구조이다.

가트너 부사장이자 펠로우(최고 영예 연구원)인 데이비드 설리(David Cearley)[1]는 "인간을 기술 전략의 중심에 두는 것은 기술의 가장 중요한 일면을 강조한다. 즉 기술이 소비자, 직원, 비즈니스 파트너, 사회 그리고 기타 구성원들에게 어떻게 영향을 미치는지를 잘 보여주는 것"이라고 말했다(2020년 10월 Gartner).[2]

✓ 시작하는 질문

- 기술가치평가는 무엇이며 왜 중요한지를 사례를 통해 이해합니다.
- 가치평가 방법론의 역사적 발전사를 이해함으로써 누구의 기여와 어떠한 필요가 있었는지를 파악합니다.
- 가치평가 방법론의 종류와 차이점을 파악하여 각 방법론의 장단점을 파악합니다.
- 기술가치평가의 평가 프로세스를 개괄적으로 이해하여 전체적인 기술가치평가의 흐름을 이해합니다.
- 기술가치평가의 주요 요소에 대한 의미를 이해함으로써 기술가치평가 수행이 가능할 수 있도록 준비합니다.

---

1 출처: https://www.traveldailymedia.com/technology-trends-2019/david-cearley-vp-and-gartner-fellow-gartner/
2 출처: http://www.itnews.or.kr/?p=30979

들어가면서…

이번 장에서는 기술가치평가에 대해서 알아보고자 합니다. 여러분들은 이제까지, 기술 예측, 기술 혁신, 기술개발, 기술조직 등에 대해서 살펴보았습니다. 혁신적인 기술을 예측하고 기획하여 조직을 구성하여 개발까지 수행하였다면 이후에는 어떠한 작업이 필요할까요? 이젠, 그 기술을 바탕으로 한 사업화의 가능성을 탐색해 보아야 할 것입니다. 대부분의 기술 개발자들은 자신의 기술에 대한 자신감을 가지고 있습니다. 하지만, 이러한 막연한 자신감이 곧 기술의 성공으로 연결된다고 할 수는 없습니다. 즉, 성공 가능성을 객관화하는 작업이 필요한 것입니다. 결코 피해갈 수 없는 중간 점검의 순간이 이제부터 시작될 기술가치평가를 통해 이루어질 것입니다. 기술가치평가를 어느 순간에 시행하는 것이 바람직한가에 대해서는 정답이 없지만, 일반적으로, 기술의 예측, 개발의 첫 단계부터부터 준비되고 시작되어 계속 업데이트 되는 것이 가장 바람직하다고 보여집니다. 왜냐하면, 각 단계를 진행하면서 보다 기술이 명확해지고, 정보가 쌓이면서 기술가치평가의 많은 요소들이 점점 신뢰성을 가지게 되기 때문입니다. 이렇게 작업된 신뢰성 높은 기술가치평가 결과는 향후 여러분의 기술에 관심을 갖는 미래의 투자자들을 설득하기 위한 가장 중요한 자료로 활용될 것입니다. 그러면 기술가치평가가 왜 중요한가부터 이야기해보도록 하겠습니다.

1. 기술가치평가는 왜 중요한가?

1.1 기술이 탄생시킨 피자 데이

2010년 5월 22일은 무형자산의 개념에서 매우 흥미로운 일이 생긴 날입니다. 약 1,000억원의 피자 거래가 일어난 날이니 말입니다. 라스즐로 핸예츠(Laszlo Hanyecz)라는 한 프로그래머가 피자 2판을 사기 위해 1만 비트코인(BTC)을 지불하였는데, 1비트코인이 역사상 최고시세가 한화 2,000만원이 넘어섰던 적이 있었으니, 결국 피자 1판에 약 1,000억원을 지불한 셈이 된 것입니다. 이를 기념하여 생긴 것이 Bitcoin Pizza Day입니다.

왠지, 뭔가 손해본 듯한 느낌이 드는 안타까운 사연 같지만, 사실 당시의 비트코인의 가치는 약 0.004달러에 불가하여 피자를 사는 데 우리 돈으로 약 5만원 내외를 지불한 것이어서 그리 억울한 거래만은 아닙니다. 물론, 당시에 피자를 구매하지 않고 비트코인이 폭등을 하였던 2017~2018년까지 가지고 있었다면, 상상할 수 없는 부자가 되었을 것이겠지만, 정작 당사자인 라스즐로 핸예츠는 피자 구입을 후회하지 않는다고 하였습니다. 왜냐하면, 2010년 5월 22일 비트코인으로 피자를 구매한 사실은 역사상 최초로 비트코인이 실물거래에서 활용될 수 있음을 증명한 사건이며, 이를 계기로 비트코인의 가치에 대해서 단순히 기술자들만 이해하는 가상의 거래 가치에서, 현실적인 화폐로의 대체 가능성에 눈을 뜨게 만들었기 때문입니다.

하지만, 사토시 나카모토라는 실명인지조차 밝혀지지 않은 최초의 창시자가 2008년 10월 'Bitcoin: A Peer−to−Peer Electronic Cash System' 논문을 발표하면서 그 개념이 소개되었을 때, 개인 간의 금융 거래에 안정성을 부여할 수 있다는 기술적 개념이 과연 어느 정도의 가치가 있을지 파악한 사람은 거의 없었을 것입니다. 저자는 여기서 피자 1판에 1,000억원의 가치가 있다는 다른 시기에서의 가치에 주목하고자 하는 것이 아닙니다. 우리나라뿐만 아니라 세계 각국에서 암호화 화폐에 대해서는 여전히 자산으로서, 화폐로서 그 가치를 인정할 수 있는지 여부에 대해서

---

3 "The Founder of Bitcoin Pizza Day Is Celebrating Today In The Perfect Way", Forbes, May 22. 2018

그림 2 Historical BTC/USD Chart since 2009[4]

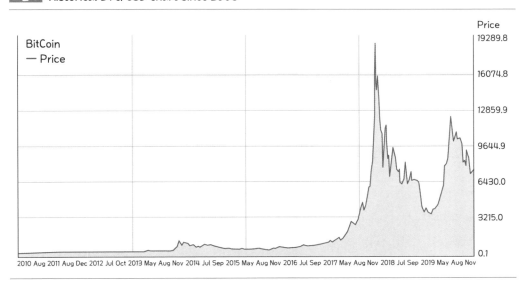

결론이 나지 않고 있는 상황입니다. 긍정적인 생태계가 완성되기 이전에 투기적인 목적과 불법적이고 범죄에 이용되는 경우가 빈번하게 발생하여 아직은 부정적인 이미지가 더욱 강한 것이 현실입니다.

우리가 알고 있는 화폐라는 기준에 부합하기에는 아직은 불안정성과 불확실성이 지나치게 높다는 것은 지금까지의 시세 변화 그래프만 보더라도 충분히 이해할 수 있을 것입니다.

[그림 2]에서 한눈에 알 수 있듯이, 2009년 최초의 거래가 생긴 이후, 10월 5일 New Liberty Standard[5]는 BTC와 USD의 교환 비율을 $1＝1,309.03BTC라고 발표하였습니다. 이러했던 교환비율은 위에서 언급하였던 것처럼 2010년에 피자 2판에 10,000BTC를 지불하는 실물 거래가 이루어지게 된 것입니다. 우리가 대부분 기억하고 있는 암호화 화폐의 광풍이 분 것은 2017년을 기점으로 시작되어, 급기야 2017년 말에는 1BTC＝$20,000에 육박하게 되었습니다. 이즈음에 지나친 투기 열풍에 대한 국가 차원의 대책이 마련되기 시작하게 됩니다.

---

4 출처: https://www.5yearcharts.com/bitcoin-price-history-charts-and-milestones/
5 최초 비트코인 교환비율을 공시했던 개인 환전소

본 장에서 비트코인에 관해 깊이 있는 이해나, 분석을 추구하는 바는 아니지만, 한 가지 주목하고 싶은 부분이 있습니다. 위와 같은 사례는 하나의 에피소드에 불과하지만, 우리는 이제 기술이 유형의 제품이 아닌 화폐, 통화와 같이 전혀 기술과 무관한 듯한 금융자산을 대체할 수 있는 가능성을 보게 된 것입니다. 즉, 기술이 사회 구성의 기초 인프라에도 무형자산으로서 중요하고 의미 있는 영향을 미칠 수 있다는 사실을 확인할 수 있는 계기가 된 사건인 것입니다.

1.2 높아지는 무형자산의 중요성

이제 기업의 가치에 대해서 이야기해 보고자 합니다. 기업의 가치를 간단히 구분한다면 유형적 가치, 무형적 가치로 구분할 수 있을 것입니다. 유형적 가치라 함은 말 그대로 부동산, 현금 등 눈에 보이는 가치를 가리키는 것이고, 무형적 가치라 함은 기술, 지식재산, 인적자원 등 눈에 보이지는 않지만 기업의 가치에 기여하는 것을 말하는 것입니다. 재무적으로 이 두 가지를 구분하는 것은 상장회사의 경우에는 매우 간단한 방법이 있는데, 주식가치를 통해 알 수 있는 시장가치와 재무제표를 통해 알 수 있는 자산가치를 비교해 보는 것입니다.

그림 3 Historical Evolution form Tangible to Intangible Assets[6]

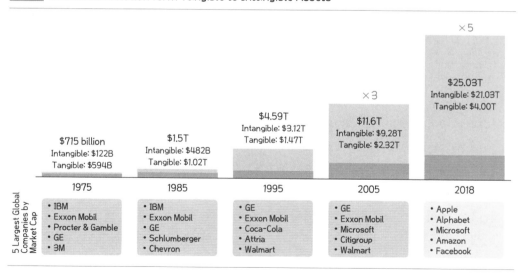

---

6 2019 Intangible Assets Financial Statement Impact Comparison Report, Global Edition(Sponsored by Aon, Independently conducted by Ponemon Institute LLC, April 2019)

[그림 3]에서 우리는 미국 S&P 500 기업의 변화 및 유형, 무형자산의 비율의 변화를 확인할 수 있습니다. 시장가치가 큰 상위 5개의 기업을 살펴보아도 1970년대와 2018년과 그 구성의 면에서도 상당한 차이가 나는 것을 알 수 있습니다. 무형자산의 가치는 1980년대 information technology의 폭발적인 성장에 힘입어 그 가치가 급성장하였고, 2005년에는 유형자산 대비 3배, 2018년에는 5배에 이르는 규모가 되었습니다. [그림 3]에서 확인할 수 있듯이 2018년 무형자산의 가치는 $20~$25조 달러에 다다르고 있습니다.

우리나라에서 무형자산은 어떠한 가치로 인정받고 있을까요? 그 하나의 예로 지금도 유명세를 떨치고 있는 EBS 대표 캐릭터인 펭수의 모태라고 할 수 있는 뽀로로를 예로 들어보겠습니다. 한때, 뽀통령이라 불리며 아이들의 선풍적인 인기를 모았던 캐릭터입니다. 뽀로로 캐릭터는 월트 디즈니에서 1조원을 제시하고 인수를 하겠다는 소문이 돌 만큼 높은 저작권 가치를 인정받았는데, 이런 뽀로로 캐릭터를 보유하고 있는 회사가 오콘이라는 회사입니다. 2011년 이 오콘 회사가 한 은행에서 약 300억원의 대출을 받으려 했었습니다. 하지만, 결과는 담보가치 부족으로 대출은 거절되었습니다. 해당 은행의 거절사유는 3개년간의 재무제표 분석결과 재무상태가 좋지 않다는 것이 이유였습니다.[7] 당시 서울산업통상진흥원에서는 뽀로로의 브랜드가치만 약 3천억원이 넘는다고 보았는데도 말입니다. 국내에서는 여전히 무형자산의 가치를 인정받는 것이 그리 녹록한 일이 아님을 보여주는 사례입니다. 물론, 추후 뽀로로는 다른 은행에서 대출을 받아서 사옥 건립, 영화 제작 등 사업을 영위할 수 있게 되었습니다.

1.3 무형자산의 핵심자산은?

무형자산은 어떻게 구분할 수 있을까요? 보통 무형자산의 종류라고 이야기할 때는 회계학적인 분류를 일반적으로 이야기합니다. 그래서 좀 딱딱하지만 회계학적 용어로 구분할 때는 영업권, 개발비, 산업재산권(특허권, 실용신안권, 의장권, 상표권), 저작권, 소프트웨어, 라이센스와 프랜차이즈 등 많은 용어가 있습니다. 일단 단어만 보아도 그리 흥미롭지 않아 보입니다. '1.2 높아지는 무형자산의 중요성'에서 살펴본 그래프에서 언급된 보고서가 있습니다. '2019 Intangible Assets Financial Statement

---

7 콘텐츠 中小, 금융권 '문턱 넘기' 언감생심, 이데일리, 2012.09.06 기사 참조
   '뽀로로' 우리銀 덕에 날개 달았네, 한국경제, 2011.08.13 기사 참조
   http://www.edaily.co.kr/news/NewsRead.edy?SCD=JB31&newsid=02214006599657496&DCD=A10103&OutLnkChk=Y
   http://www.hankyung.com/news/app/newsview.php?aid=2011080346901

Impact Comparison Report'이 그것입니다. 여기서는 미국 회계기준이라고는 볼 순 없지만, 좀 독특한 그들만의 방식으로 무형자산을 분류했습니다.

지적인 산출물인 자산, 사업 중에 생성되는 가치의 권리, 고객의 지각에 연계된 가치 등으로 구분하고 있습니다. 이 3가지의 구분만 본다면 생성되는 원인에 따라 구분한 듯 싶습니다. 그리고, 다른 분류를 더 살펴본다면 Intellectual Property를 통해 보호받는 Hard Intangible과 Data로 구분하여 지식재산권으로 보호되며 그 양태가 비슷한 무형자산을 구분하고 있습니다. 그 외에 사람 및 회사 간의 관계에서 형

그림 4 Eight Types of Intangible Assets[8]

Intellectual Property	B2B Rights, which can be protected by Intellectual Property	Brand, which can be protected by Intellectual Property
ASSETS CREATED OF THE MIND • PATENTS • COPYRIGHTS • TRADEMARKS • TRADE SECRETS • KNOW-HOW	RIGHTS OF VALUE GENERATED BETWEEN BUSINESSES • BROADCAST RIGHTS • MARKETING RIGHTS • USE RIGHTS • FRANCHISE AGREEMENTS • ROYALTY AGREEMENTS • LICENSING AGREEMENTS • SPONSORSHIP AGREEMENTS • MORTGAGE SERVICING RIGHTS	VALUE ASSOCIATED WITH CONSUMER PERCEPTION • BRAND EQUITY • SOCIAL MEDIA INFLUENCE

Hard Intangibles, which can be protected by Intellectual Property		Public Rights
INTANGIBLE ASSETS THAT GENERALLY TEND TO SIT ON BALANCE SHEETS AS A SPECIFIC LINE ITEM AT SOME LEVEL • GOODWILL • SOFTWARE LICENSES • INTERNET DOMAINS	Intangible Assets ~$20-25T	RIGHTS OF VALUE THAT ARE GENERALLY IN PUBLIC INTEREST OR GOVERNMENT HANDLED • DRILLING RIGHTS • IMPORT QUOTAS • PLANNING PERMISSION/ZONING • WATER RIGHTS • WIRELESS SPECTRUM RIGHTS • CARBON EMISSION RIGHTS • AIR RIGHTS

Data, which can be protected by Intellectual Property	Non-Revenue Rights	Relationships
STORED INFORMATION GENERALLY ON COMPUTER SYSTEMS • SOFTWARE CODE • DATA (OTHER) • DATABASES • CUSTOMER LISTS • VIDEO/AUDIOVISUAL MATERIAL • PROPRIETARY/PRIVILEGED INFORMATION	INTANGIBLE ASSETS THAT DO NOT TEND TO AFFECT ANY REVENUE GENERATION • NONCOMPETITION AGREEMENTS • STANDSTILL AGREEMENTS	VALUE ASSOCIATED WITH PEOPLE TO PEOPLE OR CORPORATION TO CORPORATION NETWORKS • CUSTOMER RELATIONSHIPS • SUPPLIER RELATIONSHIPS

---

8 Source: 2019 Intangible Assets Financial Statement Impact Comparison Report(April 2019)

성되는 가치, 대중의 관심에서 발생하는 가치 그리고 비수익적인 권리 등으로 구분하여 전체적으로 8가지 그룹으로 무형자산을 구분하고 있습니다. 여기서 살펴보고자 하는 내용은 8가지 그룹 중에 5가지 그룹의 공통분모가 Intellectural Property라는 점입니다. 즉, 지식재산권이 무형자산에서 차지하는 비중이 매우 중요하다는 것을 의미하며 바로 핵심자산이라는 것입니다.

1.4 지식재산중 핵심자산은?

일반적으로 Intellectual Property는 지식재산권으로 해석을 합니다. 과거 지적재산권과 혼용되어 사용되기도 하였는데, 2018년 '지식재산 기본법'이 시행되면서 지식재산권으로 통칭하여 사용하고 있습니다. '지식재산 기본법'을 통해 대통령 소속의 국가지식재산위원회를 구성하여 지식재산에 관한 중장기 정책 목표 및 기본방향을 정하도록 하였습니다. 또한, 지식재산의 창출, 보호 및 활용의 촉진을 위한 법률적 기반이 마련되었다고 할 수 있겠습니다.

이러한 지식재산 중 대표적인 예로 우리는 흔히 특허권을 이야기합니다. 그것은 법률적으로 확실히 보호되고, 모든 것이 문서화되어 있으며, 그 소유 및 기한에 있어 명확하기 때문일 것입니다. 2019년 7월 9일은 이러한 특허권에 중요한 변화가 일어난 날입니다. 그것은 특허 침해소송에서 징벌적 손해배상 제도가 도입돼 시행된 날이기 때문입니다. 간단하게 설명하면 타인의 특허권 및 영업비밀을 고의로 침해하는 경우 손해액의 최대 3배까지 배상책임을 지게 하는 것을 의미합니다. 특허청에서 제도의 도입 취지를 '우리나라의 특허침해소송에서의 손해배상액 중간값과 미국의 손해배상액 중간값을 비교하는 것'으로 설명하였는데, 우리나라의 경우는 1997년~2017년까지 중간값이 6천만원 정도이고, 미국의 경우는 65.7억원으로 그 차이가 매우 크다는 것을 알 수 있습니다. 이는 우리나라에서 특허 침해를 받은 기업이 그에 맞는 적절한 보상을 받지 못하고 있다는 간접적인 증거가 될 것입니다.

1.5 징벌적 손해배상이란?

징벌적 손해배상이라는 용어는 법경제학의 용어라고 할 수 있습니다. 법도 알아야 하고, 경제까지 알아야 하니 어려운 내용일 것 같긴 한데, 여기서는 간략하게 알아보도록 하겠습니다. 징벌적 손해배상이라고 하니 뭔가 잘못을 저지른 자에게 단순한 손해배상보다는 더한 처벌을 한다는 개념일 듯합니다. 이를 정리하면, 불법행위자에 대해 징벌과 악의적 행위의 억제라는 두 가지 목적을 달성하기 위한 제도라고 할 수 있습니다. 법경제학적 이론으로 가장 지배적인 것은 최적 억제(optimal deterrence) 또는 비용 내부화(loss internalization) 이론입니다. 쉽게 풀어서 이야기한다면, 불법행위의 가해자가 지불해야 하는 손해배상액이 실손해보다 적다면 합리적인 주의를 기울이지 않게 될 수 있다는 것입니다.

대표적인 사례로는 1994년에 발생하였던 Mrs. Liebeck과 맥도날드 음식점 간의 소송 내용입니다. 79세의 리벡 여사는 맥도날드의 드라이브 스루(drive-thru)에서 커피를 시켰는데 그만 자신의 다리에 이를 쏟게 됩니다. 3도 화상을 입게된 리벡 여사는 맥도날드를 상대로 손해배상을 청구하게 됩니다. 그녀가 처음 요구한 금액은 치료비와 향후 예상되는 치료비 명목으로 $20,000을 요구하게 됩니다. 그런데 맥도날드 측은 이를 거절하고 $800을 손해배상금액으로 제시하게 됩니다. 결국 이 사건은 법정으로 가게 되어 판결을 받게 됩니다. 1심에서의 판결이 이 사건을 매우 유명하게 만들게 됩니다. 배심원의 판결은 보상적 손해배상으로 $200,000 그리고, 징벌적 손해배상으로 $2,700,000을 지불하라는 판결을 내리게 됩니다. 현재의 금액으로 환산하면 30억원이 넘는 배상액이 되겠습니다. 리벡 여사가 최종적으로 얼마의 손해배상액을 받았는지는 알 수 없습니다. 1심 이후, 맥도날드는 금액을 함구한다는 조건으로 리벡 여사와 합의하여 소송을 취하하였기 때문입니다.

그림 5 Liebeck v. McDonald's Restaurants[9]

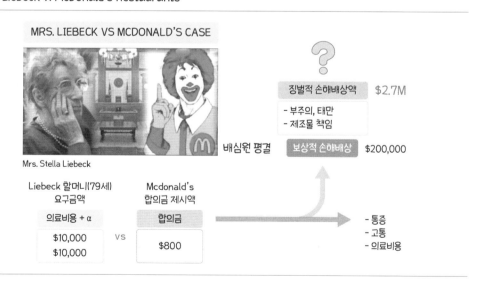

9 Liebeck v. McDonald's case 저자 도식화 및 요약(https://www.tortmuseum.org/liebeck-v-mcdonalds)

여기서 우리가 알아야 할 부분은 지식재산권, 그중에도 특허권에는 이제 미국과
같은 수준까지는 아니더라도, 타인의 무형자산의 침해를 너무 쉽게 생각해서는 안
된다는 사실일 것입니다.

1.6 기술금융과 기술가치평가

이제 기업에 금융 측면에서의 기술가치평가를 한번 살펴보고자 합니다. 기술보호
와 마찬가지로 기술금융의 다양한 내용은 다른 장을 통해 자세히 알아보는 것으로
하고, 여기서는 기술금융의 현황과 기술가치평가와의 관계를 한 번 살펴보겠습니다.
기술가치평가를 다루는 부분이라 일부러 강조한다고 생각할 수 있겠지만, 기술금융
에서 가장 중요한 요소 중 하나가 기술가치평가임은 객관적으로도 타당한 말입니
다. 기술금융은 매년 그 규모가 증가하는 추세에 있으며, 이제는 규모뿐만 아니라,
질적인 성장에도 관심을 가지는 단계에 이르렀습니다. 2018년 기준 163조라는 놀라
운 규모를 보이고 있으며, 기술가치평가의 방법에도 보다 깊이 있는 관심을 금융권
에서 가지게 되었습니다. 여기서 관심을 가지게 되었다는 의미는 실상 지금까지는
규모를 키우기 위해서 기술금융의 상당비율이 담보대출로 이루어졌다는 사실이 드
러나면서, 기술가치평가라는 본질에 충실하지 못하였다는 것입니다. 이에 시중은행
도 자체적인 기술평가능력을 보유하려는 노력을 보이고 있으며, 시스템 개발에도
투자를 기울이고 있는 점은 매우 고무적인 사실입니다.

그림 6 기술금융대출 잔액 추이

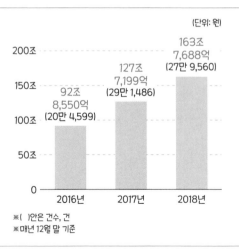

출처: 파이낸셜 뉴스, 2019.02.11.

1.7 인간중심의 기술가치란?

인간중심의 기술가치에 대해서는 먼저 한 가지 사례를 살펴보겠습니다. 시드니 대학의 'Computer Human Adapted Interaction Research Group'에서 Judy Kay 교수가 이끌고 있는 몇몇 프로젝트들이 있습니다. 'Human-centerd Techonlogy'라는 큰 주제로 다양한 기술들을 개발하는 프로젝트인데 그중 'Neighbourhood Scoreboards'라는 프로젝트를 알아보도록 하겠습니다. 해당 프로젝트는 가정집의 전면에 가정의 에너지 사용비율을 보여주어 에너지 소비 행동의 변화를 가져오고자 하는 목적으로 진행되는 프로젝트입니다. 보여지는 기술자체만을 보면, 새롭거나 놀라운 기술이 첨부되었다고 보기는 힘든 프로젝트지만, 오늘날 우리가 지켜내야 할 환경의 이슈를 공유할 수 있는 기술입니다. 이러한 기술은 인간중심적인 관점이 가미되면서, 기술 자체의 가치 그 이상을 전달하고 있다고 생각할 수도 있을 것 같습니다. 이렇게 기술에 인간중심적 가치관을 합쳤을 때 기술자체의 가치 그 이상을 지닐 수 있다면, 기술가치평가라는 관점에서는 어떠한 접근을 해야 하는가라는 질문에 대한 해답을 찾아보았으면 합니다. 이제부터 기술가치평가를 보다 자세히 살펴보면서, 인간중심적 관점도 놓치지 않고 같이 알아보도록 하겠습니다.

In Class Discussion Topic

1. 무형자산의 중요성을 나타낼 수 있는 사례를 한 가지 찾아보고 해당 사례에서 무형자산의 가치는 어떻게 산정되었을지 한 문장으로 표현하여 봅시다.
2. 늘어나는 특허소송에 대한 국내기업의 대처하기 위해 다양한 방안들 중에서 가장 효과적이라고 생각되는 방안을 조사해봅시다.

---

2. 기술가치평가란 무엇인가?

2.1 가치평가 이론의 역사

가치평가의 역사에 대해서 논의하기 위해 필자는 우선 주식가격의 변동에 대한 이론의 배경을 설명하고자 합니다. 이는 가치평가와 주식가격은 떼려야 뗄 수 없는 관계에 있기 때문입니다. 여기서 설명하고자 하는 기술가치평가 역시 주식가치평가의 기본 이론을 그대로 차용하고 있다는 점을 들 수 있습니다. 가치평가의 역사에 대해서는 바슐리에(Louis Bachelier, 1880~1946)의 투기이론부터 그 이야기를 시작하겠습니다. 안타깝게도 사후에야 비로소 인정을 받은 그의 박사 논문인 'Theorie de la Speculation(1900)'에서 그는 금융시장의 가격변동을 브라운운동(Brownian motion)으로 설명하고자 하였습니다. 그는 논문에서 모든 정보를 반영하는 주식의 가격은 예측 불가능할 수밖에 없다고 하였으며 랜덤워크(Random Walk) 이론을 따른다고 주장하였습니다.[10]

브라운운동, 랜덤워크 이론 등 다소 생소한 이론을 설명하려면 꽤 여러 명의 학자들을 소개해야 합니다. 브라운운동에 대해서는 1800년대로 거슬러 올라가야 합니다. 정확히는 1827년 브라운(Robert Brown, 1773~1858) 박사는 식물학자로서 꽃가루 입자의 지그재그 움직임에 의문을 품고, 이를 설명하고자 노력하였습니다.[11] 사실 꽃가루 입자의 움직임을 이상하게 생각했다는 대목에서는 뉴튼의 사과가 생각이 납니다. 브라운 박사는 초기 꽃가루 입자는 생명체이기 때문에 그러한 움직임을 보일 것이라 생각했다고 합니다. 하지만 담뱃재 등 다른 사물에서도 동일한 움직임이 나타나자 이를 설명하기 위한 새로운 접근을 하게 됩니다. 이 움직임이 이후 브라운운동(Brownian motion)이라 불리게 됩니다. 최종적으로 브라운 박사는 같은 온도에서 같은 크기의 알갱이들은 같은 운동을 한다는 결론에 도달하게 되지만, 그 원인을 명확하게 설명하지는 못합니다. 이러한 의문에 해답을 준 인물이 바로 아인슈타인(Albert Einstein, 1879~1955)입니다. '열에 관한 일반적인 운동론'을 연구하고 있던 아인슈타인은 자신의 논문이 브라운운동을 설명하는지 모르는 상태였지만, 아인슈타인 관계식(Einstein Relation[12])이라고 불리는 공식은 여기서 나오게 됩니다. 이를 통해 브라운 운동과 아보가드로 수의 관계를 이해하게 되었습니다. 이 아인슈타인 관계식을 이해하기 위해 필요한 것이 위에서 언급한 랜덤워크 이론입니다.

---

10 Peter L. Bernstein, "Capital Ideas, 2005"

11 Stochastic Process and Advanced Mathematical Finance, Steven R. Dunbar,

12 $D = \mu k_B T$

    D is the diffusion constant

    μ is the mobility, or ratio of particle's terminal drift velocity to an applied force,

    $\mu = V_d / F$

    k_B is Boltzmann's constant

    T is the absolute temperature

그림 7 3차원 공간에서의 브라운 운동[13]

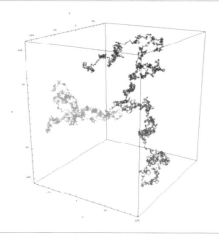

이후, 1950년대 폴 새뮤엘슨(Paul Samelson)이 바실리에의 논문에서 가치를 발견하고, 기존의 브라운 운동으로는 주가가 0 이하로 하락할 수 있다는 약점을 개선한 기하브라운 운동(Geometric Brownian motion)을 발표하게 됩니다. 이를 구체적으로 이해하기 위해서는 위너과정(Wiener Process)이라 불리는 노버트 위너(Nobert Wiener)의 연구와 확률 미적분학이라는 새로운 수학 장르를 개척한 일본 수학자 이토 키요시(Ito, Kiyoshi)의 이토 보조정리(Ito's Lemma) 등 매우 어려운 수학적 개념이 사용됩니다. 각각의 이론에 대한 설명은 전문적으로 해당 이론을 오랜 기간 연구해야 할 만큼 어려운 부분이니, 여기서는 자세한 설명은 생략하는 것으로 하겠습니다(사실, 너무 어려워 깊이 있게 설명하는데 한계가 있습니다). 기술가치평가 이론이 생각보다 오래전에 그리고, 여러 학자들의 연구 노력을 통해 그 기틀이 만들어졌다는 사실 정도만 확인하고 넘어갔으면 합니다.

2.2 가치평가 발전의 역사

실질적인 사건을 통해 가치평가의 발전역사에 대해서 알아보도록 하겠습니다. 가치평가에 영향을 준 대표적인 역사적 사건을 손꼽으라고 한다면, 1929년의 미국 경제 대공황을 이야기하지 않을 수 없습니다. 1923년 이후 미국의 경제는 후퇴를 모르는 성장을 하고 있는 상황이었습니다. 이러한 경제호황에 힘입어 주식시장은 투기의 붐이 일었습니다. 그러나 1929년 10월 29일 뉴욕 주식시장의 25% 폭락을 시

---

13 Random walk, Wikipedia(https://en.wikipedia.org/wiki/Random_walk)

작으로 경제대공황이 시작하게 됩니다. 주식시장의 붕괴는 당연히 실물자산에도 영향을 미치게 되었고, 급격한 소비감소가 이루어지며 자동차, 건설 등 여러 분야에서 실업자가 속출하였습니다. 경제대공황의 결과 약 6,000개의 은행이 파산하였다고 하고, 10만 개의 기업이 파산하였다고 합니다.

이러한 상황에서 금융권에서 기존의 부동산 담보 위주의 대출에 비상이 걸리게 됩니다. 즉, 금융기관에 맡겨진 담보물건의 처리를 위해 공정한 평가를 수행할 필요가 생기게 되었고, 이후, 그것을 수행하는 전문적인 평가 조직도 등장하게 되었습니다. 그 결과, 가치평가의 고도화가 이루어지게 되었던 것입니다.[14] 가치평가 방법론이 생각보다 현실적인 필요에 의해서 진행되었다는 사실은 꽤 흥미로운 일인 것 같습니다.

2.3 가치평가 방법론[15]

천재적인 학자들의 학문적 기여에 힘입은 가치평가 방법론은 크게 세 가지로 구분할 수 있습니다. 시장접근법, 수익접근법, 비용접근법이 그것입니다.

2.3.1 시장접근법(Market Approach)

시장접근법이란 말 그대로 시장에서 거래되고 있는 비슷한 제품의 거래 실적을 기준으로 가치평가를 하는 방식입니다. 어찌 보면 시장접근법은 시장에서 평가된 다른 사례를 이용하여 미래 수익의 현재가치를 평가하는 방법이기에, 가장 직접적이고 이해하기 쉬운 평가기법입니다. 또한, 시장이라 하면 경쟁과 균형의 경제원칙에 기초하고 있다는 점에서 신뢰성을 지닐 수 있는 방법입니다. 하지만, 시장접근법의 필요충분 조건은 '충분한 거래정보를 가지고 자발적으로 거래 의사를 지닌 거래 당사자 간에 정상적으로 형성되는 매매가격'입니다. 즉, 시장에서 거래된 가격이라 할지라도 시장에서 공정하게 형성되지 않고 참여자가 영향력을 발휘하여 가격이 결정되었을 수도 있기 때문에, 공정한 가격을 활용하는 것이 중요한 요소라는 것입니다.

또한, 시장접근법은 실제적인 시장의 거래 자료를 이용하므로 가치에 대한 실증적인 증거를 제시하는 방법이라고 할 수 있습니다. 시장접근법은 부동산 시장과 같이 활성화된 공개 시장과 비교 가능한 자산의 교환을 전제로 하며, 평가 대상이 되

---

14 기술가치평가론, 설성수, 오세경, 박현우, 2012
15 특허기술 거래 및 평가사례 구축에 관한 연구, 한국지식재산연구원, 특허청, 2008

는 기술자산과 유사한 자산의 거래에 관한 정보가 많은 경우에는 매우 적절한 방법이라 할 수 있습니다. 그러나, 과거에 발생한 기술의 거래를 현재에 적용하기 위해서는 적절한 가격의 변동과 환경에 대한 조정이 필요합니다. 일반적으로, 시장접근법은 라이센스나 기술료 산정에 있어 자주 이용되고 있으며, 부동산, 일반기계 및 설비, 운송차량, 범용 컴퓨터 소프트웨어, 컴퓨터 하드웨어, 주류 허가권, 프랜차이즈 등의 가치평가에 매우 효과적인 방법이라 할 수 있습니다.

2.3.2 수익접근법(Income Approach)

수익접근법은 가장 계량적인 모델을 활용하는 기법으로 가치평가의 역사부분에서 설명하였던, 주식시장에서의 가격결정모형도 수익접근법에 근거한 모형입니다. 수익접근법을 한 문장으로 정리해 보겠습니다. '미래수익에 대한 예측을 바탕으로 현금흐름을 추정하고, 위험요소 및 요구수익률을 고려하여 할인율을 산정하고, 이 할인율로 현금흐름을 할인함으로써 현재가치를 산정하는 방식'이라고 할 수 있습니다. 시장접근법이 상대적 가치를 평가하는 방식이라면, 이 방법은 소득을 이용한 절대적 가치를 평가하는 방법입니다.

방법을 좀 더 자세히 설명한다면, 미래 수익의 산정은 DCF(Discounted Cash Flow)법을 주로 이용하는데, 미래 발생할 현금흐름을 현재가치로 할인하여 가치를 평가합니다. 여기서, 현금흐름은 기술에 의한 수익과 비용의 예측을 기준으로 작성하는 추정 손익계산서를 이용하여 추정수명기간 내에서 연도별로 추정하게 됩니다. 그리고 자본의 구성비에 따라 가중 평균(weighted average)된 자본 비용(capital cost)을 이용하여 할인율을 결정하게 됩니다. 이를 식으로 정리하면 아래와 같습니다.

$$V = \sum_{t=1} \frac{CF_t}{(1+r)^t}$$

$V=$ 기술의 가치,　$CF_t =t$기의 현금흐름,　$r=$ 할인율

수익접근법을 적용하는 데 어려운 점은 매년 나타나게 될 수익(매출액)과 현금흐름의 크기, 소득이 발생하는 기간(t, 잔존기간 포함여부 고려), 할인율의 크기(r)를 어떻게 결정할 것인가입니다. 현금흐름의 계산을 위해서는 기술의 수명, 시장수요, 경쟁 정도, 시장점유율, 기술의 진부화 정도 등에 대한 예측 역시 필요합니다. 특히, 만일 새로운 기술로 신규시장을 창출하는 경우와 같이 추정을 위한 과거 자료가 없는 경우에는 적용이 매우 어려우며, 많은 가정이 필요하게 됩니다. 결국, 미래 수익 측정에

사용되는 변수들이 모두 예측에 의하므로 변수들의 오차가 누적되면서 분산이 급격히 커져 미래 소득의 추정값이 무의미해지므로 기대수익의 신뢰성이 낮아지게 되는 결과를 가져오게 됩니다. 상기의 방법을 따라 추정된 기대수익은 기존의 가치평가에서의 사업가치와 비슷한 의미를 지니게 되며, 최종적으로 기술기여도를 고려하여 기술가치를 산정하게 됩니다. 기술기여도 산출방법론은 현재 일반적으로 기술요소법(Technology Factor Method)을 활용하고 있습니다. 기술요소법은 산업요소와 개별기술강도라는 항목으로 구성되어 있어 이 두 요소의 곱을 기술기여도 값으로 활용합니다. 수익접근법에서 언급한 새로운 용어들에 대해서는 이후 보다 자세하게 살펴보도록 하겠습니다.

2.3.3 비용접근법(Cost Approach)

비용접근법은 당해 자산이 가져오는 장래의 모든 효익(service capability)을 재조달하기 위해 필요한 금액을 산정하고, 해당 금액이 자산을 보유함으로 얻을 수 있는 장래 편익과 동일한 가치라고 평가하는 방법입니다. 자산의 형성에 사용되는 각종 제반 소요비용을 기초로 하여 평가하게 될때 고려할 사항은 생산원가 변동과 감가상각(depreciation) 요소입니다. 감가상각에서는 물리적 감가 외에도 기능적, 기술적 및 경제적 진부화와 같은 요소도 고려하여야 합니다. 비용접근법은 미래의 소득 창출 능력이 고려되지 않기 때문에, 이론적 타당성이 부족하여 다른 방법론에 대한 비교, 검토 자료로 사용하는 경우가 많습니다. 그럼에도, 비용접근법의 장점은 평가대상 기술을 개발하기까지 소요된 물적, 인적자원의 가치를 합산한 후 이를 활용화하는 방법으로 측정이 비교적 용이하다는 점입니다. 반면에, 단점으로는 대상기술의 소득성에 근거를 두고 있지 않기 때문에 향후 기대 소득에 대한 고려가 불가능하다는 점이 있습니다.

비용접근법에 의한 평가의 중요한 가정은 새로운 자산을 구입·개발하는 비용과 그 자산의 내용 연수 기간 중에 얻을 수 있는 편익의 경제적 가치가 일치한다고 보는 것입니다. 여기서, 실현된 경제적 편익의 가치나 편익이 발생하는 기간은 직접 검토하지는 않습니다. 비용접근법에 의한 가치평가의 간단한 예로 설명한다면, 직접적인 기술개발비, 특허권 출원등록비 및 발명보상비의 합을 가치로 산정하는 것입니다.

[그림 8]에서는 비용접근법, 시장접근법, 그리고 수익접근법의 차이를 요약해서 표시했습니다.

그림 8 세가지 방법론의 비교

2.4 인간중심의 가치평가 방법론

인간중심의 가치평가 방법론에 관련하여, 2016년에 전 세계적인 이슈가 된 사례를 이야기해보겠습니다. 대표적인 자동차 브랜드인 폭스바겐의 배출가스 조작사건이 전 세계적인 파문을 일으켰습니다. 독일을 대표하는 자동차업체인 폭스바겐이 클린에어법(Clean Air Act, emission Laws)을 위반하고, 디젤차량의 배기가스 조작을 하였다는 것입니다.

주된 내용은 폭스바겐 그룹의 다양한 차종에(폭스바겐 골프, 제타, 파사트, 아우디 A3 등 약 48만 2,000대 해당[16]) 채택된 TDI 엔진에서 배출되는 배기가스가 공식 테스트에서 성능과 연비가 높게 나오도록 조작되었다는 것입니다. 때문에, 폭스바겐은 $180억 달러(약, 20조원)에 가까운 벌금의 지불과 전 세계적인 대대적인 리콜, 소비자들의 집단소송 등이후 예상되는 사태는 폭스바겐의 미래를 걱정해야 할 수준입니다. 당시 지난 8년간 폭스바겐을 이끌어왔던, CEO인 마르틴 빈터콘의 사퇴가 이어졌고, 폭스바겐의 주가는 2015년 9월 18일 미국환경보호청(United States Environmental Protection Agency)의 배출가스 소프트웨어의 조작에 대한 발표 이후 30% 가까운 주가의 폭락을 겪고 있습니다.

---

16 폭스바겐 배출가스 조작 스캔들, 핵심 쟁점 6가지, The Wall Street Journal, 2015.9.22.
(http://kr.wsj.com/posts/2015/09/22/폭스바겐-배출가스-조작-스캔들-핵심-쟁점-6가지/)

그림 9 폭스바겐 주가 추이[17]

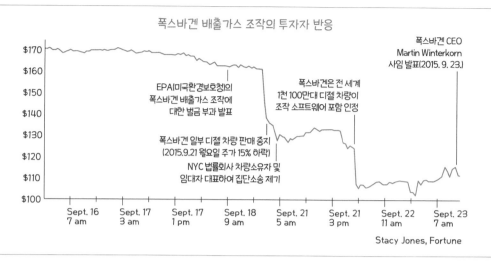

여기서, 논의하고 싶은 부분은 이러한 사태를 기술가치평가적인 관점에서는 어떻게 해석할 수 있을까?입니다. 환경보호단체의 발표 이후 폭스바겐의 기술에는 변화가 있었던 것일까요? 만약, 위의 기사 내용이 사실이라면, 배출가스 조작을 위해 추가된 소프트웨어는 어떻게 평가를 해야 할까요? 어찌 보면, 연비와 성능을 높이는 기술이지만, 그 가치는 어마어마한 손해로 나타난 것입니다.

이전 장에서는 인간중심 관점의 기술에는 다른 의미의 가치가 존재할 수 있을 것이라는 질문을 전달하였습니다. 그렇다면, 이러한 인간중심 기술의 가치평가는 추가적인 방법론이 필요한 것이 아닐까라는 의문이 생길 것입니다. 폭스바겐의 사례에서 확인한 것 같은 기술에 의한 가치의 하락은 기술 자체보다는 그 기술의 활용 및 결과에 따른 우리들의 판단에 근거합니다. 즉, 인간중심의 관점에서 부정적이라는 것입니다. 이전 장에서 살펴보았던 'Neighbourhood Scoreboards'와 이번 장의 폭스바겐 사태와 같은 환경적인 이슈를 다루는 기술에 대해서는 특히나, 인간중심 관점이 기술가치에 미치는 영향이 클 것이라는 추정 가능합니다. 그러한 방법의 솔루션을 제시하려면, 우선 기술가치평가가 생성되는 과정을 살펴봐야 할 것 같습니다. 현재의 기술가치평가는 사업가치 산정을 기본으로 하고 있습니다. 즉, 사업가치를 산정한 후 기술기여도를 통해 기술가치를 도출하는 것입니다. 그렇다면 동일한 방법으로 기술가치를 통해 인간중심가치 산정을 도출할 수 있는 방법을 고려

---

17 Here's a timeline of Volkswagen's tanking stock price, Fortune, 2015.9.23.
   http://fortune.com/2015/09/23/volkswagen-stock-drop/

그림 10 인간중심 가치평가 방법론의 Scheme

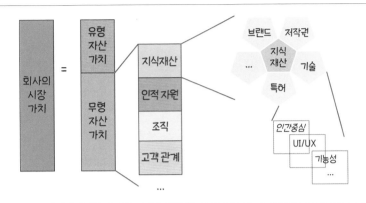

해보고자 합니다. 즉, [그림 10]에서 볼 수 있는 것처럼 무형자산의 평가 방법론을 통해 IP 가치를 산출하고 IP의 구성요소로서 인간중심의 가치를 구분할 수 있을 가능성에 대해서 살펴보는 것입니다. 아직은 결론적으로 주장하기는 어려운 부분입니다. 따라서, 이러한 변화는 기술가치평가 프로세스에 어디에 영향을 미칠 것인지를 검토해 봐야 할 것입니다. 이 부분에 대해서는 다음 장에서 확인하도록 하겠습니다.

In Class Discussion Topic

1. 세 가지 방법론의 장단점에 대해서 생각하여 보고 자신이 선택한 기술에 가장 바람직한 방법론이 어떠한 것인지 생각해 보자.
2. 선택된 기술을 평가하기 위해서 사용가능한 평가방법론을 선택하고 가장 필요한 정보 및 요소가 무엇인지 논의해보자.
3. 인간중심의 기술 혁신이 가지는 의미를 파악하고 이를 평가하는 방법론 개발의 필요성에 대해서 논의해보자.

3. 수익접근법에 근거한 기술가치평가 방법론의 고찰

3.1 기술가치평가 프로세스

이제 본격적으로 수익접근법에 근거한 기술가치평가의 구체적인 방법론을 설명하고자 합니다. 가장 먼저 어떠한 프로세스로 기술가치평가를 진행하는지를 확인해봐야 할 것입니다. 우선 한 장의 그림으로 전체적인 흐름을 파악해보도록 하겠습니다.

그림 11 기술가치평가 프로세스

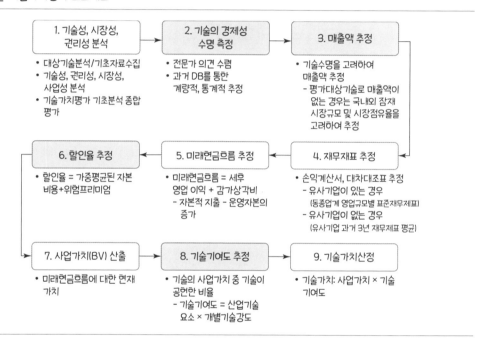

대략적으로 9단계의 과정으로 요약해 보았습니다. 그중에서 특히 중요한 부분은 강조색을 입혀보았는데, 기술의 경제적 수명, 매출액 추정, 할인율 추정, 기술기여도 추정이 그것입니다.

인간중심의 기술가치평가를 위에서 언급한 프로세스에 맞추어 수행하려고 할 때 어떠한 부분을 고민해야 하는지 논의해보고자 합니다. 일단, 아직 충분한 연구가 수행되지 못한 현재 명확한 정답을 주지는 못하지만 어느 요소에 영향을 미칠지에 대해서 살펴봐야 할 것 같습니다. 기술가치평가의 9단계 중에 필자는 우선 할인율에 대해서 이야기하고 싶습니다. 할인율은 Risk라고 설명하였는데, 그렇다면 기술가치평가의 할인율에 인간중심 Risk를 포함시키는 방법인 것입니다. 그렇게 하면 다음과 같은 공식도 가능하지 않을까 합니다.

$$할인율 = R_f + Risk\ premium + Human\ centered\ risk\ premium$$

해당부분이 유의미한 의미가 있을지 여부에 대해서는 좀 더 연구를 진행해본 후에나 확신을 가질 수 있을 것 같습니다만, 아예 불가능해 보이지는 않습니다. 예를 들어, 우리가 살펴본 폭스바겐의 사태에서 디젤차량의 경우에는 human centered risk premium이 가솔린 차량보다 높다고 본다면 억지일까요?

그리고, 기술기여도 부분입니다. 기술기여도는 앞에서 살펴보았듯이 사업가치에 대한 기술기여도를 말하는 것인데 인간중심 기술기여도 요소의 개발이 가능하다면 인간중심의 기술가치의 평가 시에는 별도의 기술기여도의 산출도 가능하지 않을까 합니다. 이외에 기술성, 권리성, 기술수명, 시장성 등 기술가치평가 과정 전반에 걸쳐서도 새로운 접근이 필요할 수도 있을 것입니다.

3.2 기술가치평가 Simulation Tool 소개

본 기술가치평가 방법론의 소개의 확실한 이해를 위해 시뮬레이션을 병행하고자 합니다. 자신이 직접적으로 기술가치평가를 약식으로나마 수행해보면 이해도가 매우 높아질 것이라 생각됩니다. 이를 위해 두 가지의 프로그램을 활용할 것입니다. 먼저, 한국과학기술정보연구원에서 개발한 'Star Value[18]'라는 프로그램입니다. 이는 누구나 가입을 통해 자신이 원하는 기술을 평가해 볼 수 있는 프로그램으로 수익접근법으로 '현금흐름할인 모델', '실물옵션 모델', 'SW가치평가 모델', 시장접근법으로 '로열티절감 모델', '이익배분 모델', '거래사례비교 모델', 비용접근법으로 '시장대체원가 모델[19]' 등 다양한 평가 모델을 활용할 수 있습니다.

그리고 다른 하나의 프로그램은 유럽특허청에서 제공하고 있는 "IPScore 2.2[20]" 입니다. 특허가치평가에 초점을 둔 해당 프로그램은 특허의 권리성 평가에 다양한 가이드라인을 제공해 주어 기준점을 삼을 수 있는 유용한 프로그램입니다. 이 역시, 유럽특허청에서 자유롭게 다운로드 가능한 프로그램입니다. 해당 시뮬레이션을 활용하여 기술가치평가를 수행해보는 부분은 다소 그 내용이 많으므로 QR 코드를

---

18 www.starvalue.or.kr

19 시장대체원가 모델은 기술이전 받는 기관만 사용할 수 있음

20 www.epo.org

통해서 보실 수 있습니다. QR 코드의 내용을 따라서 단계별로 따라가보시면 기술가치평가에 대한 이해에 한결 도움이 될 것입니다.

아울러 연세대학교 기술경영연구센터에서 NPCore와 플리토라는 기술 벤쳐의 기술가치평가를 한 내용도 QR 코드[1]를 통해서 보실 수 있습니다.

In Class Discussion Topic

1. Star Value에서 제공하고 있는 업계/산업 평균자료를 활용하여 simulation test의 결과를 도출하여 봅시다.
   - 해당 결과에 대해서 발표하고 다른 팀의 결과에 대해서 논평한다.
   - 다른 팀의 결과에 대한 논평은 가정의 적정성, 합리성을 우선적으로 고려한다.
2. IPscore 프로그램의 평가항목 중 유의미하다고 생각되는 한 가지 항목을 선정하고 실제로 특정 기업에 적용해봅시다.

나가면서···

우리는 본 장을 통해 무형자산의 가치가 중요하고 그 중요성이 더욱 커지고 있음을 알았습니다. 무형자산 중 특히, 특허와 같은 자산은 이를 기반으로 별도의 비즈니스 모델이 구축될 만큼 사업적 가치를 지니고 있음도 파악하였습니다. 또한, 그러한 무형자산, 특히 기술과 특허의 가치를 평가하기 위해서 필요한 방법론의 역사와 종류를 파악하였습니다. 그리고 수익접근법에 근거한 기술가치평가를 수행하기 위해 시뮬레이션 프로그램을 활용하는 방법과 활용 시 주의해야 할 점에 대해서도 살펴보았습니다. 또한, 인간중심 기술가치평가라는 화두를 가지고 모든 논의에 새로운 관점으로의 접근이 필요함과 그것을 달성하기 위해서 향후에 어떠한 노력과 연구가 필요할지에 대해서도 이야기했습니다.

1. EPO IP Score 프로그램과 한국과학기술정보연구원 simulation 프로그램을 활용하여 팀에서 고려하고 있는 기술 또는 특허를 평가하여 봅시다.

2. Star-Value 프로그램을 활용하여 결과물을 작성하여 봅시다.
   - EPO IP Score의 경우는 특허의 법률적 의견을 제시하여야 하므로 특허 원문을 확보하여 분석하여 입력할 것(특허 원문은 USPTO에서 각 팀이 주제로 삼고 있는 기업의 이름으로 검색하여 1개의 특허를 선택)
   - Star-Value simulation 수행 시에는 기술수명, 매출액, 할인율, 기여도 등 주요 요소에 대한 나름의 근거를 제시하여 분석할 것
   - 단, 기술적으로 추정이 어려운 항목에 대해서는 업계평균 또는 산업평균 등 시스템에서 제공하고 있는 수치를 사용할 수 있음
   - 단순 결과물만을 제출하는 경우는 기본적인 점수만을 인정하고 결과물에 대한 항목별 설명자료를 첨부시 이에 대해 가산점을 부여함
   - 최종적인 결론에 대해서 PPT 2장으로 정리 요약해서 발표 자료로 제출(18 points)

3. 도출된 기술가치를 바탕으로 "인간중심 기술 혁신"을 고려한다면 기술가치에 미치는 영향도를 추정하고 자신만의 논거를 만들어 봅시다.

참고문헌

기술보증기금 실무요령. (2008).

노충식·홍경희·김수혜. (2013). 우리나라의 지적재산권 수지 현황 및 향후과제, BOK 이슈노트.

류승협·김도식. (2009). 현금흐름분석, 한국신용정보 Rating Methodology.

설성수·오세경·박현우. (2012). 기술가치평가론.

성웅현. (2009). 지식재산기반의 기술금융 활성화를 위한 지식재산 가치평가 매뉴얼 개발, 한국지식
재산연구원

유선희. (2011). 특허인용분석을 통한 기술수명예측모델 개발에 관한 연구, 정보관리 연구, 35-1,
93-112.

최병원. (2012). 보이는 자산보다 중요해진 무형자산, 훼손 리스크도 커졌다, LG경제연구원.

특허청. (2008). 특허기술 거래 및 평가사례 구축에 관한 연구, 한국지식재산연구원.

American Society of Appraisers. (2000). Valuing Machinery and Equipment.

Aswath Damodaran. (1994). Damodaran on valuation: Security Analysis for Investment and
Corporate Finance, John Wiley& Sons, Inc.

Chi-fu Huang, Robert H. Litzenberger. (1988). Foundations For Financcial Economics,
Prentice-Hall, Inc.

Ernst, H. (1997). "The Use of Patent Data for Technological Forecasting: The Diffusion of
CNC-Technology in the Machine Tool Industry", Small Business Economics, Vol.9, Iss.4,
pp.361-381.

Gabriela Salins. (2009). The International Brand Valuation Manual, John Wiley & Sons, Inc.

Shannon P. Pratt. (2001). The Market Approach to Valuing Business, John Wiley & Sons, Inc.

Trajtenberg, M. (1990). A Penny for Your Quotes: Patent Citations and the Value of
Innovations, RAND Journal of Economics, Vol.21, Iss.1, pp.172-187.

2019 Intangible Assets Financial Statement Impact Comparison Report, Global Edition(Sponsored
by Aon, Independently conducted by Ponemon Institute LLC, April 2019)

[기사]

"The Founder of Bitcoin Pizza Day Is Celebrating Today In The Perfect Way", Forbes, May 22
2018

기술금융대출 잔액 추이, 파이낸셜 뉴스, 2019.02.11.

콘텐츠 中企, 금융권 '문턱 넘기' 언감생심, 이데일리, 2012.09.06. 기사 참조

폭스바겐 배출가스 조작 스캔들, 핵심 쟁점 6가지, The Wall Street Journal, 2015.9.22.

09 기술마케팅

기술을 사고 팔 수가 있다고?

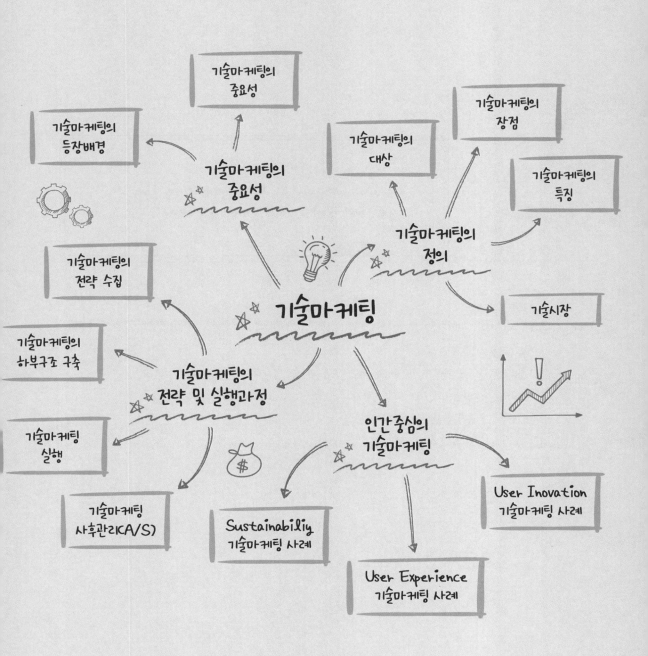

기술마케팅

기술마케팅의 중요성
- 기술마케팅의 중요성
- 기술마케팅의 등장배경

기술마케팅의 정의
- 기술마케팅의 대상
- 기술마케팅의 장점
- 기술마케팅의 특징
- 기술시장

기술마케팅의 전략 및 실행과정
- 기술마케팅의 전략 수집
- 기술마케팅의 하부구조 구축
- 기술마케팅 실행
- 기술마케팅 사후관리(A/S)

인간중심의 기술마케팅
- Sustainabiliy 기술마케팅 사례
- User Experience 기술마케팅 사례
- User Inovation 기술마케팅 사례

기술마케팅

기술을 사고 팔 수가 있다고?

동영상강의

제임스 말라코우스키
(James Malackowski)

It allows you to look people in the eye, not just on a video screen.

 시작하는 질문

- 기술마케팅은 무엇인가?
- 기술마케팅과 기술 거래가 지닌 의미는 무엇인가?
- 기술마케팅 전략에는 어떤 것들이 있는가?
- 인간중심의 기술마케팅은 무엇인가?

들어가면서…

우리가 개발한 기술이 모두 제품으로 연결되어 상품화할 수 있다면, 더없이 기쁜 일이겠지만 아쉽게도 대부분의 개발된 기술은 세상에 빛을 발하지 못한 채 창고 속에 보관되고 맙니다. 기술을 개발했음에도 불구하고 이렇게 사장되는 까닭은 기술을 개발하는 것과 제품으로 발전시키는 것은 별개의 이야기이기 때문입니다. 이러다 보니, 개발된 기술을 사고 파는 필요성이 생겨나게 됩니다. 아무리 혁신적인 기술을 개발했을지라도 우리 회사에서 더 이상 발전시키거나 상품화할 수 없다면 어떻게 해야 할까요? 예전에는 기술 개발에 투입한 자본과 노동력을 비용으로 처리하고 말았지만, 이제는 그렇지 않고 거래를 통하여 부가적인 수익을 얻게 되었습니다. 또한, 우리 회사에 당장 필요한 기술을 지금부터 개발하게 되면 시간과 비용이 너무 많이 소요되기에 외부에서 필요한 기술만을 사오기도 합니다. 이렇게 기술을 사고 파는 것이 가능하게 된 기술마케팅에 대해서 이야기해 보고자 합니다.

1. 기술마케팅이 중요한 이유는 무엇일까요?

1.1 기술마케팅의 등장 배경

기술 개발에 따른 마케팅 능력의 중요성은 아무리 강조해도 지나치지 않습니다. 애플(Apple), 구글(Google) 등 성공적인 기술사업화는 기업의 성장뿐만 아니라 국가경제에 기여하는 선순환 구조를 촉진시키는 핵심정책으로 부상하고 있습니다. 우수한 기술과 기술의 유통을 위한 채널, 그리고 사업화에 종사하고 있는 많은 TLO(Technology Licensing Office)와 전문 인력들이 존재함에도 현실에서의 기술사업화는 만족할 만한 성과를 거두지 못하고 있습니다. 사업화 대상인 기술과 기술공급자, 사업화 주체인 기업과 기업의 역량, 사업화의 인프라인 조직과 제도 등 다양한 요소들 간의 부조화와 신뢰부족에서 원인을 찾을 수 있습니다. 기술마케팅의 중요성에 대해서는 이미 국내에서도 많은 전문가들에 의해 지속적으로 언급되고 있습니다. 벤처 기업인들이 말하는 기술사업화의 성공 요인을 통계적으로 분석해 보면, 자원과 제도, 조직, 시장을 100으로 놓고 볼 때 기술은 8.8%에 불과합니다. 오히려 기술사업화 전략과 CEO 성공경험이 각각 8.1%고, 마케팅 능력이 8.4%를 차지합니다. 마케팅 능력에 따라 벤처 기업의 성공 가능성이 달라진다는 이야기입니다. "우리가 개발한 기술이 실험실을 벗어나 실용화되지 못하면 아무 쓸모가 없습니다. 현장에서 상업화되어서 가치와 고객을 창출할 수 있어야 합니다." 권오준 전 포스코 회장의 2009년 초 포스코 연구기관인 포항산업과학연구원(RIST) 원장 취임사 중 일부입니다. 그는 당시 "개발기술의 사업화를 위해선 기술적 관점뿐만 아니라 경제적 관점에서도 타당성을 도출해야 한다"고 강조했습니다.

1.2 기술마케팅의 중요성

과거에는 폐쇄적 혁신전략 모델로 운용되어 왔으나, 이제는 개방적 혁신 전략의 수익 구조를 통하여 신규 매출을 확대하고, 개발비용의 감소라는 목적을 달성하기 위해서 기술 마케팅이 등장하였습니다. 그리고 그 중요성은 날로 증가하고 있습니다. [그림 1]에서 보는 것처럼, 일반적으로 과거에는 Closed Innovation Model이 주를 이루었다면, 환경의 변화에 따라 Closed Innovation Model과 Open Innovation Model의 경쟁이 일어날 것입니다. 과거는 내부 개발비용 대비 매출의 비율이 상당하였던 만큼 Closed Innovation Model을 적용한 제품개발이 크게 문제되지 않았습니다. 그러나 환경의 변화에 따라 제품의 수명주기가 단축되었고 내부 개발비용이 혁신비용의 증가에 따라 확대되었습니다. 그러다 보니 내부 개발비용이 매출보다 크거나 비슷해지는 현상이 발생하게 됩니다. 이러한 문제점이 대두됨에

그림 1 폐쇄적 혁신전략과 개방적 혁신전략의 수익구조 비교

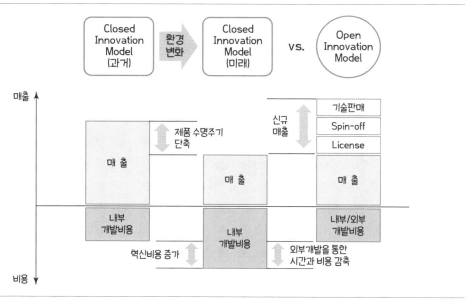

출처: Chesbrough(2006)

따라, 그 해결방안으로 Open Innovation Model을 채택하였습니다. 이를 통하여 내부 개발을 통해 진행하던 방식에서 외부 개발을 활용하여 시간과 비용을 감축하였습니다. 또한, 줄어든 매출에 대응하기 위하여 기술판매, Spin-off, License 등을 통하여 신규 매출을 창출하면서 수익성을 확대하는 수익구조를 실현하였습니다.

2. 기술마케팅이란 무엇일까요?

2.1 기술마케팅의 정의

기술마케팅이란 기업의 전략적인 관점에서 보면 ① 어떠한 기술이 필요하며 ② 이를 어떻게 획득하고(Make or Buy), ③ 보유한 기술을 어떻게 활용할 것인가(Keep or Sell)에 대한 의사결정 및 수행과정이라고 정의할 수 있습니다. 기존의 신기술사업화 및 하이테크마케팅의 개념들과 연계해 보면 다음 [그림 2]와 같이 도식화할 수 있습니다.

기술마케팅과 유사한 개념으로 첨단기술제품에 대한 마케팅(Marketing for high-tech Products), 기술사업화, 그리고 기술거래, 기술이전 등이 있습니다.

첨단기술제품에 대한 마케팅은 제품 기준에 대한 기술 마케팅으로 정의할 수 있습니다. 이는, 특정한 제품, 즉 첨단기술을 체화하는 제품에 대해서 마케팅 원리를 적용한 것입니다. 만약 제품기술이 획기적이라면 기존시장은 크게 요동치게 됩니다.

그림 2 기술마케팅, 신기술사업화, 하이테크마케팅의 관계

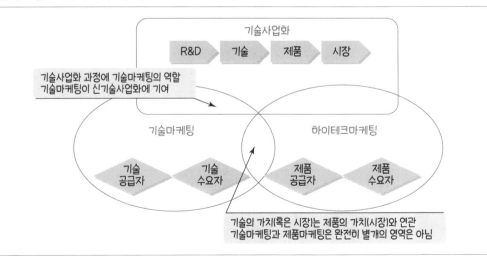

그래서 하이테크 제품의 판매는 이러한 획기적 기술이 중요한 과제가 됩니다. 이와 같이, 첨단기술이 적용된 제품을 대상으로 마케팅하는 것을 첨단기술 마케팅 혹은 하이테크 마케팅이라고 합니다. 반면, 기술마케팅은 기술 자체가 거래의 대상이 됩니다. 애플워치, 구글 글라스, 테슬라 전기자동차 등 제품 자체에 대한 마케팅이 주를 이루기 때문에 첨단기술 제품에 대한 마케팅으로 접근하게 됩니다.

기술사업화는 R&D를 통해 획득된 기술이 제품화되어 경제적 성과를 창출하는 과정을 의미합니다. 이 과정에서 기술마케팅은 신기술이 보유자로부터 수요자에게 이전되게 하는 하나의 수단으로 작용합니다. 그리고 신기술사업화를 가능하게 하는 효과적인 도구로 자리매김합니다. 반면, 기술마케팅은 공급자와 수요자 간의 거래에 따른 마케팅 영역을 포함하고 있어 기술사업화보다 그 범위가 더 크다는 차이점을 지니고 있습니다. 기술마케팅의 결과로 기술 거래나 기술 이전이 일어날 수 있으며, 그 프로세스를 통합하는 개념으로 기술마케팅이 정의됩니다.

2.2 기술마케팅은 어떤 기술을 대상으로 하나?

우리가 논의하는 기술의 특성은 크게 두 가지입니다. 첫째, 기술은 수명을 지니고 있는 존재라는 것입니다. 즉 기술마케팅에서 언급되는 기술은 모두가 유한한 수명을 지니고 있습니다. 어떠한 기술도 영원히 가치 있는 기술로의 가치를 지니지 못합니다. 둘째, 기술의 가치는 시간이 지남에 따라 하락한다는 특성이 있습니다. 기술 자체가 지닌 가치가 시간이 지남에 따라 희석되는 것으로 이해하면 됩니다. 새로운 기술이 지속적으로 생겨남에 따라서 기존 기술의 가치는 지속적으로 하락합니다.

기술마케팅 대상이 되는 기술은 기술을 기반으로 한 수익 창출의 용이성 및 가능성에 따라 크게 4가지로 구분할 수 있습니다. 첫째, 연구개발은 완성했지만 사업화 여력이 없는 상황에 있는 기술입니다. 이러한 기술은 기술 자체의 가치는 있으나, 동 기술을 활용할 수 있는 여력이 없어서 사장되는 경우입니다. 수익 창출의 용이성은 떨어지나 가능성은 있는 기술입니다. 둘째, 기업의 방침으로 연구가 중단된 기술입니다. 기술 개발을 위하여 연구가 시작되었으나, 내부 방침 등으로 인하여 기술 개발이 중단된 상태의 미완성 기술입니다. 이러한 기술은 수익 창출의 용이성 및 가능성이 희박한 기술입니다. 셋째, 사업화로부터 수년이 경과한 기술 및 간접적으로 획득한 기술입니다. 이러한 기술은 수익 창출이 용이하지는 않으나 그 가능성은 높은 기술입니다. 마지막으로, 새로운 수익을 창출할 수 있을 것으로 기대되는 기술입니다. 이러한 기술은 수익 창출의 용이성 및 가능성이 높은 기술입니다.

2.3 기술마케팅의 장점

우리가 기술마케팅을 하는 이유는 다음과 같습니다. 먼저, 기술 판매를 통한 제품과 서비스 기술의 우위를 유지할 수 있습니다. 혁신적인 기술의 개발과 이를 기반으로 제품의 판매로 시장의 지배력을 강화한 상태에서, 기술 판매를 통하여 시장 지배적인 기술로의 지위를 공고히 할 수 있습니다. 결국 시장에서 우리가 개발한 기술이 표준이 되는 순간, 제품과 서비스 기술 우위를 지속적으로 유지할 수 있게 됩니다. 또한, 비용절감 및 새로운 수입원 창출을 도모할 수 있습니다. 기술마케팅을 통한 기술 판매로 개발 비용의 조기 회수가 가능해집니다. 이로 인해 신규 수익을 창출하게 되며, 추가적인 혁신을 이룰 수 있는 예산을 확보하게 되는 선순환으로 이루어집니다. 끝으로, 기술마케팅을 통한 타업종 진출을 모색할 수 있으며, 제품의 다각화와 신제품 개발 및 생산코스트의 절감을 기대할 수 있습니다. 개발된 기술을 보유하기만 하는 것이 아니라 타업종 관련 기술과의 협업을 통한 새로운 시장을 모색할 수 있습니다. 예를 들어, 자율주행자동차와 같이 IT와 자동차의 만남은 지금 활발히 진행되고 있으며, 금융과 핀테크의 협업도 향후 10년간 새로운 사업 아이템을 지속적으로 제공할 것입니다.

2.4 기술마케팅과 전통적 마케팅의 기본적 차이점

기술마케팅과 전통적 마케팅의 기본적 차이점은 [표 1]과 같습니다. 전략적 관점에서 비교해 보면, 전통적 마케팅은 경쟁력을 제고하고 자본수익률의 증대에 그 목적이 있습니다. 반면 기술마케팅은 기술 잠재력의 최적화와 제휴 및 네트워크의 구축에 있습니다. 전통적 마케팅의 목표그룹은 제품 사용자로 한정됩니다. 반면 기술 마케팅의 목표그룹은 R&D 전문가, 생산관리자, 주문생산 제조업자 등으로 그 목표 그룹이 다양합니다. 전통적 마케팅을 시장세분화 할 경우, 지역, 인구, 심리적 특성, 행동상의 특성, 최종사용자, 제품사용자, 핵심 고객 등으로 구분됩니다. 반면 기술 마케팅의 경우 신기술로 대체되는 제품, 유지한 생산 공정 기능, 신제품 및 신공정의 기능, 핵심역량 전략 및 아웃소싱, 생산능력 등으로 시장을 세분화하는 것이 가능합니다.

전통적 마케팅에서의 수단은 제품, 서비스, 시스템입니다. 반면 기술마케팅에서는 노하우, 특허, 프로토타입, 프로젝트 등이 그 수단이 됩니다. 전통적 마케팅의 가격은 시장 규칙에 따른 가격으로 설정되나, 기술마케팅의 경우 특정상황에 따른 특정한 가격으로 설정되는 특징이 있습니다. 또한 유통채널의 경우 전통적 마케팅은 시

표 1 전통적 마케팅과 기술마케팅의 차이

기 준	전통적 마케팅	기술마케팅
1. 전략	경쟁력 제고 자본수익률(ROE)의 증대	기술 잠재력의 최적화 제휴 및 네트워크의 구축
2. 목표그룹	제품사용자	R&D전문가 생산관리자 주문생산제조업자(OEM)
3. 시장세분화(예)	지역, 인구, 심리적 특성 행동상의 특성, 최종사용자 제품사용자, 핵심 고객	신기술로 대체되는 제품 유사한 생산 공정 기능 신제품 및 신공정의 기능 핵심역량전략 및 아웃소싱 생산능력
4. 마케팅 수단	제품, 서비스, 시스템	노하우, 특허, 프로토타입 프로젝트
5. 가격설정	시장규칙에 따른 가격	특정 상황에 따른 가격
6. 시장관리수단	광고, 판촉활동	전문가들 간의 평가 혹은 평판
7. 유통채널	시장	시장 및 비시장 메커니즘 (특정 상황에서의 기술이전 등)
8. 요구되는 지식	마케팅(기술은 부수적)	기술과 마케팅

장에서 유통이 되는 반면, 기술마케팅은 시장 및 비시장 메커니즘, 즉 특정 상황에서의 기술 이전 등도 존재합니다. 전통적 마케팅에서 요구되는 지식은 마케팅 지식에 한정되나, 기술마케팅의 경우 기술지식과 마케팅 지식 모두를 요구하게 되는 차이가 있습니다.

2.5 기술 시장

기술 시장이란 기술의 수요자와 공급자를 연결시켜주는 시장으로서 특허, 무형의 기술, 제품에 체화된 기술(반도체 칩 등), 기술서비스 등이 거래되는 시장을 의미합니다. 대표적인 예로 Ocean Tomo를 들 수 있습니다. Ocean(Open, Continuous, Exclusive, Adverse and Notorious) Tomo(とも: 친구, 벗, 동무라는 뜻의 일본어)는 2003년에 설립되었으며, 지적 재산에 대한 자산관리 서비스 전문회사로서, IP자산의 효율적인 활용을 촉진하는 Intellectual capital merchant bank firm 유형의 개념으로 출발하였습니다. 특히, 지적 재산을 이용하여 IP-related M&A, 투자, 가치평가, 전문가 분석, IP경매에 대한 업무의 새로운 패러다임을 제시한 특허 컨설팅 업체입니다. 오션토모는 지적 재산

관리에 대한 업무영역을 전문가 컨설팅, 가치평가, 투자, 위험관리, 기업금융, 기술
경매 업무로 구분하고 있으며 각 영역마다 단위 산업으로 업무를 진행하고 있습니
다. 특히 기술 경매는 최근 가장 성공률이 높은 사업 모델로 인정받고 있습니다.
Ocean Tomo Auction에서는 2006년 4월 세계 최초로 IP 경매시장을 개설하였습니
다. 1,200개 특허를 정밀 실사하여 400개를 경매 대상 특허상품으로 선정한 뒤 판
매 기관과 특허 속성이 동일한 선정 특허를 74개 상품으로 묶어서(Lot) 경매시장에
등록하고, 74개의 특허상품 Lot을 전자 카탈로그로 제작하여 권당 $100에 판매하고
있습니다.

   이들의 수익모델은 일반 경매관행에 따라 판매된 특허 Lot에 대해서 판매자 측에
서 10%, 구매자 측에서 15%의 경매 프리미엄을 청구합니다. 또한, 최소판매가격이
책정되지 않은 특허에 대해서 건당 $1,000의 경매 등록비를 청구하며, 최소판매가
격이 책정된 특허에 대해서는 건당 $3,000, 특허구매를 희망하는 입찰자에 대해서
는 입찰 참가비 $1,500를 책정하였고, 경매 참관을 희망하는 참관자에게는 입장권
을 $995에 판매하고 있습니다. 이러한 경매 수수료를 통하여 기술시장 자체를 유지
하는 최소한의 비용을 조달할 뿐만 아니라, 시장 스스로의 수익성을 확보하여 지속
가능한 성장을 이루도록 수익구조를 갖추고 있습니다

   기술 마케팅의 대상이 되는 기술에 대한 좀 더 자세한 사항과 그에 따른 구체적
인 사례는 QR 코드[1]를 통해서 보실 수 있습니다.

In Class Discussion Topic 📍

1. 성공적인/실패한 기술 마케팅 사례를 선정 후 작성해 보세요.
   - 선정이유 및 사례의 특징 / 시사점
   - 해당 사례에서 기술 마케팅 전략을 실시한 원인 및 결과, 향후 전망
   - 대상 기술의 특성 및 사용한 마케팅 전략, 추가 성장 전략 제언
2. 성공적인/실패한 기술 시장 사례를 선정 후 작성해 보세요.
   - 선정 이유 및 사례의 특징 / 시사점
   - 선정된 기술시장의 성공/실패 요인
   - 전통적 일반 시장과의 차이점 및 제언

3. 인간중심의 기술마케팅

　　인간중심의 기술경영은 ① User Innovation, ② User Experience, ③ Sustainability 의 세 가지 카테고리로 이루어집니다. 위의 세 가지 인간중심의 기술경영 개념을 기술 마케팅에 적용해 보면 어떠한 기술 마케팅을 해야 할까요?

　　첫째, User Innovation 측면에서의 기술 마케팅의 사례로 아마존은 세계 1위 클라우드 서비스인 아마존 웹 서비스(Amazon Web Service, AWS)에서 수백 개의 공개SW 프로젝트를 활용하고 있으며 인공지능 비서 서비스인 알렉사 플랫폼의 개발자 도구도 공개를 하였습니다(Open Source at AWS, https://aws.amazon.com/ko/opensource). 또한 페이스북을 이용하는 응용 프로그램들의 사용자 인터페이스 구현을 위한 리액트(React)와 안드로이드와 iOS 환경에서 리액트의 원활한 동작을 위한 개발 환경인 리액트 네이티브(React Native)들이 있으며 미래 인공지능 혁신을 위한 파이토치(PyTorch) 개발에 공개SW 개발 방식을 활용하고 있습니다. 중국의 중요 대표 기업인 텐센트와 알리바바는 최근 공개SW를 적극 활용하여 메신저 플랫폼 사업과 전자상거래사업을 확장하고 있습니다. 이외에도 세계 2위의 소프트웨어 기업인 오라클과 100년이 넘는 역사를 가진 IBM도 공개SW 기반의 사업을 확장하고 있습니다. 단순 소프트웨어 판매 모델에서 다양한 비즈니스 모델을 통한 플랫폼 구축, 공개SW 판매, 인수합병 등의 전략을 적용하고 있습니다. 구글, 아마존, 페이스북 등은 공개SW 방식을 통해 모바일 생태계, 클라우드 생태계, SNS 생태계에서 경쟁력을 확보하고 세계적 기업으로 성장하고 유지하고 있습니다.

　　둘째, User Experience에 해당하는 사례는 어떠한 것이 있을까요? 기술마케팅의 대표적인 사례로 2015년 서비스를 시작한 삼성전자의 삼성페이를 이야기할 수 있습니다. 삼성전자는 기존에 없던 새로운 간편 결제 시스템인 '삼성페이'를 출시하면서 공전의 히트를 달성하였습니다. 삼성페이를 출시하기 위하여 삼성전자는 2015년 초 모바일 결제 기술을 갖고 있던 미국의 루프페이를 사들인 뒤 6개월 만에 삼성페이를 출시해 모바일 결제 시장 진출에 성공했습니다. 이를 통하여 삼성보다 1년 가량 앞섰던 '애플페이'를 단숨에 따라잡은 것입니다. 또한 삼성은 삼성페이 출시 후 중국의 대표 신용카드인 은련 카드나 중국 최대 모바일 결제 시스템인 알리페이와 제휴를 통해 세력을 확대하고 있습니다. 삼성전자는 루프페이를 2천 9백억 원이라는 비싼 금액에도 불구하고 시장을 선점하는 것이 더 중요하다고 판단하였고, 루프페이 인수 후, 범용성이라는 강력한 무기를 가진 삼성페이는 빠른 속도로 성장 및 핀테크 시장의 강자로 발돋움했습니다. 과거 삼성전자는 시간이 걸리더라도 자체적으로 기술을 개발해 삼성전자의 자체 경쟁력을 키워야 한다는 입장이었지만,

빠르게 변하는 글로벌 IT시장에서 살아남기 위해서 이미 보유기술을 가지고 있는 스타트업을 인수하는 쪽에 무게를 두었습니다. 삼성페이는 기존 삼성전자의 브랜드나 하드웨어적인 기능 외에도 '편리한 결제', '삼성페이'로 인해 스마트폰을 구입하는 응답률이 높아지고 있습니다. 삼성페이 사례에서 드러나듯 제품 혁신의 주요 원천이 자체 기술개발뿐 아니라 외부에서의 구매를 통하여서도 달성될 수 있습니다. 따라서 기업의 입장에서 어떤 기술이나 제품을 개발하기에 앞서 미리 해당하는 기술(혹은 제품)이 사용되고 있는(혹은 사용 되어질) 사용자들이 존재한다면, 기술마케팅을 통한 기술 획득 전략을 실행하는 것도 좋은 방법이라고 할 수 있겠습니다.

끝으로, 차세대 인류를 위한 기술이란 더 좋은 세상으로 나아가기 위한 바른 기술을 의미합니다. 이러한 기술이나 제품은 다음 세대에 더 나은 환경을 물려주기 위해서 중요합니다.

셋째, Sustainability 측면의 기술개발 사례로는 블록체인 기술을 들 수 있습니다. 세계경제포럼(WEF)은 2016년 8월 12일 발표한 보고서를 통해 "블록체인이 개별 금융거래나 국가간 금융거래에서 현재 사용하고 있는 시스템보다 더 안전·투명하고 효과적인 새로운 거래방법이 될 수 있을 것"이라고 밝혔습니다. JP모건체이스, 비자, 마스터카드, 블랙록 등 전 세계 주요 금융기관과 WEF가 지난 1년간의 연구를 통해 "블록체인에 대한 개발은 대개 막후에서 진행되기 때문에 일반 소비자들은 변화를 인식할 수 없을지도 모르겠지만, 그 변화는 더 값싸고 더 신속한 금융서비스를 만들어낼 것"이라고 진단했습니다.

또한, 2017년까지 전세계 은행의 80%가 블록체인 기술을 활용한 금융거래 시스템을 구축할 것으로 추정했습니다. '공공 거래장부' 또는 '분산 공공 장부(distributed ledgers)' 등으로 불리는 블록체인은 모든 비트코인 거래가 기록되고 보관되는 데이터베이스(DB)를 뜻합니다. 은행과 금융기관에서 사용하는 기존 거래장부나 DB와는 달리, 개별 금융사나 정부가 관리하는 것이 아니라 사용자들이 네트워크를 이용해 직접 관리·운영합니다. 블록체인의 핵심은 공유와 연결에 있습니다. 두 금융사가 거래한 기록(블록)을 특정시간 내에 모든 구성원들의 검증을 받아 기존 기록에 연결(체인)해야 한다는 것입니다. 거래가 당사자들의 블록에만 남겨졌다면 이는 인정 받을 수 없습니다. 블록은 기존 내용을 모두 대조한 뒤 일정시간마다 업데이트되기 때문에 위·변조에서도 상대적으로 안전합니다. 해킹을 하려면 전체 블록체인을 시간 내에 고쳐야 하기 때문입니다. 실제로 블록체인은 국내외 송금, 금·다이아몬드 등 거래 가능한 모든 자산으로 확대되는 추세입니다. 블록체인 기술을 통해 거래 안정성은 높아지고 거래 비용은 낮아집니다. 이런 것이 지속가능하고 더 나은 세상을 다음 세대에게 물려줄 수 있는 인간중심의 기술마케팅인 것입니다.

4. 기술마케팅의 전략 및 실행과정

기술마케팅에서 기술의 의미는 사고자 하는 수요가 있는 무형의 자산가치로서 업무수행, 용역수행, 제품생산을 가능하게 하는 지식이나 정보를 의미합니다. "기업에 필요한 기술이 무엇인가"의 결정은 미래에 중요하게 될 기술을 포함하고 있습니다. 현재의 제품 및 서비스에 필요한 기술에 대한 의사결정은 물론, 앞으로 출시할 신제품에 필요한 기술에 대한 의사결정을 포함하고 있으며, 대체재 혹은 새로운 응용의 측면에서 아직 사용되지 않은 기술, 개발될 신기술에 대한 평가를 의미합니다.

또한, 기술마케팅 프로세스는 기술에 대한 구매의사결정을 포함합니다. 기술 구매의사결정이란 기술을 내부적으로 개발할 것인지, 아니면 외부로부터 구입할 것인가에 대한 의사결정의 문제를 의미합니다. 기업 외부의 R&D활동을 활용하는 모든 형태의 기술획득수단(예: 라이선스)뿐만 아니라, 제품 및 공정기술의 개발 과정에서의 모든 협력형태(예: 조인트벤처)를 대상으로 합니다. 끝으로, 기술마케팅 프로세스에서는 기술에 대한 처분 의사결정을 포함하고 있습니다. 어떤 일정시점에서 기업이 보유하는 기술을 배타적으로 활용할 것인지, 아니면 다른 기업이 직접 활용하게 하거나, 대가를 받고 사용하게 할 것인지에 대한 의사결정이 이루어집니다.

기술마케팅의 전략 및 실행과정은 아래 [그림 3]과 같이 4단계로 구분할 수 있고, 각 과정 간에는 상호 간 피드백이 존재합니다. 기술마케팅 전략은 기업의 전사적 전략 및 기술경영전략에 따라 달라지며, 개방형 혁신전략을 구사하는 기업이라면 기술마케팅 전략과 관리가 필요합니다.

그림 3 기술마케팅 실행 순서

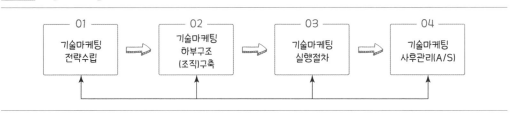

4.1 Step I. 기술마케팅 전략 수립

4.1.1 기술적 잠재력 파악

기술마케팅 전략을 수립하는 제일 첫 단계는 기술적 잠재력을 파악하는 데 있습니다. 기술적 잠재력이란 기업의 사회 기술적 하부시스템으로서, 가용한 기술, 기술의 보유자 그리고 기술적 잠재력을 전개하는 데 필요한 과정 및 구조를 포함하는 개념입니다. 이런 기술 잠재력의 파악을 통해서 우리는 기술 마케팅 전략 수립을 시작할 수 있습니다.

4.1.2 기술경영 전략 수립 – 로드맵 작성

기술적 잠재력을 파악한 후에는 기술경영전략을 수립하고 이에 따른 로드맵을 작성합니다. 기술경영전략을 수립하는 과정에서 기업들은 기술 로드맵을 검토하게 되고 이에 따른 수정의 절차를 따르게 됩니다. 기술로드맵에 대한 좀 더 자세한 사항은 이 책의 제3장 기술 기획에서 자세하게 볼 수 있습니다.

4.1.3 보유 기술의 검토

기술경영 전략을 수립하고 이에 따른 로드맵을 작성한 후에는 보유 기술에 대한 검토에 들어갑니다. 회사 내에 특허 혹은 특허군, 노하우, 프로토타입, 표준 혹은 표준패키지, 프로젝트 등의 검토를 통하여 보유한 현재 상황을 파악합니다.

4.1.4 판매기술의 선정

보유 기술에 대한 검토가 끝나면, 판매기술을 선정하게 됩니다. 기술 판매는 외부 구매자와의 계약에 의해서 이루어지므로 실제로 판매가 가능한 기술이 무엇인지를 검토하는 것이 우선적으로 진행되어야 합니다. 기술평가는 기술 포트폴리오 분석을 통해서 가능합니다. 기술 포트폴리오 매트릭스는 정태적 기술 포트폴리오와 동태적 기술 포트폴리오가 있습니다. 이러한 기술 포트폴리오 매트릭스는 기술의 상대적 강점과 기술 매력도를 2개의 축으로 하여 2×2 매트릭스가 구성되어 있으며 동태적 기술 포트폴리오의 경우 정태적 기술 포트폴리오에 비해서 더 세분화됩니다. 즉, 기술의 상대적 강점과 기술의 매력도가 높은 [영역 1]의 경우 기술을 보유하거나 판매하는 전략이 가능합니다. 기술의 상대적 강점은 낮으나 기술의 매력도가 높은 [영역 2]의 경우에는 기술을 구매하는 전략이 효율적입니다. 기술의

그림 4 기술포트폴리오 매트릭스

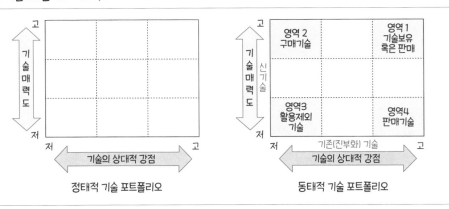

정태적 기술 포트폴리오 / 동태적 기술 포트폴리오

상대적 강점도 낮고 기술 매력도 낮은 [영역 3]의 경우에는 활용제외 기술 전략으로 접근해야 하며, 기술의 상대적 강점은 높으나 기술 매력도는 낮은 [영역 4]의 경우 판매 기술 전략으로 진행해야 합니다.

4.1.5 시장세분화와 표적시장의 선정

기술포트폴리오 매트릭스를 통한 판매기술의 평가가 이루어진 다음에 표적시장에 대한 선정이 이루어집니다. 기술마케팅 전략수립에 있어서 구매자 분석은 필수적입니다. 기술시장분석은 당해 기술의 매력도, 특성분석(시장규모, 성장성, 부가가치의 창출 정도 등)을 진행합니다. 이를 통한 시장세분화 후 표적 시장을 선택하여 집중화시키는 작업이 필요합니다. 이런 기술에 대한 시장세분화 기준은 크게 3가지입니다. 첫째, 시장세분화의 기준은 기술 그 자체에 있습니다. 기술 자체가 기준이 되는 이유는 기술의 특성에 따라 시장이 구분되는 특성을 반영하기 때문입니다. 둘째, 대체기술도 하나의 기준이 될 수 있습니다. 즉, 경쟁기술이나 대체기술은 하나의 훌륭한 기준이 될 수 있습니다. 셋째, 제품기능을 가능하게 하는 기술을 시장세분화의 기준으로 삼을 수 있습니다. 이러한 3가지 기준을 통하여 기술 시장을 세분화할 수 있습니다.

프린팅 기술 시장의 사례를 통해 기술 시장의 세분화에 따른 표적시장 선정을 알아볼까요? 프린터 시장을 기술에 따라 세분화하면 잉크젯, 버블젯, 레이저로 구분합니다. 이런 세분화 후에 표적시장으로 레이저 프린팅 시장을 선정합니다.

4.1.6 목표 그룹의 설정

표적시장을 선정하고 나면, 목표그룹에 대한 설정이 진행됩니다. 일반적으로, 기술구매자는 기업 내부의 R&D 관리자, 생산관리자 등이 됩니다. 이들이 기술마케팅 수립과정에서 목표그룹을 설정할 때 고려해야 할 사항은 다음과 같습니다. 먼저, 기술구매의 동기는 무엇인가?에 대한 구체적인 답변이 준비되어 있어야 합니다. 명확한 목적 없이 기술을 구매하는 것은 결국 비용증가의 요인으로 귀결되기 때문입니다. 다음으로, 기술마케팅 담당자는 잠재적 기술구매자에 대한 정보를 체계적으로 파악해야 합니다. 필요한 기술에 대한 기술적인 인지가 선행되어야 합니다. 마지막으로, 잠재고객의 기술흡수역량 혹은 재무상황, 더 나아가서 기술의 활용의지 등을 파악할 필요가 있습니다. 구매한 기술에 대한 가치는 결국 기술의 활용에 기인하는 만큼 동 기술구매 담당자의 기술 필요 및 활용 의지를 정확히 파악할 필요가 있습니다.

기관 간 이전 대상 기술 사례는 QR 코드[2]를 통해서 보실 수 있습니다.

4.2 Step II. 기술마케팅 하부구조(조직) 구축

4.2.1 TIM(Technology, Intelligence, and Marketing)

기술마케팅 전략을 수립하고 나면, 그 다음 단계로 기술 마케팅 하부구조인 조직을 구축해야 합니다. 이를 위하여, 별도의 기술정보 수집조직을 내재화하거나 외주로 운영하게 되며 이러한 조직은 Technology, Intelligence, and Marketing을 담당하여 흔히 TIM으로 지칭합니다. 기술 마케팅 조직으로서의 TIM의 역할은 다음과 같습니다. 먼저, 기업 내부 및 외부 기술전문가와의 지속적인 접촉을 유지합니다. 대외 창구 및 네트워크로서의 기능을 보유합니다. 체계적인 특허 분석을 하며, 기술정보시스템의 확립 및 운영을 진행합니다. 또한, 핵심기술에 대한 기술로드맵의 작성을 하며, 기술협력 및 전략적 제휴의 확립 및 운영 경험을 축적하게 됩니다. 정기적인 기술전략 수립 및 정교화를 통하여, 바람직한 의사결정을 위한 다양한 기능의 조직의 역할을 담당하며 기술평가를 위한 정보 확보에도 노력하는 것이 TIM의 역할입니다.

4.2.2 TIM 조직구조

TIM은 CTO 혹은 기술에 대해서 책임질 수 있는 최고경영자에 의해 감독되어야 합니다. 이를 통하여 효율적인 조직 고유의 목적에 부합하는 활동과 기대효과를 창출할 수 있습니다. 즉, 기술정보마케팅 조직은 특별 과제를 담당할 뿐 아니라, 전사적 경영을 지원하기 위하여 인사관리, R&D, 생산, 재무, 마케팅까지 고려하여 운용되어야 하는 조직입니다.

그림 5 TIM 조직구조

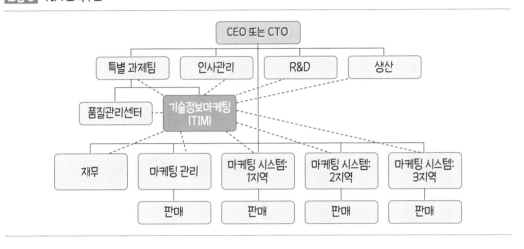

4.2.3 TIM 조직 유형

표2 TIM 조직 유형

	사내전담부서	자회사	아웃소싱
장점	적은 변동비 R&D와 기술마케팅간의 긴밀한 연계 부서간 이해조정 용이	기술마케팅 업무의 전문성 확보 적극적 기술마케팅으로 상업화 기회 증대	적극적 기술마케팅으로 상업화 기회 증대 기술 마케팅 관련 고정비용 절감
단점	큰 고정비용 전문성 미흡 다자간 프로젝트 관리 어려움 과감한 인센티브 부여 곤란	본사와의 상호연계성 취약	변동비 큼(기술료의 10~25%) 개별조직의 특허 포트폴리오 관리 취약 기회활용 인센티브 적음

TIM은 사내전담부서로 있느냐, 자회사로 있느냐, 아웃소싱 하느냐의 조직구성에 따라 [표 2]와 같이 구분될 수 있습니다. TIM조직이 사내전담부서로 존재하는 경우 적은 변동비와 R&D와 기술마케팅 간의 긴밀한 연계, 부서 간 이해 조정이 용이합니다. 반면, 큰 고정비용과 미흡한 전문성, 다자간 프로젝트의 경우 관리가 어려우며, 프로젝트 성공에 대한 과감한 인센티브 부여가 곤란하다는 단점이 있습니다.

자회사로 운영할 경우, 기술마케팅 업무의 전문성을 확보하고, 적극적 기술마케팅으로 상업화 기회가 증대되는 장점이 있으나, 본사와의 상호연계성이 취약하다는 단점을 지니고 있습니다. 아웃소싱의 경우 적극적 기술마케팅으로 상업화 기회가 증대되고, 기술마케팅 관련 고정비용이 절감되는 장점이 있으나, 변동비가 크고(기술료의 10~25%), 개별조직의 특허 포트폴리오 관리가 취약하며, 기회활용 인센티브가 적다는 단점이 있습니다.

TIM 조직에 대한 구체적인 사례는 QR 코드[3]를 통해서 보실 수 있습니다.

4.3 Step III. 기술마케팅 절차

4.3.1 판매기술의 구성

일반적으로 재화나 서비스의 경우에도 판매할 대상(products)에 대해서 명확하게 규정하는 일은 복잡하고 어려운 일입니다. 우리가 다루는 기술마케팅의 경우에는 더욱 어려운 것이 사실입니다. 가장 큰 이유는 일반적인 재화나 서비스에 비해 기본적으로 판매할 기술이 눈에 보이지 않기 때문입니다. 따라서, '기술에 대한 설명'(Technology Description; TD)이 체계적으로 선행되어야 기술 마케팅을 효율적으로 진행할 수 있는 것입니다.

4.3.2 기술마케터

일반 마케터와 구분하기 위하여, 기술을 판매하는 사람을 기술마케터라고 합니다. 즉, 기술마케터란 기술수요자와 기술공급자를 연결시켜주는 사람을 지칭하는 말로서, 특허, 무형의 기술, 제품에 체화된 기술(반도체 칩 등), 기술서비스 등이 거래되는 업무를 담당하는 사람을 말합니다. 기술마케터는 기술구매자가 '필요성'을 느낄 수 있는 분명한 '상품가치'를 인지하고 있어야 하며, 이러한 상품가치를 알기 위하여 기술에 대한 평가를 진행하는 '조사업무'가 필수적입니다. 특정한 기술을 가지고 기술 이전·판매를 시도하기 전에 기술마케터는 기술상품의 기술동향과 시장잠재력 그리고 경쟁환경을 충분히 이해한 뒤 기술구매자에게 어떠한 핵심가치를 제공할 수 있는지 검토해야 합니다. 이를 통하여 핵심가치는 결국 판매소구점(Selling Points)으로 요약되어 판매활동에 활용되어야만 합니다.

기술 상품에 대한 평가를 위한 기술상품 가치평가표는 다음과 같습니다. 이러한 기술상품 가치평가표를 통하여 최소한 평점이 70점을 넘어야 기술마케팅을 시도하도록 규정할 수 있을 것입니다. 각 평가항목에 대한 가중치는 평가하는 기술의 특

표 3 기술상품 가치평가표

구 분	평가항목	가중치	1점	2점	3점	4점	5점
기술성	독창성						
	경합기술 우위성						
	대체가능성						
	제3자 권리침해						
	정부규제						
	추가해결과제						
시장성	시장규모						
	예상성장률						
	제품력						
	제품수명주기						
	진입/퇴출장벽						
사업성	투자규모						
	리스크크기						
	기존설비(기술)양립성						
	부가가치율(수익성)						
	양산소요기간						
	유리한 상황창출						
	가능성						
회사실태	비전						
	조직문화						
	재무상황						

성 및 기술가치평가 회사에서 요구하는 항목에 따라서 탄력적으로 운용되어야 합니다. 또한 최저 효용을 제공할 경우 1점을 배점하고, 최고의 효용성을 지니고 있다고 평가되면 5점을 배점하게 됩니다. 기술성의 경우 기술이 지닌 독창성, 구매하는 기술과 경합되는 기술에 대한 우위성, 타 기술로의 대체가능성, 기술 구매에 따른 제3자 권리침해 여부, 기술활용 및 이전에 대한 정부규제, 기술활용을 위해 추가적으로 해결해야 하는 과제의 여부 등에 대한 항목으로 평가할 수 있습니다. 시장성의 경우 기술을 가지고 진입할 수 있는 시장의 규모, 기술을 활용한 매출액의 예상성장률, 기술을 바탕으로 제작한 제품의 성능, 새로 제작한 제품의 수명주기, 구매

한 기술로 발생하는 입·퇴출장벽 등에 대한 항목으로 평가합니다. 사업성의 경우 기술을 매입하는 투자규모, 기술 도입에 따른 리스크 크기, 신규 기술로 인한 기존 설비 양립성, 기술활용에 따른 부가가치율, 신기술 도입을 바탕으로 인한 신제품 양산 소요시간, 신기술 도입에 따른 제품 경쟁력 및 시장 지배력 강화 등의 유리한 상황창출, 시장의 판매 가능성 등에 대한 항목으로 평가합니다. 회사실태의 경우 기술개발 회사가 지닌 비전, 기술 개발 회사의 조직문화, 자산 건전성 등의 재무상황으로 평가합니다.

기술상품 가치평가표를 통하여 기술에 대한 평가를 완료한 후에는, 누가 가장 우리 기술상품을 구매하려 드는지, 즉 잠재고객에 대한 리스트 작성을 해야 합니다. 이러한 작업은 잠재고객의 프로파일 작성이라고 하며, 이는 기술상품이 어느 분야에서 사용될 수 있는지 수요처를 찾는 과정입니다. 이런 작업을 통하여 해당업체에 대한 정보 파악하고, 대략 30~50개 업체의 정보를 수집 후 가능성이 있어 보이는 업체부터 차례대로 제안 우선순위를 결정하게 됩니다. 그리고 나면, 협력사업제안서와 기술상품설명서를 선정된 업체에 송부합니다.

4.3.3 기술 가격의 결정

기술마케팅을 진행하기 위해서는 마케팅 대상이 되는 기술의 가격을 결정해야 합니다. 기술의 가격결정은 일반적으로 기술의 가치평가를 토대로 결정하게 됩니다. 그러나, 일반 상품과 달리 시장에서 일률적으로 결정되기 어려운 특성을 지니고 있습니다. 왜냐하면, 거래대상인 기술의 내용이 구체적이지 못하고, 기술의 가치는 기술이 내재화되는 제품의 가치에 의해 간접적으로 결정되기 때문입니다. 또한, 기술 내용 자체가 변화하기도 하며, 동질적인 기술은 거의 존재하지 않기 때문에 기술 가격의 결정은 어려운 문제입니다. 결국, 기술마케팅 프로세스상에서 구매자가 지불하고자 하는 가격의 범위와 판매자가 얻고자 하는 가격 범위 내에서 협상을 진행하게 됩니다.

4.3.4 기술마케팅 수단의 선정

기술마케팅 수단은 크게 5가지(Licensing, 프랜차이즈, 조인트벤처, 턴키 프로젝트, 기술컨소시엄/공동 R&D 프로젝트)로 구분할 수 있습니다.

① Licensing

Licensing은 권리의 성질이나 그 보호의 법제도가 서로 다르며 재산적 가치가 있는 경제적 또는 산업기술에 관한 특허권, 실용신안권, 디자인 및 상표권 등의 산업재산권과 그 밖의 Know-How, 영업비밀 등의 실시 및 사용을 허용하고 이에 대해 대가가 지불되는 형식의 계약을 말합니다. 우리나라에서 Licensing이라고 하면 통상의 기술도입계약을 가리키며 이것은 한국에 지적소유권을 등록한 외국기업이 한국기업에 동 권리의 실시 및 사용을 허락하고 한국기업이 그 대가로서 로열티를 지불할 것을 약속하는 국제계약입니다.

② Franchise

Franchise란 상호, 특허 상표, 기술 등을 보유한 제조업자나 판매업자가 소매점과 계약을 통해 상표의 사용권, 제품의 판매권, 기술 등을 제공하고 대가를 받는 시스템을 지칭하는 말입니다. Franchise는 라이선싱의 한 형태이지만, 기술의 판매자가 계속적으로 기술 구매자를 지원해주는 경우를 말합니다. 기술거래 후에도 원료를 계속적으로 공급하거나, 마케팅을 도와주고, 교육 훈련서비스를 지원하는 것 등을 의미합니다. 일반적으로 음식점 체인이나 서비스업종에서 많이 행해지는 형태입니다.

③ Joint Venture

Joint Venture는 둘 이상의 당사자가 공동지배의 대상이 되는 경제활동을 수행하기 위해 만든 계약구성체를 의미합니다. 조인트벤처는 다양한 형태로 나타나지만, 기업회계기준서에서는 공동지배대상사업, 공동지배대상자산 그리고 공동지배대상기업이라는 세 가지 유형으로 분류하고 있습니다. 모든 조인트벤처는 두 가지 공통적인 특징을 가지고 있습니다. 첫째, 참여자가 계약합의사항에 의하여 구속을 받습니다. 둘째, 계약합의사항에 의하여 공동지배가 성립합니다. 보통 「계약합의사항」은 참여자 간의 계약이나 회의록 등의 형태로 나타나기도 하며, 조인트벤처의 정관이나 내규에 포함되기도 합니다. 이와 같이 계약합의사항은 형태에 상관없이 일반적으로 문서화되며, 다음과 같은 사항을 다룹니다. ⅰ) 조인트벤처의 활동, 존속기간 및 보고의무사항 ⅱ) 조인트벤처의 이사회 또는 이와 동등한 지배기구의 구성 및 참여자의 투표권 ⅲ) 참여자의 출자 ⅳ) 조인트벤처의 산출물, 수익, 비용 또는 운영성과에 대한 참여자 간의 배분입니다.

기술마케팅 관련 주요 조인트벤처 사례는 QR 코드[4]를 통해서 보실 수 있습니다.

④ Turn-key Project

Turn-key형 계약이라 함은 plant의 자재 등을 인도하는 것 이외에 현지에서 조립, 설치, 운전 및 부속시설의 건설공사, 관계특허권, know-how 등 기술지식의 제공, 기술자의 파견, 기타 용역제공 등 그 전부 또는 일부를 수출하는 계약을 말합니다. 따라서 수입자가 turn(돌림)하기만 하면 될 수 있도록 수출자가 plant를 완성하여 인도하는 물건을 turn-key project라고 부르게 된 것입니다. Turn-key형 계약은 공급범위에 따라 semi-turn-key형 계약과 full-turn-key형 계약으로 구분할 수 있습니다. semi-turn-key형 계약은 plant의 설치 및 건설 등에 소요되는 기계설비, 기타자재는 수입자가 구입제공하고 수출자는 단지 조립 및 설치공사만을 하기로 약정하는 계약을 말합니다. Full-turn-key형 계약은 부지 선정에서부터 기기 및 자재 등의 공급과 설치공사, 건물공사, 시운전까지 포함하는 수출계약을 말하는 것으로, FOB형 계약과 semi-turn-key형 계약을 모두 포함하는 소위 포괄적인 일괄수주방식을 의미합니다.

⑤ 기술컨소시엄 · 공동 R&D 프로젝트

기술컨소시엄이란, 두 개 이상의 경제활동주체(기업, 공공연구소, 대학)들이 기술개발을 위해서 협력하는 형태를 말합니다. 기반기술이 필요한 경우, 혹은 기반기술이 존재하는 경우에도 경제적 위험성 감소 등 다른 목적을 위해 서로 협력하게 됩니다. 또한, 이미 성숙한 기술의 경우에도 전략적 제휴가 가능합니다. 이런 기술컨소시엄 사례로는 삼성전자 건강연구소 SEMATECH과의 공동연구나, 영국과 프랑스 엔진업체 간에 추진한 콩코드 프로젝트 등이 있습니다.

이외에도 최근에는 크라우드 펀딩(Crowd Funding)을 통해 투자자를 모집하거나 얼리어답터(Early Adaptor) 대상으로 마케팅 활동을 하는 형태를 말합니다. 창업자는 초기 사업확장을 위한 자금확보를 할 수 있고, 개발 제품에 대한 소비자의 관심도를 사전에 파악할 수 있습니다. 또한 아이디어를 제품개발과정에서 투자자를 통해 받을 수 있는 장점이 있습니다. 기술의 필요성과 특장점, 진행(제작)과정에서의 차별성이 다수의 사람들에게 노출되어 마케팅 효과를 볼 수 있습니다. 주요 크라우드펀딩 플랫폼은 킥스타터(KICKSTARTER), 인디고고(INDIEGOGO), 고펀드미(gofundme) 등이 있습니다.

4.3.5 효과적인 기술마케팅 종류 선정

기술의 공유 정도와 기술활용의 통제 정도에 따라서 효과적인 기술마케팅 종류를 선택할 수 있습니다. 기술의 공유 정도란 기술을 공유하는 수준에 따라서 나뉩니다. 만약 기술의 활용 정도에 대한 통제 정도는 높으나, 기술의 공유 정도도 높다면, 조인트벤처, 라이선스, 프랜차이즈 등이 유리합니다. 반면, 기술의 활용 정도에 대한 통제 정도가 매우 낮으며, 기술의 공유 정도도 높다면 배타적인 유통망을 보유하고 임하는 것이 가장 유리합니다. 또한, 기술활용의 통제 정도가 낮고 기술의 공유 정도가 낮다면 기술을 공표하거나, 비배타적인 공동 라이선스를 제공하는 것을 고려하여야 하며, 기술활용의 통제 정도가 매우 높으나 기술의 공유 정도가 약하면 자체 생산하여 판매하는 것이 가장 유리합니다.

그림 6 효과적인 기술 마케팅 종류

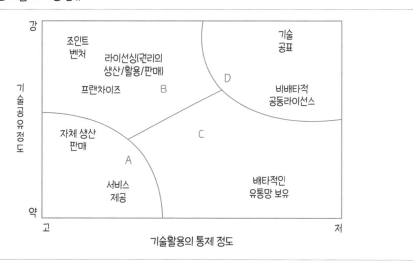

출처: Siefert et al.(2008)

4.4 Step IV. 기술마케팅 사후관리(A/S)

4.4.1 사후관리

기술마케팅으로 통한 기술 거래가 이루어졌다고 해서 기술마케팅 프로세스가 종료된 것은 아닙니다. 거래가 성사된 이후에도 기술거래에 대한 계약사항의 준수 여부를 지속적으로 관찰해야 합니다. 특히 로열티 관련 사항이나 기술구매자의 당초 목적 이외의 사용 등에 대해서는 위험관리 차원에서 파악해야 하는 주요한 사항입니다. 또한 기술 판매자는 계약에 명시된 기술정보 이외에도 추가적인 기술정보(세부마무리작업 정보)를 제공하는 경우가 발생하므로 사후관리차원에서 이를 수행해야 합니다. 장기적인 라이선스 거래의 경우 추가적인 교육훈련이 지원되어야 하며, 많은 경우 기술제공기업의 기술인력이 기술구매기업에 투입되어야 합니다. 특히, 거래대상이 노하우인 경우에는 교육지원이 더욱 필요합니다. 거래대상이 상표인 경우에는 기술판매자는 라이선스된 기술이 체화되는 제품의 품질경영을 지원해야 합니다. 또한, 프랜차이즈의 경우에는 핵심원료 및 인력의 계속적 지원을 통해 제품 및 서비스의 질을 유지해야 할 것입니다.

4.4.2 기술마케팅 성공요인

Sung & Gibson(2005)에 따르면 대화(개인접촉, 이전 대상자 파악여부, 다양한 채널 등), 거리(공동목표 인식, 기업 환경에 대한 이해, 유사한 사고 및 태도, 기술에 대한 이해 증진), 명확성(기술의 구체성, 연구협력 프로그램, 기술에 대한 분명한 정의, 각종 프로그램), 동기(유인책, 성공사례, 기업의 요청, 전문가의 존재) 등에 기인합니다. McEachron et al.(1978)에 의하면 생산자와 소비자의 요구조건을 충족시킬 수 있는 기술 및 주된 당사자 간의 의사소통과 협력, 연구개발의 시장적응력이 기술마케팅의 성공요인으로 꼽힙니다. McMullan & Melnyk(1978)에 따르면 마케팅 조사능력, 관심이 있는 기술에 대한 이해, 유용한 정보원천의 발견 및 응용, 산업디자인, 기술이전과 벤처산업에 대한 지식 및 이해 등이 기술마케팅 성공요인으로 작용합니다.

나가면서···

이 장에서는 기술마케팅의 정의에 대해서 알아보고, 인간중심의 기술마케팅의 사례들을 살펴보았습니다. 아울러 실제 기술마케팅 전략을 수립하기 위해서 필요한 내용들을 구체적으로 살펴보았습니다. 이런 절차를 따라함으로써 기술마케팅에 관련된 구체적인 전략을 수립하실 수 있습니다. 다음 장에서는 이런 기술마케팅과 가장 연관된 분야로 기술금융에 대해서 알아보도록 하겠습니다.

1. 성공적인 기술마케팅 전략 사례를 선정 후 작성해 보세요.
   - 선정 이유 및 사례의 특징 / 시사점
   - 사례의 단계별 기술마케팅 전략 [마케팅 수행 4단계별/기술마케팅 전략수립 6단계별]
   - 해당 사례의 전략적 제언

Out Class Team Project

1. 각 팀별 기술사업화 아이템에 대하여, 기술마케팅 상황을 가정하고 현 기술사업화 아이템 특성 혹은 아이템의 발전방향에 맞는 적합한 기술마케팅 형태를 선정하세요(A,B,C,D영역 참고).

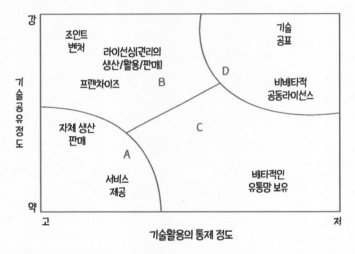

2. 그 방식은 외부의 새로운 기술을 취득하여 해당 아이템을 발전시키는 경우가 될 수도 있고, 기술의 특성에 따라 기술사업화 아이템을 거래 혹은 이전하는 상황이 될 수도 있기에 팀별 기술사업화 목표를 세우고, 그에 맞는 기술마케팅 형태를 선정하세요.

3. 기술마케팅 형태(Joint Venture, Licensing, Franchise, etc.)를 제시하고 세부 전략(기술적 잠재력 파악, 기술경영 전략 수립 – 로드맵 작성, 보유 기술의 검토, 판매기술의 선정, 시장세분화와 표적시장의 선정, 목표 그룹의 설정)을 도출하세요.

참고문헌

기업회계기준서 제18호 '조인트벤처 투자'(2005) 한국회계기준원. Retrieved from http://www.kasb. or.kr/fe/bbs/NR_view.do?bbsCd=1002&bbsSeq=123

김정홍. (2006). 지역기술이전센터(RTTC) 운영 사례분석과 정책시사점. 산업연구원 산업경제, 10, 25-35.

박호영·박웅(한국전자통신연구원). (2016). 기술사업화 정책 동향 및 촉진 전략, 23

성태경. (2012). 기술사업화 수단으로서의 기술마케팅. 지식재산연구, 7(3), 101-129.

임채윤·이윤준. (2007). 기술이전 성공요인 분석을 통한 기술사업화 활성화 방안. 정책연구, 1-183.

정기대·박상문. (2005). 국내 대기업의 기술판매 활성화 방안 연구. 기술 혁신학회지, 8(1), 1-28.

조소영. (2008). "특허라이센싱에서 特許權 技術價値評價와 그 活用에 관한 硏究"

Chesbrough, H. (2006). Open Business Model, Harvard Business School.

Seifert, R. W., B. F. Leleux & C .H. Tucci. (2008). Nurturing Science-based Ventures: An International Case Perspective, Springer.

The future of financial infrastructure. An ambitious look at how blockchain can reshape financial services.(2016, Aug.12) World Economic Forum. Retrieved from http://www3.weforum. org/docs/WEF_The_future_of_financial_infrastructure.pdf

Tschirky, H. P. (1994). The role of technology forecasting and assessment in technology management. R&D Management, 24(2), 121-129.

[기사]

공개 소프트웨어 산업의 이해-해외 기업들의 공개소프트웨어 활용, 2018

가입자 1,000만 명 돌파한 삼성페이 無수수료·한 박자 빠른 M&A가 '신의 한 수'

꼭 필요한 기술, 콕 집어… 삼성의 '핀셋 M&A'(http://biz.chosun.com/site/data/html_dir/2016/08/12/ 2016081200023.html)

정재영.(2014, Jan. 17) 포스코 미래, 권오준 과거에서 찾다. 세계일보. Retrieved from http://www. segye.com/content/html/2014/01/17/20140117004419.html

노현.(2016, Aug. 14) 블록체인의 시대 선언한 세계경제포럼 보고서. 매일경제. Retrieved from http://news.mk.co.kr/newsRead.php?no=578702&year=2016

박희범.(2013, Nov. 11) [데스크라인]기술사업화 성공 조건. 전자신문. Retrieved from http://www. etnews.com/201311110493

10 기술금융

금융을 통한 스타트업의 Jumping Up

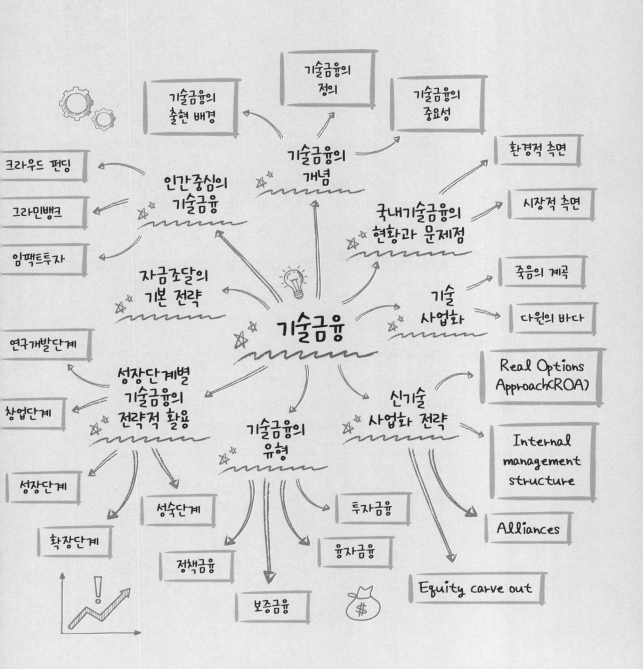

기술금융의 정의

기술금융의 출현 배경

기술금융의 중요성

기술금융의 개념

환경적 측면

시장적 측면

크라우드 펀딩

그라민뱅크

임팩트투자

인간중심의 기술금융

국내기술금융의 현황과 문제점

자금조달의 기본 전략

죽음의 계곡

다윈의 바다

연구개발단계

기술 사업화

기술금융

창업단계

성장단계별 기술금융의 전략적 활용

신기술 사업화 전략

Real Options Approach(ROA)

성장단계

기술금융의 유형

Internal management structure

성숙단계

투자금융

확장단계

정책금융

융자금융

Alliances

보증금융

Equity carve out

기술금융

금융을 통한 스타트업의 Jumping Up

동영상강의

론 코웨이
(Ron Coway)

투자자로서 가장 보답받는 것은 창업가가 빛의
속도로 성장해야 할 때 그것을 할 수 있도록 도와주고
그것을 지켜보는 일입니다.

✓ 시작하는 질문

- 기업의 기술사업화 과정에서 필요한 자금조달을 위한 금융기법은 무엇일까요?

- 기술금융의 핵심 이론은 무엇이며, 이것이 전통적인 재무관리 이론과 어떻게 다를까요?

- 기업 입장에서 기술사업화의 전략과 단계에 따라 적합한 기술금융의 종류는 무엇일까요?

들어가면서…

이번 장에서는 기술금융에 대해서 알아보고자 합니다. 여러분들은 이제까지 기술평가, 기술마케팅에 대해서 살펴보았습니다. 기술을 평가하고 거래하기 위해서는 어떠한 시스템이 필요할까요? 기술을 평가하고 거래하기 위해서는 일반적인 금융과는 다른 방법이 필요합니다. 그렇다면 기술과 관련된 금융은 일반적인 금융과 어떻게 다를까요? 특히 상상력과 창의성에 기반한 과학기술을 통한 지속적 경제성장을 추구하는 지식기반 경제에서는 이를 효과적으로 실현하기 위한 기술금융이 절실히 필요합니다. 이 장에서는 우선 기술금융에 대한 기본적인 정의와 기술금융이 중요한 이유를 제시합니다. 또한 기술사업화 과정에서 기술금융이 어떠한 기능을 제공하며 일반금융과는 어떻게 다른지 소개합니다. 특히 기술사업화 과정에서 기술금융을 설명하기 위해 Real Options이론을 이해하는 것이 필요하므로 관련 이론을 소개하고 관련 사례들을 제시합니다. 기술사업화를 촉진시킬 수 있는 금융시스템 이해하기 위해 기술금융의 종류를 설명하고 기술사업화 전략과 단계에 따라 적합한 기술금융 방법을 제시하겠습니다. 마지막으로 인간중심의 기술사업화를 위한 기술금융에 대해서 알아보도록 하겠습니다.

1. 기술금융의 정의와 중요성

1.1 기술금융의 출현 배경

상상력, 창의성에 기반한 창조적 과학기술을 통한 지속적 경제성장을 추구해야 하는 시대가 도래하였습니다. 창의적 과학기술과 이의 산업적 활용으로 창출된 경제적 이득을 보호해야 하는 지식재산이 핵심 성장 요소로 대두되었습니다. 이러한 지식기반 경제의 심화에 따라 기술, 지식 등 무형자산이 기업경쟁력의 중요 요소가 되었습니다. 또한 우리나라의 경제발전단계 및 중국 등 개도국의 추격을 감안할 때 선진기술의 모방이나 요소투입의 확대에 의한 성장이 한계에 달하였고, 혁신역량의 강화 및 기술 혁신에 의한 총 요소 생산성(TFP)의 향상을 통한 질적 성장을 추구하지 않을 수 없는 상황에서 지식, 기술의 생성 및 이에 기반한 산업의 발전이 그 어느 때보다 중요합니다(김광희 & 우제현, 2008). 이를 효과적으로 실현하기 위해서는 창의적 아이디어와 지식재산이 창출, 보호, 활용되는 금융 시스템을 구축할 필요가 있습니다.

1.2 기술금융이란 무엇인가?

기술금융에 대한 협의의 정의(서병호, 2015)는 기술력은 우수하나 신용등급이 낮아 자금의 융통이 어려운 창업 및 성장 기업을 대상으로 하는 해당 기업의 보유기술에 대한 평가를 통해 투자 또는 융자의 형태로 자금을 제공하는 것을 의미합니다. 기술금융의 대상이 되는 기업들은 실패 가능성이 높은 대신 성공할 경우에는 페이스북이나 구글과 같이 비약적으로 성장하는 경우가 많아 미국과 이스라엘 등 기술금융이 발전한 해외 주요국에서는 주로 벤처캐피털이 기술금융을 담당하고 있습니다. 그러나 우리나라는 벤처캐피털이 영세하기 때문에 기술보증기금(이하 기보)과 신용보증기금(이하 신보) 등의 공공기관에서 기술금융을 주로 담당해왔습니다.

기술금융에 대한 광의의 정의(강요셉, 2014)는 가치창출의 주체인 기업이 기술사업화 과정 전반에 걸쳐 다양한 형태로 공급되는 금융자원을 의미합니다. 가치창출의 주체인 기업은 연구개발 - 창업 - 제품개발 및 판매 등 혁신의 전 과정에서 지식과 기술을 필요로 함과 동시에 많은 자금을 소요할 수밖에 없기 때문입니다. 최근 기업들이 새로운 기술 개발과 이를 사업화하는 과정에서 불확실성과 위험성이 기업의 규모와 관계없이 높아지고 있습니다. 내부 또는 외부에서 조달하는 재무적 자원을 제공하는 주체들의 의사결정의 어려워지고 있습니다. 특히 중소기업 입장에서 기술금융은 다양한 시장실패와 시스템 실패 요인에 의해 기업이 원하는 규모와 시기에 적절하게 공급되지 못할 가능성이 높기 때문에 기술력은 있으나 매출이 부족하고 신용이 좋지 않은 창업 초기 기업의 경우, 자금 부족으로 기술사업화 진행에 어려움을 겪을 가능성이 더 큽니다. 뿐만 아니라 대기업도 불확실성이 높아진 기술사업화 환경 속에서 전통적 재무관리 기법을 바탕으로 하는 일반금융 기법으로는 재무자원의 선택과 집중의 의사결정에 적용할 수 없으므로 새로운 금융기법이 요구되고 있습니다. 따라서 기술금융을 협의의 정의로만 한정하기보다는 광의의 정의로 접근하는 것이 현 시점에서 더 적합합니다.

이러한 관점에서 기술금융의 특성을 세 가지로 요약할 수 있습니다(임형준, 2013). 첫째, 정보의 비대칭성이 매우 높은 특성을 가지고 있습니다. 유형자산과 재무정보에 대한 불확실성이 높고 정량적, 표준적으로 평가하기 어렵습니다. 그러므로 기술의 경제적 가치를 평가해야 하는데 이는 전문성이 요구되고 평가 결과의 객관성을 담보하기 어렵습니다. 이러한 특성 때문에 자금을 공급하는 금융회사는 기술을 사업화할 전략을 구상해온 기업에 비해 기술의 경제적 가치 평가에 있어 열위에 있을수밖에 없습니다. 둘째, 미래 현금흐름에 대한 위험도가 높습니다. 시장의 평가를 거치지 않는 신기술에서 발생하는 미래 현금흐름에 대한 추정은 변동 가능성이 매우 높습니다. 그러나 대출을 제공하는 금융중개기관은 미래 현금흐름의 현재가치가 같은 경우 현금흐름의 변동성이 낮은 기업을 선호합니다. 마지막으로, 민간 기술금융시장에서는 자금 거래에 장애가 발생할 가능성이 존재합니다. 예를 들면, 기술개발 및 사업화는 불확실성 및 실패의 위험성이 높고, 자금공급자와 자금수요자 간의 정보비대칭성이 크기 때문에 분산투자를 통한 위험 분산, 담보 확보, 차주의 상환능력 심사 등 전통적인 위험관리 기법 활용을 하기가 어렵습니다. 이로 인해 자금공급자는 자금공급을 기피하게 될 가능성이 높습니다. 정보의 비대칭성으로 자금공급자는 계약 이전 단계에서는 기업의 과대 포장된 정보로 인하여 잘못된 선택, 즉 역선택(Adverse Selection)을 할 위험이 있고 자금 공급계약 이후에는 대리인 문제(Agency Problem)의 야기로 도덕적 해이의 발생 가능성이 매우 큰 것입니다. 그 결과, 자금공급자는 재무상태(물적 담보) 및 경영실적 등을 중시하고 무형의 기술자산에 대한 미래가치 평가를 토대로 한 투융자는 기피하게 됩니다. 특히, 실적이 있을 수 없는 기술 혁신형 창업기업의 자금조달은 큰 애로를 겪을 수밖에 없습니다. 따라서 실제 기술개발과 혁신이 국민경제에 기여하는 외부경제효과에 비해서 이를 위한 투자 활동은 사회적으로 위축될 가능성이 높습니다.

1.3 기술금융의 중요성

기술기업에 대한 금융서비스 제공은 실물경제의 발전과 성장을 위한 기본적인 과제에 해당합니다. 또한 기술기업의 창업 및 성장, 발전 등을 위한 금융서비스의 제공은 정책적 측면에서 핵심과제로 떠오르고 있습니다. 그러므로 효과적인 기술금융 시스템은 금융서비스의 경쟁력을 결정하는 주요한 결정요인에 해당합니다. 향후 효과적인 기술금융 체계 마련은 거시경제 측면이나 사회경제 측면, 금융발전 측면, 글로벌 경쟁력 개선 등에 기여할 것으로 전망됩니다. 특히 기술금융의 발전은 신기술사업화를 통한 성장기반을 마련할 수 있다는 점에서 경제성장에 기여할 것이며, 또한 기술금융의 확산은 모험 자본의 형성을 촉진함으로써 위험분담을 통한 기술혁신을 주도할 수 있는 사회경제적 여건을 마련하고 기술친화적 문화를 형성할 수 있습니다.

특히 신기술사업화에 기반이 되는 기술금융 시스템은 중장기 자금조달과 위험자본의 조달을 촉진함으로써 기업 친화적 금융시스템의 발전을 촉진합니다. 기술금융 시스템의 개선은 궁극적으로 기술개발을 통한 소규모 개방경제의 글로벌 경쟁력을 높이는 데 기여할 수 있습니다. 따라서, 기술금융의 글로벌 경쟁력 향상은 금융과 산업의 동반 성장을 통한 신성장 기회를 창출하고 중장기 경제성장 기반을 마련하는 등 가장 핵심적인 과제로 다루어져야 할 것입니다.

　이렇게 기술금융의 중요성이 점점 증가하고 있지만, 우리나라의 기술금융의 효율성은 그다지 높지는 않습니다. 우리나라의 기술금융의 현황에 대한 좀 더 자세한 내용은 QR 코드[1]를 통해서 보실 수 있습니다.

In Class Discussion Topic

1. 우리가 일상생활 속에서 기술금융의 중요성을 실감할 수 있는 구체적인 예를 제시해 봅시다.
2. 정부가 기술금융을 중요시 하는 이유는 무엇이며, 기술금융의 정책 사례를 제시해 봅시다.

2. 기술사업화

　가치 창출의 주체인 기업은 연구개발 – 창업 – 제품개발 및 판매 등 혁신의 전 과정에서 지식과 기술을 필요로 함과 동시에 많은 자본 투입 역시 필연적이기 때문에 기업 활동 전반에 기술금융을 필요로 합니다. 그러므로 기술금융은 기술사업화를 위해 존재하는 특수 목적의 금융 서비스라고 할 수 있습니다. 그렇기 때문에, 기술금융의 서비스 체계를 이해하기 위해서는 기술사업화의 프로세스를 이해할 필요가 있습니다.

　기술사업화는 [그림 1]과 같이 다양한 혁신주체들이 참여하여 연구개발과 이를 통해 경제적 성과를 창출하는 일련의 과정입니다. 여러 가지 정의가 있을 수 있으나, 우리나라 「기술의 이전 및 사업화 촉진에 관한 법률」에서는 기술사업화를 '기술을 이용하여 제품을 개발·생산 및 판매하거나 그 과정의 관련 기술을 향상시키는 것'이라고 정의합니다. 넓은 의미에서의 기술사업화는 혁신의 전 주기관점에서 기술의 이전·거래·확산·적용을 통해 가치를 창출하는 제반 활동과 그 과정입니다 (박종복 외, 2011). 그런 의미에서 기술사업화는 기술이전을 포괄하는 더 광의의 개념으로 보고 있습니다. 기술사업화는 기술·법·제도 등 다양한 요인이 성패에 영향을 미치며, 그 자체의 특성상 실패 가능성이 높은 고도의 혁신프로세스입니다.

그림 1 기술이전 · 사업화의 일반모형

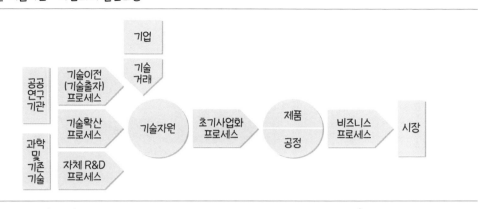

출처: 박종복 외(2011)

기술사업화의 성패는 기술의 속성, 기술개발자나 기술수용자의 특징, 외부환경 조건 등 혁신시스템 내의 다양한 요인이 영향을 미칩니다. 따라서 기술사업화 정책은 혁신시스템 전반을 아우르는 시스템적이고 포괄적인 정책이 되어야 합니다. 일반적으로 기술사업화는 기술과 기술시장의 속성으로 인해 실패확률이 높고, 진행 과정상 다양한 장애요인이 존재합니다. 특히, 기술사업화는 제품 양산과 시장에 안착하는 과정에서 큰 장애물이 존재하며 이의 극복여부가 사업화 성공 여부에 결정적 영향을 미칩니다. 먼저, 죽음의 계곡(The Valley of Death)이라는 개념은 실험실 단위에서 개발된 기술이 제품화되는 과정에서의 어려움을 지칭하며, 이를 극복하기 위해서는 추가 개발자금 및 엔지니어링 기술 등이 필요함을 강조하고 있습니다. 또한 다윈의 바다(The Darwinian Sea)라는 개념은 양산된 제품이 시장에 성공적으로 안착하기까지의 어려움을 지칭하며, 이의 극복을 위해서는 고객확보를 위한 마케팅 활동, 국내외 판로 및 시장개척을 위한 자금 등이 필요함을 강조하고 있습니다. 그러므로 기술사업화는 위와 같은 장애물에 의해 신제품개발이 진행됨에 따라 생존율은 급격히 떨어지며 소요비용은 급격히 증가하게 됩니다. [그림 2]는 기술사업화 단계별 생존율 및 소요되는 비용을 보여주고 있습니다. 최초 단계에서 3,000개의 아이디어가 단계별로 선별되고 프로젝트화되고 줄어들면서 시장에 출시되는 아이디어는 1개뿐입니다. 그러나 단계별로 선별되고 프로젝트화되는 과정에서 들어가는 개별 비용이 누적되며 결국 총제적인 비용의 증가로 이어집니다. 연구 결과에 의하면 3,000개의 아이디어 중 1개가 시장에 출시되는 과정에서는 과정에 들어가는 모든 매몰 비용(Sunk Cost)까지 감안하면 2,452만 달러가 소요됩니다(Hammerstedt and Blach, 2008).

그림 2 기술사업화 단계별 생존율 및 소요비용

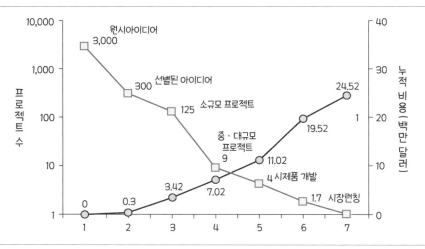

출처: Hammerstedt and Blach(2008)

기술사업화에 대한 금융 투자가 기존의 투자에 비해서 얼마나 더 어려운지에 대한 좀 더 자세한 사항은 QR 코드[2]를 통해서 보실 수 있습니다.

In Class Discussion Topic

1. 기술사업화 과정에서 효과적으로 금융을 조달해 성공한 사례를 제시하여 봅시다.
2. 기술사업화 과정에서 기술금융 조달에 실패한 기업과 실패요인을 제시하여 봅시다.

3. 신기술사업화 전략

신기술사업화를 촉진하는 효과적인 기술금융의 방법으로 아래와 같은 4가지 전략이 주로 사용됩니다.

3.1 Equity carve-out

신기술 사업을 새로운 자회사를 설립을 통해 분리하는 방법입니다. 이 자회사를 통해 자본시장에서 신기술사업화 과정에서 필요한 자본을 유치할 수 있습니다. 이 방법은 세 가지 장점이 있습니다. 첫째, 기존 회사는 모회사로서 경영권도 계속 확보할 수 있으며 둘째, 자회사에게 자율권을 보장함으로써 동기를 부여함과 동시에 자금 조달도 용이하게 할 수 있을 뿐 아니라, 셋째, 신기술사업화 과정에서 소요되는 자금은 자회사가 경영 상황에 따라 감당하게 함으로써 기존 회사의 리스크를 줄일 수 있습니다. SK가스는 PDH(Propane Dehydrogenation, LPG로 프로필렌 생산)사업부문을 물적 분할하고 약 1,100억원을 출자하여 자회사인 SK어드밴스드를 설립하였습니다. 프로필렌은 석유화학산업의 꽃이라고 불리는 나프타보다 평균 수요는 높지만, 유가하락과 국제 유가 변동성 확대, 중국 및 국내 설비증설 부담 등으로 불확실성이 높습니다. SK가스는 위험 분산을 위해 자회사로 분리하고 사우디아라비아 석유화학업체인 APC의 자회사인 AGIC로부터 약 800억원(지분의 35%)을 투자받았습니다(http://www.4-traders.com/, 2014.09.16).

3.2 Alliances

시너지 효과가 가능한 기업과 제휴를 하는 방법입니다. 이 방법은 성공 시 성과를 공유해야 하지만 실패 시 손실도 분산할 수 있어 리스크를 낮출 수 있습니다. 일례로, 세계 디스플레이 시장은 1990년대 말까지만 하더라도 일본 기업이 주도했으나 2000년대 초반 한국 기업들이 '5세대 LCD' 생산에 대대적인 투자를 하면서 생산능력 면에서 일본 기업들을 압도하기 시작했습니다. 일본 기업들은 장기적인 경기침체 속에 위험을 회피하려 했으나, 한국 기업들은 '모험 감수(Risk-taking)'를 하면서 과감하게 투자했습니다. 그 결과 LG와 삼성이 세계 디스플레이 시장의 약 절반을 차지하게 됩니다. LG그룹의 LCD 사업이 도약하게 된 것은 네덜란드 전자업체 필립스와 전략적 제휴를 성사시키면서입니다. 당시 세계 유수의 전자업체였던 필립스는 LCD 분야의 기초 기술에 강점을 보이고 있었고, LG는 LCD 응용기술이 우수했습니다. 14개월에 걸친 협상을 통해 LG는 당시 민간기업 사상 최대 규모인 16억 달러의 투자 유치를 성공했고 1999년 8월에 LG와 필립스의 합작법인인 LG필립스 LCD가 출범합니다. LCD 분야는 엄청난 자금이 소요되는 대규모 장치산업이라 투자 위험도가 클 수밖에 없습니다. 하지만 LG그룹은 필립스의 기술력과 자본력을 활용하면서 리스크를 대폭 줄였고, 디스플레이 시장이 급성장하며 기회를 확실하게 잡게 됐습니다(김윤현, 2015).

3.3 Internal management structure

기업 내부의 경영 구조를 바꾸는 것을 말합니다. 즉, 신기술사업화를 담당하는 부서를 기존 부서에 적용되고 있는 정책, 보상과는 차별화된 구조를 적용함으로써 동기를 부여하는 방법입니다. 3M이 좋은 사례입니다. 3M은 독자적인 사내벤처보다는 조직의 여러 시스템과의 연계를 통해 신제품 개발을 진행합니다. 3M은 매년 5백 개 이상의 신상품을 내놓고 있습니다. 현재까지 개발한 상품은 학용품에서 우주선까지 6만 6천여 가지에 이르고 있습니다. 3M은 "매출액의 30% 이상은 최근 4년 동안 개발한 신상품에서 거둔다(30% 룰)"는 것이 회사의 모토입니다. 신상품개발 촉진을 위해 3M은 전 직원에게 '15% 룰'을 적용하고 있습니다. 업무시간의 15%인 1시간쯤은 빈둥거리던 사적인 일을 하든 무엇을 해도 좋다는 것입니다. 3M에는 "신제품에 대한 아이디어를 죽이지 말라"는 가치 규범을 사내의 11번째 규율로 삼고 있으며, 아이디어를 사장시키려는 사람은 반대하는 이유를 입증할 수 있는 반증 자료를 제출해야 합니다. 회사 분위기는 창업가의 활동들에 대해 상당히 호의적이며 연구개발에 투자하는 비용은 연 54억 달러, 전체 매출의 7% 정도로 미국기업 가운데서도 가장 높은 수준입니다.

3.4 Real Option Approach(ROA)

리얼옵션방식(ROA)은 새로운 사업의 전략적 가치를 적극적으로 평가함으로써 기업의 새로운 투자 기회를 일종의 옵션으로 보고, 그 옵션의 가치 결정 방식을 통해 투자를 결정하는 의사결정 방식입니다. 기업의 새로운 기술분야(Emerging Technology)에 대한 투자의 가치는 그것이 가져올 미래의 발전과 성공적인 상업화의 기회, 즉 이윤을 얼마나 낼 수 있는지로 판단합니다. 그런데 기업이 새로운 기술분야에 투자해서 얻게 되는 이익은 매우 불확실합니다. 왜냐하면 기술과 시장이 항상 역동적이고 끊임없이 변화하기 때문입니다. 이런 이익들은 주로 투자과정에서 창출된 Real Options 속에 있고 무엇보다도 중요한 것은 경영자의 판단과 결정(Managerial Discretion)이라 할 수 있습니다. 불확실성(Uncertainty)이 클수록 기업이 얻을 수 있는 가치와 이익 역시 커집니다. Real options의 잠재력에 대한 인식은 이미 20여 년 이전에 시작되었지만 기업들이 이 개념을 기업활동에 적용시킨 것은 최근입니다. 이러한 추이는 최근에 급속도로 변화하는 기업 내외의 환경과 기존의 기업 재무분석의 한계에 대한 인식에서 비롯되었습니다.

Real Option Approach는 일회적인 process가 아니라 반복적으로 사용될 수 있는 것이며 이를 위한 자세한 방법은 QR 코드[3]를 통해서 보실 수 있습니다(George, et al., 2004).

In Class Discussion Topic

1. Financial option과 Real option을 비교하여 설명하여 봅시다.
2. 우리나라에서 기술사업화의 네 가지 전략을 사용한 사례를 찾아봅시다.

4. 기술금융의 유형

기술금융은 조달방법과 공급주체에 따라 유형을 구분할 수 있습니다(안병민, 2011). 조달 방법에 따라는 직접금융과 간접금융으로 구분하는데 직접금융은 주식, 회사채 등 금융시장에서 직접 조달하는 방식을 지칭하며 간접금융은 은행 등 금융기관의 대출을 통해 간접 조달하는 방식을 지칭합니다. 또한 공급주체에 따라서는 정책금융, 일반금융, 보증금융으로 구분하는데 정책금융은 정부의 출연, 보조금, 기금의 융자금 등으로 정책적 의지에 의해 공급되며 수요자에게 가장 부담이 적으나 경쟁의 정도는 떨어집니다. 일반금융은 은행의 대출금, 벤처캐피털 등의 투자로 가장 시장친화적 형태의 금융입니다. 보증금융은 기술신용보증기금의 기술평가보증 등으로 정책금융과 일반금융의 중간적 형태 및 특성을 보유합니다(강요셉, 2014).

4.1 정책금융

정책금융은 중앙행정부처나 지방자치단체가 세금, 예산, 차입, 채권발행 등의 방법으로 재원을 조성한 후, 이를 기업에 유리한 조건으로 지원해주는 융자방식 제도입니다(여인국, 2103). 융자방식의 정책자금은 주로 은행을 통하여 대출을 시행하는 대리대출의 형식을 취하고 있습니다. 이처럼 정부가 특정의 목적으로 자금을 조성하고 지원하는 것은 자본력이 취약한 기업의 기술사업화를 촉진함으로써 고용의 확대와 산업경쟁력을 제고하기 위한 것입니다.

정책자금을 지원하는 방식에는 직접대출과 대리대출이 있습니다. 직접대출은 정부가 지정한 전담기관이 기업에 자금을 직접 대출해 주는 방식입니다. 기술력 평가에서 신용평가, 자금의 대출, 대출금 회수, 사후관리에 이르는 모든 절차를 전담기관이 직접 수행합니다. 그러나 대출기업의 경영악화, 부도 등으로 인해 대출금을 회수할 수 없을 경우에는 모든 손실을 정부가 감당해야 하는 부담이 있습니다. 이 방식은 부동산 등의 담보 능력은 부족하지만 성장 잠재력이 높은 혁신형 중소기업에 적합합니다. 대리대출은 정부를 대리하여 금융권이 대출을 시행하는 방식입니다. 정부지정 전담기관이 신청기업의 기술력을 평가하고 대출 규모와 조건 등이 기재된 증명서를 발급하면 대출신청 기업의 주거래 은행 등 민간 금융기관은 이를 근거로 대출을 시행합니다. 직접 대출과 달리 대출금을 회수하지 못하는 경우에도 정부는 손실에 대한 이차 보전분과 소정의 위탁수수료만을 부담하면 됩니다. 이 방식은 담보 여력을 보유한 기업들이 기존의 주거래 은행과 편리하게 대출업무를 진행하는데 널리 이용됩니다. 우리나라의 경우에는 중소기업청 산하 중소기업진흥공단, 미국의 경우 SBA(Small Business Administration) 산하 SBIC(Small Business Investment Company)가 이러한 역할을 합니다.

대부분의 정책자금은 시설자금과 운전자금을 구분하여 용도를 설정하고 있습니다. 여기서 시설자금이란 생산성 향상을 위해 설비를 구입하거나 사업장 설치를 위한 건물, 부지 등의 확보에 소요되는 자금을 지칭합니다. 구체적으로 연구기자재 구입, 시험 및 검사시설 구입, 정보화 시스템 구입, 생산설비 구입, 사업장 부지 구입 및 건축자금, 기업 인수합병 비용 등이 시설자금에 속합니다. 운전자금은 시설자금으로 구입한 장치 등의 운영에 필요한 자금입니다. 예를 들면, 설비의 가동에 필요한 자금이나 시험평가비, 연구개발비, 위탁생산비용 등이 대표적인 운전자금에 속합니다. 정책자금은 일반 대출자금에 비해 담보, 금리, 상환기간 등에서 유리합니다. 따라서 이 제도를 이용하면 담보력이 취약한 중소벤처기업도 우수한 기술력과 성장 잠재력을 입증받아 원하는 자금을 조달할 수 있습니다. 더 나아가서는 정책자금의 활용을 통해 새로운 기술을 개발하거나 개발된 기술을 적기에 사업화할 수 있으며, 이로 인해 안정적인 성장기반을 마련할 수 있습니다. 실제로 정책자금을 지원받은 기업이 그렇지 않은 기업에 비하여 사업화 성공률이나 경영실적이 양호한 것으로 조사된 바 있습니다. 또한 정부로부터 정책자금을 지원받았다는 이유만으로도 기술력을 인정받거나 투자가로부터 투자를 유치하는 데 큰 도움이 됩니다. 특히 정책자금의 수혜 여부는 다른 기업과의 우위성을 평가하는 좋은 기준이 되고 있어 추가적인 자금을 조달하는 데 긍정적인 요인으로 작용하고 있습니다. 한편 정부의 입장에서도 정책자금은 민간의 투자를 유인하는 좋은 수단으로 활용되고 있습니다. 기업이 독자적으로 투자하기 어려운 영역에 정부가 일부 도움을 줌으로써 기업 스스로는 물론이고 다른 투자자들이 투자를 확대할 수 있는 계기를 제공하고 있습니다. 그리고 이는 기술 혁신, 산업경쟁력 제고, 고용의 확대 등에 크게 기여하는 것으로 보고되고 있습니다. 또한 금융기관에서도 정부가 손실의 일부를 이차보존이라는 형태로 지원해주기 때문에 보다 적극적으로 대출을 시행할 수 있는 기회가 되고 있습니다.

정책금융에 대한 우리나라의 현황은 QR 코드[4]를 통해서 확인하실 수 있습니다.

4.2 보증금융

기술보증기금의 기술평가보증은 동기금의 기술평가시스템(KTRS)에 의해 평가, 발급받은 기술보증서를 매개로 금융기관으로부터 보증서부 융자를 받을 수 있도록 하는 상품입니다. [표 1]에서 보듯이 기술평가보증은 기술성, 사업성 등 미래의 수익 전망에 대한 평가를 기초로 금융이 발생된다는 의미에서 매출실적, 재무지표 등 과거 실적 위주의 심사를 기초로 하는 일반보증심사와는 큰 차이가 있습니다.

특허기술가치평가보증은 기술가치평가와 보증이 접목된 상품으로, 지적재산권을 담보로 한다는 점에서 앞서 언급한 기술담보제와 유사한 부분이 있습니다. 즉, 물적 재산이 아니라 지적재산권의 가치를 담보로 금융이 이루어지는 점에서 그렇습니다. 기술평가보증은 기술평가주체와 자금공급의 위험부담주체가 동일하다는 점에서 기술금융의 전형적 형태라 할 수 있으나, 기술보증서를 발급하는 기술보증기금의 재원이 주로 정부재정에 의존하고 있고, 보증사고 시 이 기금에서 부분 보증비율 90~70%를 국가가 대위변제를 하고 있으므로 시장의 기술금융상품으로 보기는 어렵습니다. 우리나라의 보증금융 현황에 대한 자세한 자료는 QR 코드[5]를 통해서 보실 수 있습니다.

표 1 기술평가보증과 일반보증

구분	기술평가보증	일반보증
평가(심상)의 중점사항	• 기술성 · 사업성 평가 (장래 성장전망 위주 평가)	• 경영전반, 신용도 등 (과거실적 및 현재업황 위주 심사)
주요 평가(심사) 항목	• 경영 및 기술능력 • 기술수준 • 시장성 및 수익성 • 사업계획의 타당성 등	• 경영전반 · 영업상황 • 사업전망 • 재무상황 및 신용도 등
보증금액 사정	• 계획사업 수행에 따른 소요자금 범위	• 1회전 운전자금(당기매출액의 1/3 수준) 또는 소요자금 범위

4.3 융자금융

은행의 기술평가인증서부 신용대출이 대표적입니다. 기술평가인증제도란 개별기술 또는 기업의 기술력 등을 기술보증기금이 정한 기준에 의하여 평가한 후 그 결과가 금융기관 등에서 융자, 투자, 기술거래 및 M&A 등에 활용될 수 있도록 평가등급(금액), 용도, 유효기간 등을 명시하여 다수의 이해관계자에게 제공하는 제도입니다. 금융기관 등에 재무상황 이외에 기업의 합리적이고 충실한 기술정보를 제공함으로써 혁신 선도형 중소기업에 대한 신용대출을 활성화하자는 취지에서 도입되었습니다.[1]

이 제도는 벤처기업(벤처기업 육성에 관한 특별조치법), 이노비즈 기업(중소기업기술 혁신촉진법), 신제품(NEP) 인증기업, 특허권보유기업, 연구개발기업, 산업자원부 및 중소기업청의 산업기술개발사업, 에너지ㆍ자원기술개발사업, 중소기업기술 혁신개발사업, 구매조건부 기술개발사업 등 기술개발과 제 수행업체 중 최종 평가결과를 '성공'으로 판정받은 기업을 대상으로 하고 있습니다. [그림 3]에서 보듯이 이들 기업에 대한 기술평가는 기술보증기금, 과학기술정보연구원(KISTI), 기술거래소, 발명진흥회 등 공신력 있는 기술평가기관이 '기술평가표준모델'을 발전시킨 '기업기술력평가모델(STBR)'을 적용ㆍ평가하며, 그 결과를 기술평가인증서로 발급합니다. 은행은 이 기술평가인증서와 자체 여신심사를 통해 신용대출을 합니다. 보증서를 담보로 은행이 대출하는 기술평가보증제와 달리 기술평가인증서는 대출의 참고자료로 이용되며, 신용대출위험의 책임

그림 3 금융기관의 산업은행 기반 기술융자금융(On-lending) 프로세스

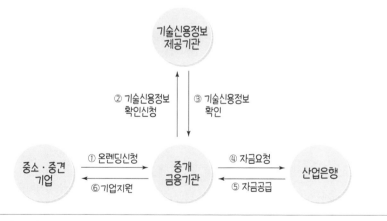

출처: 금융위원회(2015)

---

1 산업자원부(現지식경제부) 등, "혁신형중소기업기술금융지원사업세부추진계획", 2006. 7

은 전적으로 대출은행이 집니다. 기술보증기금(또는 신용보증기금)영업점에서도 기술평가인증서를 참고하여 자체적격만 심사한 후 보증하도록 활용하고 있으며, 정책자금 지원 시에도 이 기술평가인증을 통해 지원대상자를 선정하도록 하고, 벤처캐피털 등에서 투자대상기업 발굴 및 심사를 위한 기초 자료로도 활용될 수 있도록 하였습니다.

기술평가인증서부 신용대출상품은 은행의 기술평가능력 미비를 기술평가전문기관의 기술평가로 보완하여 기술 혁신기업에 대하여 기보의 보증서 없이, 전적으로 은행이 위험을 부담하고 신용대출을 시도한 것이라는 의미에서 매우 시장친화적인 상품이라 평가할 수 있습니다. 그러나 은행이 신용대출에 대해 100%의 위험을 부담하기 때문에 활성화되기가 어려운 것이 현실입니다.

융자금융에 대한 자세한 자료는 QR 코드[6]를 통해서 보실 수 있습니다.

4.4 투자금융

기술금융은 기본적으로 위험금융(Risk financing)입니다. 따라서 고위험·고수익(High Risk, High Return)을 추구하는 벤처캐피털 투자형태가 기술금융에 가장 적합한 투자 방법일 수 있습니다. 벤처캐피털이 발달하고, 이것이 기술금융 생태계 발전에 큰 역할을 하고 있는 미국의 경우가 대표적 사례라 할 수 있습니다.

일반적으로 벤처캐피털이 투자여부를 심사하는 절차는 [그림 4]와 같습니다. 그림에서 보는 바와 같이 심사역이 투자후보 기업을 발굴하고 투자 검토에 필요한 자료를 작성하면 심사역이 소속된 부서에서는 이를 근거로 투자 가능성을 타진합니다. 투자 가능성이 있다고 판단되면 심사역은 본격적으로 심사보고서를 작성하고 이를 첨부하여 투자심사위원회의 심사를 요청합니다. 이때 심사보고서에는 경영진 현황, 주주구성, 담보 및 계약사항, 보유 기술 및 제품의 시장규모와 시장성 그리고 경쟁 우위성, 경쟁사 현황, 영업실적 및 향후 전망, 주요자산 및 부채현황, 투자 시 주당 인수가격, Exit 예상시기, 예상이익 등이 포함되어 있습니다. 그러면 투자심의 위원회는 [표 2]의 기준 등에 따라 투자 적정성을 평가합니다. 주요 임원으로 구성된 투자심사위원회에서도 투자적정으로 평가가 되면 이 결과가 최고 경영진에 보고가 되어 최종 결심을 받게 됩니다. 이후 벤처캐피털사는 투자 후보기업과 구체적인 조건을 협상하고 투자계약을 체결한 후 자금을 지원합니다. 만일, 심사팀 내부심사, 투자심사위원회 심사, 최고경영진 심사과정에서 투자 부적격으로 평가되는 경우에는 즉시 투자검토를 중단합니다. 투자금융에 대한 우리나라의 자세한 상황은 QR 코드[7]를 통해서 확인하실 수 있습니다.

그림 1 벤처캐피탈 투자심사 절차

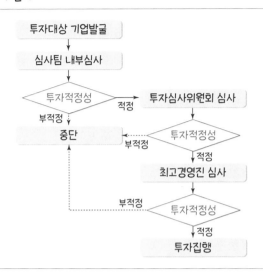

표 2 벤처캐피탈의 투자심사 기준

평가항목	평가요소
경영진	CEO의 경영능력, 지분구성, 인력구성 등
기술성	보유기술 현황, 기술의 경쟁력, 시장 잠재력 등
시장성	시장 진입 및 경쟁능력, 시장규모 및 성장률, 매출수익률 등
수익성	수익모델의 타당성, 발전가능성, 지속성 등
회수성	기업공개, 지분매각, M&A 등을 통한 투자금 회수 가능성

　　지금까지 정책금융, 보증금융, 융자금융, 그리고 투자금융 등 현행기술금융상품에 대하여 살펴보았습니다. 이들 상품을 시장친화성 측면에서 보면 투자금융, 융자금융, 보증금융, 정책금융 순입니다. 그러나 위에서 살펴본 듯이 시장친화성이 높은 기술금융상품일수록 활성화가 잘 안 됩니다. 이는 기본적으로 기술금융의 속성이 간접금융보다는 직접금융이 더 적합한 금융형태임에도 불구하고, 기술보증이라는 강력한 수단이 우리나라의 기술금융시장을 압도해 왔기 때문이기도 합니다. 벤처캐피털의 입장에서는 융자형태의 지원이 모험투자를 구축하고 있다고 볼 수도 있습니다. 그러나 비록 공적보증이기는 하지만 기술평가보증을 통한 기술금융이 기술금융시장을 이끌어왔고, 이제 어느 정도 우리나라만의 독특한 기술금융형태로 자리를 잡아가고 있는 것도 부인할 수 없습니다.

5. 성장단계별 기술금융의 전략적 활용

기업은 하나의 시스템으로 유기적인 생명체처럼 성장합니다. 즉, ① 신제품이나 신기술개발을 구상하며 사업계획을 작성하는 연구개발단계, ② 기업조직을 갖추고 신제품과 신기술을 사업화하는 창업단계, ③ 제품을 시장에 출시하고 점차 생산과 매출이 급신장하는 성장단계, ④ 안정된 매출을 성취하여 규모를 확대하고 신제품을 추가해 가는 확장단계, ⑤ 안정된 매출과 이익을 바탕으로 일정한 성장세를 유지하는 성숙단계 그리고 ⑥ 시장에서 점차 사라지는 쇠퇴기까지 일정한 수명주기를 갖습니다. 자금조달에는 비용이 들고 일정 기간 후에는 상환하거나 보상해야 하기 때문에 그 조달방법, 조달비용, 상환방법 등을 종합적으로 검토하여 성장단계별로 가장 유리한 자금조달방법을 찾는 것이 중요합니다.

5.1 연구개발단계

연구개발 및 창업단계에는 가능한 한 기업에 재무적 부담과 위험을 주지 않으면서 기술개발과 성공적 창업을 뒷받침할 수 있는 자금으로 씨앗 자금(Seed Money) 또는 씨앗 캐피탈(Seed Capital)이 필요합니다. 일반적으로 자본금, 창업자 개인자금과 엔젤의 투자자금을 이용할 수 있겠는데 이것만으로는 부족하여 담보나 기술보증 등을 이용하여 금융기관으로부터 정부의 저리 정책자금을 대출받는 방법을 찾아보는 것이 필요합니다. 창업단계에서는 기업의 높은 위험 때문에 투자가 쉽지는 않지만, 사업성 또는 기술성이 있고 미래 성장업종이면 벤처캐피털 투자를 유도할 수 있습니다.

5.2 창업단계

매출이 성장하기 시작하는 창업 단계에서는 시설투자, 인력확보, 마케팅 등을 위한 시설자금과 운전자금이 많이 소요되는데, 이 단계는 기존 매출실적과 담보력이 취약하여 금융기관으로부터 자금을 투·융자받기는 쉽지 않습니다. 그러나 이 단계의 기업은 어느 정도 미래 예측이 가능하므로 사업계획을 잘 작성해서 금융기관과 협의하면 필요한 자금을 조달할 수 있습니다. 성장단계의 기업이 지원받을 수 있는 정부의 저리정책자금도 많이 있습니다. 업종의 특성과 사업계획이 훌륭한 경우에는 벤처캐피털의 투자도 가능합니다.

5.3 성장단계

　기업의 성장단계에서는 기업의 매출실적과 신용도, 담보력 등이 뒷받침될 수 있기 때문에 금융기관으로부터의 자금조달이 비교적 용이합니다. 금융기관의 자금운용이 어려운 시기에는 금융기관 쪽에서 대출을 홍보하는 등 여신공략을 해오는 경우도 있습니다. 이 단계는 아직도 자본축적이 미흡하고 담보력도 미약하나 손익분기점 달성이 가능하여, 벤처캐피털도 적극적으로 투자하게 됩니다. 기업으로서도 금융기관의 융자 및 투자를 전략적으로 유치하기에 유리한 단계입니다.

5.4 확장단계

　사업이 번창하고 신규 참가 회사와 경쟁이 시작되어 규모의 경제를 추구하고자 사업을 확대하며 신제품을 추가하여 사업을 다각화하는 단계입니다. 자본축적도 어느 정도 이루어지고 담보력도 있기 때문에 금융기관으로부터 주목받고 금융전략에 우월적 지위를 확보할 수 있습니다. 따라서 자금코스트, 경영권의 확보, 세무문제, 주식공개준비, 금융기관을 선택적 이용, 벤처캐피털의 적극적인 접근이 가능한 시기입니다.

5.5 성숙단계

　기업의 종합적인 역량에 의해서 사회적 존재로서 사업기반을 구축하고 주식을 거래소에 상장할 수 있는 단계, 벤처캐피털은 조속한 주식공개를 권유하고 계열기업을 창업하거나 점진적으로 기업을 성장시키면서 사회적 책임에 관심을 갖게 됩니다. 성숙단계에 이르면 기업은 축적된 신용을 바탕으로 자본시장과 금융시장에서 유리한 자금을 안정적으로 조달할 수 있습니다.

　요약하면 사업개시 초에는 기업신용이 축적되어 있지 못하기 때문에 창업자의 개인자금이나 개인투자자, 정부의 정책자금 대출 등을 이용하는 데 노력하고, 사업에 대한 비전과 사업성, 성장성을 어느 정도 확실하게 보여줄 수 있는 시점에 벤처캐피털의 투자를 적극적으로 유치하는 것이 기업가치를 제대로 평가받아 유리한 조건의 자금을 조달할 수 있는 전략이라 생각됩니다.

　[그림 5]는 기술금융시장의 정책, 보증, 융자, 투자 등 상품들을 시장친화성의 정도에 따라 포지셔닝하여 본 것입니다. 기업들은 자신의 성장단계에 따라 자금조달을 위한 기본 전략에 입각하여 기술금융의 유형을 단수 또는 복수로 결정해야 합니다.

그림 5 성장단계별 기술금융의 유형별 조감도

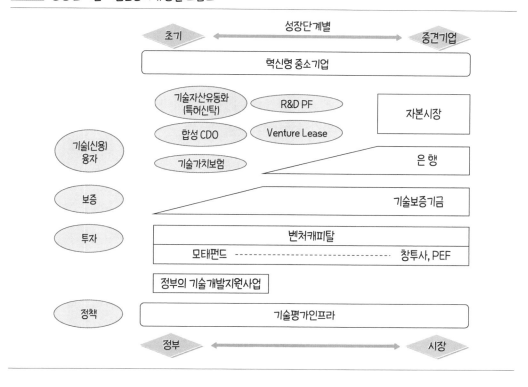

6. 자금 조달의 기본 전략

창업자의 소규모 자본으로 시작하는 창업, 중소·벤처기업의 특성상 상품개발 및 성장을 위한 외부자금 조달은 사업의 핵심 신기술 또는 혁신적인 아이디어만큼이나 중요합니다. 한편 기업의 성공은 경영전략만이 아니라 자금의 조달 및 운용에 대한 금융 전략을 통하여 기업가치를 높이는 데 있습니다. 미국 실리콘밸리의 수많은 기업들도 창업단계부터 우수한 벤처캐피털이나 유능한 개인투자자의 투자유치를 위하여 자금조달 전략을 중요시 합니다. 기업의 리스크는 시장 변화의 속도만큼이나 환경변화에 노출되어 있기 때문에 위험을 분산하고 소득을 나누는 전략이 중요합니다. 따라서 투자유치를 위하여 다음과 같은 기초지식이 필요합니다.

6.1 주식발행 시 할증부 유상증자는 기업의 미래가치를 반영합니다.

중소기업과 벤처기업의 주요 자금조달방법인 주식의 발행과 인수는 돈을 내고 인수하는 유상증자와 돈을 내지 않고 인수하는 무상증자로 구분됩니다. 할증부 유상증자는 기업가치를 인정하여 주식인수 시 프리미엄을 주는 것입니다. 사례를 들어보면 현재 자본금이 5억원인데 이사회를 통해 유상증자 10억원을 결의하고 액면가 5천원인 주식에 대해 신주발행가격을 주당 1만원으로 정했을 경우 자본금은 5억원이 증가하지만 실질적으로 들어온 현금은 10억원이 됩니다. 즉, 자본금은 총액 10억원이 되고 자본잉여금인 주식발행초과금으로 5억원이 남게 되는데 이때 5억원은 주주들에게 무상증자를 할 수 있는 재원이 됩니다.

6.2 적절한 주식분산은 기업의 성장을 촉진하는 데 도움이 됩니다.

지분은 경영권과 직결되는 매우 민감한 사안입니다. 그러나 외부 개인투자가, 유관기업, 벤처캐피탈 등 주주를 영입하여 사업 리스크를 커버하고 마케팅, 재무 등에 지원을 받을 수 있어 기업성장에 도움이 됩니다. 성공한 기업이 코스닥시장에 등록하기 위해 주식 공모가 필요합니다. 이 경우 최소한 전체 지분의 20%가 불특정 소액주주에게 분산을 요구할 수 있게 되는데, 초기부터 자신에게 적합한 투자자를 참여시켜 동반자를 만들어가는 것이 중요합니다. 창업기업은 초기에는 투자유치 후 50% 이상의 지분을 확보하는 것이 바람직합니다.

6.3 자기자본과 타인자본 비율을 조화롭게 구성합니다.

금융기관의 대출을 받을 경우 지급이자에 대한 세금 절감 효과가 있습니다. 절세뿐 아니라 다가오는 몇 년 동안의 사업이 급속히 성장한다면 자기자본으로 조달하여 지분율을 낮추는 것보다는 타인자본을 활용하는 것이 좋을 수 있습니다. 그러나 기업은 항상 환경변화에 대한 리스크가 있습니다. 따라서 타인자본의 조달이 가능한 경우라도 성장단계별로 투자를 유치하여 사업이 어려울 때 도움을 청할 수 있는 지분구조를 만드는 것이 좋습니다.

6.4 투자유치는 기업의 자금조달 및 금융전략입니다.

창업자가 기관으로부터 투자를 받는 경우 처음으로 대면하게 되는 곳은 벤처캐피털입니다. 벤처캐피털은 단지 자금만 아니라 회사의 성장, 경영 Know−How 및 IPO 등을 지원합니다. 따라서 해당기업의 제품과 서비스에 적합한 벤처캐피탈로부터 가치를 인정받아 적절한 할증배수로 필요한 자금을 지원받는 것이 중요합니다. 기업은 좋은 상품과 서비스를 시장에 판매하여 수익을 얻습니다. 그러나 더 큰 이익은 기업 자체를 상품화하여 주식지분을 시장에 팔 경우에 얻게 되는 것입니다.

7. 인간중심의 기술금융

인간중심의 기술경영의 키워드는 1) 사용자 혁신(User Innovation), 2) 사용자 경험(User Experience), 3) 지속성(Sustainability)입니다. 기술금융 분야에서 위의 세 가지 키워드를 제시하는 사례를 보여드리고자 합니다.

7.1 크라우드 펀딩

크라우드 펀딩(Crowd Funding)은 대중의 힘을 빌려 자금을 유치하는 것으로, 다수의 사람들이 가진 역량을 활용하는 크라우드 소싱(Crowd Sourcing)의 일종입니다. 특히, 개인이나 단체, 소규모 기업이 자금을 유치하려고 할 때 제도권의 금융 서비스를 이용하기 어렵다면 크라우드 펀딩으로 투자받는 것이 더 간편합니다. 크라우드 펀딩 방식을 이용해 자체적으로 자금을 유치할 수도 있지만 최근에는 투자자를 모집하기에 유리하고, 관리가 편리한 인터넷 중개 서비스를 이용하는 경우가 더 많습니다. 2009년 4월에 시작한 킥스타터(kickstarter)는 전통적으로 크라우드 펀딩에 유리한 문화 콘텐츠 외에도 독특한 컨셉과 개성을 가진 신상품들이 등록되는 것으로 유명합니다. 덕분에 크라우드 펀딩 액수 또한 연일 최고가를 갱신하는 등 전 세계에 크라우드 펀딩을 널리 알린 대표적인 사이트 중 하나입니다. 국내의 경우 2011년부터 본격적으로 크라우드 펀딩이 활성화되었습니다. 2016년 1월부터는 투자형 크라우드 펀딩이 새로운 자금 조달 기회로 시장에 제시되며 기술 금융의 새로운 선택지가 되었습니다. 2016년 이후 창업회사에 대한 투자금액과 투자 건수 모두 지속적으로 상승하고 있습니다. 2018년 기준 크라우드 펀딩을 통한 투자 건수는 전체 투자 건수의 약 20%를 차지하고 있습니다. 그러나 크라우드 펀딩을 통한 투자금액은 전체의 1% 내외로 매우 적은 수준입니다. 투자형 크라우드 펀딩은 기업당 연간 발행한도가 최대 15억이며, 일반투자자는 연간 투자 금액이 1,000만원으로 제한되어 있기 때문입니다. 아직은 미미한 수준이지만 투자형 크라우드 펀딩은 투자자 수 42%, 투자금액

35%의 놀라운 연평균 성장률을 보이고 있기에 주목할 필요가 있습니다.

창업을 위한 자금의 출처를 소수의 재산가나 은행이 아니라 다수의 대중으로 바뀐 것이 크라우드 펀딩의 본질입니다. 즉, 크라우드 펀딩에서 가장 중요한 것은 돈이 아니라 사람입니다. 지금까지 가장 많은 크라우드 펀딩 성공사례는 문화 콘텐츠 분야에서 나왔는데, 그 이유는 문화 콘텐츠가 별다른 지식이나 특별한 관심 없이도 가장 쉽게 공감할 수 있기 때문입니다.

2016년 개봉해 350만 관객을 동원한 영화 '귀향'은 크라우드 펀딩의 좋은 성공사례입니다. 일제 강점기 위안부 피해자의 실화를 담은 이 영화는 크라우드 펀딩으로 절반 이상의 제작비를 마련하였습니다. 펀딩 참여 인원은 무려 7만명이 넘었습니다. 이 영화는 제작비의 10배에 달하는 누적 매출액을 기록했을 뿐 아니라 '위안부'라는 이슈로 사회적 관심을 받았습니다. 실제로 대부분의 크라우드 펀딩의 투자자들은 금융 지식으로 무장하거나 이치에 밝은 부자들이 아닙니다. 그들의 마음을 움직이는 8할은 내면의 욕구와 일치하는 공감에서 나옵니다. 프로젝트에 공감하고 기획 취지와도 공감해야 투자할 마음이 생깁니다. 따라서 크라우드 펀딩의 투자 결과에는 당연히 대중의 숨겨진 욕구가 담겨 있습니다.

일반적인 기준으로는 무시해온 시장을 대상으로 하거나 좀 더 자유로운 상상력이 발현되는 아이디어들이 크라우드 펀딩에 잘 어울립니다. 기존의 방법으로도 자금을 조달하는 데 전혀 문제가 없다면 크라우드 펀딩을 할 필요가 없을지도 모릅니다. 크라우드 펀딩에 프로젝트를 등록하는 사람들은 기존의 방법으로 자금을 동원하기가 쉽지 않거나 수익에 대한 과도한 압박 없이 자신의 아이디어를 마음껏 구현해보려는 사람들에 의해서 시도됩니다. 크라우드 펀딩은 정해진 규칙과 질서를 강조하는 기존 시장에서는 포용할 수 없는 다양한 아이디어와 창의적인 발상들을 실험해볼 수 있는 소중한 공간입니다.

신사업이나 특정한 목적의 캠페인 등 새로운 프로젝트를 진행하기 위해서는 대부분 일정한 금액의 자금이 필요합니다. 크라우드 펀딩으로 모금된 자금은 비즈니스와 캠페인에 필요한 재료와 인건비를 충당해주며, 작업 장소를 확보할 수 있게 해줍니다. 자금은 사업 및 캠페인을 지속하게 해주는 최소한 조건이면서 더 좋은 퀄리티를 만들어내는 데 도움을 줍니다. 대출이나 지분 투자형 크라우드 펀딩은 다소 까다로울 수 있으나 보상형 크라우드 펀딩은 최소한의 조건만으로도 누구나 참여할 수 있다는 것이 장점입니다. 아이디어에 공감하는 사람들이 많으면 많을수록 더 많은 자금을 유치할 수 있습니다. 적어도 단지 제도권에서 자금을 구할 수 없다는 이유만으로 아이디어가 사장되는 것을 막아줍니다. 그로 인해 작은 규모의 특별한 프로젝트들도 자금을 유치하고, 실행해볼 수 있는 기회가 주어집니다.

크라우드 펀딩이 기존의 투자 방식과 가장 큰 차이점 중의 하나는 크라우드 펀딩의 주체와 투자자들이 인간적으로 만날 수 있는 혁신적인 창구를 가지고 있다는 점입니다. 크라우드 펀딩을 진행하면서 변경되는 여러 가지 정보가 게시판에 등록되며, 그것에 대해 투자자들은 마치 스스로 개발자가 된 것처럼 여러 가지 의견을 개진하고 같은 투자자들과 자유롭게 대화를 합니다. 투자자가 곧 잠재고객일 수 있다는 점에서 크라우드 펀딩 기간 동안 확보한 여러 가지 피드백이 최종 상품에 반영되는 일은 매우 빈번하게 벌어집니다. 금융 분야에서 사용자 혁신이 일어나는 셈입니다.

7.2 그라민 은행

그라민 은행은 방글라데시의 은행으로 1983년 무하마드 유누스(Muhammad Yunus)가 빈곤퇴치의 일환으로 설립하였습니다. 그라민 은행은 방글라데시의 저소득층, 특히 여성들을 위한 소액신용대출을 해주는 은행입니다. 이 은행의 목적은 소액신용대출을 이용해 그 돈을 자본금으로 사용하여, 더 많은 소득을 창출해 낼 수 있도록 도와주는 역할을 합니다. 그라민 은행에는 대출을 위한 담보가 없습니다. 가난한 사람을 대상으로 담보 없이 대출해주는 것이 미친 짓이라고 생각할지도 모르지만 그라민 은행이 제공한 소액융자의 원금 상환율은 98%를 넘어섰고, 소액융자를 받은 대부분의 사람들은 가난에서 벗어났습니다.

그라민 은행은 1980년대 후반, 활용되지 않거나 활용도가 미흡한 어장을 활용한 관계펌프 사업으로 다각화를 추진하였습니다. 1989년 이런 다각화된 사업을 위해 별도의 조직을 설립하였는데 어업계획은 "그라민 모초(Grameen Motsho, 그라민어업기금)"가 되었고, 관계 프로젝트는 "그라민 크리쉬(Grameen Krishi, 그라민농업 기금)"가 되었습니다. 시간이 흐르면서 그라민은 다양한 분야의 수익성 있는 혹은 비영리 벤처기업들을 25개 정도 운영하게 되었습니다. 가령 전화 계획은 1997년 3월에 계획을 시작한 이후 5만개 이상의 마을에서 26만명의 시골 가난한 사람들에게 핸드폰을 공급하는 큰 성공을 거두었습니다. 특히, 1997년 3월 설립된 전화사업자인 그라민폰은 그라민텔레콤이 38%를, 노르웨이의 텔레노르가 62%의 지분을 보유하고 있습니다. 그라민폰은 현재 방글라데시에서 AKTEL, 방글라링크 등 경쟁업체를 제치고 1위 자리를 고수하고 있습니다. 그라민의 여성회원은 그라민 은행으로부터 대출을 받아 그라민텔레콤에서 그라민폰(이동전화단말기)을 구입해 대여해주고 1분당 2타카(한화로 약 27원)을 법니다.

경제수준이 적합하더라도 혼자서는 그라민 은행에서 대출을 받을 수 없습니다. 그라민 은행은 '연대 보증 융자'방식을 취하고 있기 때문입니다. 그라민 은행에서는 대출을 받고자 하는 사람이 있으면 같은 마을, 같은 성별, 비슷한 경제상황을 가진 5명의 서로 가족이 아닌 사람들로 하여금 그룹을 만들게 합니다. 그룹에 속한 사람들은 모두 예외 없이 그라민 은행이 어떻게 운영되는지에 대한 교육을 받고 시험을 통과해야 대출을 받을 수 있는 권한을 줍니다. 대출권한이 생긴 그룹원이 대출을 받고 싶다면 자신의 사업 구성을 먼저 그룹의 사람들에게 승인받고 그 뒤 그라민 은행 직원의 심사를 거쳐 대출여부가 결정하게 되는데, 이러한 복잡한 과정들 속에서 그라민 은행은 사람들의 가난극복 의지와 자립가능성을 세밀하게 관찰하는 것입니다. 대출여부가 정해졌다고 해도 바로 대출을 해주는 게 아닙니다. 먼저 그룹에서 한 명에게, 그 다음 2명에게 대출을 해주고 6주간의 성실한 상환 태도를 보인다면 나머지 사람들에게 대출해 줍니다. 대출을 받은 뒤에는 매주 그룹미팅을 해야 하고 이 미팅 때마다 원금의 일정량을 상환하며 서로 사업에 대한 이야기를 나누고 전문가의 조언을 듣곤 합니다. 그라민 은행이 이처럼 복잡한 절차를 거쳐 융자를 주고 그 후에도 매주 관리하는 이유는 굳은 결심을 가진 사람만이 돈을 빌릴 수 있게 하여 그들에게 어떠한 어려움이 닥쳐도 헤쳐나가고 투쟁적으로 생활할 수 있도록 하기 위해서입니다. 융자를 받아서 회생하고자 하는 의지가 큰 사람들을 선정해서 융자를 주고, 그룹을 만들어 한 사람이 상환을 하지 못하는 상황이 되었을 때 그룹자체에 융자를 중단함으로써 한 사람의 신용이 타인의 신용에도 영향을 주게 하여 상호 연대감을 가지게 하고, 그룹원 간 상호 상환에 대한 책임감을 느끼게 합니다. 또 순차적으로 대출을 함으로써 한 명이 대출금을 갚지 못하는 상황이 벌어졌을 때 다른 채무자들이 연쇄적으로 대출금을 갚지 못하는 상황을 미연에 방지하여 상환율 상승에 도움을 주었습니다.

이러한 그라민 은행은 세 가지 측면에서 기존 금융과는 차별화된 인간중심의 새로운 경험을 제공하고 있습니다. 첫째, 그라민의 대출 모형은 동료효과에 기초한 인적 담보를 통해 차용자의 도덕적 해이를 효과적으로 차단하도록 설계되었습니다. 동료의 행동과 사고방식에 영향을 받아 개인의 행동이 바뀌게 되는 효과로서, 상황에 맞는 동료 간 최적 조합, 동료 관찰이 가능한 근무환경, 적절한 유인책이라는 조건이 결합할 때 효과가 극대화됩니다. 일반적인 은행 대출은 차용자의 상환불능 위험을 해소하기 위해 물적 담보를 요구하거나 연대보증 등의 인적 담보를 요구하나, 그라민 뱅크는 일반 인적 담보제도와 달리 법적 강제절차를 수반하지 않으며, 대출금 미상환시 다른 그룹 구성원이 연대책임을 부담하지도 않습니다.

둘째, 그라민은 개인이 아닌 그룹을 대상으로 대출여부를 심사하고, 대출이 승인된 경우에도 일부에게만 대출금을 우선 지급한 후, 그 상환 정도에 따라 기타 구성원에게 추가대출을 허용합니다. 이러한 장치를 통해 대출자 선정에 대한 은행의 선택비용 절감 효과가 있습니다. 이는 다른 그룹 구성원의 상환 성적에 따라 자신의 대출 여부가 결정되므로 대출자 스스로 대출금을 성실히 납입할 만한 사람을 선별하여 그룹을 결성합니다. 상호부조에 따른 대출 상환 가능성 증대 효과입니다. 개인이 아닌 그룹 전체의 상환 성과가 중요하므로 최초 대출자의 사업이 안정적으로 운영될 수 있도록 상호부조하며 상환을 독려할 수 있습니다.

셋째, 마을을 중심으로 운영되는 그라민 뱅크 대출자 관리 시스템의 핵심은 고객이 은행을 방문하는 것이 아닌, 은행 직원이 직접 고객을 방문하는 것입니다. 이러한 장치를 통해 다음과 같은 효과를 얻을 수 있습니다. 우선 대출자 간 연대의식이 고취됩니다. 매주 모임을 개최, 대출자 간 친목을 도모하고 이웃 간의 정보를 공유하여 경쟁이 아닌 연대를 통한 긍정적 피드백이 작용하는 분위기를 형성합니다. 또한, 묵시적 감시 기능을 강화할 수 있습니다. 모임에 참석하는 은행 직원은 회원의 예금 및 대출금 납입 대체수령, 대출 신청서 접수 업무 외에 대출금 납입 의무 불이행에 대한 묵시적 감시 기능을 병행하는 것입니다.

7.3 임팩트 투자

임팩트 투자란 '원금과 추가적인 수익을 기대하는 규모 있는 자본투자'로 정의할 수 있습니다. 사회적책임투자(Socially Responsible Investment)가 상장된 기업 중 사회·환경적인 가치를 창출하는 규모 있는 기업에 투자하는 반면 임팩트 투자는 기업의 상장 여부와는 상관없이 사회·환경적인 임팩트를 창출하는 새로운 비즈니스 모델에 주목합니다. 추가적인 수익이 과연 얼마 정도인가에 대해서는 다양한 의견이 있습니다. 임팩트 투자를 진행하는 Mulago Foundation은 그 기준을 '시장수익률 이하'(less than a market rate of return)라고 규정합니다. 시장수익률 이상을 내는 투자 대상에는 굳이 임팩트 투자가 필요하지 않다고 보기 때문입니다. 임팩트 투자는 기부가 아닌 투자라는 점 그리고 원금 상환 이외에 추가 수익을 기대한다는 점에서 융자(loan)와는 다르며 주로 지분 투자(equity investment)를 선택한다는 점에서 기존의 미소금융(micro-credit)과도 구별됩니다. J.P. 모건은 2010년에 발행한 'Impact Investments: An Emerging Asset Class'라는 보고서를 통해 임팩트 투자의 가능성을 높게 평가한 바 있습니다. 임팩트 투자를 '재무적 이익과 더불어 긍정적인 사회·환경적인 임팩트도 달성하는 자본투자(capital investment)'라고 정의한 J.P. 모건은 2015년까지 총 5천억 달러 이상의 임팩트 투자가 이뤄질 것이라고 전망했습니다. 2001년부터 전통적인 비영리 부문에 투자 개념을 도입했던 아큐먼펀드(Acumen Fund)는 현재 전 세계적으로 200여 개의 임팩트 투자 관련 기관이 활동하고 있다고 파악한 바 있습니다.

임팩트 투자는 자선과 투자가 융합된 성격을 가지며 주로 그 대상 분야는 기존의 공공부문과 비영리 자선단체가 활동하던 사회 및 환경 분야와 깊게 연결되어 있습니다. 따라서 그러한 분야에서 밀접하게 활동하는 사회적 기업 또는 사회혁신 추구형 기업이 임팩트 투자의 대상이 되는 경우가 많습니다. '자본시장을 통한 사회문제의 해결'이란 관점에서 임팩트 투자가 앞으로 활성화될 가능성이 높은 주요 분야는 농업, 교육, 보건, 에너지 등입니다(Insight at Pacific Community Ventures & Initiative for Responsible Investment, «Impact Investing: A Framework for Policy Design and Analysis», January 2011).

임팩트 투자는 기업이 전통적인 사회공헌 사업에서 한 단계 발전해 기업의 고유한 핵심 역량과 친숙한 비즈니스 방법론에 입각한 새로운 사회·환경적 임팩트를 창출하도록 기회를 제공할 수 있습니다. 사회공헌으로 지출되는 비용은 세제 혜택을 받을 수 있지만 소멸성 비용이라는 한계가 있습니다. 따라서 사회공헌으로 책정된 예산 가운데 일부를 임팩트 투자 형식으로 전환하여 기업의 핵심역량과 연계하거나, 기업의 사회공헌 전략 분야 가운데 지속 가능한 임팩트를 창출하는 소셜 벤처나 사회적 기업에 투자하는 방법도 고려해볼 수 있습니다. 이를 통해 얻어진 투자 수익은 기업 자체의 사회투자기금으로 적립되어 또 다른 임팩트 투자로 연계될 수 있습니다. 기업이 이러한 전략을 취할 경우 가지게 되는 혜택은 대기업이 직접 사회적 기업을 출범하고 운용함으로써 사회·환경적 임팩트를 창출하는 보다 다양하고 건강한 생태계를 조성하는 데 일조할 수 있다는 점입니다.

임팩트 투자의 핵심은 결국 임팩트입니다. 임팩트란 특정한 이슈에 대해 일정 규모 이상의 사람들의 삶이 어떠한 영향을 받았는지를 말해주는 개념입니다. 즉, 이슈와 사람을 통해 전해지는 이야기이며 임팩트 투자는 부정적 임팩트가 아닌 긍정적 임팩트를 가져오는 것을 목표로 하고 있습니다. 다양한 방식으로 진행되는 임팩트 투자가 결국 해결하고자 하는 근원적인 사회의 문제란 무엇이며, 그 문제에 직면한 사람들에게 어떠한 지속적이며 긍정적인 임팩트를 만들어낼 수 있는지에 대한 치밀한 고민이 필요합니다. 임팩트는 결론적으로 사회가 어떻게 긍정적으로 변화했는지 주목합니다. 일부 계층의 지식이 증가하고 행동이 변한 결과가 측정된다 하더라도 사회 전체의 관점에서 볼 때 다른 계층에게는 부정적인 영향이 발생했다면 그것은 실제로 긍정적인 임팩트를 가져오지 못한 것으로 간주될 수밖에 없습니다. 사회의 유기적인 구조를 이해하고 그 안에서 사회의 다양한 이슈가 어떻게 서로 연계되었는지 파악하지 못한 상태에서 섣불리 시도되는 임팩트 투자는 제대로 된 임팩트 투자라고 볼 수 없을 것입니다. 그 어느 투자보다 임팩트 투자는 다시금 인간중심의 관점과 접근을 요구합니다. 임팩트 투자가 가져올 임팩트에 대한 생각에 앞서 우리 사회의 기저에 어떤 문제가 뿌리 깊게 존재하는지를 먼저 명확하게 고민해야 하는 것이 임팩트 투자를 준비하는 모든 이해관계자의 첫 번째 과제일 것입니다.

나가면서···

　R&D−창업−사업화 등 기술 혁신의 전 과정에 소요되는 자금의 공급을 포괄적으로 기술금융(Innovation Financing)이라고 할 수 있습니다. 앞서 언급한 바와 같이 기업들이 새로운 기술개발과 이를 통한 사업화하는 과정은 불확실성과 위험성을 동반하기 때문에 기업의 규모와 관계없이 증가하고 있고, 자금을 지원해주는 금융 주체들의 의사결정도 매우 어려워지고 있습니다. 기업의 새로운 기술분야(Emerging Technology)에 대한 투자의 가치는 그것이 가져올 미래의 발전과 성공적인 상업화의 기회, 즉 이윤을 얼마나 낼 수 있는지에 존재하기 때문에 일반적인 재무관리 기법과는 다른 투자의사결정 이론이 필요합니다. 기업들은 신기술을 사업화하는 과정에서 투자의사결정과 국내 기술금융시장의 특성을 이해하고 자신들의 성장단계에 따라 기술금융을 전략적으로 활용할 필요가 있습니다. 다음 장에서는 이렇게 키운 기술을 어떻게 보호할 것인가에 대해서 알아보도록 하겠습니다.

Out Class Team Project

- 기업은 회사의 상황에 따라 외부 자금조달 계획을 수립하여야 하는데 직접금융 및 간접금융 등 다양한 선택 요소가 있습니다. 각 팀별로 선택한 기업의 경우 향후 회사의 사업계획에 따른 자금 조달 계획을 수립하여 봅시다.
- 직접금융과 간접금융을 선택하게 되는 주요 요인을 조사하고 기업별 시나리오에 적용하여 적절한 자금 조달 방안을 마련해 봅시다.

참고문헌

강요셉. (2014) 기술사업화 촉진을 위한 기술금융의 역할과 변화방향, 한국과학기술 기획평가원, ISSUE PAPER 2014−05.

과학기술정책연구원. (2018). 기술금융의 역할과 효율과 방안

금융위원회. (2015). 기업금융나들목 홈페이지, http://www.smefn.or.kr/helpinfo/magazine/policyAd 01.jsp. 2015.12

김광희·우제현.(2008) 기술금융 활성화 방안 – 기술금융 상품을 중심으로 – 중소기업연구원 기본연구 08−16.

김윤현. (2015). LG브랜드 탄생 구본무 회장 취임 20년, 포춘코리아, 2015.03, 36−45.

박종복·조윤애·이상규·성열용·권영관. (2011). 민간부문의 기술사업화 활성화 방안, 산업연구원.

서병호. (2015). 기술금융의 연착륙(soft landing) 필요성 및 과제, 주간금융브리프, 24권 17호

안병민. (2011). 주요국의 기술 혁신지원제도 비교분석 연구: 기술금융시스템을 중심으로, 한국과학기술 기획평가원

여인국. (2013). 기술사업화 이론과 실제, 학현사.

임형준. (2013). 기술금융 현황과 활성화 방안, 기술평가 기술금융 세미나, Korea Institute of Finance.

Bartlett, C. A., & Mohammed, A. (1995). 3M: Profile of an innovating company. Harvard Business School.

George, S. D., Paul, J. H., & Robert, E. G. (2000). Wharton on managing emerging technologies. JohnWiley &Sons, inc, 64−120.

Hammerstedt, R. H., & Blach, E. L. (2008). Commercialization of basic research from within the university and return of value to the public. Animal reproduction science, 105(1−2), 158−178.

11 미래의 경쟁자를 막는 기술보호

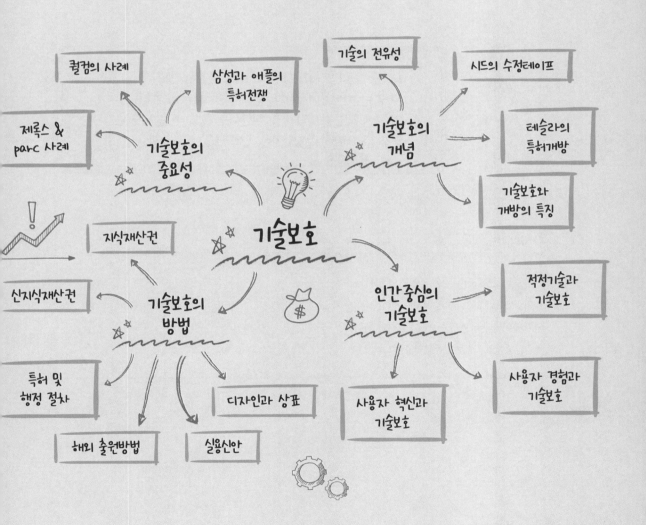

컬컴의 사례

삼성과 애플의 특허전쟁

기술의 전유성

시드의 수정테이프

제록스 & parc 사례

기술보호의 중요성

기술보호의 개념

테슬라의 특허개방

기술보호와 개방의 특징

지식재산권

기술보호

적정기술과 기술보호

신지식재산권

기술보호의 방법

인간중심의 기술보호

특허 및 행정 절차

디자인과 상표

사용자 혁신과 기술보호

사용자 경험과 기술보호

해외 출원방법

실용신안

미래의 경쟁자를 막는 기술보호

동영상강의

어윈 제이콥스
(Irwin Jacobs)

새로운 회사를 시작할 때 가장 중요한 것은 좋은 사람들에게 흥미진진한 일을 주는 것이다. 우리는 기존에 있던 무엇인가를 개선하는 것보다 실제로 큰 변화를 가져올 무엇인가를 만드는 일에 흥분한다.

 시작하는 질문

- 기술을 보호한다는 것은 무엇을 의미하나요?
- 기술보호와 기술개방이 가지는 의미는 무엇인가요?
- 기술 이외에 어떤 것들을 더 보호해야 하나요?
- 인간중심의 기술보호는 무엇을 말하나요?

들어가면서…

지금까지 우리는 기술경영을 위한 일련의 과정들에 대해서 알아보았습니다. 혁신을 위한 과정, 혁신을 이루기 위한 기술 예측, 기획 및 개발, 사업을 시작하기에 앞서 기술에 대한 평가를 하는 등 다소 힘든 과정들을 거치게 됩니다. 하지만, 창의와 혁신으로 기술 및 제품을 개발하고 사업화를 성공한다 하더라도 이 부분을 간과하면, 외부의 위협에 대항하지 못하고 힘없이 무너질 수도 있습니다. 이제부터 우리가 결코 간과해서는 안 되는 이 부분, 즉, 기술보호에 대해 이야기해보도록 하겠습니다.

1. 기술보호의 중요성

"기술을 보호하는 것이 과연 중요할까?"라는 물음에 여러분들은 무엇이라고 대답할 수 있나요? 기술보호에 대한 중요성을 잘 느끼지 못하시는 분들이라면 이렇게 대답할 것입니다.

> "좋은 기술을 만들면 되지 왜 보호를 해야 합니까?"
> "돈 드는 것 왜 하나요?"
> "성공할지, 실패할지도 모르는데 벌써부터 신경써야 하나요?"
> "우리가 잘 관리하고 있으면 됩니다."
> "요새 누가 기술을 개발합니까? 그냥 베끼면 되지."

과연 이렇게 생각하는 것이 맞을까요? 정답을 미리 말하자면, '아니오'라고 말씀드리겠습니다. 그 이유는 다음의 사례를 보면서 다시 논의하겠습니다.

1.1 제록스 & parc

제록스(Xerox)의 전신인 헬로이드(The Haloid Photographic Company)사는 사진용 제지 생산업체로서 1906년에 설립되었습니다. 1960년에 '제록스914' 복사기를 출시하고, 이듬해 제록스(Xerox)로 사명을 변경합니다. '제록스914'는 기존 복사기에서는 불가능했던 일들을 처리함으로써 성공적인 출발을 하게 됩니다. 1961년 5,900만 달러의 수익을 올리면서 1970년까지 연간 47%의 수익 증가율을 기록하였습니다. 제록스(Xerox)는

그림 1 제록스 스타와 매킨토시

제록스 - 제록스 스타(Xerox Star, 1981)   애플 - 매킨토시(Macintosh, 1984)

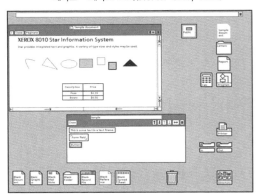 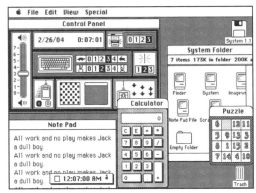

출처: Shane O'Neill(2011), '제록스 스타에서 윈도우 8까지' GUI 진화의 역사

복사기 외에도 다른 사업을 추진하기 위해, 1970년 캘리포니아의 실리콘 밸리에 팔로알토연구센터(PARC: palo alto research center)를 설립하였습니다.

이와 비슷한 시기에 스탠포드 연구소(SRI: Stanford Research Institute)는 지금의 컴퓨터 마우스의 개념과 실현을 연구하고 있었습니다. 이 연구는 1963년에 시작되었고 1968년에는 시제품을 내놓으며 새로운 컴퓨터의 개념을 만들어갔습니다. 하지만, 이후 스탠포드 연구소에서는 이 연구에 대한 지원을 중단하고 연구실을 폐쇄하기에 이르자, 마우스를 연구하던 대다수의 연구원들이 제록스의 팔로알토연구센터(PARC)에 합류하게 됩니다. 1973년, 팔로알토연구센터(PARC)에서는 마우스의 개념을 도입한 컴퓨터 제록스 알토(Xerox Alto)를 개발하고, 나아가 이를 전 세계의 제록스 사무실과 미국 정부 및 군부대에 설치하고 제록스의 고유 통신망인 이더넷으로 연결하는 등 상당히 혁신적인 활동을 했습니다. 그러나 제록스의 경영진은 이 제품의 잠재성을 깨닫지 못하고 상업화 단계로 나아가지 않았습니다.

팔로알토연구센터(PARC)는 마우스 외에도 아이콘을 클릭하고 마우스로 끌어당기는 등 그림으로 시각화된 컴퓨터 조작 기법을 개발했습니다. 이를 그래픽유저인터페이스(GUI: Graphic User Interface)라고 합니다. 팔로알토연구센터(PARC)는 연구소 방문객들에게 이 기술을 공개하였는데, 1979년 스티브 잡스(Steve Jobs)는 그래픽유저인터페이스(GUI)를 보고 큰 영감을 얻었다고 합니다. 1981년 제록스는 그래픽유저인터페이스(GUI)와 마우스를 적용한 최초의 상용 PC인 Xerox Star를 출시했습니다. 뒤이어 스티브 잡스도 [그림 1]과 같이 그래픽유저인터페이스(GUI)의 개념과 마우스를 적용한 컴퓨터 '리사'와 '매킨토시'를 출시하게 됩니다. 비슷한 시기에 마이크로소프트는 그래픽유저인터페이스(GUI)를 적용한 운영체제인 윈도1.0과 윈도2.0을 출시하게 되었습니다. 1988년 애플은 마이크로소프트를 상대로 저작권 침해소송을 제기하고, 이를 본 제록스는 이듬해에 애플을 상대로 저작권 소송을 하게 됩니다. 하지만, 소송을 제기한 애플과 제록스는 둘 다 패소하게 됩니다. 제록스는 회사를 설립한 이후에 혁신적인 기술들을 선도하여 왔습니다. 초반에는 복사기 시장에서 우위를 점하며 성공할 수 있었지만, 1970년대 이후 팔로알토연구센터(PARC)에서 창출된 기술들은 해당 권리를 제대로 주장해보지도 못하고 역사 속으로 사라졌습니다.

이처럼 기술보호를 소홀히 할 경우, 역사적으로 중대한 발명과 업적을 남겼음에도 불구하고, 그 이익을 경쟁사에 빼앗길 수 있습니다. 제품 또는 상품 혁신의 내용을 적절한 방법으로 보호할 수 있는 방법을 잘 준비해야 합니다.

1.2 퀄컴

좋은 기술을 특허로 보호(권리화)하면 로열티를 통해 막대한 수익을 창출할 수 있습니다. CDMA 기술 특허를 보유한 퀄컴은 CDMA 기술을 사용한 스마트폰이 1대 팔릴 때마다 스마트폰 판매 가격의 2.5~5%를 로열티를 챙기는 로열티 비즈니스의 대표 기업으로 유명합니다. 지금부터 퀄컴의 사례를 살펴보도록 하겠습니다.

1968년 미국 캘리포니아 주립대학교의 교수로 재직 중이던 어윈 제이콥스 교수(퀄컴 전 회장, 현 회장은 그의 아들 폴 제이콥스)는 '링카비트'라는 통신기술 컨설팅 기업을 설립합니다. 1985년 링카비트를 나온 제이콥스는 함께 회사를 그만둔 6명의 동료와 함께 미국 캘리포니아 주 샌디에이고에 '퀄컴'을 설립하게 됩니다. 1980년대 말까지만 해도 퀄컴은 작은 벤처기업에 지나지 않았고, 이 작고 보잘것없는 무명기업이 훗날 세계 이동통신산업을 주름잡을 핵심기업으로 성장할 것이라고 아무도 예상하지 못했습니다.

1989년 퀄컴은 CDMA 방식의 통신기술을 최초로 개발하였으나, 당시 세계적으로 이동통신의 표준은 GSM 방식이었습니다. 유럽에서 개발된 표준 규격인 GSM은 기술적으로는 퀄컴의 CDMA에 비해 불리한 점이 많았으나 표준 기술이라는 데 힘입어 사용국이 계속해서 늘어나고 있었습니다. 1990년대 초 퀄컴은 기업이 유지되기도 어려울 정도로 위기에 처했지만, 한국전자통신연구원(이하 ETRI)에 의해 구원을 받게 됩니다. 당시 GSM과 차별화된 이동통신기술 개발에 관심이 많았던 ETRI는 퀄컴의 CDMA 기술에 관심을 보였고, 1992년 퀄컴과 CDMA 상용화를 위한 공동개발 합의서를 체결하게 됩니다. 1993년 퀄컴의 CDMA 방식은 국내 이동통신 표준으로 선정되었고, 1996년 세계 최초로 한국이동통신(현 SK텔레콤)이 CDMA 기술을 상용화하는 데 성공했습니다. 이때부터 퀄컴은 CDMA 기술을 통해 막대한 금액의 로열티를 벌어들이게 됩니다. CDMA 기술이 표준으로 지정된 한국에서는 핸드폰을 만들 때마다 퀄컴의 CDMA 기술을 사용할 수밖에 없었기 때문입니다.

특정 기술이 표준특허로 지정되면 연관 산업에 속한 업체들은 표준특허에 종속될 수밖에 없기 때문에 합리적인 수준의 로열티를 받는 것을 허용하지만 특허권을 남용하진 말라는 의미의 프랜드(FRAND)가 표준특허 준칙으로 자리 잡았습니다. 프랜드(FRAND)는 'fair, reasonable, and non-discriminatory'의 약자로, 필수적으로 사용할 수밖에 없는 '표준특허'를 가진 업체들이 이를 무기로 횡포를 부리지 말라는 의미를 담고 있습니다. 2016년 한국의 공정거래위원회는 퀄컴이 약 7년간 표준 필수특허 사용권(라이선스)을 경쟁 통신 칩셋업체에 주지 않고, 휴대폰 제조사에는 퀄컴에 유리한 계약 체결을 강요하는 등 특허권을 남용했다는 판단으로, 1조 300억원의 과징금을 부과했습니다. 퀄컴은 해외에서도 2015년 중국으로부터 9억 7,500만 달러, 2017년 대만으로부터 8억 달러, 2018년 유럽연합(EU)으로부터 9억 9,700만 유로의 과징금을 부과받았고, 2019년 자국인 미국에서도 반독점법 위반 판결을 받는 등 표준특허권의 과도한 남용 행위에 대해 FRAND 관점의 제재를 받고 있습니다. 이처럼 과도하게 배타적인 권리 독점은 부작용을 낳습니다. 이는 기술의 보호와 개방 사이에서 균형 있는 관리가 필요한 이유입니다.

1.3 삼성 vs. 애플, 7년간의 특허전쟁

삼성과 애플은 기술보호와 관련한 이해 충돌로 긴 소송전을 펼쳤습니다. 2011년 4월 애플이 미국 캘리포니아 연방지방법원에 삼성을 상대로 침해소송을 제기하면서 양사 간의 특허전쟁은 전 세계에서 동시다발적으로 진행되기 시작합니다. 애플의 특허소송의 근본적인 목적은 계속 세를 불려가고 있는 안드로이드 진영에 대한 견제에 있다고 전문가들은 얘기합니다. 플랫폼 개발사인 구글을 비롯하여 삼성 및 HTC 등의 단말기 제조업체들로 구성된 안드로이드 진영의 빠른 성장에 위기감을 느낀 애플은 스마트폰 및 태블릿 PC 시장에서 본인들이 선구자이자 최고라는 사실을 일반 대중들에게 인식시키고 싶었던 것입니다.

2018년 6월, 양사가 합의와 함께 관련 소송들을 모두 취하하면서, 삼성과 애플의 7년간의 특허전쟁은 막을 내렸습니다. 그동안 삼성은 애플의 공격에 대응하여 자신의 다른 특허를 무기로 방어하며 역으로 특허소송으로 맞서왔습니다.

여러 건의 치열한 법정 다툼으로 승과 패를 주고받았던 양사는, 역설적으로 마케팅 효과를 톡톡히 얻기도 했습니다. 애플은 스마트폰의 시대를 연 기술 선도적 이미지를 시장에 각인시켰고, 삼성은 애플에 대적할 만한 저력 있는 기업이라는 이미지를 얻었습니다. 실제 소송전을 치르는 동안 양사 모두는 스마트폰 업계에서 시장 점유율을 높이며 호황을 누렸습니다.

애플과 삼성은 각자 기술보호 노력을 잘 해왔기 때문에 특허 소송전에서 모두 살아남을 수 있었습니다. 이처럼 기술보호는 단순한 금전적 가치를 넘어, 산업 내 경쟁자를 공격하는 무기가 될 수도 있고, 반대로 기술 권리를 둘러싼 소송에서 방어 수단으로 사용되기도 하는 등 기술기업에서 아주 중요한 활동입니다. 다음 절에서는 기술보호가 구체적으로 무엇인지, 어떻게 하면 기술을 잘 보호할 수 있는지에 대해 보다 자세히 다루도록 하겠습니다.

In Class Discussion Topic

- 제록스와 애플의 사례에서 제록스가 간과한 것은 무엇인가요? 제록스와 애플의 차이는 무엇인가요?
- 퀄컴의 최근 로열티 정책을 조사하고, 프랜드(FRAND) 관점에서 옳고 그름을 생각해봅시다.

2. 기술보호 전략

기업에서 기술혁신의 내용을 어떻게 그리고 얼마나 강한 수단으로 보호할 것인가를 의사결정하는 것은 중요합니다. 전통적으로 경제학적·전략적 측면에서 혁신의 급부를 최대한 많이 얻기 위해 기술 혁신을 보호하는 것을 많이 강조해 왔습니다. 하지만 이러한 보호 여부와 그 수준을 결정하는 일은 매우 복잡한 문제입니다. 약한 수준으로 자사의 기술 혁신을 보호하는 것이 기업에게 유리한 경우도 있습니다. 다른 생산자(보완재 생산자도 포함해서)들이 자신의 기술을 활용하는 것에 힘을 실어 줄 수 있으며 이로 인해 기술의 확산이 진전되면 기술 표준으로 자리 잡을 수 있기 때문입니다. 반면 강하게 기술을 보호하는 것이 더 유리한 때도 있습니다. 특정 분야의 핵심 특허를 독점함으로써 기업의 이윤을 극대화할 수 있기 때문입니다.

2.1 기술의 전유성(Appropriability)

기업이 기술 혁신을 통해 창출되는 수익을 지속적으로 영위하기 위해서는 어떻게 해야 할까요? 이와 관련해서 기술의 전유성(Appropriability) 개념에 대해 알아야 합니다. 전유성(Appropriability)이란 기술보호를 통해 기술 혁신으로부터 기대되는 수익을 보호·

확보할 수 있는 가능성으로 정의할 수 있습니다. 다시 말하면 경쟁기업으로부터 나의 혁신제품에 사용된 기술을 쉽게 따라 잡기 힘들도록 하는 것을 말합니다. 그렇다면 전유성을 높이기 위해서는 어떻게 해야 할까요? 전유성을 높인다는 것은 무엇을 의미하는 것일까요? 바로 앞에서 설명한 바와 같이 제3자가 나의 기술에 접근이 어렵도록 하는 것, 즉 기술보호를 의미합니다. 기술보호를 통해 전유성을 높이기 위해서는 다양한 전유장치(Appropriability Mechanism)들이 필요합니다. 대표적인 것을 예로 든다면 특허(Patent), 영업비밀(Trade Secrets) 등이 있습니다.

전유성에 대해서는 다양한 연구들이 진행되어왔습니다. 그중에 Malerba(1998)은 전유성 함정(Appropriability trap)에 대한 개념을 제시하였습니다. 이는 전유성을 높이기 위한 강력한 보호활동은 기술과 지식의 확산과 활용이 제한되기 때문에 산업전반에 걸쳐 기술개발을 통한 혁신활동에 큰 위협이 된다는 것입니다. 본 장에서 제시한 제록스 사례에서 제록스 팔로알토연구센터(PARC)의 연구결과물들은 전유성의 곤란(Difficulties of Appropriability)을 겪게 되지만, 산업 전반의 기술진보에 큰 기여를 하게 되었습니다. 그렇다면 산업 전반의 기술 보가 아닌 이제 막 창업을 한 기업의 입장에서 전유성을 어떻게 설정하고 대응해야 하는지 기술보호와 기술개방의 측면에서 살펴보겠습니다.

2.2 기술보호와 개방의 사례

전기 자동차 혁신을 주도하고 있는 테슬라의 CEO 일론 머스크는 2014년 6월 자사가 보유한 모든 특허를 개방하고 자사의 특허를 이용하더라도 법적 조치를 취하지 않겠다는 파격적인 제안을 합니다. 이에 대해 '홍보 전략이 아니냐'는 의견도 있고, '기술 표준을 잡기 위한 것 아니냐'는 견해도 있었지만, 일론 머스크는 '전기차 기술의 발전을 위해 오픈 소스 정신1으로 특허를 개방'한다고 공표했으며, '매년 1억 대의 자동차가 생산되고, 세계적으로 20억 대의 자동차가 달리고 있음을 고려할 때, 테슬라만으로 탄소 배출 문제를 해결할 수 없다'라며 특허를 개방한 이유를 설명했습니다. 특허 개방을 통해 더 많은 자동차 업체가 전기차 기술 개발에 뛰어들면 그만큼 전기차 기술이 비약적으로 발전할 것으로 전망한 것입니다. 테슬라의 특허 개방이 테슬라에게 기회가 될지 아니면 위기가 될지는 아직 미지수입니다. 하지만, 당장은 전기 자동차 시장에 관심을 환기시키는 데 성공한 것으로 보입니다. 테

---

1 오픈 소스 정신은 소프트웨어 등을 만들 때 해당 소프트웨어가 어떻게 만들어졌는지 알 수 있도록 일종의 프로그래밍 '설계도'인 소스코드를 무료 공개 배포하는 것을 말하며, 카피레프트(Copyleft), 크리에이티브 커먼 라이선스 정책(creative commons license) 등이 비슷한 개념입니다.

그림 2 완전 폐쇄형 시스템과 완전 개방형 시스템의 연속성

출처: Schilling(2009)

슐라는 2018년 한 해 동안 모델3, 모델S, 모델X 등의 전기 자동차를 전년 대비 138% 증가한 24.5만 대를 판매하는 등, 최근까지 성장세를 유지하고 있습니다.

그렇다면, 기술은 테슬라의 사례처럼 자사 기술을 개방하는 것이 좋을까요? 아니면 기술보호 전략을 취하는 것이 좋을까요?

"만약 지식재산의 보호가 없어진다면, 창의적인 기업들도 함께 사라지거나 아예 시작되지도 못할 것이다.(If protection of IP begins to disappear, creative companies will disappear or never get started.)" - 스티브 잡스

"내가 만약 남들보다 멀리 볼 수 있었다면, 그것은 바로 앞서 간 거인들의 어깨를 딛고 서서 볼 수 있었기 때문이다.(If I've seen further, it's by standing on the shoulders of Giants.)" - 아이작 뉴턴

Schilling(2009)은 완전 폐쇄형 시스템과 완전 개방형 시스템 사이에는 [그림 2]와 같은 연속성이 존재한다고 보았습니다. '완전 폐쇄형 시스템(Wholly proprietary system)'이란 특허, 저작권, 영업비밀 등과 같은 전유장치(Appropriability Mechanism)들을 통해 법적인 권리를 획득하고 오로지 자사의 개발자들에 의해서만 사용되고 개발되도록 사용되는 시스템을 말합니다. 완전 폐쇄형 시스템으로 만들어진 제품들은 일반적으로 다른 제조사에 의해 생산된 제품들과 호환되지 않으며, 이 제품 시스템에 연동할 수 있는 제품을 생산할 수가 없습니다. 이 시스템에서는 초기에는 해당 제조사에

혁신 기술에 의한 수익을 가져다줄 수 있을지는 모르겠지만, 해당 제품을 얻기 위한 비용이 많이 들고 다른 구성품과의 호환성 문제로 소비자들에게 외면받을 가능성이 있습니다. 이와는 반대로 '완전 개방형 시스템(Wholly open system)'은 기술 권리에 대해 어떠한 법적인 보호를 받지 않고 비밀로도 유지되지 않은 채로 활용되는 것을 말합니다. 완전 개방형 시스템에서는 누구나 접근할 수 있는 기술을 바탕으로 자유롭게 제품을 생산할 수 있습니다. 완전 개방형 시스템에서는 기술 확산에는 유리한 반면, 해당 기술을 통한 이윤 확보가 어려울 수 있다는 단점이 있습니다.

기술보호 수준에서 완전 개방형 또는 완전 폐쇄형 외에도, 부분적인 개방이나 라이선스로 허락하는 등 중간 수준의 보호 메커니즘을 고려할 수 있습니다. 예를 들어, 마이크로소프트의 윈도우에 대한 라이선스 정책은 개방적입니다. 윈도우는 저작권의 보호를 받으며 윈도우 사용의 확대를 위한 권리는 전적으로 마이크로소프트에 있습니다. 하지만 윈도우용 응용 프로그램을 만드는 개발자들이 보완재를 원활하게 만들 수 있도록 일부 윈도우 코드에 대한 접근을 허가하고 있습니다. 또한 이러한 보완재 개발자들이 제품을 생산할 수 있는 라이선스를 내주며 컴퓨터 제품과 함께 소프트웨어를 판매하기 위해 각 컴퓨터 제조업자들에게 주문자 생산방식의 라이선스를 내줍니다. 이러한 라이선스를 구입하는 회사나 개인은 다른 제품과 함께 소프트웨어를 묶어 판매할 수는 있지만, 소프트웨어를 확대 가공할 수는 없습니다. 예를 들면 소프트웨어 개발 업자들은 윈도우 프로그램의 기능에 영향을 미치지 않는 범위에서 윈도우와 함께 사용할 수 있는 프로그램을 개발 및 판매할 수 있습니다.

요약하자면, 기술의 개방과 폐쇄의 연속선상에서, 마이크로소프트의 윈도우은 중간 수준의 개방 형태이고, 제록스 팔로알토연구센터(PARC)의 연구 결과물들은 완전 개방형 수준에 가깝고, 퀄컴 사례는 제한적 라이선싱(Limited licensing) 수준에 해당됩니다. 그리고 테슬라는 자유 라이선싱(Liberal licensing)을 사용하고 있다고 볼 수 있습니다.

2.3 보호와 개방, 전략적 선택

기술을 보호하거나 개방하는 것은 서로 장단점을 가집니다. 우선 기술을 보호한다는 것은 전유성(Appropriability)을 확보한다는 것으로 볼 수 있습니다. 전유성 확보를 통해 혁신기술을 사용한다는 것은 기술 개발자에게 큰 이익을 가져다주게 되고 이는 다시 기술 개발자들의 기술 개발, 판매 촉진, 분배에 보다 많은 투자를 할 유인(incentive)이 됩니다. 기술을 엄격히 보호할 경우, 향후 기술의 개선과 진보를 개발자가 원하는 방향으로 이끌 수 있습니다. 즉, 기술보호를 통해 개발자는 해당 기술의 구조적 통제권을 가질 수 있습니다. 그러나 기술보호 환경에서는 자신의 기술력과 노력에 의해서만 기술 발전과 진보가 가능하므로 기술 개선에 더 많은 비용이 들고 발전 속도가 저하될 수 있다는 단점이 있습니다.

기술 개방 환경에서는 외부의 다양한 플레이어들이 기술 개선에 참여하고 기여할 수 있어서 기술의 확산 속도가 빨라집니다. 그리고 다양한 보완재 개발이 유도되어 소비자 입장에서 그 기술의 사용성이 더 높아지게 됩니다. 그러나 기술 개방 노선에서는 수익 확대에 어려움이 있을 수 있고, 원천 개발자가 그 기술의 구조적 통제권을 완전히 가지지 못한다는 단점이 있습니다.

기술의 보호와 개방에 있어 다음과 같은 사항을 고려하여 전략적으로 선택해야 합니다. 첫째, 기술을 독점으로 개발하는 데 있어서 생산, 마케팅, 자본 등 환경적 여건이 되는지를 살펴야 합니다. 둘째, 기술 독점에 대한 외부 반발 가능성을 고려해야 합니다. 예컨대 퀄컴의 경우 과도한 로열티 수익화 정책으로 세계 각국에서 프랜드(FRAND) 관점의 비판과 견제의 대상이 된 사실이 있습니다. 셋째, 자신이 해당 기술의 독점 개발에 필요한 전문성과 기술력을 보유하고 있는지에 대한 검토가 필요합니다. 넷째, 기술 표준의 파편화 위험을 통제할 필요가 있는지를 살펴야 합니다. 다섯째, 구조적 통제에 의한 인센티브가 있는지를 고려해야 합니다. 즉, 지배적 디자인 또는 산업 표준특허를 보유함으로써 가질 수 있는 경제적 이점이 있는지를 검토하는 것입니다.

기술의 독점적 또는 완전한 보호가 어렵다면, 다음과 같이 부분적으로 기술을 개방할 수 있습니다. 첫째, 기술의 법적인 권리를 획득한 후, 제한적으로 라이선싱을 할 수 있습니다. 라이선싱은 해당 권리의 실시권리를 제3자에게 부여함으로써 기술을 보유하고 있는 기업은 제품의 생산으로 얻는 이득 외에 기술료 수입을 부가적으로 얻을 수 있습니다. 둘째, 기술의 법적인 권리를 획득한 후, 그 실시 권리를 공개할 수도 있습니다. 이는 많은 경쟁사들의 적극적인 참여와 보완재 개발을 촉진하여 해당 기술을 업계에서 널리 사용되도록 유인하기 위한 전략으로 사용되기도 합니다. 해당 기술이 널리 확산되어 종국에 그 기술이 산업 표준이 된다면 더 많은 수익 창출의 기회를 가질 수 있습니다. 하지만, 이런 정책은 자칫 기술 개발자에게 큰 부담이 될 수 있습니다. 단기적으로는 기술의 공개로 인하여 기술 개발자의 기대수익이 감소할 수 있으며, 장기적으로는 표준으로 자리 잡은 기술의 수혜자가 누구일지에 대한 불확실성이 있기 때문입니다. 셋째, 기술의 법적인 권리를 완전히 포기하고 기술의 내용을 공개하는 방향도 있습니다. 이 경우, 다양한 이해관계자가 해당 기술을 자유롭게 활용하고, 또 개선해나갈 수 있기 때문에 기술 확산 속도가 매우 빨라진다는 장점이 있습니다. 이를 통해 해당 기술 기반의 혁신적인 제품이나 보완재 개발 등의 진보가 단시간 내에 이루어지고, 높은 수준의 성과를 이룰 수 있게 됩니다.

2.4 기술보호 방법의 선택

일본의 시드사는 기존의 수정액의 단점을 보완하여 수정테이프를 발명했습니다. 시드사는 이 기술 혁신의 내용을 보호하기 위하여 여러 가지 기술보호 방법을 전략적으로 선택했습니다. 시드사는 어떤 기술보호 방법들을 도입했는지 사례를 중심으로 살펴보겠습니다.

수정테이프가 발명되기 전에 사용하던 수정액이 있었습니다. 수정액은 사용 후에 바로 마르지 않아서 손에 묻을 수 있고, 수정된 표면이 고르지 않는 등 수정 후 바로 글을 쓰기 어렵다는 단점들을 가지고 있었습니다. 1984년 일본의 시드사는 수정액의 단점을 보완한 제품을 수정테이프라는 이름으로 내놓았습니다.

시드는 경쟁사가 역엔지니어링(reverse engineering)을 통해 쉽게 모방이 가능한 부분에 대해서는 특허를 등록하였으며, 수정테이프에 사용되는 성분 등과 관련된 부분은 영업비밀로 보호하기로 했습니다. 그리고 외관과 명칭에 대해서는 각각 디자인권과 상표권으로 권리를 확보하고 보호하였습니다. 또한 기술보호를 철저히 하기 위해서 특허 출원을 빈틈없이 마친 이후로 사내 발표를 미루어 유출 위험을 최소화하였고, 기업 내부에서 정보가 세어 나가지 않도록 정보관리에 엄격히 했습니다. 또한 수정테이프 관련 기술들은 타사와 계약을 맺으면서 비밀유지계약(NDA)도 함께 계약함으로써 정보보호에 지속적으로 노력을 기울였습니다. 이러한 노력에 힘입어, 시드의 수정테이프는 2009년 기준 누적 생산량이 200억 개를 돌파할 정도로 큰 인기를 누렸습니다. 또한, 시드사에서 모든 수요를 감당할 수 없었던 부분에 대해서는 타사로의 기술 이전을 통해 추가적인 기술료 수익도 함께 확보할 수 있었습니다.

이처럼 일본의 시드사는 특허권, 디자인권, 상표권, 그리고 영업비밀 방법을 전략적으로 함께 사용했습니다. 다음 장에서는 이러한 여러 가지 기술보호 방법들에 대해 자세히 알아보고 어떤 경우에 선택할 수 있는지에 대해 살펴보겠습니다.

In Class Discussion Topic

- 잘못된 기술보호 전략으로 실패한 기술의 사례를 찾아봅시다.
- 본인이라면 상기 기술을 성공시키기 위해서 어떤 전략을 세울 수 있는지 생각해봅시다.

3. 기술보호의 방법과 절차

기술보호를 위해서는 무엇을 해야 할까요? 우선은 개발된 기술에 대해 전유성(Appropriability)을 살펴보고, 기술을 보호해야 할지 아니면 개방해야 할지에 대한 전략적 의사결정을 해야 할 것입니다. 기술을 보호하기로 결정되었다면 어떠한 방식과 수준으로 우리의 기술을 보호해야 할지를 정해야 합니다. 기술보호에 관련해서 법적으로 인정하는 권리를 지식재산권이라고 합니다. 지식재산권(Intellectual Property Right: IPR)은 인간의 지식활동으로 얻어진 정신적, 무형적 결과물에 대하여 재산권으로써 보호받는 권리로서, [그림 3]과 같이 보호목적을 기준으로 산업분야의 창작물과 관련된 산업재산권(특허권, 실용신안권, 상표권, 디자인권 등), 문화·예술분야의 창작물과 관련된 저작권 및 반도체 배치설계나 온라인디지털콘텐츠와 같이 전통적인 지식재산권의 범주에 속하지 않고 경제, 사회·문화의 변화나 과학기술의 발전에 따라 새로운 분야에서 출현하는 지식재산권인 '신지식재산권'으로 분류할 수 있습니다(특허청·한국지식재산연구원, 2013).

그림 3 지식재산권 체계

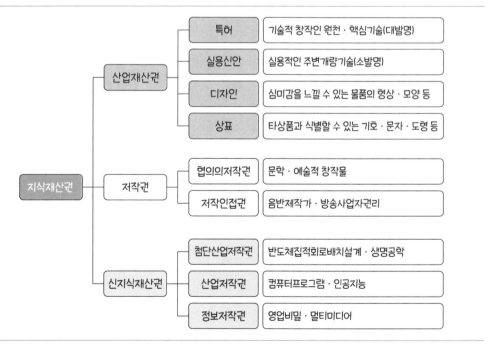

출처: 특허청·한국지식재산연구원(2013)

3.1 산업재산권

산업재산권은 기술이나 창작물들을 보호하고자 하는 의지에 따라 법적인 권리를 부여받게 되는 특허권, 실용신안권, 디자인권, 상표권이 있습니다.

3.1.1 특허

14세기 영국에서는 특허를 부여할 때 개봉된 특허증서(Letters Patent)를 주었는데, 이때의 patent는 'open'을 의미하는 것이었습니다. 즉, '공개된 것(be opened)'의 의미를 갖는 라틴어인 'patere'에서 유래되었습니다. 이때부터 patent는 특허권이라는 뜻으로 사용하게 되었습니다(고영남 외, 2015). 특허제도는 공개(disclosure)와 독점(monopoly)이라는 균형 위에서 성립하기 때문에, 특허출원을 통하여 발명을 공개하는 대신 그에 부합하는 특허권을 부여한다는 특허의 원칙이 있습니다. 즉, 특허권은 새로운 발명 혹은 기술을 공개하는 대가로 일정 기간의 배타적 독점권을 부여하게 됩니다. 공개된 특허는 동일 기술에 대한 중복 연구를 피하게 하고, 공개 기술을 통해 보다 진보된 기술이 나올 수 있게 하는 데 목적이 있으며, 특허 권리를 가진 기술 개발자에게는 기술로써 발생하는 이익을 독점할 수 있도록 합니다.

1883년 산업재산권에 관한 파리협약(Paris Convention for the Protection of Industrial Property: 이하 파리협약)이 체결되었는데, 내용으로는 특허 등의 출원 및 등록에 있어서 내외국인 평등의 원칙을 포함하고 있습니다. 우리나라는 1980년에 파리협약에 가입을 하게 되었고, 2014년 기준으로 파리협약에 가입한 국가는 175개국에 이릅니다. 특허를 비롯한 산업재산권은 기본적으로 속지주의 원칙을 따르고 있기 때문에, 글로벌 시장으로 진출하기 위해서는 각 국가의 특허법 요건에 맞는 특허를 신청하고 자격을 받아야 특허 권리의 보호를 제대로 받을 수 있습니다.

그렇다면 특허는 언제 출원하는 게 적절할까요? 특허는 기본적으로 선출원주의를 따릅니다. 즉, 누가 어떤 발명을 먼저 시작했는지는 중요하지 않고, 먼저 출원을 한 신청자에게 특허권을 부여하게 됩니다. 또한, 특허는 신규성, 진보성, 상업상의 이용 가능성을 만족해야 하며, 특허출원을 하기 전에 공지가 되어있지 않아야 합니다. 단, 특허출원 이전에 특허출원인 당사자가 행한 공지행위(아이디어 공모, 논문 발표 등)를 신규성 위반으로 인한 특허 거절 사유에서 제외하는 조건이 있는데, 공지행위를 한 시점으로부터 12개월 이내(디자인의 경우 6개월 이내)에 특허출원을 하고 특허출원서에 '공지예외적용'을 명시해야 합니다. 기술의 개발을 통해 특허출원을 하고 개량발명을 통해 다른 특허를 출원하게 될 때는 우선권 제도를 이용해야 합니다. 우선권 제도를 이용하지 않게 되면, 이전 발명과 다르게 진행되는 것으로 보고 이전 발명과 비교하였을 때 진보성이 없다고 판단하여 불이익을 받게 되는 경우가 발생하게 됩니다. 이러한 상황을 피하기 위해 후출원시에는 우선권 주장을 해야 하며, 이때 선출원특허의 출원일자를 소급받아 권리를 인정받을 수 있게 됩니다(특허법 제55조). 단, 선출원특허의 출원일로부터 12개월을 넘지 않아야 하며, 선출원특허가 취하, 포기, 무효에 따른 심결이 확정되지 않아야 하고, 등록결정이 되기 전이어야 하는 조건들이 존재합니다(특허법 제55조제1항).

3.1.2 실용신안

특허와 실용신안은 아주 유사한 개념입니다. 우리나라 특허법에 따르면, 특허란 "자연법칙을 이용한 기술적 사상의 창작으로서 고도한 것"이고, 실용신안법에 따르면, 실용신안은 "자연법칙을 이용한 기술적 사상의 창작"이라고 규정하고 있습니다. 여기서 확연히 구분되는 사실은 특허의 정의에는 '고도한 것'이라는 표현이 들어 있고, 실용신안의 정의에는 '고도한 것'이라는 표현이 빠져 있다는 것입니다. 즉, 특허는 실용신안에 비해 더 고도화된 기술이고 상대적으로 등록받기 어려운 권리입니다. 해외의 경우에는 대부분의 국가에서 실용신안법을 따로 두고 있지 않고 특허법으로 일괄 관리하고 있습니다. 우리나라에서는 특허에 비해 상대적으로 얻기 쉬운 등급의 권리로 실용신안 개념을 두고 있다고 이해하면 됩니다.

특허와 실용신안은 보호대상에서 차이가 있습니다. 특허는 '발명', 실용신안은 '고안'이 보호 대상이기 때문에 특허는 '제조방법', '측정방법', '검사방법'에 대해서도 출원이 가능하지만, 실용신안은 '물품'에 대해서만 출원이 가능합니다. 특허와 실용신안은 권리가 유지되는 존속기간에서도 차이를 보입니다. 특허의 존속기간이 특허출원일 후 20년까지라면, 실용신안은 출원일 후 10년까지입니다.

표1 특허와 실용신안의 차이

	특허	실용신안
보호대상	발명	고안
정의	자연법칙을 이용한 기술적 사상의 창작으로서 발명 수준이 고도한 것	자연법칙을 이용한 기술적 사상의 창작으로서 물질의 형상, 구조, 조합에 관한 실용성 있는 고안
존속기간	설정등록이 있는 날부터 특허출원일 후 20년(의약품은 5년 한도 내에서 연장 가능)	설정등록일로부터 출원일 후 10년 (구법 적용분은 15년)
심사청구기간	출원 후 5년 이내	출원 후 3년 이내
기술수준	고도	

출처: ㈜윕스 기업블로그 '아이디어 놀이터'

3.1.3 디자인과 상표

특허와 마찬가지로 배타적 독점권으로서의 디자인권은 1787년 프랑스와 영국에서부터 발전되어왔습니다. 그 당시 프랑스 참사원은 견직물 등에 대해 도안의 창작자에게 독점적 권리를 인정하였으며, 영국에서는 디자인 보호를 위한 최초의 법은 '리넨(아마포), 무명 또는 옥양목의 디자인 및 프린팅에 관한 법률(The Designing and Printing of Lines, Calicoes and Muslins Act of 1787)'로 산업화와 대량생산의 발전과 밀접한 관련이 있습니다(고영남 외, 2015).

디자인은 저작권적 방법과 특허권적 방법으로 보호를 받을 수 있습니다. 디자인은 창작물이 창작이 되는 순간부터 저작권의 효력이 발생하게 됩니다. 저작권적 방법에 의한 디자인의 권리는 타인의 모방으로부터만 보호하는 것을 의미합니다. 하지만, 특허권적 방법으로 보호되기 위해서는 특허와 마찬가지로 일련의 디자인 출원 절차를 거쳐 등록을 허여받은 디자인이어야 하며, 이는 독점적 배타적 효력이 발생하게 됩니다. 특허권적 방법에 의한 디자인은 물품의 형상·모양·색채 또는 이들을 결합한 것으로서 시각을 통하여 미감을 일으키게 하는 것을 말합니다(디자인보호법 제2조제1호). 즉, 디자인은 제품의 성능 및 기술적 창작효과와는 관련이 없고 외관상 심미성만을 높이는 것입니다.

놀이 시설과 체육 시설 제조를 하는 업체인 (주)멜리오유니온랜드(meglio unionland)는 놀이시설 아시아 판매율 1위 업체이며, 전 세계 39개국에 수출을 하면서 연간 3,000만 달러의 매출을 올리고 있습니다. 또한, 각종 전시회나 박람회 등에도 신제품을 출시하면서 멜리오유니온랜드의 입지도 올라가게 되었습니다. 하지만 이 회사는 2006년 이전까지는 자사 제품의 디자인권을 인정받지 못했습니다. 디자인권 확보를 위한 사전 조치 없이 전시회나 박람회에서 작품을 공개한 사실이 있으며, 그 디자인의 신규성 자격을 상실했기 때문입니다. 디자인은 특허와 마찬가지로 디자인을 출원하기 전에 공지(박람회, 디자인 공모전 등)가 되었다면 신규성 상실의 예외주장을 위해서 공지 후 6개월 이내에 디자인 출원 절차를 마쳐야 합니다. 만일 기간을 놓쳐 디자인 출원을 하지 못하게 된다면, 디자인의 권리보호는 저작권법을 통해서만 보호받을 수 있게 됩니다.

상표는 우리가 알고 있는 브랜드라고 생각해도 무방할 것 같습니다. 브랜드(brand)는 앵글로색슨어의 동사로 'burn'에 상당하는 말에서 유래하였으며, 이는 소나 말의 엉덩이에 불에 달구어진 낙인을 찍는 행위에서 온 것으로 보고 있습니다. 하지만, 상표와 브랜드는 다른 의미에서 접근해야 할 것 같습니다. 상표는 기본적으로 상품상표(trade mark), 서비스표(service mark), 단체표장(collective mark), 업무표장(business emblem), 증명표장(certification marks)이 있으며, 상품상표에는 기호상표, 문자상표, 도형상표, 입체상표, 결합상표, 색체상표, 홀로그램상표·동작상표, 소리상표·냄새상표가 있습니다.

여기서 상표권이 특허권이나 디자인권과의 차이가 있는데 무엇일까요? 그건 권리를 보호할 수 있는 기간인 존속기간이 특허권과 디자인권은 20년인 데 반해 상표권은 10년입니다. 상표권의 보호기간이 상대적으로 짧습니다. 하지만, 상표권은 연차등록료를 계속 지불한다면, 10년 단위로 무한정 연장을 할 수 있기 때문에, 사실상 보호의 권리기간이 없다고 봐도 무방할 것 같습니다. 이 점이 아무래도 버버리가 체크무늬를 디자인권이 아닌 상표권으로 보호를 받는 이유가 아닐까 싶습니다. 상표권도 출원을 하려면 특허권과 디자인권과 마찬가지로 예외 주장을 받을 수 있습니다. 전시회와 같은 공개된 장소에서 상표를 노출시켰다면, 상표권 출원자는 해당 일자로부터 6개월 이내에 출원시의 특례주장을 통해서 출원 일자를 소급받을 수 있습니다. 이는 공개된 장소에서 상표권을 노출하였을 때 6개월 간 상표브로커에 의한 부정사용 및 등록을 막기 위한 절차입니다.

[그림 4]는 자동차를 예시로 하여 특허, 실용신안, 디자인, 상표 등 산업재산권의 개념적 차이를 나타낸 것입니다. 자동차에서 특허의 보호 대상은 엔진 제어 시스템, ABS 브레이크 시스템 등 고도화된 기술인 데 반해 실용신안의 보호 대상은 백미러, 컵홀더 등 비교적 단순한 고안들입니다. 디자인은 차체 형상과 같은 심미적 특성들이고, 상표는 제네시스와 같은 자동차 이름입니다.

그림 4 산업재산권의 개념적 차이

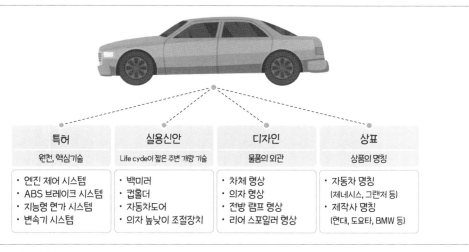

출처: 특허청(2012), 지식재산권의 손쉬운 이용

3.2 저작권

저작권은 인간의 사상 또는 감정을 표현한 창작물인 저작물에 대해 저작권법에 의해 창작자가 가지는 독점적인 권리를 보호해 주고 있습니다. 이러한 저작물에는 시, 소설, 음악, 미술, 영화, 연극, 사진 등과 같은 문학·예술적 창작물에 대한 협의의 저작권이 있으며, 실연자,[2] 음반제작자 및 방송사업자와 같이 저작물의 직접적인 창작자는 아니지만, 녹음 방송, 실연 등을 통해 저작물의 배포에 기여한 자에 대해 저작권과 유사한 권리로 저작인접권[3]을 인정하고 있습니다.

저작권과 특허권은 인간의 정신활동에 의한 창작을 보호한다는 점에서 유사합니다. 어떤 사람이 새로운 기술을 개발하여 그것을 연구노트에 글이나 도면으로 표현해 두었다면, 그 내용은 창작물로서 저작권의 보호대상이 됩니다. 그러나 저작권은 표현을 보호하는 것이기 때문에 그 안에 담긴 아이디어의 본질은 저작권으로 보호를 받지 못합니다. 따라서 아이디어의 내용을 보호받기 위해서는 별도로 특허출원을 해야 합니다. 예를 들어, 연구노트 자체를 복사하는 경우에는 저작권침해가 되지만, 연구노트를 복사하지는 않고 그 안에 담겨져 있는 아이디어만 차용하여 이용하는 것은 저작권 침해가 되지 않습니다. 반대로, 특허권은 표현은 보호하지 않고 아이디어를 보호하는 것이기 때문에, 그 표현 방법을 달리했더라도 아이디어의 본질이 같다면 모두 특허권 침해가 됩니다.

3.3 신지식재산권

산업재산권이나 저작권과는 달리 산업 및 경제발전에 따라 새롭게 보호의 필요성이 요구되는 영역이 생기게 되었는데 이를 신지식재산권이라고 말하고 있습니다. 신지식재산권에는 반도체설계, 컴퓨터프로그램, 영업비밀과 같이 권리보호를 필요로 하는 새로운 영역들이 포함되어 있습니다.

최근 스타트업들은 컴퓨터프로그램을 기반으로 하는 기술창업을 하는 경우가 많을 텐데 컴퓨터프로그램 및 소프트웨어는 어떻게 보호를 해야 하는지 살펴보겠습니다. 컴퓨터프로그램 및 소프트웨어는 저작권이나 특허를 통해 보호를 받을 수 있습니다. 하지만, 저작권에 의한 보호와 특허에 의한 보호의 범위에 차이가 있는데, 우선 저작권에 의한 보호를 통해서는 소프트웨어가 개발되는 순간 저작권이 발생하며, 저작권

---

2 무대 위에서 실제로 연기하는 사람

3 실연자가 갖는 성명표시권·복제권·대여권·공연권·방송권·전송권·보상청구권 음반제작자가 갖는 복제권·배포권·전송권·보상청구권, 방송사업자가 갖는 복제권·동시중계방송권·공연권이 있음(저작권법 제66조~제85조의2).

법에 의해 불법복제방지 및 불법배포 등에는 효과적입니다. 하지만, 해당 소프트웨어에 포함되어 있는 아이디어, 기능 등 기술적 요소들은 보호하기가 어렵습니다. 이럴 때는 특허를 통한 권리 보호를 할 수 있습니다. 단, 모든 소프트웨어가 다 가능한 것이 아니라, 물리적인 하드웨어와 결합이 된 형태여야 보호를 받을 수 있습니다.

신지식재산권에는 영업비밀도 포함되어있습니다. 영업비밀(Trade secret)은 "공공연히 알려져 있지 아니하고 독립된 경제적 가치를 가지는 것으로서, 상당한 노력에 의하여 비밀로 유지된 생산방법, 판매방법, 그 밖에 영업활동에 유용한 기술상 또는 경영상의 정보"라고 정의하고 있습니다(부정경쟁방지 및 영업비밀보호에 관한 법률 제2조). 따라서 영업비밀은 비공지성, 독립적 경제가치성, 비밀관리성을 가지고 있어야 보호를 받을 수 있습니다. 영업비밀은 부정경쟁방지 및 영업비밀보호에 관한 법률, 산업기술의 유출방지 및 보호에 관한 법률, 발명진흥법 등 다양한 법률에 의해서 보호받고 있습니다. 산업재산권이나 저작권 등의 방법들에 비해 영업비밀이 가지는 가장 큰 차이점은 바로 기술이 공개가 되었는지에 대한 여부입니다. 산업재산권 등으로 보호받는 기술들은 공개를 함으로써 일정한 기간 동안 권리를 보호받습니다. 하지만, 기술을 공개를 함으로써 발생하는 손해가 기술을 공개를 하지 않았을 때보다 크다면, 기술을 공개하지 않는 것이 더욱 유리할 것입니다. 이럴 때 영업비밀 전략을 선택할 수 있습니다.

코카콜라 제조법은 영업비밀로 보호되고 있습니다. 기업 내부에서도 제조법을 알고 있는 자가 몇 안 되는 것으로 알려져 있습니다. 이렇게 모든 기술들을 영업비밀로 보호할 수 있다면 좋겠지만, 영업비밀을 둘러싼 유출시도 등의 위험이 도사리고 있어 쉽지만은 않습니다. 2006년 코카콜라사의 내부직원은 경쟁사인 펩시에 코카콜라사의 영업비밀을 150만 달러에 유출을 시도하다가 발각되어 '영업비밀 불법 절취·판매' 및 '통신사기법'을 위한 혐의로 기소되는 등 영업비밀은 기술 유출로부터 자유롭지 못한 면이 있습니다.

기업들이 기술보호의 수단으로 영업비밀 전략을 선택하는 이유는 산업재산권이나 저작권으로는 얻을 수 없는 장점이 있기 때문입니다. 특허권은 공개를 의무화하고 있으며 권리의 존속기간도 20년으로 제한하는 등 권리에 제약이 있습니다. 반면 영업비밀은 그 내용이 외부에 노출되거나 다른 기업에 의해 모방되기 전까지는 영구적으로 내용이 보호됩니다. 하지만, 영업비밀로 유지하고 있던 내용을 경쟁사가 역엔지니어링(reverse engineering)을 통해 알아낸다면, 영업비밀은 보호받을 수 없게 되고, 경쟁사가 이에 대한 특허권을 받게 된다면 오히려 법적인 권리를 빼앗길 수도 있는 위험이 있습니다.

4. 특허·실용신안 행정 절차

4.1 국내 출원 절차

특허와 실용신안은 기본적으로 [그림 5]의 절차를 따릅니다. 특허·실용신안 출원 신청처를 제출하게 되면 방식심사를 통해 법령에서 정한 형식적인 요건들(출원인 적격, 필수사항기재, 수수료 납부 여부 등)이 적합한지 판단한 후에 특허출원이 완료됩니다. 특허 출원 후 공개는 출원인 당사자가 공개하는 경우도 있지만 대부분 출원 후 1년 6개월이 지나면 자동으로 공보상에 공개가 됩니다. 공개를 하게 되면 경쟁사에 서면으로 경고를 할 수 있는 권리와 보상금청구권이 발생하게 됩니다. 단, 실제 보상금청구는 특허권의 설정등록이 완료되어야 행사를 할 수 있습니다. 이후 특허출원 후 5년 이내에 특허 등록을 위해 심사청구를 해야 합니다. 보통 특허 권리를 조기에 획득하여 사업을 해야 하는 중소기업이나 스타트업들은 특허출원과 동시에 심사청구를 하는 경우가 많이 있습니다. 하지만, 특허 프로세스를 진행하는 데에는 비용이 많이 들기 때문에 일단 특허출원을 하고 시장성과 기술성 등을 고려하거나 방어적 목

그림 5 특허·실용신안 출원에서 소멸까지 단계

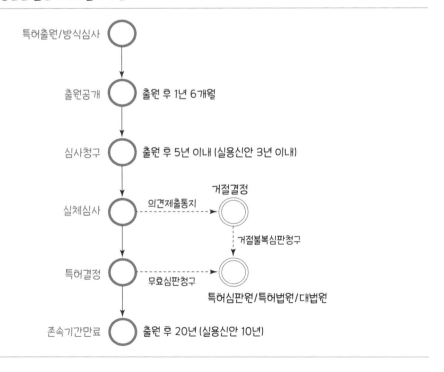

적으로 심사청구를 출원 후 5년에 가까운 시기에 진행하는 경우도 많습니다.

특허 프로세스를 진행 중에 심사관은 심사 특허에 대해 요건이 맞지 않다고 판단되면 거절결정을 내리게 됩니다. 만일 특허출원인이 심사관의 거절결정에 이의가 있다면, 거절결정불복심판을 청구하여 특허심판원의 결정을 기다려야 합니다. 특허·실용신안 등록이 결정되더라도 기술보호를 위한 특허의 권리를 지켜내기 위한 노력도 상당합니다. 제3자가 특허결정이 된 특허에 대해 무효심판을 청구하게 되면 특허심판원을 이 청구건에 대해 심판 절차를 진행합니다.

4.2 해외 출원 절차

우리가 기술 창업을 하고 사업을 하게 되면, 국내 시장뿐만 아니라 글로벌 시장으로 확장을 해야 하는 상황이 오게 됩니다. 그렇다면 글로벌 시장 진출을 위해서는 기술보호를 어떻게 해야 할까요? 앞에서도 언급하였지만, 특허권은 기본적으로 속지주의 원칙을 따르고 있기 때문에, 시장 진출을 하고자 하는 국가에 개별적으로 특허 출원 절차를 밟아야 합니다. 이는 Paris루트를 통한 출원이라고도 합니다. 만일 국내에 출원한 특허와 동일한 특허에 대해 해외에서도 권리를 인정받고자 한다면 선출원 출원일로부터 12개월 이내에 해당 국가에 출원하여 우선권을 인정받아야 합니다. 즉, 여러분이 이미 국내에 특허를 출원하였다면, 반드시 1년 이내에 해외로 나갈지를 결정하여야 한다는 말입니다. 하지만, 이 방법은 시간과 비용이 많이 들기 때문에 이제 막 사업을 시작하거나, 자본이 부족한 소규모 기업들에 있어서는 큰 부담이 될 수 있습니다.

해외 출원을 위한 보다 간소한 방법으로 PCT(특허협력조약: Patent Cooperation Treaty) 국제출원제도를 이용할 수도 있습니다. PCT 국제출원제도란 특허협력조약에 가입한 나라 간에 특허를 좀 더 쉽게 상호 획득하기 위해 마련된 제도입니다. 이를 통해 출원인이 자국특허청에 출원하고자 하는 국가를 지정하여 PCT국제출원서를 제출하면 바로 그날을 각 지정국에서 출원일로 인정받을 수 있습니다. 따라서 PCT 국제출원제도를 이용하면, 직접 개별 국가에 출원하지 않고도 한꺼번에 여러 국가에 출원하는 효력을 가지도록 행정 절차를 진행할 수 있습니다. 국내에 출원을 하고 출원한 특허를 우선권 주장하여 PCT 국제출원을 하는 경우에는 선출원의 출원일로부터 12개월 이내에 PCT 국제출원을 해야 우선권 주장을 인정받을 수 있습니다.

그림 6 해외 직접 출원과 PCT 국제출원 비교

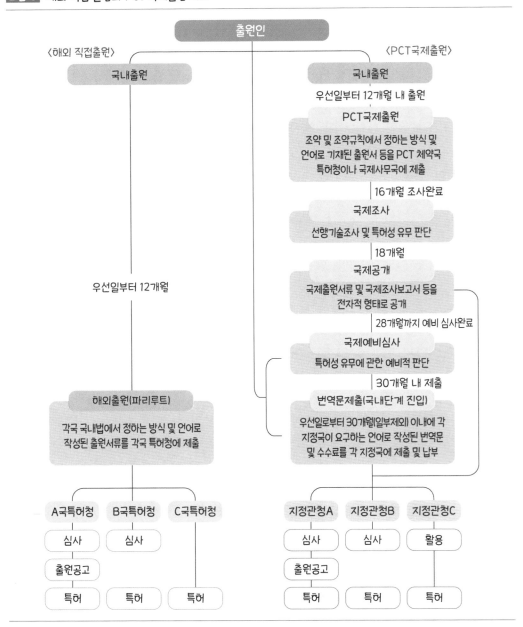

출처: 특허청(2012), 지식재산권의 손쉬운 이용

5. 인간중심의 기술보호

지금까지 우리는 기술보호를 배타적인 독점적 권리를 통해 기업의 이익을 극대화하거나 지속적으로 사업을 영위하기 위한 것이라고 배웠습니다. 하지만, 인간중심적인 기술보호도 있을 수 있다는 것을 보여드리고자 합니다.

5.1 인간중심의 기술보호 사례

5.1.1 볼보의 안전벨트(User Innovation)

1800년대 후반, 자동차가 처음으로 발명되고 사람들의 생활패턴이 바뀌게 됩니다. 하지만, 이때만 해도 안전에 대한 인식이 많지 않았으며, 자동차가 발명이 된 이후 50년 동안 자동차에 안전벨트가 필요하다는 생각도 하지 않았습니다. 안전벨트는 비행기에서만 이용하였으며, 그마저도 곡예비행에서 조종사가 떨어지지 않도록 하기 위한 수단일 뿐 안전에 대한 개념은 없었습니다. 자동차에 안전벨트가 장착이 된 시기는 1936년이었으며, 볼보 직원이 아우토반을 달릴 때 안전상의 이유로 자신의 생명을 보호하고자 2점식 안전벨트를 장착하였습니다. 즉, 이는 볼보가 생산자 혁신을 통해 수익을 창출하고자 개발한 혁신이 아니라 볼보 직원(사용자)이 아우토반에서 안전벨트라는 기능이 필요하다고 느끼고 개발하게 된 사용자 혁신인 것입니다. 하지만, 2점식 안전벨트의 경우 사고발생 시 안전벨트로 인한 치명적인 부상이 발생하게 됩니다. 이후 볼보는 항공기 안전장치 개발자인 닐스 볼린(Nils Bohiln)을 영입하게 되고, 1959년에 머리와 가슴을 보호함과 동시에 차에서 사람이 튕겨져 나가지 않도록 하는 3점식 안전벨트를 발명하게 됩니다. 당시에 3점식 안전벨트는 모든 종류의 안전벨트를 대상으로 하는 충돌시험에서 탑승자 안전보호 측면에서 가장 높은 점수를 받게 되며, 1962년에는 특허 권리를 획득하고 이듬해에 볼보의 전 차종에 해당 기술을 도입하게 됩니다.

볼보의 안전벨트는 사용자 혁신을 통해 개발된 기술이기도 하지만 차세대 인류를 위한 기술이기도 합니다. 볼보는 해당 기술의 독점적 권리를 통해 자사의 자동차가 안전하다는 것을 보여줌으로써 자동차시장에서의 이점을 가져갈 수 있었겠지만, 볼보는 보다 많은 사람들의 안전을 위해서 다른 자동차 제조업체들도 3점식 안전벨트를 사용할 수 있도록 공개함으로써 인간중심의 기술보호를 실천하였습니다. 현재 전세계 대부분의 자동차에서 3점식 안전벨트를 사용하고 있습니다. 비공식적으로 볼보의 안전벨트는 현재까지 대략 100만 명 이상의 탑승자들을 교통사고에서 지켜

냈다고 보고 있습니다. 이후 볼보의 로고는 볼보 차량의 안정성의 강점을 표현하고 있습니다.

5.1.2 삼성과 애플(User Experience)

앞서 이야기했던 삼성과 애플의 소송은 UX(User Experience) 특허의 가치를 보여준 사건으로, 기술 중심의 특허 못지않게 사용자의 편의성과 깊은 관련이 있는 디자인과 상표 등 UX특허가 1조원 규모의 법적 분쟁에 있어서 커다란 역할을 하고 있는 것으로 분석되고 있습니다.

UX는 사용자가 제품이나 서비스 등을 직·간접적으로 이용하면서 얻게 되는 총체적 경험을 말합니다. 즉, 사용자가 제품이나 서비스 등을 사용하면서 전반적인 참여, 사용, 관찰을 통해 상호 교감으로 이어질 수 있는 가치 있는 경험을 말합니다. UX기술은 사용자가 제품을 이용하면서 발생하는 상호작용에서 나타나는 모든 분야의 기술을 포함합니다. 대표적인 예로 애플의 '밀어서 잠금해제' 특허가 있으며, 삼성과 애플의 특허전쟁 속의 가장 중심에 있는 특허라고 말할 수 있습니다. 애플이 삼성을 대상으로 침해 소송을 제기한 대표적인 UX특허는 [표 4]와 같습니다. UX특허는 기술중심의 특허에 비해 아이디어 구현에서 특허출원, 상품화까지의 기간이 상대적으로 짧은 것으로 알려져 있습니다. 아이디어와 실시 예들이 구체화된다면, 특허출원까지의 시간이 짧아지게 됩니다. 즉, UX특허의 수는 지속적으로 늘어날 전망이며, UX특허에 대한 준비가 없다면 특허 분쟁의 여지가 높아질 수 있습니다.

표 2 애플의 UX특허

UX특허 종류	UX특허	설명
밀어서 잠금해제 US7,657,849		손가락으로 화면을 밀어 잠금 상태를 해제하는 기술

UX특허 종류	UX특허	설명
바운스백 US7,469,381	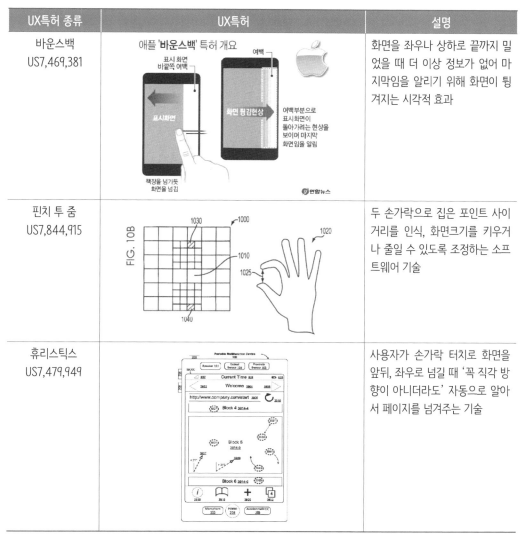	화면을 좌우나 상하로 끝까지 밀었을 때 더 이상 정보가 없어 마지막임을 알리기 위해 화면이 팅겨지는 시각적 효과
핀치 투 줌 US7,844,915		두 손가락으로 집은 포인트 사이 거리를 인식, 화면크기를 키우거나 줄일 수 있도록 조정하는 소프트웨어 기술
휴리스틱스 US7,479,949		사용자가 손가락 터치로 화면을 앞뒤, 좌우로 넘길 때 '꼭 직각 방향이 아니더라도' 자동으로 알아서 페이지를 넘겨주는 기술

출처: 일본 법원 "삼성, 애플 '바운스백' 특허 침해" – 2013.6.21. 연합뉴스

5.2 인간중심의 적정기술

인간중심의 적정기술이란, 고도한 기술 혁신 또는 극대화된 이윤추구에서 다소 거리를 두고 소외계층 혹은 사회의 보편적 복지에 기여하기 위한 목적으로 사용되는 기술을 말합니다. 그중에서, 인류 공헌적 관점의 적정기술(Appropriate Technology)이란, 기술발전으로 인한 혜택이 모두에게 돌아가지 못한다는 인식으로부터 출발하여 저개발국, 저소득층의 삶의 질 향상과 빈곤퇴치 등을 위해 개발되는 기술입니다(정기철, 2010). 즉, 사람들의 삶의 질을 개선하는 데 실질적인 도움을 주는 기술로, 저소득

층의 사람들이 직접적으로 혜택을 누릴 수 있는 인간중심의 기술입니다. 인류 공헌적 관점의 적정기술 구현 사례로, 큐드럼(Q-Drum)이 있습니다. 큐드럼은 아프리카에서 여성들이나 아이들이 물 긷는 수고와 시간을 덜어주기 위해 남아프리카 공화국의 피에트 헨드릭스라는 디자이너가 만들어낸 식수통으로, 실린더 모양의 통에 담긴 물을 굴려서 이동시킴으로써 물을 필요한 곳까지 쉽게 옮길 수 있게 합니다.

기술 창업 관점의 적정기술(Appropriate Technology)이란, 사업화 가능 여부와 지식재산권 보호 수준 측면에서의 전략적 선택을 의미합니다. 김정태(2011)는 기술 창업 관점에서 적정기술에 대한 3가지 안을 제시하고 있습니다. 첫 번째는 '공헌형 기술 혁신' 모델로, 개발된 적정기술의 사업화가 어려운 경우에 저작자가 저작권을 보유하고, 사용권을 많은 사람들이 활용하도록 공개하는 것입니다. 이러한 유형은 기술 보유자가 해당 기술을 사업화하거나 독점할 의사가 없기 때문에 많은 사람들이 자유롭게 해당 기술을 사용할 수 있습니다. 두 번째는 '보호형 기술창업' 모델로, 개발된 적정기술의 사업화가 가능할 때 특허권 신청을 통해 개발된 기술의 정보를 공개하고, 사업화를 통해 지속적으로 '사회문제' 해결이 가능하도록 하는 것입니다. 세 번째 적정기술의 보호 모델은 '공개형 기술창업' 모델로, '보호형 기술창업'과는 달리 지식재산권 보호 없이 사업화하는 유형입니다. 이러한 유형은 현지에서 기술을 특허로 권리화하는 데 오랜 시간과 비용이 드는 경우, 빠르게 사업화하여 현지의 문제해결을 신속하게 해결할 수 있다는 장점이 있습니다.

표 4 적정기술과 지식재산권 적용 모델

구분	제1안	제2안	제3안
구분	기술 혁신	보호형 기술창업	공개형 기술창업
사업화 가능 여부	사업화가 어렵거나, 사업화 계획이 없음	기술을 바탕으로 구체적인 사업모델 구축	공개된 기술을 바탕으로 구체적인 사업모델 구축
지식재산권 적용 여부	저작원은 보유하나 사용권 공개	특허를 확보하여 로열티 및 사업수익	적용하지 않음
사례	옷걸이 독서대	Q-DRUM	MANTIS TECHNOLOGY

출처: 자료: 김정태(2011), 적정기술과 지적재산권(재구성)

나가면서···

좋은 기술을 개발하는 것도 중요하지만, 개발된 기술을 어떻게 보호할 것인가도 중요합니다. 다만 무작정 기술보호가 항상 좋은 것은 아니고, 회사의 사정이나 산업 환경 등에 따라서 어떤 강도로 얼마나 넓게 기술을 보호할 것인가를 정해야 합니다. 그리고 이런 결정을 내리는 과정에서 중요한 변수는 우리가 해당 기술을 우리의 기술사업화에 어떻게 활용할 것인가입니다. 다음 장에서는 기술창업에 대해서 좀 더 자세히 알아보겠습니다.

Our Class Team Project

- 현재 프로젝트를 진행하고 있는 기술을 보호하고자 할 때, 기술보호 vs. 기술개방의 수준(Wholly Proprietary, Limited Licensing, Moderate Licensing, Liberal Licensing, Wholly Open)을 선택하고, 그 근거를 설명해보세요. 전략을 선택하고 그 근거를 설명해보세요.
- 기술을 보호해야 한다면, 어떠한 방법(특허, 실용신안, 디자인, 상표, 저작권, 영업비밀)을 선택해야 하는지, 해당 기술의 특징을 반영하여 적합성을 설명해보세요.

참고문헌

고영남·송호열·정상근, 박상호. (2015). 과학기술과 지식재산권법, 서울: 탑북스.

김정태. (2011). 적정기술과 지적재산권: 기술 혁신을 넘어 기술창업으로, 적정기술, 3(1), 5 – 13.

미 법무부(2007). http://www.justice.gov/archive/usao/gan/press/2006/10 – 23 – 06.pdf

손화철. (2009). 적정한 적정기술, 적정기술 1권, 한밭대학교 적정기술연구소.

정기철. (2010). 적정기술의 동향과 시사점, 과학기술정책연구원.

특허청·한국지식재산연구원. (2013). 지식재산 동향 및 미래전망: 특허·상표·디자인의 심사처리
    기간 단축의 경제적 효과.

특허청. (2012). 지식재산권의 손쉬운 이용.

European Patent Office and Office for Harmonization in the Internal Market. (2013).
    IPRintensive Industries: Contribution to Economic Performance and Employment in the
    European Union, Industry – level Analysis Report.

Malerba F. (1998), "Public Policy and Industrial Dynamics: An Evolutionary Perspective", ISE
    report project, Systems of Innovation Research Program, Department of Technology and
    Social Change.

Melissa A. Schilling. (2009). "Protecting of diffusing a technology platform: tradeoffs in
    appropriability, network externalities, and architectural control", Platforms, markets and
    innovation Edited by Annabelle Gawer, pp.192 – 218.

Shane O'Neill. (2011), '제록스 스타에서 윈도우 8까지' https://www.ciokorea.com/tags/2434/
    GUI/10280

12 기술창업
고객의 니즈를 바탕으로 하는 전략적 기술창업

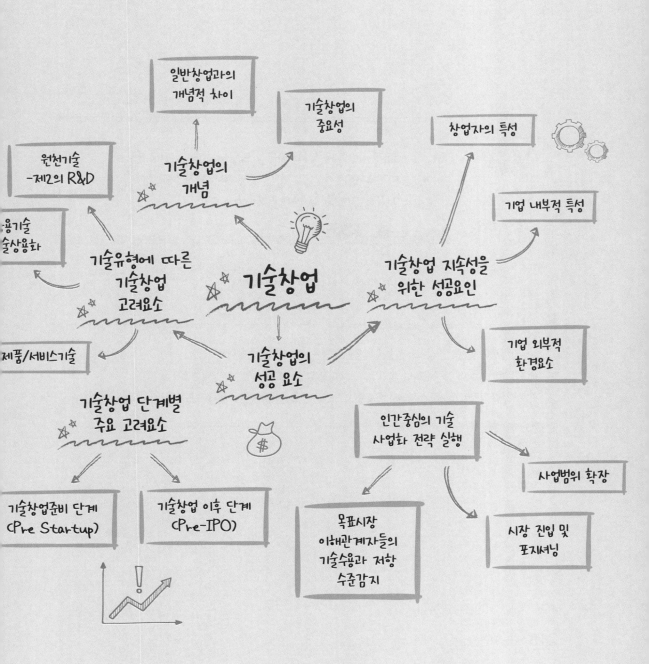

일반창업과의
개념적 차이

기술창업의
중요성

창업자의 특성

원천기술
-제2의 R&D

기술창업의
개념

기업 내부적 특성

용기술
술상용화

기술유형에 따른
기술창업
고려요소

기술창업

기술창업 지속성을
위한 성공요인

제품/서비스기술

기술창업의
성공 요소

기업 외부적
환경요소

기술창업 단계별
주요 고려요소

인간중심의 기술
사업화 전략 실행

사업범위 확장

기술창업준비 단계
(Pre Startup)

기술창업 이후 단계
(Pre-IPO)

목표시장
이해관계자들의
기술수용과 저항
수준감지

시장 진입 및
포지셔닝

기술창업

고객의 니즈를 바탕으로 하는 전략적 기술창업

동영상강의

스티브 잡스
(Steve Jobs)

제품개발은 보유한 기술로 무엇을 만들 것인가로부터 시작하면 안 되고, 고객 경험에서 시작하고 난 후 거꾸로 기술을 활용해야 한다.

시작하는 질문

- 우리 주변의 일반적인 창업과 기술을 활용한 창업은 어떤 차이가 있을까요?
- 기술 창업 활동이 왜 중요하며, 국가적으로 어떠한 경제적 효과가 있는지 생각해봅시다.
- 기술창업 기업이 성공하기 위해서 중요한 요소와 핵심 활동이 무엇인지 생각해 봅시다.

들어가면서…

본 장에서는 스타트업(Start-up)들의 출현에 따른 기술 창업 생태계와 변화를 인지하고, 인간중심(Human Centered) 관점에서 성공적인 기술 창업을 수행하는 데 필요한 요소들을 살펴보고자 합니다. 일반적으로 기술창업은 전통적인 관점에서 국가 또는 민간 연구소들의 연구개발 성과를 이전 받아 전문가들에 의해 사업화되는 개념으로 알려져 왔습니다. 그러나 최근 기술을 중심으로 한 기술 창업의 개념과 활동 영역이 소규모 창업 활동에까지 확장되고 있습니다. 이에 본 장의 1절에서는 거시적인 관점에서 기술 창업의 환경적 변화와 중요성을 살펴보고, 기술창업의 개념 및 창업 기업들의 유형을 설명합니다. 2절에서는 성공적인 기술창업을 위해 고려해야 하는 요소들을 구체적으로 살펴보고, 이를 기반으로 3절에서는 현업에서 예비 창업자 또는 실무자가 참고할 수 있는 성공적인 기술창업을 위한 단계별 주요 활동을 설명합니다.

1. 기술창업의 개념 및 중요성

1.1 기술창업의 개념

기술창업은 여러 연구자들의 관점에 따라 조금씩 상이하게 정의되고 있으나, 전반적으로 창업자가 특정 기술을 기반으로 신규 시장을 창출하거나 새로운 유형의 서비스 제공을 통해 이익을 창출하는 사업 활동으로 통용되고 있습니다. 국내에서는 기술 창업을 '혁신기술 및 기업가 정신을 바탕으로 새로운 시장을 창조하는 기술집약형 창업'으로 정의하고 있으며, "고위험 – 고수익 – 고성장" 가능성을 기반으로 중견 기업으로의 성장을 목표로 하는 창업의 형태로 보고 있습니다(김진영, 원경훈, 최석재, 최종인 & 문우식, 2015). 또 기술창업은 혁신기술을 창출하는 기업의 창업을 지칭하며, 해당 기업군을 정의하는 일관된 용어가 없기 때문에 벤처, 기술 혁신, 혁신선도, 기술집약형 기업의 창업을 포괄하는 의미로 사용되고 있습니다(김근영 & 이갑수,2004; 권미영 & 정해주, 2012). 그리고 이러한 기술 창업을 수행하는 조직은 혁신 기술을 지향하는 신생 기업군을 말합니다(김완민 & 신영경, 1999). 더불어 이들은 조직의 형태, 규모, 설립목적 및 법률적 기준 등에 따라 다양한 유형으로 나타날 수 있으며 각각의 특징들을 [표 1]과 같습니다.

표 1 기술창업 기업의 유형

창업 기업의 유형	내용
스타트업	스타트업이란 혁신적 기술과 아이디어를 가지고 설립한지 얼마 되지 않은 창업기업으로 대규모자금을 조달하기 이전의 기업을 말함.[1] 개인 또는 소수의 창업가가 위험성은 크지만 성공할 경우 높은 기대수익이 예상되는 신기술과 아이디어를 독자적인 기반 위에서 사업화 하려는 신생 중소기업을 말함
벤처기업	기술평가보증기업으로부터 보증승인을 받거나, 매출액 대비 연구개발비 비율 등의 요건을 충족하여 벤처기업 인증을 받은 회사를 말함.[2] 더불어 반복 가능하고 지속 성장이 가능한 비즈니스 모델을 찾아가는 임시적인 조직을 말함[3]
소셜벤처 기업	"벤처기업육성에 관한 특별조치법 제2조2"에 의해 사회적 가치와 경제적 가치를 통합적으로 추구하는 기업 중 사회성, 혁신성장성 등 일정 요건을 갖춘 기업을 말함
기술 혁신형 중소기업 (Innobiz)	기술우위를 바탕으로 경쟁력을 확보한 기술 혁신형 중소기업을 의미. 정부에서는 기술경쟁력과 미래 성장가능성을 갖춘 이노비즈 기업에 기술, 자금, 판로 등을 연계지원함으로써 국제경쟁력 있는 우수 기업으로 정책적으로 육성하고 있음
경영혁신형 중소기업	경영혁신형 중소기업이란 기존의 벤처, 이노비즈와 같은 높은 기술력을 보유하지 않아도, 마케팅 / 조직관리 / 생산성 향상 등 경영혁신활동을 통해 탁월한 경영성과를 나타내는 기업을 의미함

출처: 국가법령정보센터 홈페이지(www.law.go.kr), 기술보증기금(www.kibo.or.kr)

기술창업자(Technology based entrepreneur: TBE)는 기술을 기반으로 독자적인 창업을 실현하고, 이익 창출을 목적으로 시장에서 기회를 포착하며 자원의 불균형을 혁신적인 사고나 방법으로 극복하는 사람입니다(송정현, 2010). 이러한 기술 창업 기업들은 공공기관, 민간 또는 대학 연구소 등의 연구 기반 스핀오프(spin-off)를 통해 시작되거나 비전문가들의 혁신적 아이디어들이 성공적인 기술 창업으로 이어지고 있습니다. 여기서 기술 창업활동의 근간이 되는 스핀오프란 일반적으로 연구중심 공공기관 또는 연구소에서 개발한 기술·지식·연구 성과물을 해당 기관의 출신자(연구원, 교수, 학생 등)가 상업화를 목적으로 기술을 이전(라이센싱, 지분투자 등의 형태) 받아 기업을 설립하는 행위를 말합니다.

---

1 한국경제용어사전의 정의 참고
2 벤처기업 협회의 정의 참고
3 「린 스타트업」의 저자 스티브 블랭크 교수의 정의 참고

1.2 기술창업과 일반창업의 차이

일반적으로 창업 활동은 국가적인 관점에서 경제적 성과를 창출하는 데 기여도가 높은 것으로 보고되고 있습니다. 그러나 MIT의 기업가정신 센터장을 역임한 빌 올렛(Bill Aulet) 교수는 거시적인 관점에서 모든 창업 활동을 하나의 산업군으로 분류했을 때, 국가 경제 성장에 영향을 주는 정도가 창업의 종류마다 다르다고 주장하고 있습니다. 즉, 기술창업과 일반창업은 부가가치 창출에 대한 규모 또는 파급효과의 정도가 매우 다르다고 볼 수 있습니다(그림 1 참조).

먼저, 일반창업은 기술창업과 비교했을 때, 진입장벽이 낮고, 주기적으로 생성 및 소멸을 반복하며 비교적 적은 자본으로 창업이 가능하다는 특징을 가지고 있습니다. 음식점, 미용업처럼 보통 소규모 영세 기업들로 대부분 낮은 부가가치를 창출하며, 외부자본 유입이 필요 없는 사업으로 정의되고 있습니다. 따라서 [그림 1]의 왼쪽에서 보는 바와 같이, 1차 함수 형태를 그리는 성장률을 보이며, 투자한 만큼 단기적인 성과(매출, 현금흐름, 일자리 등)를 창출하는 속성을 가집니다(Aulet, 2013).

반면, 기술창업이 속한 혁신 주도기업(Innovation driven enterprise, IDE)은 일반적으로 고부가가치 창출 잠재성을 가진 창업입니다. 이러한 유형의 창업은 기업 설립과 성장에 있어, 세계 시장 또는 경제권역에 사업을 집중시키며 동시에 기술이나 프로세스, 비즈니스 모델 등의 혁신과 경쟁우위 요소를 최우선적으로 고려하는 특징이 있습니다. 또한, 창업 초기 단계에서는 수익구조가 연구개발에 대한 적극적인 투자활동 등으로 마이너스가 될 수 있지만, 시간이 갈수록 기하급수적인 성장세를 그린다는 점이 일반창업과의 다른 점이라 할 수 있습니다. 따라서 단기적인 성과 창출에 어려움이 있으며, 외부자본의 유입이 필요한 특성을 가지고 있습니다(Aulet, 2013).

그림 1 일반 중소기업과 혁신기업의 성장 추이

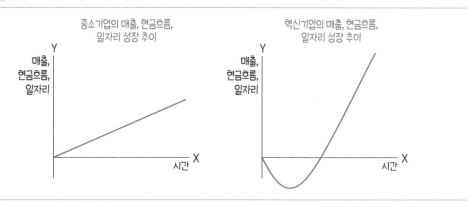

출처: Aulet(2013)

1.3 기술창업의 중요성

최근 기술창업은 글로벌 금융위기 이후 국가적인 차원에서 하나의 생존 전략으로 중요성이 대두되고 있습니다. 그 이유는 첫째, 기술창업 활동은 높은 부가가치를 창출하여 경제적 효익을 극대화할 수 있기 때문입니다. 기술창업은 비록 창업자 개인이 실패하더라도 거시적인 관점에서 개개인의 다양한 혁신 활동들을 통해 지속적인 신규 시장 창출과 경제 성장의 원천이 될 수 있습니다. 다시 말해, 기술창업은 많은 불확실성을 내포하고 있으나, 그만큼 성과적인 측면에서는 높은 가치 창출이 가능한 것입니다. 이러한 현상은 MIT 슬론 경영대학원(MIT Sloan School of Management) 교수 빌 올렛(Bill Aulet)의 연구 결과를 통해서도 볼 수 있는데, 그는 기술 창업의 중요성과 경제적 가치를 MIT 동문이 창업한 기술 기업들을 기반으로 설명한 바 있습니다. MIT 동문 기업들은 매년 900개의 신생 벤처가 설립되고 있으며, 2006년을 기준으로 약 25,000개 이상 설립된 것으로 조사되었습니다. 이들이 창출한 일자리는 약 300만개, 총 매출 합계는 2조 달러(약 2,200조 억원)로 MIT 동문 기업을 모두 합치면 세계 11위에 해당되는 국가의 경제 규모와 같다는 결론입니다(Roberts & Eesley, 2011; Aulet, 2013). 이러한 현상을 배경으로 기술창업의 중요성이 대두되고 있으며, 기술창업 활성화 방안과 신생기업들의 성장에 필요한 요소 및 창업 생태계 조성에 관한 연구가 점점 증가하고 있습니다. 이처럼 기술창업은 국가적인 새로운 성장동력을 창출을 통해 고학력자들의 취업난도 해소할 수가 있습니다(이윤준, 정기철 & 나청호, 2013). 이에 주요 선진국들은 기술창업을 활성화하기 위한 지원 정책을 수행하고 있으며, 국내에서도 기술창업 지원 정책이 활성화되고 있고, 관련 국가사업의 규모 또한 증가하고 있습니다.

두 번째로 기술창업이 중요한 이유는 신기술을 테스트하고 시장성을 빠르게 확인하는 것이 용이하다는 점입니다. 특히 작은 규모로 기술개발을 시도할 수 있기 때문에 우리나라의 대기업들도 사내벤처를 통해 새로운 비즈니스모델을 강구하고 지속적으로 기술개발을 시도하고 있습니다. 이러한 이점으로 인해 사내벤처들은 대기업이 보유한 인프라와 함께 신기술을 활용한 제품개발에서 상용화 및 해외진출까지 확대되고 있습니다. 이처럼 자체적 혁신 능력 없이는 기업의 장기적 생존이 점차 불가능해짐에 따라, 기존 기업 내부의 혁신 과정 속에서 발현되는 '사내기업가정신'의 중요성이 증대되고 있습니다. 국내 대기업들도 스타트업을 통해 새로운 비즈니스모델을 발굴하기 위한 노력을 하고 있습니다. 삼성전자는 아이디어 단계부터 사업화까지 6개월간 창업 전과정을 지원해주는 시랩(C-lab)이라는 프로그램을 운영하고 있으며 현대차의 벤처 플라자는 사내벤처 육성을 통한 혁신기술 개발을 목표로 기술사업화 여건을 마련해주고, 시설과 예산을 지원해주고 있습니다. 그 외에도 엘지(LG)의 사내 포털 엘지라이프(LG-LIFE)는 직원들의 창의적인 아이디어의 사업화를 목표로 단계별 보상을 제공하고 사업화 성공 시 파격적인 인센티브를 지급해주고 있습니다. 실제 이러한 기업들의 노력으로 사내 스타트업을 통해 신기술이나 신제품을 개발하여 출시하는 사례들도 점차 나타나고 있습니다.

그러나 이러한 노력에도 불구하고 아직까지는 많은 스타트업이나 벤처기업들이 실패하거나 사내 벤처의 경우 도중에 중단되는 경우도 많은 실정입니다. 실제로 우리나라의 기술창업 생태계가 빠르게 성장하였으나 미국, 이스라엘, 영국 등의 국가에 비하면 사업성공율 등이 높지 않은 수준으로 나타나고 있습니다. 스타트업 지놈(Startup Genome)의 글로벌 스타트업 생태계 보고서(Startup Genome, 2021)에 따르면 서울의 창업 생태계 가치(Ecosystem Value)는 54조에 달하는 것으로 나타나, 280개 도시 중 16위를 기록했습니다. 더불어 국내에는 10여 개가 넘는 유니콘 기업들이 나타나고 있어 '19년 30위권 밖에 위치해 있었던 것에 비하면 괄목할 만한 성장을 했습니다. 그러나 연구실적과 특허로 평가하는 '지식축적' 분야의 평가는 상위 4위로 높은 평가를 받고 있으나, 자금조달(Funding), 시장진출(Market Reach) 등의 부분은 보통의 수준에 머무르고 있어 여전히 특허나 연구성과가 사업화로 이어지는 데에는 여러 어려움을 가지고 있는 것으로 보입니다(Startup Genome, 2021). 이에 정보는 이러한 문제를 해결하고 창업생태계를 더욱 활성화시키기 위해서 기술창업지원 예산규모를 2020년 대비 약 19.5% 증가시켰습니다. 그럼에도 여전히 빠른 기간 내 성과를 요구하는 투자 문화와 후속 민간투자 유치의 어려움 등이 남아 있어 스타트업 성장의 방해요소가 되고 있습니다. 따라서 잠재력 있는 스타트업들이 지속적으로 성장·발전하기 위해서는 이들에 대한 지속적이고 연속적인 투자와 실효성 있는 정책적 지원이 뒷받침되어야 할 것입니다(공혜원, 2019).

In Class Discussion Topic

1. 사내 벤처의 성공사례를 생각해 보고 창업의 장점을 생각해 봅시다.
2. 기술창업 생태계가 잘 구성되어 있는 나라들과 우리나라의 가장 큰 차이점이 무엇인지 상기의 기술창업 생태계를 구성하는 요소들을 중심으로 생각해 봅시다.

2. 기술창업의 성공 요소

기술창업을 성공적으로 수행하기 위해서는 많은 요소들을 고려해야 합니다. 원래 기업이란 이익 창출을 목적으로 존재하며, 이는 기업의 지속가능한 생존과 직결되기 때문입니다. 즉, 창업자가 아무리 훌륭한 기술 또는 제품/서비스를 개발한다 하더라도 시장 진입 타이밍, 완성도, 사용성 등의 이유로 소비자들의 선택을 받지 못한다면 기업의 생존확률은 매우 낮아집니다. 특히 기술창업은 투자 대비 수익성의 편차가 큰 성향을 가지고 있으므로 생계형 창업에 비해 단기적 생존 가능성이 낮은 것으로 알려져 있습니다. 실제로 기술기반의 제품 또는 서비스 상용화를 위한 연구개발(R&D) 활동과 시장 진입 및 수익 창출까지 요구되는 기간이 3년에서 7년 정도 소요되며, 창업 3년 후의 생존율 — 일명 죽음의 계곡(Death valley)을 통과한 비율이 28.7%로 낮게 나타나고 있습니다(K-ICT Born2Global, 2018). 이러한 배경으로 현재까지도 사업화 이전 단계부터 아이디어 및 기술 활용 방안과 기술 창업 촉진에 미치는 영향 요소들을 찾기 위한 연구들이 활발히 진행되고 있습니다. 특히 기술창업은 특정 기술을 기반으로 한 제품의 기술사업화·상용화 과정을 안정적인 수익 창출이 일어나는 시점까지 반복적으로 수행되는 특성을 가지고 있습니다(Lichtenstein, 2016). 따라서 성공적인 기술창업과 기업의 지속성은 연구개발(R&D) 과정에서 발생하는 이슈들, 기술개발 완료 시점 이후부터 직면하게 되는 시제품 구현, 시장성과 관련한 사업화 전략 및 경영 전략 모두를 복합적으로 고려해야 합니다. 또한 복잡성이 높은 기술창업을 성공적으로 이끌어낸 다수의 사례들을 살펴보았을 때, 산업 내 이해관계자들과의 관계, 예컨대 구매자, 사용자, 투자자, 협력자 등 바로 '사람'이 중심이 되어 기술의 가치를 발견한 것을 알 수 있습니다. 따라서 본 절에서는 기존 문헌들의 고찰을 통해 성공적인 기술창업을 수행하는 데 도움이 되는 성공 요소를 살펴보고자 합니다.

2.1 기술의 유형에 따른 기술창업 고려 요소

기술창업 전략을 모색하기 위해서 먼저 기술의 유형을 살펴볼 필요가 있습니다. 시장에서는 기술의 잠재 가치를 성과물의 관점에서 "파괴적 혁신기술(Disruptive innovative technology)"과 "점진적 혁신 기술(Incremental innovative technology)"로 구분하거나 기술개발의 진행 단계에 따라 크게 원천기술, 응용기술 등으로 구분하기도 합니다. 여기에서 원천기술이란 새로운 기술분야를 형성할 가능성이 있는 파괴적 혁신(Disruptive technology)을 의미하기도 합니다. 그 다음으로 원천기술을 응용하여 추가적인 개발을 통해 나

그림 2 기술 유형에 따른 기술창업 범위

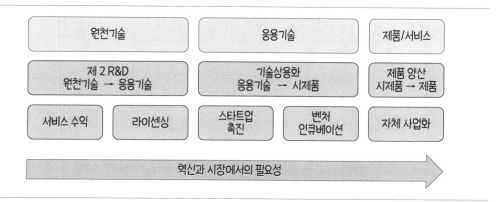

출처: 김찬호(2013)

타나는 기술을 응용기술이라고 합니다. 보통 제3의 주체 또는 연구자 당사자에 의해 원천기술에서 응용기술 형태로 추가적인 개발에 들어가거나, 비즈니스 모델과 접목하여 제품·서비스 형태의 시제품 개발 또는 기술 상용화로 이어지기도 합니다. 이러한 기술의 유형과 개발정도에 따라 기술 창업의 비즈니스 모델은 [그림 2]와 같이 달라지게 됩니다. 이에 본 장에서는 기술의 유형을 원천기술, 응용기술로 구분하여 기술창업의 내용 및 비즈니스 모델 등 세부적인 특성을 살펴보고자 합니다.

2.1.1 원천기술을 통한 사업화

원천기술이란 근원 원(源), 샘 천(泉)으로 그 뜻이 '샘이 나오는 근원과 같은 기술, 다시 말해 세계 최초로 제시된 신기술이면서 그로부터 파생된 관련 기술들이 지속적으로 나올 수 있는 독자적인 기술이라 할 수 있습니다(최순돈, 2010). 일반적으로 원천기술은 다소 불안정한 완성도를 나타내고 있으며 이에 기술의 활용성, 안정성, 표준화 등에 대한 세부적인 보완이 요구되는 경우가 많습니다. 특히 기존에 존재하지 않았던 혁신 기술의 경우, 산업 내 이해관계자들의 인지도와 기술 채택에 많은 시간이 요구되며 일반적으로 대기업에 의해 활용 또는 사업화되는 사례가 많습니다. 대부분의 원천기술은 대학에서 집중 개발되는데, 대학에서 보유한 원천기술의 이전 및 사업화를 통한 사업발전의 지원과 이를 통한 수익창출 활동은 대학의 중요한 사명으로서 인식되고 있습니다(윤종민, 2013). 따라서 대학이 연구를 통해 찾은 새로운 지식과 정보는 창업 등 사업화를 위한 제품과 서비스의 원천이 됩니다. 기업은 대학이 제공한 지식과 정보를 활용해 제품과 서비스를 만들어 시장에 선보이고, 거기서 거둔 수익을 대학에 지급(기술 이전료)합니다. 벤처캐피탈(VC)은 이러한 기업에 투자하여 기업의 성장을 지원합니다. 이렇듯 대학과 기업의 산학협력은 일자리 창출까지 이어질 수 있으며, 이는 기술이전의 파급효과라고 할 수 있습니다(석봉인 & 한문성, 2018). 원천 기술을 통한 기술이전의 성공 실사례로는 폐암 치료제 알림타(Alimta)를 들 수 있습니다. 이 치료제는 1985년 프린스턴 화학과 대학교수 에드워드 테일러(Edward C Taylor)와 일라이 릴리 제약회사((Eli Lilly & Co.)의 산학협력으로 탄생하였습니다. 알림타 등장의 가장 큰 의의는 유지요법을 통하여 폐암 환자들의 생존 기간을 향상시킨 데 있었습니다. 알림타는 1차 치료에 대한 종양의 반응과 무관하게 환자의 생존기간을 연장시키는 데 기여하였습니다(의학신문, 2016). 2000~2011년 사이 일라이 릴리 회사는 3개의 희귀의약품 지정과 4개의 희귀의약품 승인을 받았고, 2019년 알림타의 매출액은 21억 3,290만 달러로 많은 수익을 창출하였습니다(의약뉴스, 2019). 이처럼 원천기술은 원천기술로 성공적인 사업화를 할 수 있는 수요자(기업 또는 연구소 등)를 발굴하는 것이 매우 중요합니다. 그리고 서비스 수익 또는 라이센싱 등 기술사업화 전략을 잘 세우는 것이 중요한 성공요소라고 볼 수 있습니다.

2.1.2 응용기술을 통한 사업화

응용기술은 선행 기술을 개선한 성과물로 이해할 수 있습니다. 이 단계에서는 보편적으로 공공기관, 민간기업들의 기술이전 또는 스핀오프를 통해 창출된 성과물을 시제품으로 만들어 테스트하고 상용화를 준비하는 것으로 알려져 있습니다. 즉, 응용기술을 활용한 기술 상용화 단계는 실질적인 창업 준비 활동으로도 볼 수 있으며, 응용기술과 비즈니스 모델을 통합한 시장지향적 아이템 개발, 시제품의 완성도, 초기 투자자 유치와 사업 협력 네트워크 확보 등의 활동이 매우 중요한 단계입니다. 실제로 많은 스타트업의 사업이 이 단계에서 시작되며, 인큐베이션4을 거치기도 합니다(김찬호, 2013).

응용기술 개발을 통한 상용화 사례로는 인공지능(이하 AI)기술을 응용한 기술개발 활동을 들 수 있습니다. AI기술은 미국, 이스라엘 등 기술 선도국뿐만 아니라 국내에서도 다양한 분야에서 응용되고 있어 활용도가 매우 높은 기술로 꼽히고 있습니다(국경완, 2019). 먼저 많이 알려진 한국어-영어 번역시스템 개발, 사물인식 및 안내 AI서비스 개발, 자동 한글인식 AI 서비스 개발 등이 있습니다. 그리고 AI는 시각장애인과 전동휠체어 등의 보행지원기술 개발에도 응용되고 있으며, 국내에서 발병률이 높은 질환 관련 진단 이미지(X-ray, CT, 초음파 MRI 영상 등) 및 진단데이터 1만장 구축을

---

4 스스로 자생력을 가질 때까지 특정 조직을 통해 일정기간 지원을 받는 것

통한 AI 보조 질병 자동검진 시스템 개발에도 적용되고 있습니다. 또한, 안면 이미지 분야에서도 범죄자탐지를 위해 얼굴 이미지 데이터 1,800만 장을 구축한 얼굴인식 AI시스템과 지능형 AI CCTV를 개발하고 있습니다. 이처럼 응용기술개발을 통한 기술사업화에는 개발하는 기술에 대한 고객의 니즈가 있고, 시장의 규모가 지속가능한 사업이 가능한 정도인가 등을 먼저 타진해 보아야 합니다. 많은 기업들이 고객의 니즈가 없는 기술을 개발하고 제품화 하여 큰 실패를 경험하기 때문입니다(CB insights, 2018).

2.2 기술창업 사업의 지속성을 위한 내·외부 성공요인

기업이 설립된 시점부터 창업자는 기업 지속성과 사업 안정성을 영위할 수 있는 방안과 전략에 대한 고민을 하게 됩니다. 기술창업의 성공전략과 관련된 연구들은 1990년 초반부터 기업가정신 또는 창업자 특성에 관한 논의를 시작으로 최근에는 초기자본(Seed money), 조직, 지식자원, 사업화 전략 등 다양한 내외부적 요소들을 고려한 연구들이 진행되고 있습니다. 기술창업 기업들의 성공요소는 크게 창업자 개인의 특성과 창업자를 제외한 기업 내·외부적 속성으로 구분 가능 하며 세부적인 내용은 다음과 같습니다.

2.2.1 창업자의 특성

창업자의 특성은 기업 유지와 사업 지속성에 가장 큰 영향을 미치는 요소라 할 수 있습니다. 이는 스타트업과 같이 사업초기의 규모가 적은 기업일수록 영향력이 더 크게 나타납니다. 즉, 창업자의 사업수행 능력은 후천적인 학습을 통한 지식과 경험, 타고난 본성 — 지구력, 인내심, 순발력, 대인관계 등과 직접적인 연관성이 있으며 사업 지속성을 유지하는 데 매우 중요한 요소로 작용합니다. 특히 기술 창업을 통한 시장에서의 성공은 기술 고유의 사업화 특성에 따라 적게는 3년에서 10년까지 독립적으로 자생하기 힘든 수준의 수익구조로 유지되는 경우가 많습니다. 창업 이후 시장 진입과 성공까지 오랜 기간 동안 최소 매출 또는 아무런 수익없이 기업 유지와 제품 개발을 수행해야 하기 때문에 이때 창업자의 의지와 열정 등의 기질과 능력이 사업의 성공과 실패를 좌우하는데 큰 영향을 미칩니다. 또한 기업 성장 이론을 기반으로 수행된 다양한 연구에서 창업기업의 규모는 작을수록 창업자의 나이, 경험, 학연 등이 기업생존에 긍정적인 영향을 미친다는 결과도 검증된 바 있습니다. 따라서 창업자의 특성은 기업 생존과 성장에 매우 중요한 역할로 작용된다고 이해할 수 있습니다(이병기 & 신광철, 2005; 임채윤 외, 2008; 김양민, 2007).

2.2.2 기업 내부적 특성

창업기업의 지속성을 위해 필요한 기업의 내부적인 특성은 앞서 언급한 창업자의 경영능력 외에도 전략, 인적자원, 기술에 대한 이해와 경험 등의 지식자산, 자금확보 등의 사업실행 능력 등이 있습니다. 특히 초기 창업기업의 경우, 사업화를 위한 활용자원(자금, 전문인력 등)이 부족한 상황에서 기술에 대한 안정성과 기업의 신뢰성·책임감 등을 부각시키며 시장 내 기업들과 경쟁하게 됩니다. 이때, 비록 창업기업이 보유한 기술기반의 제품·서비스가 시장성이 크고 수익창출 가능성이 높아도, 시장 수요에 맞는 생산능력(납기일과 품질, 인력 등), 마케팅 능력 등이 부족하여 경쟁에서 뒤쳐질 수 있습니다. 따라서 이를 보완할 수 있는 조직의 자금유치 능력은 신생 벤처기업의 성공 또는 실패에 큰 영향을 미치며, 사업전략(마케팅 차별화 전략, 기술 혁신 차별화 전략)에 따라 생존 확률이 증가합니다(장수덕 & 이상설, 2008). 또한 전문인력 보유를 위해 관련 기업에서 근무 경험이 있는 사람을 영입하는 기업은 그렇지 않은 기업보다 생존확률이 높다는 연구결과도 있습니다(김양민, 2007).

이러한 내부 조직원의 특성 및 사업화 능력 외에도 기술력 또한 중요합니다. 조직이 기술력을 확보하기 위해서는 기술에 대한 모든 소유권을 보유하고 있거나 공동기술 개발을 통해 기술이나 재화, 자원을 가진 기업간 전략적 제휴를 할 수 있습니다. 그리고 외주 개발을 통한 기술 개발 및 구매, 특정 기술이 적용된 제품이나 부품을 구매하여 사업화 할 수도 있습니다(김용정, 2015).

2.2.3 기업 외부적 환경요소

외부적 환경요소는 기술창업 준비과정 또는 기업운영 과정에서 자원, 협력 네트워크, 사회적 제도 등에 대한 접근성과 사업환경 등으로 이해할 수 있습니다(길운규, 심용호 & 김서균, 2014). 또한 지적재산권과 기술분쟁 등에 기술개발 및 관리를 위한 전문적인 조직(변호사, 변리사, 마케팅 전문가, 투자전문가 등)을 필요로 하게 됩니다. 시장에서 성공한 일부 기업들은 자체적인 기술사업화조직(TLO)을 운영하고 있으나, 신생기업의 경우에는 외부자원에 대한 접근성과 사업화 환경이 보다 더 중요한 요소로 작용할 수 있습니다. 실제로 여러 연구에서는 신생 기술창업 기업은 정부지원 사업, 투자자 및 협력 네트워크에 대한 접근성, 기술 혁신을 위한 다양한 외부 활동이 기업의 성공과 생존에 영향을 미친다고 말하고 있습니다(송영훈 & 노희진, 2013; 김양민 & 김승주, 2013; 손수정, 이윤준, 정승일 & 임채윤, 2009).

최근 신생 기술창업 기업(Start-up)의 성공 제품·서비스 사례를 찾아보고, 무엇이 시장에서의 성공에 영향을 미쳤는지 논의해보자.

3. 성공적인 기술창업을 위한 단계별 주요 활동

선행연구 들에서는 기업의 성장단계를 3~6단계 정도로 연구자에 따라 다르게 정의되고 있으나, 기술창업의 과정은 크게 창업 준비 단계(Early stage)와 창업 이후 단계(Late stage)로 구분할 수 있습니다(Dodge, Fullerton & Robbins, 1994; Koberg, Uhlenbruck & Sarason, 1996; 손수정, 2013).[5] 본 장에서는 [그림 3]과 같이 스타트업의 성장단계를 창업준비 및 시작단계, 성장단계, 성숙단계로 구분하였으며, 각 단계별로 어떤 세부 절차들이 있는지, 그리고 성공적인 기술창업을 위해 중요한 핵심활동들을 어떻게 수행해야 하는

그림 3 스타트업 성장단계 및 투자유치단계

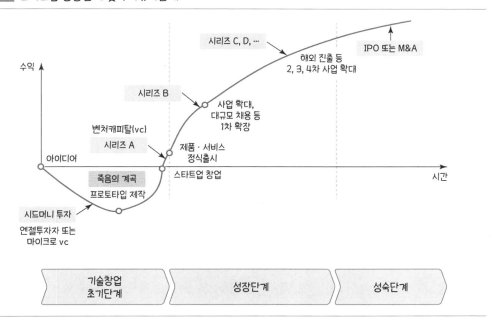

출처: 강효진(2018)

---

5 본 교재의 기술 창업의 과정은 손수정(2013)의 기술창업 단계를 기반으로 단계별 세부 요소(창업-성장-성숙단계)는 이윤준, 정기철 & 나청호(2013) pp.37-39의 내용을 재인용하여 구성.

지 살펴보도록 하겠습니다.

3.1 기술창업 초기단계

이 단계에서 기업들은 사업아이디어를 발굴하고, 적합한 사업아이템을 탐색합니다. 그리고 소비자 및 시장검토 등을 거쳐 사업아이템을 선정하고, 사업타당성 등을 살펴본 후, 사업 개시 여부를 결정하게 됩니다. 물론 모든 기업들이 이러한 절차를 순차적으로 밟아 사업을 개시하지는 않습니다. 다만, 높은 리스크를 가지는 기술기반 사업의 성공과 리스크 감소를 위해서는 상기의 절차들을 따라 면밀히 준비하는 것이 좋습니다. 다음 항에서는 각 절차별 세부내용을 살펴보도록 하겠습니다.

3.1.1 사업 아이디어 발굴

모든 창업이 그렇지만, 기술창업 또한 사업 아이디어로부터 시작됩니다. 때로는 창업자가 보유한 기술을 기반으로 사업 아이디어가 구체화되기도 하고, 반대로 사업 아이디어를 기반으로 기술개발 계획 등이 구체화되기도 합니다(한국벤처창업학회, 2012). 칼 베스퍼(Karl H. Vesper)[6]는 이러한 사업 아이디어는 보통 창업자 자신의 교육, 직장경험 및 취미활동 등을 통해 발견되는 경향이 강하다고 말합니다. 즉, 대부분의 성공적인 사업 아이디어가 남들로부터 얻는 것이 아닌, 자신이 직접 경험을 통해서 얻은 전문지식에 기반한다는 것입니다. 실제로 성공한 스타트업 창업자나 내부직원들이 관련 업계에 종사했던 경험을 가진 사람들이라는 연구 결과도 다수 있습니다(박성호 & 양동우, 2015). 그리고 이러한 경향은 첨단기술에 기반을 둔 스타트업이나 벤처기업일수록 더 강하게 나타납니다.

사업 아이디어 발굴은 보통 기존 제품을 탐색하는 방법과 신제품을 개발하는 방법이 있습니다. 먼저 기존 제품을 탐색하는 방법은 이미 시장에 존재하고 있는 제품을 개선하거나 변형하여 기존시장에 판매하는 것입니다. 이는 기존 제품보다 성능이나 디자인 등을 향상시킨 것으로 기존 제품과의 차별점을 가질 수 있기 때문에 어느 정도 경쟁력을 가질 수 있습니다. 반면, 이미 포화된 시장이라면 큰 수익을 창출하기 어렵다는 한계가 있습니다. 이와 달리 개선된 제품을 새로운 시장에 판매하려는 사업 아이디어라면 새로운 시장개척 문제를 고려해야 하는 위험부담은 있으나, 실제로 시장을 개척에 성공한다면 큰 수익을 창출할 수 있다는 장점도 있습니다. 마지막으로 기존시장에 존재하지 않는 신제품을 개발하여 새로운 시장을 개척

---

6 성공적인 사업아이디어 발견의 원천에 대한 연구를 하였음

하는 것은 경쟁강도가 낮고 시장을 선점하여 이익을 극대화할 수 있다는 장점이 있으나, 소비자의 반응이나 시장개척 가능성이 불확실함에서 오는 위험부담도 매우 큽니다(김종호, 윤재홍 & 최유준, 2016). 따라서 다음 단계인 사업아이템 탐색과 선정 과정은 이러한 사업아이디어의 장단점을 고려해야 하므로 매우 중요합니다.

3.1.2 사업아이템 탐색 및 선정

사업아이템 탐색과 선정 시 기술창업기업을 둘러싼 내·외부 요소들을 고려해야 합니다. 먼저 내부적으로는 사업아이템이 창업자의 전문성 및 경험과 연관되어 있는지, 보유하고 있는 자금규모, 조직화 및 실행능력으로 볼 때 적합한지 등을 고려해야 합니다. 앞서 언급했듯이 창업자가 해당 사업과 관련한 경험과 전문성을 보유할수록 유리합니다. 창업자가 사업아이템에 대한 경험이나 전문성이 있다면 이의 기술적 측면이나 사업적 측면에 내재되어 있는 위험성을 보다 쉽게 파악할 수 있기 때문입니다. 그리고 이를 생산하고 사업화 하는데 투입될 자금규모가 너무 커서 외부자본을 무리하게 투입해야 하는 경우 사업의 안정성이 떨어지기 때문에 이 또한 중요하게 고려해 보아야 합니다. 기타 창업자의 추진역량, 조직화 역량, 성격 등도 고려하여 사업아이템을 선정해야 합니다. 사업아이템 선정 시 고려해야 할 외부적 요소는 고객군 및 시장 특성, 경쟁자, 파트너, 국내외 규제 변화, 기타 환경변화 등을 고려해야 합니다(김종호 외, 2016). 이때 내·외부 요소를 효과적으로 검토하여 사업아이템을 구체화하거나 변경하기에 적합한 방법론으로는 비즈니스 모델 캔버스(Business model canvas)나 외부환경을 분석하는 거시환경분석(예: PEST 분석) 등이 있습니다. 사업아이디어에서 사업아이템을 선정하고 이를 구현해 나가는 과정에서 점차 많은 비용이 발생하기 때

그림 4 아이디어 감소와 누적비용

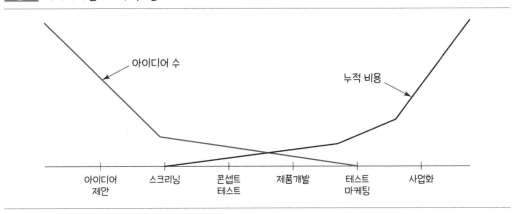

아이디어 수

누적 비용

| 아이디어 제안 | 스크리닝 | 콘셉트 테스트 | 제품개발 | 테스트 마케팅 | 사업화 |

출처: 김종호 외(2016)

문에 비용이 발생하기 전 준비단계에서 이러한 방법론들을 활용한 충분한 검증은 매우 중요한 활동입니다. 실제로 많은 스타트업들이 이러한 검증과정 없이 고객 니즈가 없는 사업아이템을 내세워 실패하기도 했습니다(CB insights, 2018).

사업아이템을 검증해 볼 수 있는 비즈니스 모델 캔버스를 간략히 소개하도록 하겠습니다. 먼저, 비즈니스 모델이란 어떻게 기업들이 가치를 창출하고 기회를 잡을 수 있는지에 대해 기술한 것으로 제품과 서비스, 기업과 고객, 파트너, 공급자들 사이의 역할과 관계 그리고 그들 사이의 정보와 재무적 자산의 흐름을 나타내는 것이라고 정의할 수 있습니다(Ballon, 2007). 쉽게 말하면 비즈니스 모델은 기업이 매출을 일으키는 방식을 말하며 이는 사업화 과정에서 이는 필수적으로 검토되어야 합니다(김종호 외, 2016). 따라서 이러한 비즈니스 모델을 빠르게 검증하고 보완하기 위해서 알렉산더 오스터 왈더(Alexander Osterwalder)가 만든 프레임워크가 비즈니스 모델 캔버스입니다. 비즈니스 모델 캔버스 구성요소는 고객세분화(Customer segment), 가치제안(Value proposition), 채널(Channel), 고객관계(Customer relationship), 수익구조(Revenue stream), 핵심자원(Key resources), 핵심활동(Key activity), 핵심파트너(Key partners), 비용구조(Cost structure)입니다.

먼저, 고객세분화는 사업아이템을 소비하는 고객이 누구인지 고객군을 정하고 이를 특정 기준에 따라 세분화하는 것을 말합니다. 즉 고객군은 기술창업 기업의 사업아이템을 선호하고 구매의사가 있는 그룹이며, 특성에 따라, 연령이나 인구통계학적 기준 등에 따라 세분화될 수 있습니다. 둘째, 가치제안은 회사가 고객에게 제품이나 서비스를 통해 줄 수 있는 혜택을 말합니다. 이에는 성능이 기존제품 보다 향상된 부분, 비용절감, 가격인하, 디자인향상, 편리성 향상, 위험감소 등 현재의 대안(Alternative)대비 긍정적으로 제공되는 것을 말합니다. 셋째, 채널은 기업이 제공하고자 하는 가치제안을 고객에게 전달하는 방법으로 고객과의 소통, 제품이나 서비스 유통, 영업 방법 등을 말합니다. 최근에는 많은 기업들이 소셜미디어 등을 통해 고객에게 제품을 판매하거나 광고하기도 하는데 이러한 것들이 채널에 속합니다. 넷째, 고객관계는 신규고객을 확보하고, 기존고객을 유지하고 증대하는 방법이 무엇인가에 대한 것입니다. 다섯째, 수익구조는 사업아이템을 통해 어떻게 수익을 창출할 것인가입니다. 기술이전의 경우 라이센싱이나 서비스의 정기 구독료를 통한 수익 등이 이에 속합니다. 그 다음으로 핵심자원은 비즈니스 운영에 필요한 핵심적인 자원을 말하며, 이는 자본, 지적재산권, 인적자원, 설비 등이 될 수 있습니다. 핵심활동은 비즈니스가 운영되기 위해 기업에서 수행해야 하는 것들을 말합니다. 마지막으로 핵심 파트너는 이러한 비즈니스 모델이 원활하게 운영되기 위해 필요한 협력 대상들을 말합니다. 경쟁자 들과의 전략적 파트너십, 비경쟁자들과의 전략적 제휴, 조인트 벤처, 구매-공급자 관계 등이 이에 속합니다(Osterwalder & Pigneur, 2010).

그림 5 비즈니스 모델 캔버스

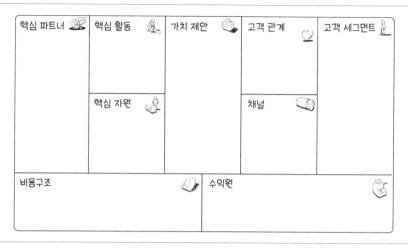

출처: www.strategyzer.com/canvas/business-model-canvas

3.1.3 사업타당성분석

사업 시작에 앞서 사업이 가진 리스크와 사업의 실현가능성이 있는지 보다 구체적이고 체계적으로 검토하는 것을 사업타당성분석이라고 합니다. 이러한 사업타당성분석을 통해 사업가는 사업 시작 전 위험요소를 확인하여 사전에 대비할 수 있고, 약점을 보완하는 등 보다 면밀한 준비를 할 수 있게 됩니다. 사업타당성분석을 통한 기술창업 준비는 창업기간 단축, 위험 감소, 성공가능성 확대 등으로 이어져 기업에 긍정적인 효과를 가져옵니다. 사업타당성분석의 구성요소는 경영자 역량평가, 시장성 평가, 기술적 평가, 경제성 평가, 성장성 평가 등이 있습니다(김종호 외, 2016).

이 중, 경영자 역량평가는 창업자가 선천적으로 또는 후천적으로 가지게 된 역량과 사업배경을 말하는데, 이에는 통찰력과 예측능력, 신뢰성, 개인적 네트워크, 위기대응 및 조직관리 능력, 비전제시능력, 분석력, 조직력 및 창업동기 및 열정 등이 포함됩니다. 앞서 언급했듯이 스타트업이나 벤처기업의 경우 창업자의 역량이 기업의 성패에 미치는 영향력이 매우 크므로 이에 대한 평가 또한 매우 중요합니다. 그 다음으로 시장성 평가의 범위는 전체 시장의 동향, 제품화 가능성 및 경쟁관계, 예상수요분석, 시장진입가능성 및 확대가능성, 상품의 라이프사이클 예측 등이 있습니다. 기술적 평가의 범위는 원재료 조달능력, 생산 및 제조공정의 합리성, 제품 개발능력 및 사후관리 능력 등이 있습니다. 경제성 평가는 수익전망, 손익분기점 분석, 투자수익 및 계획 등이며 성장성 평가는 제품의 수명 및 신제품 개발전망 분석, 추정재무제표에 의한 매출액, 당기순이익의 적정성, 조직 및 인력의 성장정도 등이 포함됩니다(김종호 외, 2016).

3.2 기술창업 성장 단계

이 단계는 전 단계에서 검증을 통해 확정한 사업아이템을 사업화하기 시작하여 기업의 성장을 도모하는 단계입니다. 이 단계에서 기업들은 사업을 개시하고 투자를 유치하며, 기술개발 및 기술사업화를 진행합니다. 여기에서 기술사업화에는 기술이전과 기술기반 제품 또는 서비스 개발 및 이의 상업화가 있습니다. 다양한 기술사업화 유형을 고려한 각 절차는 다음과 같으며, 다음항에서는 각 절차별 내용을 살펴보도록 하겠습니다.

3.2.1 사업계획서 준비 및 투자유치

본격적인 사업화 단계에서는 소요되는 비용이 증가하기 때문에 자금확보가 매우 중요합니다. 이를 위해서 일반적인 스타트업들은 투자유치를 위한 사업계획서 등을 작성합니다. 그리고 투자유치를 위한 사업계획서에는 창업아이템, 창업자의 역량, 자원, 이 세가지 요소가 자세히 기술되어야 합니다. 즉, 고객이 누구이며, 고객에게 전달할 제품과 서비스가 무엇인지, 고객에게 어떻게 이를 전달할 것인지에 대한 구체적인 계획과 창업자의 역량과 이력, 현재 기업의 강약점과 위기, 기회요인이 무엇인지, 내부역량 및 향후 계획에 대한 정보를 투자자 관점에서 작성하는 것이 좋습니다(김종호 외, 2016).

기술창업 기업은 사업계획서가 준비되면 이를 바탕으로 투자유치를 위한 노력을 하게 됩니다. 기업의 형태는 크게 사업상 모든 문제를 사업주가 책임지는 형태의 개인기업과 출자지분 한도에 따라 주주들이 책임지는 법인기업 등이 있습니다. 창업자의 목적에 따라 사업허가를 받고 난 후에는 기술개발 및 기술사업화에 소요되는 많은 비용을 충당하기 위해 투자를 유치해야 합니다. 충분한 자금은 초기 창업기업에 매우 중요한 요소입니다. 기업들이 설립초기에 가장 심각하게 당면하는 문제의 대부분은 자금과 관련되어 있기 때문입니다. 특히 창업초기기업들이 자금부족 등으로 겪는 '죽음의 계곡(Death valley)'현상은 극복하기 가장 어려운 문제입니다. 따라서 기업의 성장단계별 자금조달 방법은 매우 중요하며, 성장단계별 소요자금 내용 및 자금조달 방법은 [표 2]와 같습니다.

표 2 기술창업기업의 자금조달방법

성장	세부단계	소요자금내용	자금조달방법
기술창업 초기단계	아이디어 발굴 및 사업아이템 선정	아이디어 개발자금	자기자금, 정부창업보육자금, 기술개발출연자금, 지자체 창업자금 등
	시제품제작	연구개발비 시제품 제조비용 특허 등 자금	
기술창업 성장단계	판매성장	설비투자 및 회전운전자금 마케팅 채널 구축 자금 판매시장개척자금 해외시장개척자금	창업자 보유자금, 엔젤투자금, 액셀 러레이터 투자금, 벤처캐피탈투자, 기타 금융기관투자 또는 대출, 신용 보증기관의 신용보증
기술창업 성숙단계	시설물확장	매출증대에 따른 운전자금 시설확장 투자자금 차세대 제품개발자금	회사채 및 전환사채 벤처캐피탈 투자

출처: 홍성도(2006)

3.2.2 기술개발 및 기술사업화

자금이 확보되면 본격적으로 기술을 개발합니다. 물론 어떤 기업들은 이미 개발된 기술을 가지고 창업을 하기도 하기 때문에 이 과정이 불필요할 수도 있습니다. 하지만 사업 아이디어로부터 사업을 시작한 기업들은 기술개발 과정을 거쳐야만 합니다. 이때, 목표시장에 대한 생태계 구조를 관찰해야 합니다. 창업자는 보유 기술을 제품 또는 서비스에 접목했을 때, 어떤 이해관계자들을 협력적 관계로 동원해야 하는지에 대해 반드시 고려해야 합니다. 생태계 내 이해관계자들의 저항에 의해 죽음의 계곡을 통과하지 못하거나 사업 추진에 장애요소로 작용할 수 있기 때문입니다. 특히 새로운 형태의 파괴적 혁신(Disruptive innovation)의 속성을 가진 기술 제품은 그 파급효과가 높게 평가될 수 있겠지만, 이로 인해 기존시장이 몰락하게 될 수 있기 때문에 이에 대한 고려를 해야 합니다. 기업가 정신 등을 연구한 론 애드너(Ron Adner) 교수는 기술 개발 및 기술기반의 혁신 제품·서비스 사업화 과정에서 세 가지 혁신 위험성을 고려해야 한다는 주장을 제시하였습니다. 그가 제시한 다음의 세 가지 유형을 기반으로 시장 진출 단계에서 발생하는 문제점을 이해관계자 관점에서 점검할 수 있습니다(Adner, 2012).

- 공동혁신: 내 혁신기술을 사업화하기 위해, 누가 또 혁신(변화)을 해야 하는가?
- 수용사슬: 내 혁신기술 제품 또는 서비스를 최종 소비자 이전에 누가 평가하는가?
- 실행초점: 내가 혁신을 필요한 조건에 맞춰 적시에 실행하고 있는가?

표 3 공공/민간부문 기술사업화 형태

구분	사업화	내용
공공부문	공공기술 이전 사업화	정부 R&D 자금의 투입으로 개발된 기술을 민간기업에 이전하여 사업화 하는 것
	공공기술 개발자 창업	대학, 연구기관이 주관이 되어 개발한 기술을 기술개발에 참여한 교수나 연구원으로 하여금 창업 및 상업화하도록 하는 것
민간부문	기술이전 사업화	기술의 판매희망자와 기술의 구매희망자가 연결되어 민간부문에서 해당 기술의 거래가 이루어지는 것
	자체기술사업화	민간기업이 자체 개발하였거나 공동으로 개발한 기술을 제품화하여 판 매하는 것

출처: 김종호 외(2016)

개발된 기술은 기술자체를 이전하거나 기술을 이용하여 제품의 개발·생산 및 판매를 할 수 있는데 이를 기술사업화라고 합니다. 이러한 기술사업화는 공공부문과 민간부문으로 나눌 수 있습니다. 공공부문은 공공기술이전사업화, 공공기술 개발자의 창업이 있으며 민간부문은 자체기술사업화와 이전기술사업화 등으로 나눌 수 있습니다. 기술사업화의 유형은 [표 3]과 같습니다(김종호 외, 2016).

3.2.3 기술이전, 제품·서비스 개발 및 상업화

기술사업화의 일환인 기술이전은 어느 한 기관으로부터 다른 기관으로의 노하우, 지식, 기술이 전해져 가는 것을 말합니다(Roessner, 2000). 또 다른 정의는 양도, 실시권 허락, 기술지도, 공동연구, 합작투자 또는 인수·합병 등의 방법으로 기술이 기술보유자로부터 그 외의 조직이나 사람에게 이전되는 것을 말합니다(기술이전 및 사업화 촉진에 관한 법률 제2조 2호). 기술이전에는 기술양도를 통한 기술이전, 라이센싱 등이 있습니다. 기술양도를 통한 기술이전은 기술수요자에게 기술의 권리를 판매하는 것으로 기술 매각과 같은 의미입니다. 보통 기술 수혜자가 기술의 사업화를 안정적으로 시행하기 위해서 또는 특허분쟁에 대처하기 위한 목적 등으로 특정 기술의 권리자 또는 공동 권리자로 인정받기를 원하는 경우에 이루어집니다. 라이센싱은 기술제공자(licensor)가 기술도입자(licensee)에게 기술료를 받고 특정기술에 대하여 일정기간 실시권을 허락하는 계약입니다. 라이센싱은 기술 보유기관이 직접 기술을 사업화하거나 합작투자를 통해 합작법인을 만드는 경우보다는 투자비용 및 성공 가능성에 대한 위험이 상대적으로 적은 편입니다(아침기술경영연구원, 2014). 이러한 기술사업화는 보통 민간기업, 공공기관, 대학 등이 기술제공자의 역할을 하고 소기업 등이 기술 수요자가 되곤 하는데 국내 공공기관 및 대학의 기술이전율은 2017년 기준 평균 38%로 나타나고 있습니다. 이는 미국이나 유럽에 비해 낮은 수치여서 기술이전을 통한 기술사업화의 성공이 쉽지 않음을 알 수 있습니다.

또 다른 기술사업화의 하나는 기술기반 제품이나 서비스의 제품화 및 상용화입니다. 먼저 제품화란 원천기술 또는 응용기술을 기반으로 판매가능한 제품 또는 서비스를 구현하는 것을 말합니다. 그리고 이렇게 구현된 제품이나 서비스를 시장조사 및 테스트를 거쳐 마케팅 전략 등에 따라 출시하는 것을 상업화라고 합니다. 제품화 단계에서 알파 테스트[7]와 베타 테스트[8]를 합니다. 그리고 상업화에서는 실제로 거의 완성된 제품을 시장에서 테스트해 봄으로써 마지막으로 검증을 하게 됩니다. 그리고 이렇게 파악한 정보를 바탕으로 제품사양을 결정하고 마케팅 전략을 수립하여 출시하게 됩니다(박원구, 2016).

이러한 기술창업기업의 제품화 과정에서 중요한 것은 개발 프로세스입니다. 프로세스의 효율성 정도에 따라 제품 개발에 소요되는 시간과 비용이 달라지기 때문입니다. 과거에는 제품 컨셉 개발, 제품 디자인, 생산 프로세스 설계, 생산을 순차적으로 진행하는 것이 일반적이었습니다. 하지만, 신기술처럼 변화속도가 빠르고 경쟁강도가 심화되어 있는 시장에서는 신속한 제품 개발과 출시가 매우 중요합니다. 따라서 [그림 6]과 같이 각 단계가 마무리되면 다음 단계로 넘어가는 순차적 개발이 아닌 병렬적 개발 프로세스가 보편화 되고 있습니다(박원구, 2016). 이를 넘어서 제품의 초기 기획단계부터 고객, 설계 엔지니어, 생산전문가, 품질전문가, 마케팅전문가 등 사내의 제품개발과 관련된 모든 부서와 경우에 따라서는 외부전문가까지 제품개발에 보다 효율적, 효과적으로 개발하는 동시공학적 제품개발법(Concurrent engineering product engineering)이 많이 활용되고 있습니다.(이상범, 2016). 동시공학이 잘 활용되고 있는 예로 삼성의 휴대폰 개발 과정을 들 수 있습니다. 삼성은 휴대폰 기획단계에서부터 R&D부문은 물론 마케팅, 상품기획, 디자인, 생산, 구매부문이 동시에 참여해 병행개발을 하고 이를 통해 신제품 개발 및 양산체제를 빠르게 구축할 수 있었습니다. 이렇게 동시공학을 활용하면 마케팅 부문이 상품기획단계에서부터 참여하기. 때문에 보다 고객 지향적인 제품개발이 가능해집니다(송재용, 2013).

---

7 알파 테스트 또는 성능 테스트란 모형작동이 확인된 후 시제품을 만들어서 성능을 테스트하는 것
8 베타테스트는 실제 사용될 부품을 양산공정에서 생산하여 극한상황에서도 작동하는지를 측정하는 것

그림 6 순차개발프로세스와 병렬개발프로세스

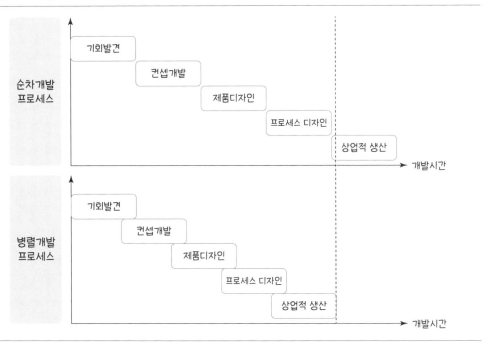

출처: 박원구(2016)

3.3 기술창업 성숙 단계

　기술창업기업의 성장이 성숙해지는 단계에서는 기업의 성장률은 산업평균 성장률에 가까워집니다. 이 시기 기업은 지속적인 성장을 위해서 전문적이고 경험이 있는 조직원들을 영입하게 되고 후속제품의 개발에 집중하거나 시장확대, 사업다각화 등을 꾀하게 됩니다. 이때 조직 규모의 확장에서 오는 조직문화 정립의 어려움, 의사소통의 비효율화가 나타날 수 있습니다. 그리고 이 시기 실패의 주요 요인 중 하나는 단일제품 생산에 의존하여 후속제품 개발을 등한시는 것입니다. 따라서 이 시기에는 자체기술개발전략과 외부기술획득전략을 동시에 추구해야 합니다(김종호 외, 2016).

　그리고 기술창업기업이 어느 정도 궤도에 오르면 투입된 자금을 어떤 방식으로 회수할 것인가를 결정해야 합니다. 이때 창업자나 투자자가 투자자금을 회수하는 것을 출구전략이라고 하며, 이에는 대표적으로 IPO(Initial public offering, 기업공개)와 M&A(Merger & Acquisition, 인수합병), 우회상장(Backdoor listing) 등이 있습니다(김종호 외, 2016). 기술창업기업 출구전략 중 대표적인 IPO는 외부 투자자가 공개적으로 주식을 살 수 있도록 기업이 자사의 주식과 경영 내역을 시장에 공개하는 것을 말합니다. IPO에는 여러 가지 장점이 있는데, 기업 입장에서는 대규모 자금 조달이 가능해집니다. 또한 엄격한 상장심사를 통과한 만큼 해당기업의 신뢰도와 평판이 상승하여 기업 홍보 효과가 있습니다. 하지만 단점도 있습니다. 기업의 소유권(주식)이 시장에서 매매 대상이 되는 만큼 경영권이 분산될 위험이 있고, IPO를 수개월 동안 준비하면서 많은 비용이 발생하기도 합니다. 다음으로 M&A의 장점으로는 사업 착수까지 시간단축, 투자의 안정성과 확실성, 인력과 기술 및 경영 노하우의 흡수, 기존업체와의 마찰회피, 시너지효과의 추구 등이 있습니다. 하지만 단점으로는 막대한 인수자금의 필요, 이질적 문화에서의 조기적응필요, 인수가격 산정 곤란, 절차의 복잡성 등이 꼽힙니다(최종수 & 최영곤, 1994). 마지막으로, 우회상장은 비상장기업이 증권거래소의 상장심사를 거치지 않고 신규상장과 같은 효과를 누리는 거래형태를 지칭하는데 일반적으로 비상장기업이 기존 상장기업을 인수함으로써 동 기업과의 합병, 주식교환, 주식매매 등을 통해 비상장기업의 주주들이 상장기업의 주주가 되는 것을 의미합니다(최종서 & 곽영민, 2013). 우회상장의 장점으로는 시장의 건실화를 위한 인수합병의 활성화와 자금이 부족한 성장기업의 상장(등록)까지 걸리는 시간과 비용을 절감하게 하여 사회경제적 비용을 경감하게 하는 장점이 있습니다. 하지만 우회상장의 단점으로는 상장심사를 거치지 않기 때문에 성장가능성이 미약한 기업이 투기적 형태의 거래로 우회상장을 악용할 경우 일반 투자자들에게 막대한 손실을 초래할 수 있는 역기능적 측면도 지니고 있습니다(최종서 & 곽영민, 2013).

　우리나라의 기술창업 기업들도 이러한 출구전략이 성공할 수 있도록 노력하고 있지만, 여전히 아직 특허나 연구성과가 사업화로 이루어지기까지도 많은 어려움을 겪고 있습니다(Startup Genome, 2021). 따라서 우리나라의 기술창업 기업들이 지속적으로 성장하기 위해서는 실효성 있는 정책적 지원과 함께 스티브 잡스의 말처럼 사업아이템 개발 시, 보유한 기술로 무엇을 만들 것인가로부터 시작하지 말고, 고객 경험에서 시작하고 난 후, 거꾸로 기술을 활용하려고 하는 고객 중심적 마인드와 노력이 필요할 것으로 보입니다.

나가면서···

　본 장에서는 기술창업에 대한 기본적인 정의와 중요성, 기술창업기업의 단계와 주요활동, 각 과정별 성공요인 등을 살펴보았습니다. 기술창업은 창업자가 생각할 때 좋은 기술을 보유하고 있다고 해서 성공하는 것이 아닙니다. 기술창업 초기 단계, 기술창업 성장단계, 기술창업 성숙단계 별로 주요 요소들을 전략적으로 고려하여 준비하고, 적기에 실행함으로써 성공에 도달할 수 있는 것입니다. 먼저 고객과 시장의 니즈가 있는 사업아이템을 선정해야 합니다. 많은 기업들이 고객과 시장 니즈가 없는 아이템을 사업화하다가 실패하는 경우가 너무 많기 때문입니다. 더불어 시장을 둘러싼 많은 이해관계자의 저항감, 규제 등 외부환경요소까지 전반적으로 고려해야 합니다. 이러한 외부환경은 기술창업의 성패에 직접적인 영향을 미치는 매우 중요한 요소이기 때문입니다. 따라서 다음 장에서는 외부환경 요소 중 기술사업화, 기술창업에 직·간접적인 영향을 미치는 중요한 기술정책에 대해 살펴보겠습니다.

Out Class Team Project　　　　　　　　　　　　　　　　　　　

우리가 선정한 사업아이템은 과연 고객의 니즈를 반영한 아이템일까요? 그리고 지속가능한 사업 아이템

일까요? 비즈니스 모델 캔버스(Business model canvas) 또는 가치제안 캔버스(Value proposition

canvas)를 작성해 봅시다.

참고문헌

강효진. (2018). 4차 산업혁명시대, 국내외 스타트업 현황 및 투자의 필요성(보고서 번호: 2018 – 39). 서울: 정보통신산업진흥원.

공혜원. (2019). 글로벌 국가 비교를 통한 한국 기술기반 스타트업 생태계 진단. 벤처창업연구, 14(1), 101 – 116.

국경완. (2019). 인공지능 기술 및 분야별 적용사례. 주간기술동향, 20, 15 – 27.

길운규·심용호·김서균. (2014). 기술창업 성공 요인 도출을 위한 문헌 연구, 한국기술 혁신학회 학술대회(pp. 252 – 260). 아시아기술 혁신학회.

김근영·이갑수. (2004). 기술창업 활성화를 위한 정책제언. [SERI] 연구보고서, 0 – 0.

김건우. (2018). 글로벌 콘퍼런스를 통한 스타트업 생태계 혁신 방안(보고서 번호: 2018 – 7). 서울: 한국무역협회.

김양민. (2007). 코스닥 벤처기업의 최고 경영진 사회적 자본이 기업 퇴출에 미치는 영향. 전략경영연구, 10(2), 71 – 89.

김양민·김승주. (2013). 최초의 자산: 창업자의 특성이 신생기업에 미치는 영향. 전략경영연구, 16(2), 1 – 22.

김완민·신영경. (1999). 기술집약형 창업중소기업의 성공요인 분석. 대한경영학회지,(20), 103 – 127.

김용정. (2015). 정부 R&D 성과의 기술사업화 실패 사례 연구(보고서 번호: 2015 – 011). 서울: 한국과학기술 기획평가원.

김종호·윤재홍·최유준. (2016). 기술창업경영론. 서울: 이프레스.

김진영·원경훈·최석재·최종인·문우식. (2015). 2015년 기술창업 가이드(보고서 번호: 2015). 대전: (사)한국창업경영컨설팅협회.

김찬호. (2013). 창조경제시대 중소기업의 기술사업화 성공과 실패 사례연구(보고서 번호: 2013). 서울: 한국과학기술정보연구원.

권미영·정해주. (2012). 기업가, 기술 및 네트워크 특성이 기술창업기업의 성과에 미치는 영향. 벤처창업연구, 7(1), 7 – 18.

박성호·양동우. (2015). 벤처기업 창업환경 및 기업성장단계가 경영애로사항에 미치는 영향에 관한 실증 연구. 한국산학기술학회 논문지, 16(1), 291 – 299.

박원구. (2016). 사업화 단계별로 본 기술과 창업. 서울: 경문사.

석봉인·한문성.(2018). 외부기술 도입이 기술창업(일자리창출)과 기술사업화(일자리창출) 및 개방형 혁신에 미치는 영향. 글로벌경영학회학술대회 발표논문집, 2018, 435 – 448.

성낙일·이명호·성극제·손상영·강인수. (2001). 정보통신 20세기사 정책/산업부문 조사, 집필. 정보통신정책연구원, 2001(0), 1 – 266.

손수정. (2013). 기술창업 활성화를 위한 분야별 해외 주요 프로그램 고찰. 과학기술정책(191),

134−154.

손수정·이윤준·정승일·임채윤. (2009). 기술사업화 촉진을 위한 기술시장 메커니즘활성화 방안.
　　정책연구, 1−192.

송영훈·노희진. (2013). 성공적인 창업, 특별한 비결이 있는가?(보고서 번호: 2013). 서울: KT경제
　　경영연구소.

송정현. (2010). 기술창업자의 학습동기, 학습의지가 기업가정신과 기업성과에 미치는 영향(석사학
　　위). 중앙대학교 산업창업경영대학원, 서울.

송재용. (2013). 강한 삼성의 토대는 '진화적 혁신 역량'. 동아비즈니스 리뷰, 141(2).

아침기술경영연구원. (2014). 기술이전 · 창업 활성화 연구(보고서 번호: 2014). 서울: 창업진흥원.

윤종민. (2013). 대학 기술이전 · 사업화 전담조직 운영제도의 성과와 과제. 기술 혁신학회지,
　　16(4), 1055−1089.

이규열. (1999). 국내 벤처기업의 성장단계별 경영전략 분석(보고서 번호: 1999−526). 서울: 한국
　　산업은행.

이병기·신광철. (2005). 해저드모형에 의한 신생기업의 생존요인 분석. 국제경제연구, 11(1),
　　131−154.

이상범. (2016). (현대)생산·운영관리 5판. 서울: 명경사.

이윤준·정기철·나청호. (2013). 기술창업의 성공조건과 지원정책(보고서 번호: 2013−07). 서울:
　　과학기술정책연구원.

임채윤·이윤준·이광호·김종선·배영임·김성진. (2008). 벤처기업의 생존영향요인분석(보고서 번
　　호: 2008−11). 서울: 과학기술정책연구원.

장수덕·이상설. (2008). 학술연구: 벤처기업의 실패에 관한 국제비교연구: 연령의존관점과 자원기
　　반 관점의 통합적 접근. 기업가정신과 벤처연구(JSBI)(구 벤처경영연구), 11(2), 41−63.

최순돈. (2010). 부품 소재 원천 기술 개발 강화 방안(보고서 번호: 2010). 서울: 지식경제부.

최종서·곽영민. (2013). 코스닥 시장 우회상장 기업의 이익조정. 회계학연구, 38(1), 87−134.

최종수·최영곤. (1994). 국제 M&A에 의한 해외투자방안에 대한 연구. 173−196.

한국벤처창업학회. (2012). 창업론. 서울: 명경사.

홍성도. (2006). 벤처창업경영: 창업, 경영, 금융, 투자전략. 서울: 무역경영사.

Adner, R. (2012). *The wide lens: A new strategy for innovation*. London: Penguin UK.

Aulet, B. (2013). *Disciplined Entrepreneurship: 24 Steps to a Successful Startup*. John Wiley &
　　Sons.

Bailetti, T. (2011). Fostering Student Entrepreneurship and University Spinoff Companies.
　　Technology Innovation Management Review 1(1).

Ballon, P.(2007). Business Modelling Revisited: The Configuration of Control and Value. *Bled* eConference, 9(5), 6−19.

CB insights. (2018). *Game Changing Startups 2018*(Report No. r201746). NY: CB Insights.

Davila, A., Foster, G., Gupta, M. (2003). Venture capital financing and the growth strategy of startup firms. *Journal of Business Venturing, 18*(6), 689~708.

Dodge, H. R., Fullerton, S., Robbins, J. E. (1994). Stage of the organizational life cycle and competition as mediators of problem perception for small businesses. *Strategic management journal, 15*(2), 121-134.

Hechavarria, D. M., Ingram, A. (2014). A review of the entrepreneurial ecosystem and the entrepreneurial society in the United States: An exploration with the global entrepreneurship monitor dataset. *Journal of Business and Entrepreneurship, 26*(1), 1−35.

Kazanjian, R. K. (1988). Relation of dominant problems to stages of growth in technology−based new ventures. *Academy of management journal, 31*(2), 257-279.

K−ICT Born2Global. (2018). Korea Startup Index 2017(Report No. r201802). Gyeonggi−do: K−ICT Born2Global Centre.

Koberg, C. S., Uhlenbruck, N., Sarason, Y. (1996). Facilitators of organizational innovation: The role of life−cycle stage. *Journal of business venturing, 11*(2). 133−149.

Korea Entrepreneurship Foundation. (2019). *Global Entrepreneurship Monitor(GEM) 2018 South Korea report*(Report No. r20190528). Seoul: Korea Entrepreneurship Foundation.

Lewis, V. L., Churchill, N.C. (1983). The five stages of small business growth. *Harvard Business Review, 61*(3), 30−50.

Lichtenstein, B. (2016). Emergence and Emergents in Entrepreneurship: Complexity Science Insights into New Venture Creation. *Entrepreneurship Research Journal, 6*(1), 43−52.

Osterwalder, A., & Pigneur, Y. (2010). Business model canvas. *Self published. Last.*

Roberts, E. B., Eesley, C. E. (2011). *Entrepreneurial Impact: The Role of MIT−An Updated Report.* Missouri: Now Publishers Inc.

Roessner, D. (2000). Quantitative and Qualitative Methods and Measures in the Evaluation of Research. *Research Evaluation, 9*(2), 125−132.

Sapienza, H. J., De Clercq, D. (2000). Venture capitalist−entrepreneur relationships in technology−based ventures. *Enterprise and Innovation Management Studies*, 1(1), 57−71.

Shane, S., Stuart, T. (2002). Organizational endowments and the performance of university start−ups. *Management Science*, 48(1), 154~170.

Stam, E.(2015). Entrepreneurial ecosystems and regional policy: a sympathetic critique. *European Planning Studies*, 23(9), 1759−1769.

Startup Genome.(2021). Global Startup Ecosystem Report GSER 2021. CA: Startup Genome.

[사이트]

www.law.go.kr

www.kibo.or.kr

www.newsmaker.or.kr/news/articleView.html?idxno=648

news.mk.co.kr/newsRead.php?year=2015&no=629564kft−mag.org/vol1/audiostandard/

www.sijung.co.kr/news/articleView.html?idxno=78992

www.sciencetimes.co.kr/?news=%EC%9A%B0%EB%A6%AC%EB%82%98%EB%9D%BC%EB%8F%

84−%ED%80%84%EC%BB%B4−%EB%A1%9C%EC%97%B4%ED%8B%B0−%EB%B0%9B%E

B%8A%94%EB%8B%A4sgsg.hankyung.com/apps.frm/news.view?nkey=4071&c1=03&c2=06

www.slideshare.net/K_CERN/9−36537309

www.strategyzer.com/canvas/business−model−canvas

[뉴스기사]

뉴스메이커, 선 없는 세상 구현의 세계적 리더,(주)온비넷테크.(2009.07.31).

매일경제, 1조 퍼붓고도…창업기업 '데스밸리'서 허우적.(2015.07.02).

시정일보, 자금과 정보가 선순환할 수 있는 기술창업 생태계 구축 필요.(2013.03.28).

싸이언스타임즈, 우리나라도 퀄컴 로열티 받는다.(2015.10.14).

의약뉴스, 릴리, 올해 실적 전망치 하향 조정.(2019.02.07)

의학신문, 한국릴리 비소세포폐암치료제 '알림타'.(2016.10.17.)

기술정책

기술경영을 혁신하는 제3의 힘

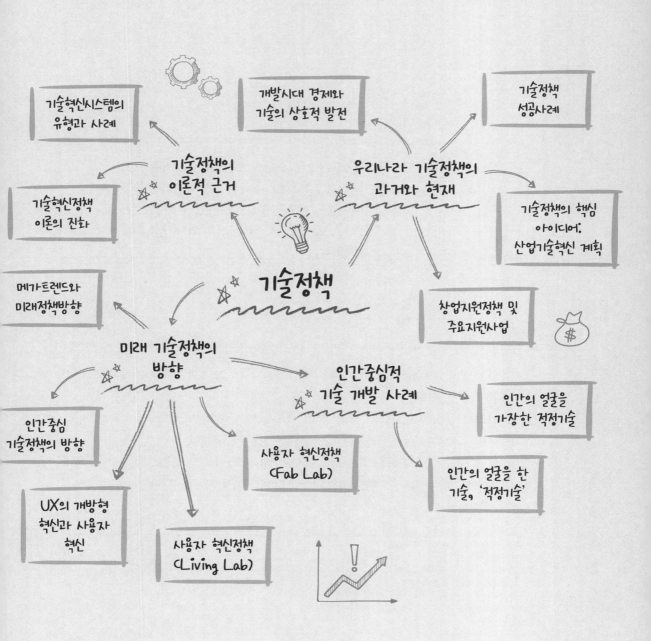

기술혁신시스템의
유형과 사례

개발시대 경제와
기술의 상호적 발전

기술정책
성공사례

기술정책의
이론적 근거

우리나라 기술정책의
과거와 현재

기술혁신정책
이론의 진화

기술정책의 핵심
아이디어:
산업기술혁신 계획

메가트렌드와
미래정책방향

기술정책

창업지원정책 및
주요지원사업

미래 기술정책의
방향

인간중심적
기술 개발 사례

인간의 얼굴을
가장한 적정기술

인간중심
기술정책의 방향

사용자 혁신정책
(Fab Lab)

인간의 얼굴을 한
기술, '적정기술'

UX의 개방형
혁신과 사용자
혁신

사용자 혁신정책
(Living Lab)

13 기술정책

기술경영을 혁신하는 제3의 힘

동영상강의

박정희 대통령

우리의 후손들이 오늘에 사는 우리 세대가 그들을 위해
무엇을 했고 조국을 위해 어떠한 일을 했느냐고 물을 때
우리는 서슴지 않고 조국 근대화의 신앙을 가지고 일하고
또 일했다고 떳떳하게 대답할 수 있게 합시다.

 시작하는 질문

- 정부가 민간의 기술 혁신 활동에 개입하는 정책은 어떤 근거를 가지고 있는 것일까요? 그런 기술정책은 과연 어떻게 진화해온 것일까요?

- 세계의 비즈니스 환경은 지금 사회적, 기술적, 경제적, 환경적, 정책적 측면에서 큰 변화를 겪고 있습니다. 그 변화의 내용은 무엇이며, 이런 메가트렌드는 기술정책에 어떤 영향을 미칠까요?

- 최근에는 '인간중심 기술정책'을 중요하게 여깁니다. 이는 정책의 최종 수요자인 인간을 가장 우선해서 고려한다는 것인데요, 이런 관점이 중요해진 배경은 무엇일까요? 이와 관련하여, 세계 각국이 어떤 정책을 펼치고 있는지도 파악해 봅시다.

들어가면서…

이번 장은 기술정책에 관한 것입니다. 앞에서 살펴본 기술 혁신, 기술 기획, 기술 금융, 기술사업화 등 대부분의 기술경영 활동은 민간, 특히 기업을 중심으로 이루 어집니다. 이런 기술경영 활동은 국가 정책으로부터 많은 영향을 받습니다. 예를 들어 기업이 무인 자동차나 드론 같은 신기술을 개발하더라도, 국가의 교통정책이 나 항공정책이 뒷받침하지 못하면, 그 신기술이 사업화되기는 어렵습니다. 그래서 몇몇 학자들은 기술정책을 아예 기술경영의 외부 구성요소로 보기도 합니다. 기술 정책이란 국가 차원에서 기술 혁신을 계획하고 실행하는 활동입니다. 또한 시장실 패를 보완하려는 정부의 개입 형태이기도 합니다. 그러면 지금부터 이러한 기술 혁 신 정책 이론이 어떻게 진화해왔으며, 우리나라 기술정책은 어떤 과정을 거쳐 발전 했는지를 살펴보겠습니다. 또한 고령화와 같은 메가트렌드가 기술정책에 미치는 영 향을 이해하고, 최근 중요성이 강조되고 있는 '인간중심 기술정책'의 필요성과 그 사례 그리고 4차 산업 혁명과 관련된 정책노력에 대하여도 알아봅시다.

1. 기술정책의 이론적 근거

1.1 기술 혁신정책 이론의 진화(선형모델부터 사회기술시스템론까지)

정책이란 공공문제를 해결하기 위해 정부가 결정하는 방침을 말합니다. 정책에는 교육정책, 노동정책, 고용정책, 문화정책, 복지정책, 환경정책, 조세정책, 금융정책, 경제정책, 무역정책, 산업정책, 기술 혁신정책 등 다양한 정책이 있습니다. 이 중 기술 혁신정책은 과학 발전을 위한 '과학정책'과 기술개발을 위한 '기술정책'을 포함 하고 있습니다. 과학정책과 기술정책은 모두 혁신을 통한 사회·경제 문제의 해결 을 지향하고 있기 때문에 그렇습니다. 기술경제학자인 David C. Mowery는 1994년 에 기술정책을 '기술공급정책(supply policies)'과 '기술채택정책(adoption policies)'으로 나누어 설명한 바 있습니다. 기술공급정책은 말 그대로 기술 혁신의 공급을 확대하려는 정 책입니다. 기업이 필요로 하는 기술지식을 공급하고, 기업을 중심으로 기술공급 활 동을 활성화하려는 것이지요. 예를 들어 아래와 같은 정책이 기술공급정책에 해당 합니다.
- 대학이나 정부연구소 등을 통해 기초연구와 기초기술 지식을 공급하는 정책
- 대학−산업계의 연계를 활성화하는 등, 연구 하부구조를 형성하는 정책

- 전략적으로 중요한 기술 분야를 선택하여 민간부문의 기술개발을 지원하는 정책
- 산업의 연구개발 활동을 촉진하기 위해 조세나 보조금을 지원하는 정책

기술채택정책은 기업이 기술적, 경제적 문제를 해결하기 위해 적극적으로 신기술을 채택하고 사용하도록 장려하는 정책입니다. 거시적인 측면에서는, 기업이 새로운 기술을 채택하도록 촉진하는 인센티브 시스템뿐만이 아니라, 그 기술을 활용할 능력을 갖추도록 지원하는 정책도 매우 중요합니다. 기술채택정책의 사례는 아래와 같습니다.
- 신기술 채택을 촉진하기 위해 보조금을 지급하는 정책
- 기술에 대한 정보를 제공함으로써 신기술 채택을 촉진하는 정책
- 외국으로부터 기술을 도입하게 만드는 정책
- 기술표준정책, 정부구매정책 등

기술 혁신정책, 특히 과학정책은 제2차 세계대전을 계기로 주목받기 시작했습니다. 천재과학자 아인슈타인이 만든 원자폭탄을 투하하면서 일본이 무조건 항복을 하고 제2차 세계대전도 끝이 났습니다. 그러자 사람들 사이에서는 대량살상이 가능한 과학기술에 대한 두려움과 동시에 과학기술이 경제사회 발전에도 기여할 것이라는 기대가 널리 퍼졌고, 과학기술정책도 주목받게 되었습니다. 그리고 1960년대 후반부터는 과학에 기반한 기술이 경제를 성장시키는 핵심요소라는 점에서 기술정책이 대두합니다. 하지만 아직은 과학정책의 하부 개념으로서였습니다. 1980년대가 되자 과학에 대한 투자가 반드시 혁신과 상품으로 이어지는 것은 아니라는 회의가 확산되기 시작합니다. 이에 따라 기술을 산업발전 및 경제성장과 연계하려는 2세대 기술 혁신정책이 등장하게 됩니다. 2000년대에는 NBIT(Nano-Bio-Information Technology) 등 신기술의 도입과 함께 기술 발전이 갖는 위험에 대한 우려가 증가합니다. 기술 혁신정책 역시, 기술 혁신과 사회문제를 연계한 3세대 기술 혁신정책으로 발전합니다. 그동안의 기술 혁신정책은 경제적 목표 달성만을 중요하게 여긴 나머지, 정작 기술 혁신의 실질적인 최종 수요자인 '인간'에 대한 고려와 배려가 부족했습니다. 하지만 산업화에 따른 공해, 기후변화, 경제 양극화 등이 심각한 사회문제로 대두되면서, 기술 혁신과 사회문제가 서로 밀접하게 연계되어 있음이 뚜렷이 드러났습니다. 이러한 관점 아래, 최근에는 '삶의 질 향상', '소외된 90%를 위한 적정기술'과 같이 '인간'을 중요시하는 정책이 개발되고 있습니다. 이제는 '인간'을 단순한 기술 사용자로 정의하던 과거와 달리, 혁신정책 결정과 기술 혁신 과정에 참여하는 주체로 인식하면서 '사용자 주도 혁신' 등의 개념이 등장하고 있습니다.

표 1 기술 혁신정책의 세대별 진화

	제1세대	제2세대	제3세대
혁신을 바라보는 관점	선형적 관점	시스템적 관점	시스템적 관점
정책목표	경제성장	경제성장	경제성장, 삶의 질 향상, 지속가능성
혁신정책의 영역	부문정책 산업정책	여러 영역과 관련된 정책 기술정책	여러 영역과 관련된 정책 사회·기술시스템론
정책의 주요 관심영역	과학을 위한 정책	• 혁신을 촉진하기 위한 정책 • 혁신친화적 고용정책, 금융정책	• 정책문제 해결을 위한 혁신정책 • 환경정책과 혁신정책의 통합
혁신정책의 주요 참여주체	과학기술계	과학기술계와 경제계	과학기술계와 경제계, 사용자 및 시민사회

출처: 송위진(2012)에서 일부 수정

1.1.1 제1세대 기술 혁신정책: 선형모델

제1세대 혁신정책은 '연구(과학)→개발(기술)→경제·사회문제 해결'이라는 선형모델 (linear model)에 토대를 두고 있습니다. 선형모델은 지식의 일방향적인 흐름을 강조합니다. 이 모델에서는 단계별 상호작용을 중요하게 생각하지 않으며, 연구성과는 큰 어려움 없이 개발과 생산에 응용될 수 있다고 가정합니다. 따라서 연구활동을 통해 새로운 지식을 창출하는 대학과 공공연구소가 중요한 혁신주체로 간주되었고, 기술 혁신활동도 주도하게 되었습니다. 그러나 연구 및 과학활동에만 초점을 맞추다 보니, 기초연구의 결과물이 어떻게 제품으로 구현되고 어떻게 산업화로 이어져야 하는지에 대해서는 별다른 고려가 없었습니다. 연구활동을 통해서 지식이 창출되면 응용연구나 상업화가 자동으로 실행될 것이라고 단순하게 생각했기 때문입니다. 즉, 연구활동만 강조한 단계였습니다. 제1세대 기술 혁신정책은 산업정책을 중요하게 다루었습니다. 당시의 산업정책은 철강, 자동차, 전자 등 유망 산업을 육성하기 위해 기업을 지원하거나, 석탄 등 사양 산업을 구조조정하는 방식으로 진행되었습니다. 그러나 산업육성과 구조조정을 기술 혁신의 측면에서 고려하지 않고 추진하다 보니, 기술 혁신정책과 산업정책이 제대로 연계되지 않고 개별적으로 집행되는 문제가 있었습니다.

I.I.2 제2세대 기술 혁신정책: 혁신체제론

그동안의 연구와 과학활동에 대한 대규모 투자에도 불구하고 사회경제적으로 만족할만한 성과가 나오지 않자, 1980년대에는 기존의 선형모델을 대체하는 상호작용모델(chain-linked model)이 등장하게 되었습니다. 과학자 집단의 연구활동에 초점을 맞춘 선형모델과 달리, 상호작용모델에서는 과학기술지식을 사용하는 기업의 문제해결 활동에서 기술 혁신이 출발한다고 보았습니다. 과학이나 연구는 기업의 기술 혁신 과정에서 사용되는 자원으로 받아들여졌습니다. 무엇보다도 연구, 개발, 생산활동을 일방향적인 관계가 아니라 상호작용하면서 지식을 교류하는 관계로 재정의하였습니다. 이러한 상호작용모델을 체계화하고, 기술 혁신을 시스템적 관점에서 연구한 이론이 '혁신체제론'입니다. 혁신체제론은 기술 혁신의 주체인 기업을 중심으로 대학, 연구소 등 다양한 기관들이 사회시스템을 형성하여 기술 혁신을 수행한다고 봅니다. 이 시스템의 구성요소에는 금융기관과 교육기관, 금융제도, 노사관계 등도 포함되어 있습니다. 상호작용모델을 토대로 하기 때문에, 지식이 창출되고 활용되는 과정은 자연스럽게 이루어지지 않으며, 다양한 혁신주체들 사이의 독특한 시스템을

그림1 국가혁신시스템 프레임

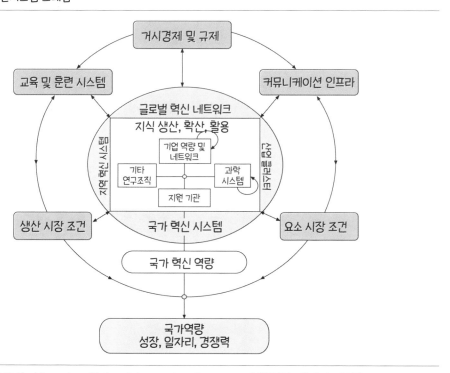

출처: OECD(1999), Managing National Innovation Systems, 홍성주(2013)에서 재인용.

통해 이루어진다고 간주합니다. 따라서 지식이 효과적으로 창출되고 확산되는 시스템을 구축하여 산업발전, 경제발전, 고용창출 등을 달성하는 것을 주요한 정책목표로 삼고 있습니다. 또한 혁신주체들이 효과적으로 교류하고 상호작용하려면 혁신주체의 '혁신역량'이 중요하기 때문에, 기술이나 인력, 자금 등의 자원을 공급하는 방안뿐만 아니라 기술 혁신주체의 혁신역량을 높이는 방안도 중요하게 고려하게 됩니다.

1.1.3 제3세대 기술 혁신정책: 혁신체제론의 발전

2000년대 들어 전세계는 새로운 산업혁명의 시대를 맞이합니다. 증기기관이 1차 산업혁명을, 대량생산체제가 2차 산업혁명을 이끌었다면, 인터넷은 3차 산업혁명의 시대를 열었습니다. 이른바 NBIT라고 일컫는 나노, 바이오, 정보통신 등 새로운 기술이 등장했고, 이런 신기술을 효과적으로 개발하고 활용하기 위한 경제·사회 시스템에 대한 논의가 시작되었습니다. 또한 양극화에 따른 '소외된 90%', 기후 변화 등 사회문제들이 중요한 이슈가 되면서, 경제적 성장을 넘어 삶의 질 향상, 지속가능성 확보 등과 같은 사회적 목표를 달성하는 것이 중요해졌습니다. 무엇보다 가장 큰 변화는 바로 '인간'에 대한 인식의 변화입니다. 기존에는 인간을 단지 과학 기술에 대한 '사용자'로 인식하였다면, 3세대 기술 혁신정책에서는 혁신정책 결정과 기술 혁신 과정에 참여하는 중요한 주체로 간주하고 있습니다. 그리고 이런 변화는 '사용자 주도형 혁신', '수요 기반 혁신정책' 등에 대한 논의들이 발전하는 계기가 되었습니다. 다시 말해, 기존 기술정책에서는 산업, 기술, 경제 등이 키워드였다면, 최근에는 이러한 정책의 최종 수요자인 '인간'이 키워드로 등장하면서 '인간중심적 정책'으로 기술정책이 진화하고 있는 것입니다.

NBIT 등 신기술은 기존 기술과 전혀 다른 속성을 가지고 있기 때문에 새로운 사회 시스템을 필요로 합니다. 그래서 혁신체제론은 최근에 '사회·기술시스템(socio-technical systems)론'으로 진화하였습니다. 사회·기술시스템론에서는 사회와 기술이 통합되고 서로 연계된 시스템으로 존재하며, 상호 보완적인 관계로 정의합니다. 그리고 현재 시스템의 문제를 지적하면서, 특정 기술이 지속적으로 개발되고 활용되는 '지속가능한 사회·기술시스템' 구축을 목표로 삼고 있습니다. 예를 들어 '지속가능한 교통시스템'을 구축하기 위해서는 이와 관련된 기술시스템과 사회시스템이 동시에 구축되어야 합니다. [그림 2]에서 기술시스템은 음영으로 표시된 영역이며, 자동차, 철도 등 교통수단, 에너지공급시스템, 도로교통시스템, 환경 및 안전 관련 기술 등을 포함합니다. 그리고 사회시스템은 음영이 없는 영역으로, 교육훈련시스템, 금융시스템, 보험제도, 노사관계, 사회규제, 교통법규 등이 해당됩니다. 따라서 기술공급시스템은 기술개발·공급과 관련된 사회기술시스템으로 구성되며, 기술수요시스템은 기

그림 2 사회 · 기술시스템의 예시

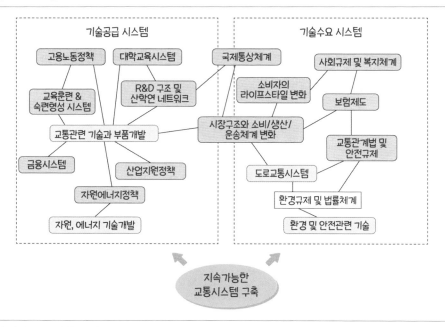

출처: 송위진 · 성지은(2013)

술사용 ·수요와 관련된 사회기술시스템으로 구성됩니다. 결국, 특정 문제 해결을 위한 기술은 새로운 사회·기술시스템을 필요로 하며, 기술공급영역과 기술수요영역이 긴밀하게 상호작용해야 지속적인 혁신활동이 이루어지게 된다는 것이 주된 개념입니다.

1.2 기술 혁신시스템의 유형과 사례

기술 혁신 시스템은 1980년대 중반 이후 국가혁신시스템(National Innovation System; NIS), 부문(산업)혁신시스템(Sectoral Innovation System; SIS), 지역혁신시스템(Regional Innovation System; RIS), 기술시스템(Technological System; TS) 등 여러 개념으로 진화해 왔습니다. 그리고 1990년대 중반 이후에는 개방형 혁신(Open Innovation) 등 다양한 개념이 제시되었습니다.

1.2.1 국가혁신시스템

국가혁신시스템은 '국가' 차원에서의 혁신을 위한 개념입니다. '국가가 혁신적으로 작동되고 운영되기 위한 시스템'을 의미합니다. 특히 기술 혁신의 제도적인 측면에

그림 3 국가혁신시스템(NIS)의 구성요소

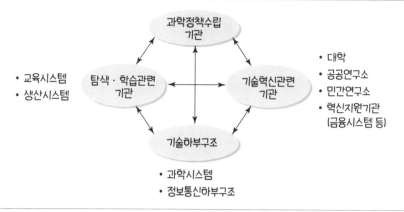

출처: 성태경(2005)

초점을 맞추고 있으며 기업, 대학, 연구소 등 혁신주체들의 새로운 지식창출, 확산, 활용을 극대화하여 국가경쟁력을 제고하기 위한 민간 – 공공조직과 제도들의 네트워크를 강조합니다. 또한 과학기술, 산업, 금융, 교육, 기업, 서비스 등 국가경제의 요소를 모두 포함합니다. 국가혁신시스템은 1970~1980년대에 일본이 미국과 유럽을 능가하는 경제적 성과를 달성하게 되자, 그 원인을 국가의 제도적 차이에서 찾아보려는 노력의 일환으로 제시되었습니다. 국가혁신시스템은 크게 기술 혁신 기관, 탐색·학습 기관, 과학기술정책수립기관, 기술하부구조 등으로 구성되며 네트워크의 효율성을 매우 중요하게 고려하는 이론입니다.

1.2.2 지역혁신시스템

지역혁신시스템(RIS)은 NIS가 기술 혁신을 국가차원에서만 고려하고, 지역적 특성을 고려하지 못한다는 문제인식에서 고안되었습니다. 과거 미국의 IT산업의 중심지였던 '루트 128'이나 현재 IT산업의 중심지인 '실리콘밸리'처럼, 지역적 특성이 기술혁신의 주요 요인이 된다는 논리입니다. Enright(1994)는 지역혁신시스템의 사례로 할리우드의 영화산업, 디트로이트의 자동차산업, 실리콘밸리의 전자산업, 루트 128의 컴퓨터산업, 제네바의 시계산업, 이탈리아 볼로냐의 포장기계산업 등을 제시하였습니다. Saxenian(1994)은 실리콘밸리가 루트 128에 비해 더 빠른 기술 혁신을 이룩하게 한 요인으로 지역문화를 꼽기도 했습니다. 실리콘밸리는 지역 특성상 지식과 정보의 흐름에 유리하였고, 이것이 기업 내 다양한 조직적 관례를 유도함으로써 실험과 기술의 흡수를 촉진했다는 주장입니다. 지역혁신시스템(RIS)의 구성요소는 기술

그림 4 지역혁신시스템(RIS)의 구성요소

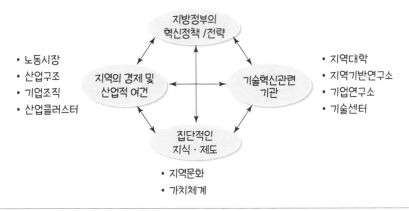

출처: 성태경(2005)

혁신에 영향을 미치는 지역의 문화적 측면, 경제 산업적 특수성, 그리고 행정적 측면까지도 모두 포함하는 개념입니다.

I.2.3 부문(산업)혁신시스템

부문(산업)혁신시스템(SIS)은 국가혁신시스템(NIS)와 지역혁신시스템(RIS)이 산업 특성을 고려하지 못한다는 문제의식에서 출발하였습니다. 한 국가나 지역 내에서도 서로 다른 산업들은 기술 수준, 기술 특성 등이 다르기 때문에 기술 혁신도 다르게 진행되기 마련입니다. 예를 들어, 전자산업은 기술수명주기가 1년 내외로 매우 짧아서 기술 혁신이 빈번히 발생합니다. 대기업뿐만 아니라 소규모 벤처기업도 혁신활동을 활발하게 수행하고, 대학과 기업 간의 교류가 활발한 것이 특성입니다. 그러나 철강이나 화학산업은 대표적인 장치산업으로 기술수명주기가 매우 길고 일부 대기업 중심으로 기술 혁신이 진행됩니다. 기계산업 등은 급진적인 혁신(radical innovation)보다는 점진적인 혁신(incremental innovation)이 대부분을 차지합니다.

I.2.4 기술시스템

부문(산업)혁신시스템(SIS)이 기술체계가 크게 변하지 않는 전통산업에서 출발하기 때문에, 새로운 혁신시스템이 등장하거나 기술의 확산과 융합으로 산업특성이 급속하게 변할 때는 부문(산업)혁신시스템(SIS)을 적용하기 어렵다는 점에 착안하여 제안된 개념이 바로 기술시스템(Technology System)입니다. 따라서 기술시스템(TS)은 혁신시스템의 기술적 측면을 강조하며, 동태적 진화과정을 중시합니다. Carlsson 등(1991)은 기술시스템(TS)을 "기술의 확산과 활용을 위해 특정한 제도적 하부구조에서 특정기술 분야에서 영향을 주고받는 경제주체들의 네트워크"라고 정의하고, 지식/능력, 산업 네트워크, 제도적 하부구조 등을 기술시스템(TS)의 구성 요소로 제시하였습니다.

I.2.5 개방형 혁신시스템

2000년대 들어 IT기술이 급속히 발달하면서 기술지식기반이 확대되고, 기술의 복잡성과 불확실성이 증대되었으며, 지식생산의 주체도 다양해졌습니다. 이러한 급격한 환경 변화 속에서 개방형 혁신(Open Innovation)모델이 등장했습니다. 개방형 혁신(Open innovation)은 Henry Chesbrough가 2003년 제시한 개념입니다. 과거에는 기업이 기술을 개발할 때 전적으로 내부 연구개발(R&D) 역량에 의존하는 폐쇄적 혁신(Closed innovation) 구조를 가지고 있었습니다. 이와 달리 외부의 자원 및 역량도 함께 활용하여 혁신을 도모하는 새로운 패러다임이 개방형 혁신입니다. 개방형 혁신 패러다임은 기업이 외부로부터 아이디어나 혁신적인 산출물을 받아들이고, 동시에 지식재산권(IP)을 이전하고 공동연구를 수행하는 등 내부의 자원을 외부에 개방하여 사업화하는 것까지 포함하고 있습니다. 기업은 개방형 혁신을 통해 아이디어부터 시장 상용화까지의 단계를 단축시키고 혁신의 위험을 줄일 수 있으며, R&D 원가 절감 및 내부 R&D를 보완하는 등의 이점을 누릴 수 있습니다(이철원, 2008). 과거에는 기업의 R&D 역량이 다른 기업에 대하여 시장 진입 장벽으로 작용하는 중요한 전략적 자산으로 여겨졌습니다. 또 기업이 내부 R&D 비용을 상회하는 영업이익을 창출할 수 있었기 때문에 내부 R&D에 적극 투자를 할 수 있었습니다. 그러나 세계 시장 경쟁이 심화하고 기술 변화가 빨라져서 제품의 주기가 단축된 지금은 효율적인 상품 및

그림 5 폐쇄형 혁신과 개방형 혁신

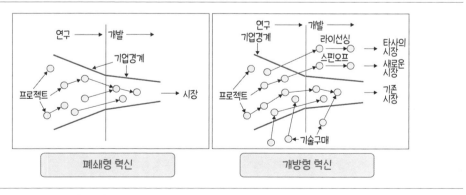

출처: 과학기술정책연구원(2009)

서비스의 제공이 필요합니다. 기업의 내부 자원에만 의존하면 개발 비용이 늘어나고 위험이 커지므로, 개방형 혁신을 추구하는 기업이 증가할 수밖에 없습니다(오동훈, 2008).

　국가가 이와 같이 정책적으로 기술 개발 및 확산에 관여하는 것에 대한 자세한 근거는 QR 코드[1]를 통해서 보실 수 있습니다.

2. 우리나라 기술정책의 과거와 현재

2.1 개발시대 경제와 기술의 상호적 발전

　1950년대 우리나라의 경제구조는, 농림어업이 국내총생산의 약 45%를 차지하는 전통적인 후진국형 경제구조였습니다. 1960년대, 우리나라와 가나는 1인당 GDP, 산업 구조, 생산역량 등 많은 면에서 비슷한 수준이었습니다. 그러나 한국전쟁 직후 67달러에 불과하던 우리나라의 1인당 GDP는 2014년에는 2만 8,739달러로 늘어나 60년 만에 430배나 증가했다는 것을 알 수 있습니다. 2012년에는 선진국의 상징인 20 − 50클럽(인구 5,000만 명 이상의 나라 중 1인당 소득 2만 달러가 넘는 나라)에도 가입했습니다. 반면에 가나의 1인당 GDP는 2015년에도 1,401달러에 불과한 수준입니다. 우리나라는 정부 주도의 강력한 경제성장정책과 민간의 노력을 토대로 1960년대에 경공업 등 산업발전기반을 형성했습니다. 그리고 1970년대 중화학공업 육성, 1980년대 산업구조 조정, 1990년대 산업발전 도약, 2000년대 산업 성숙기 등의 단계를 거쳐 세계적인 산업강국으로 부상했습니다. 이러한 성공사례는 국가 균형, 산업 및 기술 육성 정책이 시너지를 발휘하여 노동 집약국가에서 자본 집약국가로 성공적으로 전환한 사례이며, 많은 개도국들은 우리나라를 최고의 벤치마킹 모델로 주저없이 꼽고 있습니다.

　시대별 수출품목을 살펴보면, 1960년대에는 1차산업 제품, 1970~1980년대에는 경공업제품의 수출이 주를 이루었습니다. 1990년 이후에는 반도체, 선박, 자동차 등 전자 및 중화학공업 제품이 주축을 이루고 있습니다. 2010년에 10대 수출상품을 보면 기술집약적인 제품들이 대부분을 차지하고 있으며, 전체 수출에서 절반 이상을 점유하고 있습니다. 현재 우리나라의 제조업 경쟁력은 세계 6위권으로 평가받고 있습니다. 딜로이트(Deloitte)는 2020년에 한국의 제조업 경쟁력을 미국, 중국, 독일, 일본, 인도에 이어 세계 6위 수준으로 전망했습니다.

2.1.1 산업화 기반구축 시기: 1960~1970년대

1960년대에 우리나라는 해외직접투자(FDI)를 유치하는 대신에 수입대체산업을 육성하는 산업화 정책을 추진하였습니다. 이 정책이 성공하면서 수입대체산업은 한국 산업화에서 중추적인 역할을 하게 되었습니다. 제1차 경제개발계획('62~'66)은 산업화에 필요한 재원을 확보하기 위해 봉제품, 가발 등을 비롯한 경공업을 육성하는 한편, 수출 드라이브 정책을 추진하였습니다. 이를 위해 1964년에 서울 구로구에 수출산업공단 제1단지를 조성하였습니다. 그리고 13개의 수출특화산업을 선정하여 이를 집중 지원하였습니다. 제2차 경제개발계획('67~'71)은 산업구조 근대화를 위해, 광업, 금속, 기계, 조선, 화공, 섬유, 전기 등을 전략분야로 선정하고 기술확보를 추진하였습니다. 1970년대에는 성장우선, 수출지향의 정책기조를 유지하면서 주력산업 기반을 금속, 기계, 화학 등 중화학공업 중심으로 조성하는 산업정책을 추진합니다. 이에 따라 포항(철강), 여천(석유화학), 창원(기계) 등 대단위 산업도시가 개발되었으며, 이런 산업단지는 제조업의 중요한 성장 기반으로서 한국의 지속적인 경제성장과 산업발전을 촉진하는 기반이 되었습니다. 우리나라 최초의 정부연구개발사업은 1978년에 시작된 기초과학연구사업입니다. 당시 예산규모는 3.4억 원에 불과했습니다. 그러나 2015년 정부연구개발 예산규모는 18.8조 원에 이르렀으며, GDP 대비 R&D투자비율은 세계 1위 수준으로 크게 성장했습니다.

2.1.2 산업구조 고도화 시기: 1980~1990년대

1980년대에는 경제성장에만 치중하지 않고 사회 전체의 효용 증대, 균형발전 등 다양한 가치를 고려하기 시작했습니다. 제5차 경제사회개발계획('82~'86)은 경제안정 기반 정착, 수출산업의 경쟁력 강화와 국제수지 개선에 주력하였습니다. 제6차 경제개발계획('87~'91)은 산업구조의 개편과 기술입국의 실현, 지역사회의 균형 발전과 국민생활의 질적 향상을 위해서 민간의 참여를 확대시켰습니다. 1980년대 후반의 저금리, 저유가, 저달러 등 3저 효과는 높은 경제 성장률로 이어졌으며, 수출이 증가하면서 무역수지 흑자를 달성하였습니다. 1990년대는 산업발전 도약시기였습니다. 제7차 계획('92~'96)을 통해 산업경쟁력 강화, 균형발전, 국제화 등을 추진하였으며, 특히 산업기술개발과 정보통신산업의 경쟁력 강화에 힘을 쏟았습니다. 또한 민간이 기술 혁신을 주도할 수 있도록 조세 우대 지원정책을 추진하고, 국가연구개발사업을 확대 추진하였습니다.

2.1.3 지식기반 산업구조 시기: 2000년대

2000년대 들어서자 국내 기업의 혁신역량이 크게 향상되었습니다. 다수의 글로벌 기업이 등장하였고 외환위기를 성공적으로 극복하면서 지식경제시대로 진입하는 기반을 구축하게 됩니다. 정부는 벤처기업 육성정책을 통해 창업 활성화를 위한 정책을 마련하고, 정보산업 육성을 통해 지식정보화 강국으로 도약하는 토대를 구축하였습니다. 이러한 정책의 결과로, 정보산업분야 총 생산액이 1998년 76조원에서 2002년 189조원으로 불과 4년 만에 2.5배나 증가하게 됩니다. 그러나 대내적으로는 1인당 국민소득이 1995년 이후 1만 달러 대에 묶여 있었고, 대외적으로는 세계 경제의 불확실성과 중국의 급성장 등으로 인해 새로운 성장전략에 대한 필요성이 높아졌습니다. 이에 따라 정부는 2003년에 국민소득 2만 달러 시대를 이끌 10개의 '차세대 성장동력산업'을 발표하고, 2012년 디지털전자 부문 세계 2위, 바이오 부문 세계 7위 등의 목표를 제시했습니다. 그 후 5년간 총 2조 7,974억 원을 투입한 결과, 실제로 2012년에 디스플레이, 반도체, 차세대 전지 등 여러 산업이 세계 1위 목표를 달성하게 되었습니다. 2009년에 정부는 '신성장동력 종합추진 계획'을 발표하고, 녹색기술, 첨단융합, 고부가서비스 등 3대 분야 17개 신성장동력을 육성하는 정책을 추진하였습니다. 2003년에 발표한 '차세대 성장동력 정책'이 미래기술 선점과 전통산업의 고부가가치화에 주력하였다면, '신성장동력 정책'은 녹색성장, 삶의 질 향상 등 공공복지적인 측면을 강조하였습니다. 에너지 환경, 신기술 융합, 지식 서비스 등 새로운 분야를 추가하고 2009~2013년 동안에 24.5조원에 달하는 재정 투입계획을 발표하였습니다. 2015년에 과학기술정보통신부와 산업통상자원부는 각각 추진하던 미래성장동력 13대 분야와 산업엔진 프로젝트 13대 분야를 통합해 '19대 미래성장동력'을 제시했습니다. 신산업을 창출하고, 산·학·연이 동반 성장할 수 있는 선순환적 산업생태계를 조성한다는 목표 아래, 2020년까지 약 5.6조원을 투자하여 2024년까지 수출 1천억 달러 규모의 신산업을 육성한다는 비전을 제시하였습니다.

1960년대 이후 정부의 정책과 민간의 노력이 더해지면서, 우리나라는 2011년에 세계에서 9번째로 무역 1조 달러 국가가 되었습니다. 우리나라는 1964년에 수출 1.2억 달러, 수입 4억 달러로 무역규모가 5억 달러 규모에 불과했지만, 2015년에는 수출 5,268억 달러, 수입 4,365억 달러로 무역규모가 1조 달러에 달하고 있습니다. 불과 반세기만에 무역규모가 2,200배나 성장한 것입니다. 우리나라의 무역규모가 1천억 달러에서 1조 달러까지 성장하는 데 걸린 시간은 23년이었습니다. 미국(20년)과 중국(16년)을 제외하면 프랑스(31년), 이탈리아·일본·네덜란드(30년), 영국(29년), 독일(25년) 등에 비해 짧은 기간에 이뤄진 일입니다. 1조 달러 클럽의 국가들은 전세계 무역의 약 50%를 차지하면서 세계 무역질서를 주도해 왔고, 세계시장의 수요와 공급 측면에서 중요한 역할을 한다는 점에서 더욱 큰 의미가 있습니다. 그리고 2021년 7월 UNCTAD(유엔무역개발회의)는 제68차 무역개발이사회에서 만장일치로 한국의 지위를 개발도상국에서 선진국으로 격상했습니다. 우리나라는 불과 70년 만에 최빈국에서 선진국으로 성장한 전무후무한 국가가 되었으며, 많은 개발도상국들에게 살아있는 교과서로 주목받고 있습니다.

2.2 기술정책 성공 사례 - 반도체, ICT를 중심으로

2.2.1 반도체산업의 성공 신화

우리나라 반도체산업은 1965년에 시작되었습니다. 미국의 Commy사와 합작투자를 통해 트랜지스터를 조립생산한 것이 그 시작입니다. 1966년에 외자도입법이 제정된 후에는 미국의 Fairchild, Motorola, Signetics 등이 한국에 투자하면서 산업발전의 기반을 마련하게 되었습니다. 1974~1981년은 우리나라 반도체산업의 기반이 구축된 시기로, 삼성, 현대, 금성(현재 LG) 등 종합전자업체들이 반도체사업에 진출하였습니다. 1981년에 상공부(현 산업통상자원부)는 「전자공업장기육성계획」을 수립하고 반도체산업을 3대 핵심 전략산업으로 선정하였습니다. 1982년에는 「반도체공업육성세부계획(1982~86)」을 토대로 DRAM사업을 본격적으로 육성하기 시작합니다. 특히 1985년에는 당시 최대 규모의 국책사업인 반도체 연구개발사업에 필요한 연구비 총 1,900억원 가운데 정부가 600억원을 지원합니다. 그 결과 금성(현재 LG)과 현대가 세계 주요 DRAM 기업으로 성장하였고, 우리나라가 세계 DRAM 시장을 선도하는 발판을 마련했습니다.

특히 삼성반도체는 1983년 5월에 64K DRAM 기술개발팀을 구성하고 불과 6개월 만에 생산, 조립, 검사에 이르는 모든 공정을 개발합니다. 64K DRAM의 조립공정이 만들어진 것입니다. 이를 계기로 미국·일본에 비해 10년 이상 뒤져 있던 한국 반도체의 기술격차가 4년으로 좁혀집니다. 당시 DRAM은 미국과 일본 업체들만 생산할 정도로 기술장벽이 매우 높은 분야였는데, 삼성전자 개발인력 107명이 무박 2일로 64km를 행군하고 6개월간 합숙을 하다시피 하면서 기적과 같은 기술개발 성공사례를 만들어 낸 것입니다. 이후 1985년부터 정부는 산학 공동연구개발을 적극 추진합니다. 선진국과의 기술격차는 64K DRAM 4년, 256K DRAM 3년, 1M DRAM 2년, 4M DRAM 6개월 등으로 계속 줄어들었고, 16M DRAM은 선진국과 거의 동시에 개발하게 되었습니다. 그리고 1992년에 64M DRAM을 세계 최초로 개발하면서 세계 1위에 올라섰습니다. 이후 반도체의 수출, 설비투자, 기술 등 여러 분야에서 세계적인 수준으로 성장하여 메모리 매출 세계 1위를 지속적으로 유지하게 되었습니다. 이렇게 세계를 장악한 메모리 기술은 반도체산업과 전자산업 발전을 이끄는 견인차 역할을 하였습니다. 특히 2000년대 초반 한국이 초박막 액정표시장치(TFT-LCD) 산업강국이 될 수 있었던 것은 반도체기술과 인력이 뒷받침되었기 때문입니다.

반도체 수출은 1994년에 처음으로 100억 달러를 돌파했습니다. 이후 2000년 200억 달러, 2006년 300억 달러, 2014년 600억 달러, 2020년 992억 달러를 돌파하는 등 지속적으로 성장세를 이어가고 있습니다. 1998~2020년까지 전체 수출규모가 8배 성장하는 동안 반도체 수출은 30배가 급증하며 국가 주력산업으로서의 역할을 담당하고 있습니다. 시장조사업체 트렌드포스(Trendforce)의 조사에 따르면, DRAM 시장의 1·2위인 삼성전자와 SK하이닉스의 2020년 2분기 시장점유율 합계는 73.6%에 달할 정도로 시장을 지배하고 있습니다. 삼성전자가 43.5%로 독보적인 1위이며, SK하이닉스 30.1%, Micron Group 21.0%, Nanya 3.2% 순으로 시장을 점유하고 있습니다.

2.2.2 세계 최고의 정보통신강국, 대한민국

2016년 최고의 화제 드라마였던 '응답하라 1988'에는 종종 낯선 장면들이 등장합니다. 그 중 하나가 집 전화기입니다. 덕선이를 비롯한 쌍문동 5인방은 '집 전화기'를 이용해서 서로 연락을 주고 받아야 하기 때문에, 누군가와 연락을 하려면 서로 '집 전화기' 옆에 붙어 있어야 했습니다. 삼성전자가 디지털 휴대폰을 개발한 시점이 1996년이니까, 그 이전에 전화기라고 하면 이런 '집 전화기'를 말하는 것이었습니다. 그나마 1988년은 우리나라의 정보통신 사정이 많이 좋아진 때였습니다. 1980년대 초반까지만 해도 우리나라의 통신 여건은 매우 낙후된 상태였습니다. 1982년에 전화와 전화를 바로 연결해주는 전전자식교환기(TDX)가 개발되기 전에는, 전화교환원이 일일이 상대방의 전화를 연결시켜주는 '아날로그' 방식이었습니다. 이에 정부는 1981년에 '전자공업육성계획'을 수립하고, 1983년을 정보산업의 해로 선포하며 정보화 사회를 위한 본격적인 기반 다지기에 들어갑니다. 1985년에는 '컴퓨터산업육성계획'을 발표하여 IT기기, HW 중심의 육성정책을 추진합니다. 국책연구소인 ETRI를 중심으로 관련 산업체가 공동으로 기술도입을 통해 세계 10번째로 TDX-1을 자체 개발하고, 1987년에는 전화시설이 완전 자동화되기에 이릅니다. 그리고 1988년에는 유선전화 1,000만 회선을 돌파하는 등 정보통신 발전의 기틀을 다지게 되었습니다. 1990년대에는 정보화 혁명의 물결이 선진국을 중심으로 확산되기 시작합니다. 1994년 정보통신부가 출범하여, 국가사회 정보화와 정보통신 산업육성을 체계적으로 추진하기 위한 토대를 마련하였습니다. 그리고 1994년 '초고속국가정보통신망구축계획', 1995년 '정보화촉진기본법', 1996년 '정보화촉진기본계획', 1999년 'Cyber Korea 21' 등의 정책을 적극적으로 추진한 결과, 인터넷 이용자 1,000만 시대를 조기에 달성하였고, 정보통신 벤처산업은 우리나라가 IMF 위기에서 벗어나는 데 큰 역할을 하게 되었습니다. 2000년대에 들어서 정부는 'SW산업진흥법(2000년)', 'e‒Korea Vision 2006(2002년)', 'IT839 전략(2004년)', 'u‒Korea기본계획(2006년)' 등을 차례대로 수립했습니다. 그리고 2008년에는 타 산업과의 융합을 도모하고 산업 전 분야에서 IT활용을 촉진하기 위해, '뉴IT전략', '그린IT국가전략', 'IT Korea 미래전략' 등을 수립하였습니다. 2014년에는 인류와 사물이 연결되는 제2의 정보화 혁명과 초연결 사회에 대비하여 인간중심의 사회 실현을 지향하는 '인간중심의 초연결 창조사회 실현' 계획을 수립하였습니다. 2019년에는 초고속으로 대용량데이터와 모든 사물을 연결시키는 4차 산업혁명의 핵심 인프라인 5G를 활용하여 4차 산업 선도국으로 도약을 위해 '혁신성장 실현을 위한 5G＋전략'을 수립하기에 이릅니다.

이렇게 정보통신정책을 추진한 결과, 우리나라는 2009년 국제정보통신연합(International Telecommunication Union)이 발표하는 ICT 발전지수(ICT Development Index)에서 2위를 기록한 데 이어, 2010년부터 2013년까지는 4년 연속 세계 1위를 차지하였고, 2015~2016년에도 세계 1위를 차지했습니다. ICT 발전지수는 ICT 접근성, ICT 이용도, ICT 활용역량 등을 종합하여 평가하는 것입니다. 또한 격년으로 발표되는 UN 전자정부 평가에서 2010년, 2012년, 2014년 3회 연속 1위를 차지하였고, 2020년에는 2위를 기록하였다. ICT산업의 글로벌 경쟁력 지표인 ICT 수출액도 2015년에 사상 최초로 중국, 미국에 이어 세계 3위를 달성하였습니다.

2.3 기술정책의 핵심 목표- 산업기술 혁신 계획

2021년 2월 블룸버그가 발표한 '블룸버그 혁신지수'에서 우리나라는 세계 1위를 차지했습니다. 2014년 이후 2019년까지 6년 연속 세계 1위로 차지하며, 블룸버그 지수가 발표된 후 9년 동안 7차례 1위를 차지하는 기록을 세우고 있습니다. 블룸버그 혁신지수는 총 7개 부문의 혁신역량을 종합적으로 판단합니다. 우리나라는 R&D 집중도(2위), 제조업 부가가치(2위), 첨단기술 집중도(4위), 연구 집중도(3위), 특허활동(1위) 등에서 높은 순위를 차지했습니다. 이런 성과는 정부가 그간 추진한 산업기술 혁신 정책과 기업들의 혁신 노력이 만들어낸 것입니다. 정부는 1990년대 들어 산업기술 개발과 기술자립화 기반 구축을 위해 생산기술발전 5개년 계획(1991~1995)을 수립하였습니다. 이는 산업기술 분야의 첫 중장기계획으로, 시장경쟁력 우위 확보에 직결되는 생산현장기술의 발전에 목표를 두고 있습니다.

이후 5년을 주기로, 제2차, 제3차, 제4차, 제5차, 제6차 계획을 수립하여, 민간기업의 R&D 투자 확대를 촉진하고 혁신주도형 산업발전 여건을 조성하고 있습니다. 현재 추진 중인 '제7차 산업기술 혁신계획(2019-2023)'은 4차 산업혁명 시대의 글로벌 기술강국으로 도약하기 위해, '투자전략성 강화', '혁신선도 기술개발체계 구축', '혁신고도화 기반 구축', '신속 기술사업화 지원' 등의 전략을 제시하고 있습니다. 이에 대한 자세한 사항은 QR 코드[2]를 통해서 확인하실 수 있습니다.

2.4 창업지원정책 및 주요 지원사업

최근 세계적으로 저성장 기조가 이어짐에 따라, 많은 나라들은 경제 성장의 기반을 강화하고 일자리를 창출하기 위해 창업 및 기업가 정신을 강조하고 있습니다. 창업 선진국이라 할 수 있는 미국은 2011년에 창업활동과 창업투자를 촉진하기 위해 'Startup America' 구상을 발표하였으며, 같은 해 영국은 '성장계획(The Plan for Growth)'의 핵심 정책 중 하나로 창업지원 방안을 제시하였습니다. 우리나라도 중소기업청과 미래창조과학부를 중심으로 다양한 창업지원정책을 수립하고 있으며, 창업교육, 창업공간, 창업 멘토링·컨설팅, 사업화, 기술개발, 창업자금, 판로개척 등 창업 단계별로 다양한 프로그램을 지원하고 있습니다. 미래창조과학부와 중소기업청에서 매년 작성하는 창업지원 정책에 대한 자세한 사항은 QR 코드[3]를 통해서 확인하실 수 있습니다.

3. 미래 기술정책의 방향

3.1 메가트렌드와 미래 정책 방향

트렌드(trend)는 어떤 방향으로 쏠리는 현상, 경향, 추세 등을 말합니다. 이는 무언가를 다르게 하거나 새롭게 변화, 발전시키는 것을 의미합니다. 패드(fad)는 1년 이내로 비교적 짧게 지속되는 변화나 유행을, 트렌드는 1~5년까지 지속하는 변화를 일컫습니다. '메가트렌드'는 10년 이상 지속되는 거대한 변화를 말하는데, 미래학자 존 나이스빗이 1982년에 '메가트렌드'라는 미래예측 서적을 출간한 이후, 여러 분야에서 종종 사용되는 용어가 되었습니다. 메가트렌드를 분석하기 위해서는 사회적(Social), 기술적(Technological), 경제적(Economic), 환경적(Environmental), 정치제도적(Political) 측면에서 거대한 흐름을 파악하는 STEEP, PEST, PESTO 등이 사용됩니다. 메가트렌드는 사회적 복합성이 증가함에 따라 상호간에 영향을 미치기도 합니다. 예를 들어

인구증가는 환경문제와 화석원료의 공급 부족을 초래합니다. 이는 환경문제에 대한 범세계적 규제강화와 화석연료를 대체할 에너지 기술개발 등을 촉진하며 자원민족주의를 심화하는 것으로 이어집니다. 또한 인구구조 변화로 인해, 15~34세의 젊은 Y세대가 IT기술에 익숙한 새로운 소비계층으로 등장하고, 정보통신기술의 발달로 제조분야의 디지털화가 촉진됨에 따라 글로벌화가 진전될 수 있습니다. 이것은 개도국의 정치경제적 위상 향상으로 이어져 글로벌 권력구도에 변화를 가져옵니다.

메가트렌드들은 다양한 산업, 기술영역에 직간접적으로 영향을 미칩니다. 예를 들어 환경오염의 증가는 글로벌 차원의 환경규제 강화를 불러일으키는데, 이는 자동차 산업에 직접적으로 영향을 미치게 됩니다. 이 경우, 자동차업계는 CO_2 배출을 줄이기 위해 전기자동차나 하이브리드 자동차를 개발하거나, 차량 무게를 줄이는 경량화를 추진하게 됩니다. 차량 경량화를 위해서는 탄소섬유, 고강도 강판, 비철금속 대체재 등을 써서 외장재를 바꾸거나, 알루미늄 캐스팅 등을 활용하여 엔진블록 소재를 변경하는 방법이 있습니다. 결국 자동차의 부품소재와 관련된 화학, 금속산업도 간접적으로 메가트렌드의 영향을 받게 되는 것입니다. 다양한 메가트렌드에 의해 산업과 기술의 패러다임이 급격하게 변화하며, 인간과 사회구조도 직간접적으로 영향을 받습니다. 그래서 기술정책을 수립할 때 메가트렌드를 반영하는 것은 매우 중요합니다. 2012년에 Martin은 향후 기술 혁신에서 중요하게 고려해야 할 20가지의 새로운 도전 목록을 제시했습니다(Martin, 2012). 그에 따르면 현재의 혁신 관점들은 제조업, 생산성, 경제성장, 승자독식 등으로 경쟁적이고 성장지향적인 데 비해, 미래의 혁신 관점들은 지속가능성, 사회적 책임, 웰빙, 공정성 등이 될 것이라고 합니다. 이 표를 살펴보면 서비스에서의 혁신, 여자의 해방, 사회적 책임 있는 혁신, 웰빙을 위한 혁신, 모두를 위한 공정성 등은 인간을 고려한 키워드라는 특징이 있습니다. 지금은 혁신정책들이 현실문제를 해결하고 경제를 성장시키는 데 집중되어 있지만, 앞으로는 인간중심적인 혁신정책들이 중요해질 것이라는 의미입니다. 메가트렌드와 Martin의 연구결과를 종합해보면, 미래 기술정책의 방향은 인간중심(Human-centered), 지속가능성(Sustainability), 개방형 사용자 혁신(Open User Innovation)과 같은 키워드로 정리할 수 있습니다. 메가트렌드는 총 20개로 노령화, 도시화, 새로운 소비행태에 대한 사회적 트렌드와 정보융합, 에너지, 로봇화와 같은 기술적 트렌드, 세계화, 지식기반산업, 대체에너지와 같은 경제분야 트렌드, 마지막으로 자원국수주의, 보호주의적 규제, 에너지 안보와 같은 정치적 트렌드로 구성됩니다. 특히 사회분야와 기술분야의 트렌드는 인간중심적 기술을 지향하고 있습니다.

최근에 한국산업기술진흥원에서 메가트렌드에 대한 산업관 연계도 분석 자료는 QR 코드[4]를 통해서 확인하실 수 있습니다.

3.2 인간중심 기술정책의 방향

앞으로도 디지털 기술이 급하게 발전하게 되어 세계 경제에서 디지털 경제(digital economy)가 차지하는 비중은 2020년에 20%에 달할 것으로 전망했습니다. 특히 주목해야 할 디지털 기술 분야로 'People First', 즉 사람중심의 기술을 제시했습니다. 이는 디지털 혁명이 진행되고 있는 가운데 사람과 문화가 디지털화되어야 한다는 중요성이 부각하고 있으며, 기술을 통해 사람이 더 많은 성과를 거둘 수 있게 하는 기업이 미래를 선도하게 되기 때문입니다. 또한 기술이 디지털 혁명을 촉발시켰지만 조직을 미래지향적으로 변화시키는 것은 기술이 아니라 사람이라는 '사람중심 관점'이 중요하기 때문입니다.

첫째, 앞으로 연구개발은 사회문제를 해결하고, 사회적 책임을 지며, 국민행복을 실현하는 '인간중심(Human-centered)형 연구개발'이 될 것입니다. 고령화와 기후변화 같은 사회문제에 적극 대응하며, 지속가능한 성장과 사회적 약자 배려, 안전한 사회 실현 등을 중요한 목표입니다. 실제로 이미 유럽은 RRI(Responsible Research Innovation)를 추진하고 있는데, 이는 신기술을 적용하여 사회문제를 해결하고 기술 혁신의 부정적 효과와 위험을 사전에 대응하려는 것이면서, 동시에 지속가능성과 안전, 윤리, 사용자 참여를 원칙으로 하고 있습니다. 일례로 세계 최대 전시회인 CES 기조연설에서 삼성전자 대표이사는 '경험의 시대(Age of Experiences)'를 주제로 삼성이 인간중심의 혁신을 추구하고 있음을 밝힌 바 있습니다.

둘째, 유럽 등 주요 국가들은 인공지능(AI)를 새로운 국가 경쟁력으로 인식하고, 유럽은 기술개발뿐만 아니라 인간중심의 가치, 윤리, 사회적 책임 등 포괄적인 정책을 지향하고 있습니다. 일본은 2019년 '인간중심의 AI 사회 원칙'을 발표하며, 인간 존엄성, 다양성, 지속가능성 등 AI 사회의 3대 이념을 토대로 7가지 사회원칙을 제시하였습니다. 우리나라도 2021년에 '신뢰할 수 있는 인간중심 AI 실현전략'을 발표하였습니다. 이번 전략은 책임있는 인공지능 활용국 세계 5위, 신뢰 있는 사회 구축국 세계 10위, 안전한 사이버국가 세계 3위를 목표로 하고 있습니다. 이를 위해 ① 신뢰 가능한 인공지능 구현 환경 조성, ② 안전한 인공지능 활용을 위한 기반 마련, ③ 사회 전반 건전한 인공지능 의식 확산 등의 3대 추진 전략을 제시하였습니다.

셋째, 미래의 기술정책은 기술공급과 기술수요가 상호작용하는 양방향 혁신 시스템을 통해 지속가능성(Sustainability)을 지향할 것입니다. 개발자가 일방적으로 기술을 공급하는 방식에서 벗어나 기술의 최종 수요자가 적극적으로 혁신활동에 참여할 것입니다. 혁신의 원천이 기술 공급 단계뿐만 아니라 기술 수요 단계까지 종합적으로 고려하여 설정됨으로써 지속가능성을 확보합니다.

마지막으로 개방성(Openness)과 다양성(Diversity)을 추구하면서 사용자 주도형 혁신(User innovation)이 강화될 것입니다. 이제 혁신공간은 기업에 국한되지 않고, 지역 커뮤니티로 확대될 것이며, 개인과 시민사회가 아이디어를 제안하고 시제품을 제작하기까지의 전 주기에 참여하는 'People as a laboratory'개념이 확산됩니다. 유럽연합위원회(EC)는 이미 사용자 중심(User-centered)에서 한발 더 나아가 사용자 주도(User-driven)의 혁신생태계 설계를 추진하고 있습니다. 이렇게 중요한 인간중심 기술정책을 개발하기 위해서는 UX가 중심이 되는 개방형 혁신이 필수적입니다. 또한, 이러한 개방형 혁신을 위한 정책실험의 방법이 바로 리빙랩과 팹랩입니다. 이 장에서는 UX와 개방형 혁신, 리빙랩과 팹랩에 대해 자세히 알아보도록 하겠습니다.

3.2.1 UX의 개방형 혁신과 사용자 혁신

K-ICT 전략에서 제시된 9대 전략산업 중 소프트웨어와 스마트 디바이스 부문에는 UI/UX가 공통적으로 포함되어 있습니다. UX(User eXperience)는 제품과 시스템, 서비스를 사용자가 직접, 또는 간접적으로 사용하면서 느끼고 생각하는 총체적 경험을 말합니다. 즉, 'H/W + S/W + 서비스 + 인프라'가 결합되어 사용자에게 종합적으로 제공되는 총체적인 사용자 가치로 정의할 수 있습니다. 과거에는 노동(1980년대), 자본(1990년대), 기술(2000년대) 등이 가치창출의 핵심요소였던 것에 비해, 2010년대 이후에는 사용자의 경험이 가치를 창출한다는 경험경제의 개념이 등장했습니다. ICT 제품 및 서비스의 경쟁력 또한 단순 기술적 우위에서 벗어나 경험 기반의 UX로 빠르게 이동하고 있는 추세라서, 이에 대한 정부 차원의 전략이 마련된 셈입니다.

UX는 제품·서비스의 사용 정황을 반영하여 차별적 가치를 도출하는 것이 필요하므로 기획 단계에서부터 체계적인 사용자 연구를 수반합니다. 뿐만 아니라 요소기술의 구현 및 사용성 평가 과정에도 사용자 참여가 필요합니다. 특히 ICT산업은 시장의 변화 속도가 빠르고, 사용자의 요구사항은 더욱 복잡해지고 있기 때문에, 차별화된 사용자 경험을 제공하기 위해서는 많은 사용자가 UX개발에 참여하는 개방형 UX로 변화하는 것이 필요합니다. 즉, ICT 제품·서비스의 UX 경쟁력을 높이기 위해서 사용자가 참여하는 개방형 혁신이 반드시 필요하다고 할 수 있으며, 이것이 바로 미래 기업의 경쟁력을 좌우할 핵심 역량이라는 말입니다. 결국 UX는 최근 강조되고 있는 개방형 혁신(Open Innovation)과 사용자 혁신(User Innovation)의 중심에 놓여 있는 셈입니다.

원래 UI에서 가장 중요하게 다루어진 것은 제품·서비스의 사용성(Usability)이었습니다. 그러나 제품의 유희성, 심미성 등이 중요한 요소로 부각되면서 사용성 대신

'경험(Experience)'이라는 용어로 바꾸어 쓰게 되었습니다. 기존 UI의 다양한 인터페이스 기술(오감, 멀티포스 등)이 자연스럽게 UX의 범주에 흡수되었고, 여기에 사용자 정황 연구나 디자인 같은 다학제적 요소가 결합하여 UX 기술이 만들어졌습니다. UX 기술은 'Text/Graphic UX → 터치 UX → 3D UX → 오감 UX' 등의 단계로 발전할 전망이며, 이미 많은 UX기술이 상용화되어 있습니다.

일례로, 스마트 기저귀가 있습니다. 이것은 아기들의 기저귀에 화학물질 감지센서가 달린 패치를 붙인 것입니다. 이 스마트 기저귀는 아기들의 소변에 있는 단백질을 분석하여 아기의 건강상태를 체크하고, 그 결과를 스마트폰의 앱으로 전송하는 기능을 갖고 있습니다. 하기스(Huggies)가 개발한 TweetPee는 기저귀에 작은 파랑새 모양의 센서를 부착하여, 이 센서가 기저귀의 수분 함량을 체크해 줍니다. 직접 기저귀를 확인하지 않아도 기저귀를 교체해야 할 시기가 되면 새소리가 나면서 모바일 어플리케이션으로 정보가 전송됩니다. 새소리를 통해 기저귀를 갈아야 한다는 것도 알 수 있고, 스마트폰의 앱(App)을 통해 사용한 기저귀의 수량을 파악할 수도 있습니다. 미국 Heapsylon이 개발한 Sensoria는 e-textile이라는 압력감지 센서가 부착된 양말에 여러 개의 센서를 부착해서 사용자들의 운동량을 분석해줍니다. 거리, 스텝, 시간, 압력 등을 분석하여 사용자에게 건강 가이드를 해주는 겁니다. Sensoria는 양말에 부착한 압력감지 센서를 통해서 사용자의 잘못된 걸음걸이, 러닝, 일상생활 중의 습관들을 찾아내고, 그들의 앱을 통해서 개별적인 코칭을 제공하고 있습니다. 최근에는 티셔츠, 양말 등을 패키지로 묶어서 399달러에 판매하고 있습니다.

최근에는 다수 대중의 아이디어를 모아 문제 해결을 도모하거나 제품의 상용화를 추구하는 크라우드 소싱 플랫폼을 이용한 개방형 혁신이 등장하였습니다. 예를 들어 이노센티브(Innocentive)는 연구개발 문제를 해결하는 데 크라우드 소싱을 도입했습니다. 듀폰이나 보잉 등과 같은 기업이 연구개발과 관련된 문제를 이노센티브에 등록하면, 전세계에 있는 전문가들이 그 문제를 해결해주고 그에 따른 인센티브를 받는 구조입니다. 2001년 이후 200여 국가에 있는 36만 명 이상의 전문가들이 등록하고, 제기된 기술 문제의 85%를 해결하여 약 4천만 달러가 넘는 상금을 받았습니다.

3.2.2 사용자 혁신(User Innovation) 정책 - Living Lab, Fab Lab

최근 많은 학자들은 기술 혁신이 경제성장뿐만 아니라 지속가능성, 삶의 질 향상 등과 같은 사회문제 해결에도 기여해야 한다고 강조하고 있습니다. 결국 공급을 강조한 혁신이 아니라 수요에 기반을 둔 혁신이 중요해지면서, 기술 사용자를 혁신활동에 함께 참여하는 주체라고 인식하는 시각이 확대되고 있습니다. 이에 따라 정부, 기업, 그리고 기술 사용자가 함께 참여해 문제를 해결하고 혁신을 수행하는 '사용자 주도형 혁신 플랫폼'이 주목받기 시작했습니다. 대표적인 사례가 리빙랩(Living Lab)과 팹랩(Fab Lab)입니다.

Living Lab은 MIT의 W.Mitchell 교수가 최초로 제안한 개념입니다. IT 및 센서 기술을 활용해서 사용자들이 기술을 어떻게 대하는지를 실시간으로 관찰하기 위해 만든 공간이 바로 리빙랩의 개념이었으며, 실제로 MIT는 2004년에 사용자들의 행동을 관찰하기 위해 한 아파트를 지정하였습니다. 최근에는 보다 다양한 이해관계자들이 리빙랩에 참여하고 있어서, ICT 기술을 상용화하기 전에 구체적이고 실질적인 현장 경험을 테스트할 수 있습니다. 실제로 서울시는 2015년에 북촌에 시민 대상으로 IT 서비스를 시험하는 리빙랩의 개념을 적용한 오픈 테스트베드 플랫폼을 설치하고, 사물인터넷(IoT), 모바일 애플리케이션, 무선인터넷 등을 테스트하고 있습니다. 이 플랫폼에는 지역 주민, 방문객, 기업, 지역 관공서 등이 참여하게 되기 때문에, 중소IT기업들은 사용자의 경험 활용과 시범실증을 활용할 수 있는 환경을 확보하게 되었습니다. Living Lab의 정책적 효과는 다음과 같습니다.

첫째, 사용자는 제품이나 서비스개발 과정에서 자신의 수요와 경험을 제공하는 등 혁신과정에 참여할 수 있습니다. 둘째, 활용가능한 자원이 부족한 중소기업은 리빙랩을 활용해서 새로운 아이디어를 개발하고, 구체적으로 검증할 수 있게 됩니다. 셋째, 대기업은 많은 사용자와 다른 기업들과 효과적으로 협력하여, 기술개발에 효과적으로 투자하여 수익을 확대할 수 있습니다. 마지막으로 서울시 북촌 프로젝트에서도 알 수 있듯이 주민-방문객-기업-정부의 파트너십을 촉진하고, 세대 간, 사회구성원 간 통합에도 기여한다는 장점이 있습니다. 세계에는 다양한 특성을 가진 많은 수의 Living Lab이 있습니다. ENoLL(The European Network of Living Lab)만 보더라도 2015년 현재, 세계적으로 400개가 넘는 Living Lab이 네트워크를 형성하고 있습니다. Living Lab의 80%가 운영되고 있는 유럽에서는 창조산업, e-러닝 분야가 가장 활발하고, e-웰빙, e-보건, 에너지, 스마트시티 등이 그 뒤를 잇고 있습니다.

유럽은 2010년부터 2013년까지 ELLIOT(Experimental Living Labs for the Internet Of Things) 프로젝트를 진행했습니다. 이 프로젝트는 리빙랩 프로세스를 적용하여 사물인터넷(IoT) 기반 개발 활동을 수행하는 것이었습니다. 프로젝트의 목표는 사용자 경험을 적극 반영하고, 지식·사회·사업 측면을 다각도로 고려하는 혁신활동을 통해 'ICT를 통한 삶의 질을 제고'하는 것이었습니다. 이를 위해 실생활에 관련된 6개 영역에 리빙랩을 구축하고, 실증 테스트에 사용자가 직접 참여했습니다. 이를 통해서 물류(독일),

환경관리(프랑스), 유통(헝가리), 원격의료(불가리아), 에너지효율 사무실(슬로바키아) 등이 개발되었습니다. 특히 유통 분야에서는 사물인터넷, NFC 등 실생활 기술을 활용하여 사용자가 모바일 환경에서 유통서비스에 쉽게 접근할 수 있도록 접근성 향상을 도모했습니다. 단순히 현실의 유통 환경을 모바일에 이식하는 데 그치지 않고 모바일 환경을 활용한 현실 활동 강화를 추구했습니다. 사물인터넷 기술과 생활 요소를 접목하여 개발하였으며, 개발 과정에서 판매자, 소비자의 피드백을 지속적으로 수렴했습니다. 쇼핑 카트, 광고, 로열티, 장바구니, 제품정보 및 문의, 위치정보, 지불 등의 요소를 개발 활동 콘텐츠로 확보하였고, 400명 이상의 소비자가 NFC기반 서비스 모델의 파일럿 테스트에 참여했습니다. 한편, 미국은 Smart & Green city 조성을 목표로 민-관이 주도하여 도심 내에 혁신 랩들을 구축하고 도시 공동체를 ICT 혁신을 위한 테스트베드로 활용하고 있습니다(Gartner, 2011). San Jose, California, New York 등에서는 ICT를 활용한 에너지시스템 관리 효율화 제고를 위해 Cisco, IBM, Siemens와 같은 기술서비스 제공기업들과 Arup, ABB와 같은 인프라 제공기업들이 민-관 파트너십을 체결하였습니다.

Fab Lab은 제조연구실(Fabrication Laboratory)을 줄인 말로, 미국 MIT 원자 & 비트 연구소(CBA, Center for Bits and Atoms)의 Neil Gershenfeld 교수가 약 10년 전 도입한 개념입니다. 이것은 학생, 예비 창업자, 중소기업가 등 개인이 디지털 제작도구, 오픈소스 하드웨어 및 소프트웨어를 이용하여 자신의 아이디어를 시제품으로 구현할 수 있는 공간을 말합니다. 인터넷과 디지털 도구가 발전하면서, 제품을 생산하는 기계나 공장을 갖고 있지 않더라도, 이제는 누구나 아이디어만 있으면 제품생산자가 될 수 있게 되었습니다. 이러한 변화를 '제조자 운동'이라고 하며, Fab Lab에서 개발된 제품이 실제로 양산되고 판매되면서 제품 제작 및 유통 채널도 다양해지고 있습니다. Fab Lab은 3D프린터, CNC(Computerized Numerical Control) 장치, 레이저 커터, 3D 스캐너와 같은 디지털 기기 및 장비를 갖추고, 개인의 기술적 아이디어를 실험하고 구현할 수 있게 만든 공작소입니다. 누구든지 Fab Lab 멤버십에 가입하면 최신 디지털 제작 도구를 이용할 수 있고, 이런 장비를 사용하여 기존 공장의 설비 없이도 시제품을 만들어 낼 수 있습니다. Fab Lab을 운영하는 주체는 대학, 지역 커뮤니티센터, 비영리기관, 개인 등으로 매우 다양합니다.

TechShop과 Manchester Fab Lab 등은 이런 Fab Lab의 대표적인 성공 사례입니다. 먼저 TechShop은 회원제 기반으로 시제품 제작을 지원하며, 다양한 연령층을 대상으로 다양한 기술 수준에 맞추어 제작도구와 작업 공간을 저렴하게 제공합니다. 2006년부터 샌프란시스코, 워싱턴, 오스틴, DC 등으로 확장되었고, 지금은 미국 전역에 여덟 개의 지점이 설치되어 있습니다.

TechShop은 레이저커터, 3D 프린터 및 스캐너, 플라스틱 및 전자 실험실, 기계 공작실, 나무공작실, 금속작업실, 섬유가공실, 용접실, 워터젯 절단기 등의 설비를 제공하고 있습니다. 일반인이 회원이 되기 위해서는 월간 125달러나 연간 1,395달러를 지불하면 됩니다. 전문적인 지식을 보유한 직원들이 상주하여 장비 안전 및 기초 이용 교육을 제공하고, 아이디어의 개발 및 기술 능력 향상에 도움을 주는 것이 특징입니다. Fab Lab 맨체스터는 2010년에 The Manufacturing Institute와 전문 운영자들이 영국 맨체스터에 설립했습니다. Fab Lab 맨체스터는 최신 디지털 설계 기술과 CNC 공작기계, 3D 프린팅 등 다양한 제조설비를 제공하고 있습니다. 특히 Fab Lab 맨체스터는 전자부품, 회로기판과 함께 정밀 레이저 절단기, 성형(moulding), 밀링(milling) 등 다양한 제조장비를 보유하고 있어서, 이러한 디지털 디자인 및 제조 기술을 활용하면 전통적인 제조 방법에 비해 매우 낮은 비용과 적은 시간으로 독특한 제품을 생산할 수 있습니다.

현재 우리나라에서는 지방중기청의 '셀프제작소'와 국립과학관의 '무한상상실'이 있는 공공형 Fab Lab로서 충실한 Fab Lab 서비스를 제공하고 있습니다. 무한상상실은 2014년 5월 12개의 시도별 무한상상실 지역거점센터와 28개의 시도별 소규모 무한상상실 선정을 완료하였고, 전국 227개 시·군·구당 1개소 이상씩을 구축하고 있습니다. 또한 광역지자체별 거점 무한상상실을 구축하고, 도서관·우체국·주민센터 등에서 운영이 가능한 프로그램을 개발하여 전국 기초지자체로 확산시키고 있습니다. 민간 중심의 대표적인 Fab Lab은 세운상가에 있는 'Fab Lab서울'로서, 아이디어를 시제품으로 만들 수 있는 디지털 제작 도구와 공간을 제공하고 있습니다.

3.3 인간중심적 기술개발 사례

인간중심적 기술개발은 '일부'가 아니라 '모두'를 지향합니다. 헨리 포드는 편리한 자동차를 '누구나' 탈 수 있도록 자동차의 대중화를 이끌었고, 모토로라는 휴대폰을 '누구나' 쓸 수 있도록 대중화했으며, 스티브 잡스의 애플은 '누구나' 컴퓨터를 사용할 수 있도록 PC의 대중화를 이끌어 왔습니다. 이러한 첨단기술뿐만 아니라 중간 수준의 기술도 인간 중심적 기술개발의 대상이 됩니다. 최빈국의 가난한 사람들도 '누구나' 깨끗한 물을 마실 수 있도록 해주는 LifeStraw, '누구나' 페달로 간단히 지하의 물을 끌어올려 작물을 재배하게 해주는 MoneyMaker pump, 오지에 있는 아이들도 '누구나' 교육의 기회를 누리게 해주는 Boxchool 등이 대표적인 사례입니다.

3.3.1 인간의 얼굴을 한 기술, '적정기술'

흔히 적정기술을 '인간의 얼굴을 한 기술'로 표현하곤 합니다. 적정기술(Appropriate Technology)은 기술 사용자의 지역적, 문화적, 환경적, 경제적 조건을 고려해서 탄생하기 때문입니다. 경제학자인 슈마허(E. F. Schumacher)는 1960년대에 저서 '작은 것이 아름답다'를 통해 중간기술(intermediate technology)이라는 개념을 제시합니다. 중간기술은 가난한 사람을 위한 기술, 환경의 지속가능한 발전을 위한 기술, 개도국의 빈곤 문제 해결을 위한 기술로서, 현대 적정기술 개념의 시초가 되었습니다. 1960~1970년대에 영국을 비롯한 서구 선진국에서는 환경 문제의 해결과 개도국의 빈곤 문제 해결을 위한 적정기술의 개념이 각광을 불러일으킵니다. 그러다 1980~1990년대 들어 개도국에 실제로 적용하는 데 어려움을 겪으면서 침체기에 빠져듭니다. 그리고 2000년대에 이르자 과학기술 혁신을 통한 개발협력과 발전의 가능성에 새롭게 눈을 뜨면서 다시 새롭게 발전하고 있습니다. 국제 NGO 단체의 경우에도 단순 적정기술의 개발과 보급에 집중하던 초기 단계에서 벗어나, 지금은 해당 빈곤 문제, 즉 물 문제, 에너지 문제, 환경 문제 등을 해결하기 위한 종합적인 시각에서 문제 해결에 접근하는 방식의 적정기술 사업을 추진하고 있습니다.

적정기술의 대표적인 사례에는 휴대용 개인용 정수기 생명빨대(LifeStraw), 물통을 손쉽게 운반하는 Q드럼, 페달방식으로 물을 쉽게 퍼 올리는 물펌프(MoneyMaker pump) 등이 있습니다. LifeStraw는 길이 25cm 정도의 빨대 모양 휴대용 정수기입니다. 정수시설이 없는 지역의 사람들을 위해 만들어진 스위스 제품인데, 화학약품이나 전기가 없는 상태에서도 약 1,000리터의 오염된 물을 정수할 수 있고, 필터를 다 쓰고 나면 교체할 수도 있습니다. Q드럼은 플라스틱으로 만들어진 물 운반장치입니다. Q드럼은 아이들도 발로 굴릴 수 있게 지름 50cm의 도넛 모양으로 만들어져 있습니다. 우물에서 Q드럼에 물을 넣은 뒤 발로 굴려서 집으로 오면 됩니다. 물펌프는 무게 약 2kg의 수동식 펌프입니다. 전기나 연료가 없어도 쓸 수 있도록 사람이 페달을 밟아 지하수를 끌어올리는 장치인데, 7m 지하에 있는 물을 끌어올릴 수 있습니다. 또 호스를 연결해 최대 200m까지 물을 보낼 수도 있습니다. KickStart의 물펌프는 케냐에서 큰 인기를 끌어 연중 작물재배를 가능하게 함으로써 농가의 소득을 높여주었습니다. 또한 케냐에만 물펌프 관련 소기업이 1,000여 개가 생길 정도로 일자리 창출과 경제에 도움이 됐습니다.

최근에는 한국의 iKAIST에서 컨테이너 스마트 교실인 박스쿨(BOXCHOOL)을 개발했습니다. 박스쿨은 개도국 아이들에게 평등한 교육기회를 제공하기 위하여 컨테이너에 모듈시스템을 유기적으로 연결시킨 것입니다. 박스쿨에는 태양광 발전장치가 설치되어 있어서, 자가발전으로 최첨단 기기를 통한 수업이 가능합니다. 게다가 수퍼 와이파이 기술을 이용하면 위성과 통신하여 인터넷이 없는 오지에서도 반경 5km 범위까지 인터넷을 사용할 수 있습니다. 빗물 정수 시스템이 적용되어 있어 독립적으로 운용할 수 있는 학교가 되고, 특히 컴퓨터, 전자칠판, 프로젝터, 아이패드 등도 갖추고 있어 아프리카 등 소외 지역의 아이들이 첨단 교육을 받을 수도 있습니다. UN헤비타트는 2020년까지 아프리카 53개국에 이 박스쿨을 대규모로 보급할 계획으로, 그 규모는 10조원에 달합니다.

3.3.2 인간의 얼굴을 가장한 적정기술

한편, 인간의 얼굴을 가장한 적정기술도 존재합니다. Playpump가 대표적인 사례입니다. 플레이펌프는 남아프리카 공화국의 사회적 기업이 제작한 적정기술 제품이었습니다. 아이들이 플레이 펌프를 타고 놀면, 그 회전력을 이용해서 지하의 물을 끌어올리고, 이 물을 물탱크에 저장한다는 것이 기본 원리입니다. 아이들의 놀이를 펌프와 연결한다는 아이디어는 많은 사람들의 관심을 받았습니다. 빌 클린턴 재단은 2006년에 1,640만 달러를 기부하고, 2008년까지 남부 아프리카에 1,000여 개의 플레이펌프를 설치하였습니다. 1기당 가격이 14,000달러에 달했지만 2010년까지 4,000기를 설치하여 1,000만 명에게 깨끗한 물을 공급한다는 목표로 진행되었습니다.

그러나 저명한 신문사인 가디언이 실제로 계산해 본 결과, 2,500명의 사람이 하루에 필요로 하는 물을 얻기 위해서는 아이들이 27시간 동안이나 플레이펌프를 돌려야 했습니다. 게다가 플레이펌프는 어른도 돌리기 힘들 만큼 많은 힘을 필요로 했으며, 한 번 고장이 나면 고치는 데도 많은 시간이 걸렸습니다. 결국 전세계의 관심을 받던 플레이펌프는 인간의 위한 적정기술이 아니라 인간의 얼굴을 가장한 적정기술의 사례로 남게 되었습니다.

플레이펌프가 실패한 원인은 첫째, 사용자의 의견이 반영되지 않고 공급자 중심으로 프로젝트가 진행되었다는 것에 있습니다. 적정기술은 개도국의 현지인을 위한 프로젝트인데도 사용자의 의견과 환경에 대한 고려가 미흡했습니다. 둘째, 플레이펌프의 유지보수 체계가 미흡하다 보니 사용자들조차 플레이펌프에 등을 돌리게 되었습니다. 즉 지속가능성(Sustainability)을 고려하지 않았습니다. 마지막으로, 사용자 편의성을 제공하는 데 실패했습니다. 한 적정기술단체에서 기존의 손 펌프와 플레이펌프를 실험한 결과, 20리터의 물을 채우는 데 손 펌프는 28초가 걸렸으나, 플레이 펌프는 3분 7초나 걸린다는 것을 확인했습니다. 게다가 성인여성이 운전하기에도 힘이 들 정도였습니다. 결국 아이디어는 훌륭했지만, 설계과정에서 사용자 편의성을 반영하지 못했으며, 펌프의 기본 기능을 효율적으로 구현하는 데 실패한 것입니다.

나가면서···

본 장에서는 기술 혁신정책의 이론과 함께 우리나라 기술정책의 과거와 현재 그리고 기술정책의 메가트렌드에 대해 살펴보았습니다. 과거에는 산업정책이 주류를 이루었지만, 1980년대에 산업발전과 경제성장을 연계한 기술정책이 등장하였습니다. 그리고 2000년대에 들어서면서는 기술 혁신과 사회문제를 연계시키며 사회적 책임, 삶의 질, 그리고 무엇보다 '인간'이 중요한 키워드로 강조되고 있습니다. 정책은 그 속성상 장기적인 시각에서 수립되어야 하므로, '인간중심적 기술정책'은 메가트렌드와 연계하여 기획되어야 합니다. 유럽 등 일부 선진국에서는 이미 고령화 현상과 같은 메가트렌드에 대응하여 '인간중심적 기술정책'을 추진하고 있으며, 우리나라도 2014년부터 이러한 정책을 수립하고 있습니다. '인간중심적 기술정책'은 개개인의 웰빙에 국한된 개념이 아니라, 국가와 지역을 넘어 글로벌 차원에서 고려할 필요가 있습니다. '일부'가 아닌 '누구나', '배타'가 아닌 '포용', '특정성'이 아닌 '공정성', '독식'이 아닌 '나눔' 등이 '인간중심적 기술정책'의 기본철학이 되어야 합니다.

기술적인 측면에서도 'People First', 즉 인간중심적 접근이 강조되고 있습니다. 앞서 살펴봤듯이 엑센츄어는 디지털 경제화가 가속화됨에 따라 지능형 자동화(Intelligent Automation), 유동적 노동력(Liquid Workforce), 플랫폼 경제(Platform Economy), 예측 가능한 붕괴(Predictable Disruption), 디지털 신뢰(Digital Trust) 등을 주된 기술트렌드로 제시하였습니다. 특히 UX는 그 속성상 개방형 혁신(Open Innovation), 사용자 혁신(User Innovation) 등과 궤를 같이 하며, 최근에는 개방형, 사용자 주도형 혁신 개념으로 진화하고 있습니다. 세계적인 석학들은 현재의 혁신정책들이 대부분 현실문제를 해결하고 경제를 성장시키는 데 집중하고 있지만, 앞으로는 기술정책의 최종 수요자인 '인간'을 중요시하는 쪽으로 진화할 것이라고 예측하고 있습니다.

Out Class Team Project

교재에서 제시한 메가트렌드와 우리나라 정부에서 제공하고 있는 여러 가지 기술 정책들을 분석하여 현재 본 기업이 이를 효과적으로 활용하기 위한 준비와 계획을 작성하여 보자.

참고문헌

과학기술정책연구원. (2009). 개방형 혁신이 공공부문에 주는 전략적 시사점, STEPI Insight.

미래창조과학부. (2015). 「창조경제 실현을 위한 K－ICT 전략」.

성태경. (2005). 혁신시스템 이론의 비교분석과 정책적 시사점, 과학기술정책연구원.

송위진. (2012). 기술 혁신정책의 진화와 과제, 과학기술정책연구원 Working paper.

송위진·성지은(2013), 「사회문제 해결을 위한 과학기술 혁신정책」, 한울아카데미.

오동훈. (2008). 개방형 혁신의 세계적인 추세와 정책방향, KISTEP Issue Paper

이철원. (2008). 개방형 혁신 활성화를 위한 새로운 기술 중개조직(innomediary)의 모색, 과학기술 정책.

홍성주 외. (2013). 한국과학기술 혁신정책 장기 추세 분석, 과학기술정책연구원.

Carlsson, B. and R. Stankiewicz. (1991). "On the Nature, Function, and Composition of Technological Systems," *Journal of Evolutionary Economics*, 1(2), pp. 93－118.

Enlight, M. J. (1994). "Regional Clusters and Firm Strategy," Paper Presented at Prince Bertil Symposium, The Dynamic Firm, Stockholm, 12－14 June.

Martin, B. (2012). "Innovation Studies: Challenging the Boundaries", Lundvall Symposium, Denmark(Aalborg University).

OECD. (1999). Managing National Innovation Systems, OECD Publications, Paris.

Saxenian, A. (1994). Regional Advantage: Culture and Competition in Silicon Valley and Route 128, Cambridge, MA and London: Harvard University Press.

사회적 혁신

기술을 통한 혁신의 궁극적인 지향점

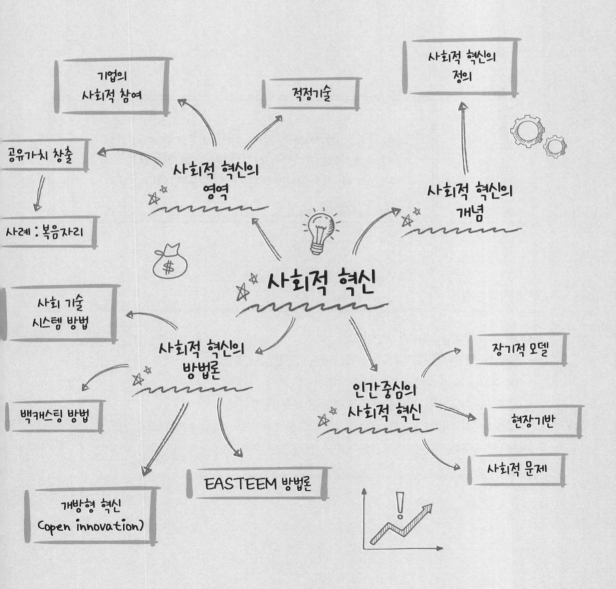

사회적 혁신의
정의

기업의
사회적 참여

적정기술

공유가치 창출

사회적 혁신의
영역

사회적 혁신의
개념

사례 : 복음자리

사회적 혁신

사회 기술
시스템 방법

사회적 혁신의
방법론

장기적 모델

백캐스팅 방법

인간중심의
사회적 혁신

현장기반

EASTEEM 방법론

사회적 문제

개방형 혁신
(open innovation)

사회적 혁신

기술을 통한 혁신의 궁극적인 지향점

동영상강의

제프 멀건
(Geoff Mulgan)

> 사람들은 혁신이라는 것에 대해서 복잡한 이야기를 합니다. 저희는 혁신이라는 것은 실제 작동하는 새로운 아이디어라는 간단한 생각을 합니다.

✔ 시작하는 질문

- 사회 문제(social problem)란 무엇일까요?
- 기술이 발전하면서 발생되거나 해결된 사회 문제는 어떤 것들이 있을까요?
- 사회 혁신(social innovation)이란 무엇일까요?
- 기존의 기술 혁신과 사회 혁신의 차이점은 무엇이며, 왜 중요할까요?
- 어떻게 하면 사회적 혁신을 통해 실제로 문제를 해결하면서 사업화도 가능할 수 있을까요?
- 성공적인 사회 혁신과 인간중심의 기술사업화의 연관 관계는 무엇일까요?

들어가면서…

　기후변화, 에너지 자원의 감소, 불평등 이슈의 대두 등 현대 사회의 복잡한 문제들이 대두되면서, 과거 국가와 기업 주도로 형성되었던 산업 혁신(industrial innovation)에 회의를 품는 사람들이 많아졌습니다. 일반적으로, 혁신(innovation)은 새로운 시장과 기회를 만들어 내는 만큼, 기존의 영역을 파괴하는 것을 의미합니다(Schumpeter, 2013). 많은 기업들은 기술 혁신을 비용 절감의 원동력으로 활용하려는 경향을 지니고 있습니다. 따라서 각종 경영 성과를 올리기 위한 행위들이 때때로 사회적 파급효과를 고려하지 않은 채 이루어지기도 합니다. 이처럼 소비자들에게는 새로운 제품 가치를 전달하고, 기업 입장에서는 프로세스, 조직 운영에 소모되는 비용 감소를 위한 혁신이 의도하지 않은 결과를 만들어 내는 경우가 종종 있습니다. 이러한 경우에는 기술로 인한 혁신이 단순 이윤 창출의 도구로서 접근하는 것이 아닌 사회에 미치는 영향의 관점에서 혁신을 바라보아야 합니다.

　이번 장에서 다루고자 하는 '사회적 혁신'은 세계 공동체가 풀어야 하는 과제이자 어느 한 주체가 나서서 해결할 수 없는 복잡한 사회 문제(social problem)에 대해 대안을 도출하기 위한 방법론이라고 볼 수 있습니다. 사회적 혁신이 궁극적으로 지향하는 바는 바로 행복한 사회(happy society)를 만드는 것입니다. 사회적 혁신은 기존의 기술 혁신 전략처럼 항상 새로운 요소 기술을 개발하거나, 신규 시장을 창출하는 것은 아닙니다. 그러나 국가, 기업 그리고 사회 커뮤니티가 모두 머리를 맞대고, 일상의 작은 문제에서부터 전지구적 거대 이슈에 이르기까지 고민하는 과정임은 확실합니다. 따라서 사회 혁신(social innovation)은 새로운 산출물을 만들어 낸다고 담보할 수는 없지만, 새로운 가치(value)를 만들어 낸다고 볼 수는 있을 것입니다.

　그렇다면 사회 혁신은 구체적으로 각 기업의 기술사업화 전략과 전반적인 사회 시스템에 어떤 성과를 제공할 수 있을까요? 그리고 이러한 사회 혁신이 향후 중요한 이유는 무엇일까요? 이 챕터에서는 사회 문제(social problem)의 의미와 기술이 발전하면서 발생되거나 해결된 사회 문제가 무엇이며 사회 혁신이 생겨나게 된 배경에 대해 살펴보고자 합니다. 또한, 이를 실질적으로 개별 회사의 기술 전략에 적용하기 위한 방법론, 이를 통해 가치를 만들어낸 핵심 사례, 향후 해결 과제 및 한계점 등에 대해서 이야기해 보고자 합니다.

1. 사회 문제와 사회 혁신의 개념

사회 문제(social problem)란 사회 제도나 사회 구조의 결함, 모순으로 발생하는 실업 문제, 주택문제, 인구문제 등 개인의 일상생활에 직접 관계되는 사항에 대해 그 수가 증가하여 사회전체에 심각한 영향을 미친 경우에 이것을 사회문제라고 정의합니다. 또한, 특정사회에 속하는 구성원의 다수가 구조적으로 고통받고 있는 상태를 의미하기도 합니다. 이러한 사회 문제는 기술의 발전으로 인해 발생될 수도 있고 또한, 기술의 발전을 통해 해결될 수 있다는 특징을 갖고 있습니다. 예를 들어, 최근 심각해지고 있는 미세먼지는 기술의 발전으로 인해 발생한 환경오염의 결과물입니다. 하지만 이러한 미세먼지를 감소시키기 위해 공기청정기를 생산하고 IoT나 빅데이터를 기반으로 실시간 미세먼지를 측정하며 빅데이터를 적용해 미세먼지를 제거하는 살수차 운행의 최적경로 서비스를 제공하는 플랫폼을 개발하는 등 사회 문제를 기술로 해결하려는 시도가 이루어지고 있습니다.

앞서 언급했던 사례와 같이 보건복지, 의료, 교육, 위생, 환경, 안전 분야 등에서 사회적 목표를 달성하기 위해 새로운 아이디어를 개발하고 구현하는 활동을 사회 혁신(social innovation)이라고 합니다. 즉, 기존의 방식과 기술을 변화시키는 혁신 활동이라 정의할 수 있습니다. 사회 혁신과 관련해 선도적인 연구를 진행하고 있는 영국의 영 파운데이션(Young Foundation)은 구체적으로 다음과 같은 개념적 정의를 내리고 있습니다(Mulgan, 2006). '사회 혁신이란, 사회적 니즈(social needs)를 만족시키기 위해 만들어진 혁신 활동과 서비스를 의미하며, 사회적인 목적으로 설립된 조직들을 통해 우선적으로 개발되고 확산되는 것이다.' 다시 말해 사회 혁신은 공익적 목적으로 만들어진 기업, 공공기관, 사회사업기관(NPO) 등에 의해 주도되는 전략이라는 의미입니다.

그렇다면 이 개념은 어떻게 형성된 것일까요? 영 파운데이션의 중요한 리더 중 한 사람이자 영국을 대표하는 사회사업가인 제프 멀건(Geoff Mulgan)은 19세기부터 지속되었던 영국의 각종 자발적 결사체에서 그 기원을 찾고 있습니다. 예를 들어 '백의의 수녀'로 불리는 나이팅게일이 크림 전쟁 당시 몸담았던 간호 봉사 단체(Irish sisters of mercy), 노예 폐지 운동에 앞장섰던 윌버포스 의원이 이끄는 단체, 일찍부터 산업 노동자로 고용돼 좀처럼 안전하고 쾌적한 생활을 영위할 수 없었던 아이들을 위한 단체(Barnados) 등이 중요한 기원이라는 것입니다. 영국 사회는 19세기 중반부터 이미 산업혁명에 의해 준현대화된 경제시스템으로써 치안, 환경, 불평등 문제 등 다양한 현안들이 발생하고 있었습니다. 제프 멀건은 당시 국가에 의한 사회보장제도나 복지 프로그램 등이 좀처럼 구체화되지 않은 상태에서는 여러 사회운동가들이 나서서 자발적 부조 형태로 시민들을 도울 수밖에 없었다고 주장하였습니다. 특히 사회 혁신 메커니즘을 유기적으로 조직화할 수 있었던 이유는 기독교를 비롯한 종교(Religion) 운동이 매우 중요한 역할을 했습니다. 이러한 관점에서 보면 가장 대표적인 사회 혁신의 19세기적 원형이 한국의 의료 선교와 근대화 교육을 목적으로 한 연세대학교와 이화여자대학교의 설립이라고 볼 수 있습니다. 이들 기관은 선의의 목적을 지닌 선교사와 교육자가 전지구적 이상을 품고 있는 기업가(entrepreneur)들과 독지가들을 설득해 자금을 조달하여, 당시 세계에서 상대적으로 낙후된 지역에 구축했습니다. 영국의 영 파운데이션은 노동당 및 리버럴(Liberal) 세력 등 특정 정치 집단을 기반으로 하지만, 역사적으로 다양한 형태로 존재했던 사회 문제 해결형 혁신 활동들을 정리된 방향으로 묶고, 영국 사회의 보다 다양한 문제를 직접적으로 해결하고자 고안된 조직입니다. 따라서 사회 혁신은 어느 날 갑자기 나온 혁신 캐치프레이즈가 아니라 오랜 시간 동안 누적된 산업화의 문제들을 해결하기 위해 이루어졌던 역사적, 제도적 조치들의 산물이며, 영국 사회 특유의 루틴(routine)에 기초한 전략입니다.

그런데 이 개념이 오늘날 왜 다시 중요시되고 있는 것일까요? 국가가 직접 나서서 사회 정책(social policy)의 일환으로 기획하고 실행하면 될 일을, 기업이나 개인 등 다른 구성원들의 동참을 촉구해 가면서까지 왜 이러한 혁신을 확산하려고 노력할까요? 그 이유는 현대 미국과 유럽 사회가 안고 있는 복지 재정 문제와 깊은 연관성을 갖고 있습니다. 특히 유럽의 경우에는 높은 세율을 기반으로 대규모 복지 정책을 폭넓게 실행해 왔으나, 사실상 금전 지원(financial support) 차원의 후생 프로그램들이 한계를 맞이하고 있습니다. 유럽 사회는 연금(pension fund)을 비롯해 국민들이 사회적 약자가 될 때를 대비한 다양한 버퍼(buffer)를 개발해 왔으나, 2000년대부터 서브프라임 모기지 사태 등의 경제 위기, 코로나19 등의 전염병, 자연 재해 등으로 인하여 사실상 국가가 모든 프로그램을 집행할 수 있는 여력이 부족한 상태입니다. 따라서 사회적 책임(corporate social responsibility)이나 자선 운동 등에 관심을 갖고 있는 다양한 기업과 공동체들의 지원이 절실합니다. 사회적 기업(social enterprise)과 같은 조직 체제들은 당면한 사회적 문제를 해결함과 동시에 개별 중소기업의 성장까지 꾀할 수 있는 미래지향적인 모델로 각광받고 있습니다.[1]

그러나 사회 혁신은 체계적인 기업이나 사회 운동 단체들의 조직뿐만 아니라 일반인들의 활발한 참여를 통해서도 기획되고 완성될 수 있습니다. 특히 폭넓게 확산된 IT 인프라 및 서비스 플랫폼들은 개개인들이 관심을 갖고 자유롭게 아이디어를 제기하며 공유하는 혁신 모델의 가능성을 제시하고 있습니다. 특히 이러한 방법은

---

1 사회적 기업은 비영리조직과 영리기업의 중간 형태로, 사회적 목적을 추구하면서 영업활동을 수행하는 기업이다. 정부는 중소기업 창업 정책과 별도로 사회적기업진흥원 등을 통해 사회적 기업 창업 장려 정책을 펴고 있다.

온라인 커뮤니티상의 토론뿐만 아니라 게임(game), 영상(video), 예술(art) 등 다양한 콘텐츠와 소재에 기반한 접근을 통해 완성될 수 있습니다. 특히 사물인터넷(Internet of Things) 기술을 통해 다양한 시스템과 사용자 간의 호환성이 확보되는 사회에서는 더욱 개인 수준의 사회적 혁신 참여가 확대될 전망입니다.

2. 사회 혁신의 영역

2.1 기업의 사회적 참여와 공유가치 창출

기술경영의 관점에서도 사회적 혁신은 그다지 낯설지 않은 전략입니다. 이미 경영학에서 많이 다루어 왔던 기업의 사회적 책임(이하 CSR: corporate social responsibility)과 최근 경영전략 거장 마이클 포터(Michael Porter) 하버드대 교수에 의해 주창된 공유 가치 창출(이하 CSV: creating shared value) 개념 덕분입니다. 우선 CSR은 기업의 계속적인 이윤 추구와 주주들의 부를 달성하기 위한 경영이 한계를 맞이하면서 대두된 것이라고 볼 수 있습니다. 자본주의 체제하에서 현대 기업들은 끊임없는 영업 활동과 투자 활동을 통해 혁신(innovation)을 지속해 나가고, 자신들의 시장을 확대함으로써 성장해 왔습니다. 그러나 그 과정에서 자신들이 상대하고 있는 소비자(consumer)들이 살아가고 있는 기반을 침해할 수도 있음을 포착하게 되었습니다. 특히 탄소 배출 및 화학물질 누출과 관련된 부분들은 기업들이 다양한 사회적 이해관계자들로부터 지탄을 받게 하는 원인이 되었습니다. 이에 따라 기업지배구조 전문가들은 과거의 '주주 자본주의'에서 '이해관계자 자본주의'로 개념을 전환할 것을 요구하기 시작했고, CSR이 기업 경영활동의 중요한 요소로 등장하였습니다.

신고전주의 경제학자인 Friedman(1970)은 기업의 단일 목표는 이윤 극대화이고, 이는 주주를 위한 것이라는 관점을 강조하며 기업에게 경제적 가치와 사회적 가치는 상호배타적인 것이라고 규정하였습니다. 그러나, 이해관계자 이론(Stakeholder Theory)을 주장하는 Freeman(1984)은 기업의 지속가능한 가치창출은 주요 이해관계자와의 관계에 의해 결정된다고 보았기 때문에, 경제적 가치와 사회적 가치를 분리하는 것에 대해 조심스러웠습니다. 기업은 공급자, 종업원, 고객, 지역사회 등 다양한 이해관계자와 상호작용을 하며, 기업의 안정성과 생존은 '이해관계자의 요구를 얼마나 충족시켜줄 수 있는가'와 직접적으로 관련되어 있다고 주장하였습니다.

과거에 경영자는 공급자 혹은 소비자 등 제품 생산과 판매와 관련된 이해관계자를 관리하는 것만으로도 충분하였지만, 이해관계자의 범위가 종업원, 지역사회 등으로 넓어지고 있고 기업에 대한 그들의 영향력도 커지고 있기 때문에, 이들의 요구를 무시할 경우 상당한 비용이 발생하여 지속가능한 성장에 어려움을 겪을 가능성이 점점 높아졌습니다. 이해관계자 이론에 기반하여, Porter and Kramer(2011)는 기업의 목적은 단지 이익만을 추구하는 것이 아니라 공유 가치를 창출하는 것으로 재정의해야 한다고 주장했고, 이것은 이해관계자를 고려하는 사회적 가치를 창출하면서 동시에 경제적 가치를 창출하는 것인 CSV를 의미하고 있습니다.

CSV는 사회공헌활동 측면에서 볼 때 기업의 영리추구활동이 공익추구활동으로 연결되어 '기업'에 중점을 맞췄다고 볼 수 있습니다. CSV는 기존에 존재하던 CSR의 확장으로 보는 관점과 CSR을 대체하는 새로운 개념의 관점으로 분류할 수 있습니다. 미국의 경우 CSR의 논의는 '자선행위(philanthropy)'를 중심으로 발전하여 왔던 반면, 유럽에 있어 CSR은 자선행위보다는 사회적 문제의 해결이라는 차원에 초점이 맞춰서 발전해 왔습니다. 기존 미국에서의 CSR은 기업시민(corporate citizenship)의 개념에 기반하여 사회공헌활동, 환경문제에 대한 해결, 기부행위 등 기업이 선량하게 행위하는 것에 집중했다고 할 수 있습니다. 이에 반해, 유럽의 CSR은 기업의 사업활동 과정에 발생하는 환경이나 사회적 문제에 대한 책임에 초점을 맞추고 있고 이는 사회적 문제를 해결할 수 있는 제품 및 서비스의 개발을 통해 이익을 추구하는 CSV의 개념과 유사합니다. 따라서, CSV의 등장은 CSR의 범위가 보다 확대된 것을 의미한다고 볼 수 있습니다.

CSV에 대해 대다수 선행연구에서는 CSV와 CSR은 차이점이 분명하다는 것을 강조하고 있습니다. CSR은 기업과 사회 간의 관계를 의무적인 측면에서의 활동을 의미합니다. 하지만, CSV는 공유 가치 창출이라는 이름에 걸맞게 문제의 이해당사자가 함께 가치(value)를 만들어가는 활동을 의미합니다.

예를 들어 네슬레(Netsle)는 농촌 지역사회를 CSV 사업의 주요 대상으로 간주하고, 주력 사업 및 핵심 역량에 집중하는 CSV 전략을 수립하였습니다. 농촌지역에 원재료 생산 여건을 개선하여, 중소규모의 농가에서 지속적으로 양질의 농산품을 생산할 수 있도록 기술이전 교육과 농업 인프라 지원을 하였습니다. 이를 통해, 농촌의 낙후된 삶과 기술 역량을 해결하고 네슬레는 양질의 원재료를 안정적으로 수급하는 일석이조의 효과를 거두었습니다.

네슬레는 농촌 지역사회의 개발을 위하여 R&D 네트워크에 속한 675명의 농업경제학자들과 5,000여 명의 현장 기술자, 근로 계약자로 구성된 네슬레 프로젝트 팀을 조직하였습니다. 내부의 프로젝트 팀과 해당 지역의 정부기관 및 NGO 파트너들과의 지속적인 대화를 추구하며, 농가에 지속적이고 효율적인 지원이 가능하도록 관리하였습니다. 네슬레는 커피가격이 폭락한 데 반해 중간상인들이 취하는 이득은 커져 농가의 수익성이 하락하고 있는 상황을 확인하고, '지속적인 커피 공급망 개선'을 목표로 한 네스카페 플랜을 시작했습니다. 2020년까지 커피 재배 농가에 생산력 및 질병 저항력이 강한 커피 묘목을 2억 3,500만 그루 이상 제공했으며, 커피 농가에 농업 기술을 교육하고 원두를 직접 구매했습니다. 이를 통해 커피 농가들은 작물의 품질 개선을 달성하고 높은 소득을 올렸으며, 네스카페 또한 이들을 통해 안정적으로 고품질의 원두를 확보할 수 있었습니다. 네슬레는 농가·지역사회·지구를 향한 존중이라는 3가지 기반으로 2025년까지 연간 1,000만 그루의 묘목을 배포하고, 책임감 있게 재배된 원두 공급량을 전체 커피 공급량의 100%까지 늘려나간다는 계획으로 CSV활동에 박차를 가하고 있습니다. CSV는 당사자 간의 기술 학습과 지식 이전(knowledge transfer)을 통해 공통의 가치(common value)를 추구할 수 있습니다. 네슬레 입장에서는 보다 효과적으로 이미지를 개선하는 한편, 원자재를 공급하는 시장에 현지화전략을 할 수 있는 방법을 찾는 셈이고, 공급자(supplier) 입장에서는 자신들의 성장에 장기적으로 도움이 될 수 있는 파트너를 확보한 것이 됩니다. 따라서 서로 간의 상생(相生)을 통해 국경을 넘은 가치 창출이 가능합니다.

CSV 전략의 또 다른 요소는 산업 클러스터(industrial cluster)입니다. 지역 혁신 시스템(Regional innovation system)이라고도 하는 이 전략은 비슷한 성격을 지닌 이종의 업체들이 특정 지역에 모여서 서로 정보와 자원을 교류하면서 공통의 가치를 추구합니다. CSV는 중앙의 키스톤 기업(keystone enterprise) 역할을 하는 조직이 여러 기업들과 전략을 공유하면서 함께 성장하는 플랫폼 생태계(platform ecosystem)와도 비슷한 사상을 갖고 있습니다. 특히 개별 기업들은 공동 혁신 네트워크(co-innovation network) 안에서 서로 소비자 기반(customer base)을 공유함과 동시에 함께 노하우를 공유하며 성장할 수 있습니다. 결국 CSV는 사회적 기업이나 사회적 혁신 활동을 수행하는 회사들이 사회 문제 해결과 수익성 확보라는 두 마리 토끼를 동시에 잡을 수 있는 방법을 제시하는 프레임워크라고 볼 수 있습니다.

CSV를 추진하는 대표적인 방법으로는 Value Chain 혁신, 제품·서비스 혁신, 신시장 진출, 신사업 진출이 있습니다. 이 방법 중에 기업이 보유한 기술을 기반으로 신시장 진출에 성공한 사례를 소개해드리겠습니다. 휴대전화를 통한 결제, 송금, 대출 서비스를 제공하는 보다폰(Vodafone)의 M-Pesa 사례입니다. 보다폰은 아프리카 케냐에 보급하는 휴대전화에 모바일 송금 서비스인 'M-pesa(엠페사)'를 기본으로 장착해 큰 성공을 거두었습니다.

2000년대 초 보다폰은 선진국 시장에서의 경쟁심화와 매출 포화에 직면해 있었습니다. 그래서 새로운 돌파구로 개도국 시장을 주목하고 있었는데요. 실제 개도국 시장을 분석하던 중 열악한 금융인프라로 인해 인편 송금에 따른 비용 부담과 강도 등

범죄 위험에 노출되어 있다는 사실을 발견하였습니다. 케냐는 넓은 땅에 낮은 인구밀도로 은행들이 전국 지점망을 갖추지 못하였고 국민들의 낮은 은행 신뢰도와 전산화 미비 등 금융 환경이 총체적 난국에 직면해 있었습니다. 이런 상황에서 케냐 국민의 80% 이상이 은행 계좌가 없다는 사실은 그리 놀라운 일이 아닙니다. 그럼 이들은 어떻게 금융거래를 했을까요? 현금 뭉치를 들고 다니며 직접 거래를 했습니다. 이로인해, 고액 현금을 보유하고 다니다 강도를 맞는 일이 부지기수였죠. 이는 범죄율의 증가로 연결되어 경제 성장에도 악영향을 미쳤습니다. 돈을 안전하게 보관하고 거래하는 것은 생계에 직접적인 영향을 줄 뿐 아니라 아프리카 경제 성장을 가로막는 약점으로 작용하기까지 했습니다. 보다폰은 이처럼 기본적인 금융 서비스가 필요했던 케냐의 사정을 정확히 분석하고, 기존의 문자서비스 기술을 재활용해 모바일 뱅킹 기능을 구현한 M−Pesa를 케냐에서 출시하였습니다. M−Pesa의 송금·출금 과정은 상당히 간단하였습니다. 도처에 있는 8만개의 M−Pesa Agent에게 신분증만 보여주면 계좌가 개설되고 상대방의 전화번호만 알면 송금이 가능하도록 하였습니다. 또한, 영국의 DFID(Department for International Development)의 기금을 활용하고 케냐 현지 운영사 사파리컴(Safaricom)과 제휴하며 케냐 소재 은행과 제휴하는 등 사업단계별로 외부기관과의 파트너십 활용을 통해 M−pesa가 널리 보급될 수 있도록 노력하였습니다.

이러한 M−pesa로 인해 케냐 국민들의 생활은 180도 변했습니다. 일차적으로 현금 이동이 전보다 안전하고 자유롭게 이루어지면서 현금 관련 범죄율이 감소했고, 화폐와 상품의 유통이 활발해지면서 경제활동이 활기를 되찾았습니다. 케냐의 통신회사 사파리콤(Safaricom)에서 실시한 조사에 의하면 M−pesa 서비스를 이용하는 가구는 이전보다 소득이 5~30% 증가했습니다. 보다폰이 얻은 성과는 어떠했을까요? 보다폰은 출시 3년 만에 케냐에서 1,400만 가입자를 유치하게 되었습니다. M−pesa는 케냐에서 성공적으로 안착하여 2021년 기준 7개 국가의 M−Pesa 이용자수는 4,970만 명에 달했습니다. 케냐에서는 15세 이상 인구(3,000만 명)의 네 명 중 세 명꼴(75%)로 M−Pesa를 쓰고 있으며 케냐의 간편결제·송금 시장에서 엠페사의 점유율은 80%가 넘고 있습니다. 케냐뿐만 아니라 탄자니아, 남아프리카공화국, 피지, 아프가니스탄 등 10개국으로 확대되어 활용되고 있습니다. M−pesa를 통해 사파리컴의 매출과 영업이익이 증가하였으며 이에 따라, 보다폰의 시장 영향력도 확대되었습니다. 이러한 경제적 가치뿐만 아니라 저렴하고, 빠르고, 안전한 송금서비스를 사용하고 개도국의 신규 일자리도 창출함으로써 사회적 가치도 동시에 달성하였습니다. 보다폰의 M−Pesa는 보유하고 있던 기술을 이해관계자가 갖고 있는 사회문제 해결과 결부시켜 사회적 가치를 창출함으로써 신규 시장 확대라는 경제적 가치 창출도 동시에 성공한 사례라고 볼 수 있습니다.

2.2 적정기술

사회적 혁신과 직간접적으로 연계되어 있는 개념 중 하나가 바로 적정기술 (appropriate technology)입니다. 원래 이 개념은 독일 태생의 영국 경제학자인 슈마허(Ernst F. Schumacher)가 제시한 중간기술(intermediate technology)에서 출발했습니다. 슈마허는 모든 사회마다 저마다 적합한 수준의 기술과 시스템이 존재한다고 보았습니다. 흔히 몇몇 연구자들이 적정기술을 가리켜 '좋은 기술'(Good technology)이라고 오인하는 경우를 종종 볼 수 있는데, 이는 제대로 적정기술 개념을 이해한 것이 아닙니다. 예를 들어 선진국은 하이테크 위주의 기술 진보형 혁신에 깊은 관심을 가질 것입니다. 특히 이 과정은 물가 상승과 동반된 절차를 겪기 때문에 계속해서 제품의 단가가 높아집니다. 저개발국에서는 그런 종류의 상품을 소비할 만한 여력이 별로 없습니다.

우선 적정기술을 저개발국민들에게 제공하는 방법은 크게 두 가지입니다. 완전히 저가형 기술을 활용하여 해당 국가의 사용자들이 선진국에서 활용하는 제품들의 편익을 부분적으로 누리는 경우입니다. 가장 대표적인 사례가 남수단에서 만들어진 '이중도기 냉장고'나 에티오피아에서 휴대용 정수기＋식수기 개념으로 만들어진 '라이프스트로우(life straw)'입니다. 이들 상품들은 전력 인프라가 충분치 않은 아프리카 고유의 사정을 반영하여, 간단한 수작업을 기반으로 만들어진 도구와 자연 조건을 활용해 사용자들의 요구를 만족시킨다는 공통점이 있습니다.

다음으로는 정보통신기술(ICT)을 활용해 은행, 병원 등의 기반 인프라가 없이도 개발도상국 주민들이 현대화된 사회 서비스들을 이용할 수 있게끔 돕는 어플리케이션들이 적정기술의 예가 될 수 있습니다. 창구 기반의 은행 지점을 발견하기 어렵고, 전 국토의 대부분이 시골인 케냐에서는 생활을 위해 송금을 하고 결제를 하는 시스템 자체가 만들어지기 힘들었습니다. 그래서 앞서 예시로 언급한 M－pesa라는 핀테크 앱이 사람들에게 인기를 끌게 되었습니다.

UN에서는 이들 적정기술 기반의 도구들을 활용해 저개발국 시민들의 삶을 보장하기 위한 대책들을 내놓고 있습니다. 이러한 제품 개발과 관련된 아이디어들은 누가 담당할까요? 저개발 국가를 위한 혁신 제품들은 대중들의 지혜를 빌리고, 그것을 사업화하여 집중 생산할 수 있는 사회적 기업에 의해 기획, 보급됩니다. 사회적 기업들은 크게 두 가지 측면에서 성공적인 사회적 혁신 모델에 유용합니다. 우선 저개발국가, 저소득층 등을 대상으로 저가 마케팅을 실시하되 인구가 많은 국가의 수많은 사용자들을 고객으로 확보함으로써 전략적인 시장 개척이 가능합니다. 사회적 기업도 엄연히 회사인 만큼 수익성 확보가 시급한데 저개발 국가 시장을 대상으로 국민 제품으로 사랑받는 것이 선진국 시장에서 치열한 경쟁을 거칠 때보다 훨씬 수익성과 성장성이 우수할 수 있습니다. 그 뿐 아니라 사회적 기업 모델하에서는 상품과 기술 자체가 사회적 목적을 띠게 됩니다.

3. 사회적 혁신 방법론

사회적 혁신은 새로운 요소 기술을 생산하지 않는 혁신 메커니즘입니다. 그렇지만 사회 문제 해결을 위한 새로운 아이디어, 지식 등을 생산하는 과정이기 때문에 여러 가지 유형의 현장에서 비롯된 요구사항 및 이슈 간의 연관도를 분석하는 의사결정이 필요합니다. 사회적 혁신 과정에서 제일 많은 관심을 갖고 있는 측면은 '기술의 사회적 성격'입니다. 다시 말해서 비즈니스에 활용되는 기반 기술이 정말로 사회적 요구를 만족시켜 줄 수 있는가에 대한 본질적 고찰이 중시되는 것이지요. 이 과정을 가장 적절하게 보여주는 분석 방법이 바로 사회 기술 시스템(Socio-Technical System Analysis) 분석입니다.

3.1 사회 기술 시스템 방법

원래 사회 기술 시스템은 '기술의 사회적 구성' 개념에서 나왔습니다. 기술과 사회가 불가분의 관계를 가지며, 상호 보완적으로 존재하는 것이라는 전제를 갖고 있습니다. 예를 들어 국가가 '지속가능한 교통 시스템 구축'이라는 목표를 가졌다고 가정해보면, '기술 시스템', 그리고 그것을 지탱하기 위해 필요한 '사회 시스템' 간의 연관도를 분석하면서, 장기적으로 어떤 기술 시스템과 사회 시스템 간의 호환이 필요한지 파악하게 됩니다.

또 다른 요소는 사회적 관점에서 기술을 기획하는 것입니다. 일반적인 기업의 연구개발 활동은 수익 목적의 가치 창출에 주목했다면, 사회적 혁신 모델에서는 해당 기술 개발 또는 조합이 얼마나 사회적으로 의미 있는지 밝히는 작업을 통해 사회적 목표와 기술의 구현 간의 연관성을 탄탄히 하는 절차를 거치게 됩니다. 과거 기술 로드맵이 미래 사회의 변화를 예견하고, 시장의 요구를 달성할 수 있는 기술 개발을 중시했다면, 사회–기술 기획은 여러 이해관계자 간의 지대 추구적 갈등·제도나 전략 차원의 개선 방안, 문제 해결을 위한 각종 의사결정 방법론 등을 고려함으로써 시스템의 효과성과 생산성을 동시에 고민하게 됩니다. 사회–기술 기획을 위해서는 다음의 요소들이 반드시 미리 정의되어 있어야 합니다.

1) 핵심 현안으로 작용하고 있는 사회적 문제 파악
2) 사회–기술 문제 지도 작성을 통한 이슈의 구체화 및 상세화
3) 사회 문제 해결 이후의 장기적 비전 제시

우선 1) 사회적 문제 파악 단계는 여러 이해관계자들의 의견을 파악하여 서로 갈등 요소로 작용할 수 있는 현안 및 사회적 이슈들을 분석하고 선택하는 작업입니다. 각 이해관계자마다 자신들이 문제시 하고 있는 요소들을 1~2개 정도로 압축하여 '핵심 문제'(key-problem)로 정의합니다. 그 다음 2) 문제가 되고 있는 사안들 간의 연관성 및 동시성을 파악하기 위해 마인드맵 또는 인과 지도 형태의 '사회–기술 문제 지도'를 작성합니다. 이 경우 각 이해관계자들을 대표하는 사람들이 모여 난상 토론을 하면서 워크숍 형태로 질의와 응답을 하고, 더 나아가 각자가 생각하는 문제 해결 방안 등까지 고려하여 이슈 간의 연관성을 도식화하게 됩니다.

이 경우 서로 다른 도메인의 담당자(연구개발, 마케팅, 디자인, 전략)들이 모여 비즈니스 및 각종 정책에서 해결해야 할 사회 문제들을 토론하게 되며, 최종적으로 조직 또는 사회가 달성하기 위한 미션을 중심으로 여러 현안들 간의 장기적 해결 방안까지 고려한 네트워크 형태의 맵을 그리게 됩니다(그 형태는 특별한 가이드가 없고, 자율적으로 그리는 것을 목표로 함). 마지막으로 여러 이해당사자들이 함께 해결책을 추진해 나가기 위한 비전 도출이 필요합니다. 이것은 단순히 과제들을 나열하는 것이 아니라, 서로 다짐을 공유하는 것입니다. 따라서 이 경우에는 백캐스팅(Backcasting) 방법이 활용됩니다(그림 1). 과거 기술경영이 기술 예측과 분석 중심의 '포캐스팅(forecasting)'에 주목하여 의사결정을 내렸다면, 백캐스팅은 우선 해결해야 하는 전체 시스템상의 과제를 제일 먼저 제시하고, 그 다음 그것을 위한 중간 목표, 단기 목표, 국지적 목표 등을 하나하나 역추하면서 계획을 수정하는 절차를 의미합니다. 과거에 많이 활용되었던 '포캐스팅' 식의 기술 예측을 도표화하는 방법론이 기술로드맵입니다. 그러나 이 접근법은 기술 발전상이 매우 구체적인 현재 단계에서부터 아직 도래하지 않은 미래까지 바라보는 것이기 때문에 항상 용두사미식의 결과로 끝나는 경우가 많았습니다(Brown

그림 1 백캐스팅 식의 비전 공유 방법론

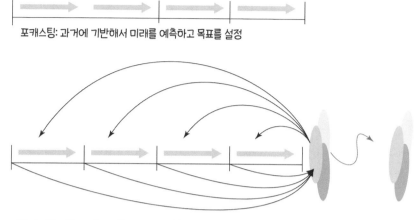

포캐스팅: 과거에 기반해서 미래를 예측하고 목표를 설정

백캐스팅: 사회-기술시스템의 장기목표를 먼저 공유하고 이를 달성하기 위한 중간목표를 제시하며
계획을 계속 수정

and Wyatt 2015). 백캐스팅 방법은 당장에는 불가능해 보이지만 매우 구체적이고 강하게 이뤄야 하는 목표에서부터 매우 부차적이고 현실적인 것까지 역순으로 문제에 접근하기 때문에 비전 공유 효과가 매우 강하다고 볼 수 있습니다.

3.2 개방형 혁신(open innovation)

사회 문제 해결에 가장 적합한 모델은 일반 시민과 대중들의 참여를 기반으로 한 '개방형 혁신'입니다. 앞장에서 이미 설명한 바와 같이 원래 이 개념은 Henry Chesbrough의 연구로부터 출발했습니다(Chesbrough, 2006). 사회적 혁신 모델에서는 '개방형 혁신'을 어떻게 가능하게 할 수 있을까요? 가장 대표적인 사례가 오픈소스 운동 또는 소프트웨어 지식 공유 운동 등과 같이 공공의 목적에 의해 자신이 취득한 지식을 나누는 케이스입니다. 이 경우 각 사용자들은 좀처럼 자기 자신에게 많은 이익이 남지 않음에도 불구하고, 자신의 역량과 자원을 기꺼이 다른 이들과 나눔으로써 보람을 느끼게 됩니다. 따라서 개별 커뮤니티 구성원의 동기(motivation)가 사회적 혁신의 매우 중요한 원동력으로 작용하게 됩니다.

세계적인 디자인 컨설팅 회사인 IDEO는 자신들의 사용자 요구조사 기반 디자인 방법론인 HCD(Hear, Create, Deliver)를 온라인 커뮤니티 기반의 프로젝트 수행 시스템으로 공개하고, 개발도상국의 인프라를 개선하기 위한 플랫폼을 운영하고 있습니다. IDEO의 이런 노력 또한 개방형 혁신 모델이라고 볼 수 있습니다.

그림 2 IDEO의 방법론: HCD Connect

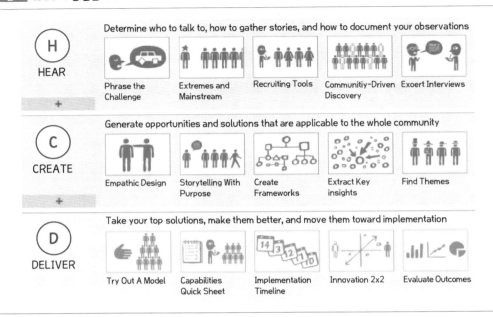

특히 IDEO는 세상의 다양한 도전들을 '질문'과 '스토리' 그리고 '자원'의 공유를 통해 해결할 수 있다고 믿습니다. 따라서 위치 기반 정보와 다양한 요소들을 활용한 전세계 사용자들의 정보 공유 커뮤니티를 통해 콩고 벽지의 우물 파기, 인도/파키스탄 국경 벽지의 학교 짓기 등과 같은 프로젝트들을 전 세계 이용자들의 참여와 관심으로 말미암아 완성하는 선한 사업들을 하고 있습니다. 이 과정에서 가장 중요한 것은 시민들의 공감(empathy)과 직접적인 노력(effort)입니다.

3.3 ESTEEM 방법론

사회혁신의 이해관계자는 매우 다양합니다. 사회 친화적 비즈니스를 수행하는 기업의 입장도 있지만, 그것을 규제하고 감독하는 정부나 시민운동 단체 등의 입장도 존재합니다. 따라서 그 과정에서 다양한 유형의 이해관계 상충이 발생하고, 더 나아가 그들 간의 갈등으로 인해 장기적으로 반드시 실현되어야 할 프로젝트가 좌절을 경험하기도 합니다. 따라서 이 과정을 수습하기 위해서는 각자의 관점 차이, 사실관계에 대한 파악 수준의 차이 등을 고려한 조정 방법론이 마련되어야만 합니다. ESTEEM(Engage STakeholdEers through a systEmatic toolbox to Manage new energy projects)모델은 프로젝트의 책임자와 이해당사자 간의 소통과 기술의 사회적 수용, 그리고 비전 공유를 위해 유럽 연합에 의해 개발된 것으로, 원래는 에너지 분야에서의 문제해결 및 상황 파악을 통해 만들어진 것이었습니다. 구체적인 ESTEEM의 단계는 서비스 디자인이나 사회 문제 해결형 디자인 전략에서의 의사결정 방법론과 비슷합니다. ① 프로젝트의 역사·맥락, 당사자 파악, ② 비전 형성, ③ 갈등 사안 파악, ④ 대안들의 포트폴리오 구성, ⑤ 합의를 통한 개선 사항 도출, ⑥ 행동 지침 확인 등으로 나뉩니다(송위진, 2013). ESTEEM의 6단계에 대한 자세한 사항은 [표 1]을 통해서 보실 수 있습니다.

표 1 ESTEEM 방법론의 제6단계

단계	핵심 목표와 주요 내용
1. 프로젝트의 역사, 맥락과 행위자들	목표: 역사적·사회정치적 맥락에서 프로젝트에 대한 정보를 기록하고 수집하는 단계 방식: 인터뷰, 문서 작성 내용: 컨설턴트와 프로젝트 책임자는 프로젝트의 서사 작성, 맥락 분석, 결정적 순간 파악, 행위자 파악 활동을 공동 수행함
2. 비전 형성	목표: 프로젝트 책임자와 주요 이해관계자들의 비전·기대를 대비해 의견의 일치와 불일치를 파악하고 잠재적 갈등을 확인하는 단계 방식: 인터뷰, 문서 작성 내용: ① 프로젝트 책임자가 현재의 사회적 네트워크 지도와 향후 10년 후의 미래사회 네트워크 지도를 작성함. 이런 미래 비전은 지역신문에 실릴 가상의 신문기사 형태로 프로젝트 발전과정을 성찰적으로 검토함. ② 컨설턴트는 프로젝트 책임자의 비전을 선정된 이해관계자들에게 보내고, 이해관계자들은 그 비전에 대한 의견 일치와 불일치를 밝히며 각자의 비전을 이야기함. ③ 인터뷰 후에 컨설턴트는 이해관계자의 비전과 사회적 네트워크 지도를 작성해 검토 과정을 거쳐 다양한 미래 비전을 정리함
3. 갈등관계에 있는 쟁점들의 확인	목표: 여러 기대와 비전을 대비해 의견 수렴과 불일치 지점을 분석하고 프로젝트에 대한 합의점·불일치점을 파악하는 단계 방식: 인터뷰, 문서 작성 내용: ① 컨설턴트는 갈등하는 쟁점들을 표로 작성하여 프로젝트 책임자와 논의·검토함. ② 프로젝트 책임자는 여러 쟁점들의 순위를 정해 표와 그래프로 제시하여 중요도와 긴급성에 대한 생각을 보여줌
4. 대안들의 포트폴리오 구성	목표: 쟁점들에 대한 다양한 해결책을 검토해 프로젝트 사회적 수용을 개선할 방법을 찾는, 프로젝트 자체나 프로젝트 내 맥락의 수정 여부를 탐색해나가는 단계 받식: 인터뷰, 문서 작성 내용: 컨설턴트와 프로젝트 책임자는 잠재적 해결책을 확인하는 데 두 개의 수단을 사용함. '쟁점-해결책 표'는 각각의 쟁점에 대해 여러 유형의 해결책들을 고려해볼 수 있는 구조화된 방법이고, '해결책 순위 표'는 서로 다른 해결책들의 순위를 결정하는 방법

단계	핵심 목표와 주요 내용
5. 합의를 통한 개선방안 도출	목표: 더 많은 이해관계자들엑 개방해 확인된 쟁점과 해결책들을 확장된 틀에서 논의하는 단계 방식: 워크숍(20~30명의 이해관계자가 참여하여 상호작용하는 워크숍) 내용: ① 개방적으로 설계된 워크숍에서 쟁점들과 해결책들에 대해 의견 교환, 투표, 새로운 쟁점과 해결책을 제기함. ② 컨설턴트는 워크숍 결과 보고서를 작성해 모든 참가자들에게 보냄
6. 행동계획 확인	목표: 프로젝트의 사회적 수용도를 높이기 위한 행동과 계획을 다루는 단계 방식: 인터뷰, 문서 작성 내용: ① 컨설턴트는 4단계의 결과(프로젝트 책임자가 확인한 해결책)와 5단계의 결과(이해관계자들이 확인한 해결책)를 비교함. 일반적으로 두 결과에 동시에 언급된 해결책들과 이해관계자들이 언급한 해결책이 추가적인 노력 대상이 됨. ② 컨설턴트는 프로젝트 책임자와 협력하여 행동계획(단기 행동계획, 중장기 협력계획, 모니터링 계획, 의사소통 계획 등)을 도출함

이 과정은 기본적으로 해당 이슈를 가장 잘 파악하고 있는 전문 컨설턴트·프로젝트 책임자가 워크샵·집단 인터뷰 형태로 진행하는 것을 원칙으로 합니다. 이 방법론을 통해 실제 유럽에서는 에너지 마을, 공단 설치 등의 현실적으로 사회적 이해 당사자들의 갈등을 초래할 수밖에 없는 문제를 해결하는 데 소기의 효과를 거두었습니다.

특히 이슈의 이해관계자들이 절차적 공정성 인식을 통해 실제 문제를 해결하는 데 가장 적절한 방법론이 ESTEEM입니다. ESTEEM의 또 다른 효과는 참여와 관심의 유도입니다. 김난도 외(2015)에 따르면 앞으로 수많은 사람들의 친사회적 행동은 남들에게 '보이는 것'에서 출발하는 연극적 개념 소비(Ethics on the Stage)가 될 가능성이 높다고 합니다. 그 이유는 친사회적 행동이 단순히 누군가를 돕기 위한 측은지심이 아니라, 자신의 라이프스타일을 완성하기 위한 또 다른 의미의 도구로 활용될 수 있기 때문입니다. 특히 크라우드펀딩(Crowdfunding)을 통해 집단 기부를 바탕으로 재원을 마련하거나, 토의를 통해 문제의 접점을 마련해 나가는 과정에서도 자신의 자신감 및 정신적 효용을 극대화하고자 하는 사용자의 니즈가 늘어날 것입니다. 이러한 경우에는 적절히 그들에게 만족감을 제공함과 동시에, 그들의 아이디어가 실제 변화로 적극 수용되고 있음을 알리는 나름의 제도적/시스템적 장치가 필요합니다. 그 경우 ESTEEM은 사회적 문제를 해결하기 위한 혁신을 시도할 때 제 구성원들의 인식과 잠재적 심리를 알아봄과 동시에, 그들을 특정 방향으로 이끌고, 그 행동을 지속 가능한 것으로 바꾸기 위한 소통 도구로 활용될 수 있습니다. 연세대학교 기술경영연구센터에서 스타트업 기업을 대상으로 ESTEEM 방법을 사용한 사례는 QR Code를 통해서 보실 수 있습니다.

3.4 디자인 씽킹(Design Thinking)

디자인 씽킹은 확산 및 수렴을 반복하는 디자이너의 사고방식을 차용하여 창의적인 문제를 인식하고 체계적으로 문제를 해결해가는 것으로서 인간을 관찰·공감하며 문제정의를 통해 프로토타입 시제품과 테스트의 반복으로 최선의 답을 찾아가는 과정이라 할 수 있습니다. 세계적 디자인 컨설팅 기업 IDEO사의 최고경영자인 팀 브라운(Tim Brown)에 따르면 디자인 씽킹이란 기술적으로 실행이 가능한 것으로서 사람들의 요구에 대응하는 방법이며 고객의 가치와 시장의 기회로 바꿀 수 있는 비즈니스의 전략 실행을 위한 디자이너의 감성 방법을 활용한 일종의 방법론이라고 정의하였습니다 대표적인 방법으로 IDEO사에서 제시한 모형이 있습니다. 이는 관찰/공감/협력하여 영감을 얻는 Inspiration, 구체적인 아이디어 발상의 Ideation, 프로토타입 개발 및 테스트 실패와 개선을 반복하는 실행인 Implementation의 3가지 구성입니다. 디자인 씽킹 모형에 관해 IDEO에서는 복잡한 문제해결에 있어 다학제적인 전문가들의 창의성과 혁신성 등을 갖춘 상호적 문제해결 과정이라고 제시하고 있는데요. 이는 새로운 해결책을 위해 상반되는 아이디어 및 조건을 활용하는 능력을 통해 사용자들의 긍정적 반응 호감도 실현 가능한 기술적 가능성을 찾아가는 통합적인 사고를 받아들이고 있으며 공감하기 문제 정의하기 아이디어 내기 시제품 만들기 발전시키기 등의 단계로 제안하고 있습니다.

In Class Activity

- 백캐스팅 방법이 갖고 있는 또 다른 효과에는 어떤 것들이 있을까? 현재 존재하고 있는 사회 혁신 비즈니스들 중 한 가지 사례만 예로 들어서 백캐스팅 방법으로 그들이 장기적으로 필요로 하는 요소들을 분석해 보자.
- ESTEEM 방법론을 온라인 환경에서 확장하여 사용할 수 있는 방법은 없을지 고민해 보자.

4. 인간중심의 사회적 혁신

인간중심의 사회적 혁신에 대해 이야기해보려 합니다. 기술의 발전으로 지능정보기술은 사회와 인간 생활에 내재화되었으며, 산업과 경제를 이끄는 기반이자 핵심 원천으로 작용하게 되었습니다. 그러나 지능정보기술이 가지는 자율성, 합리성, 인간과의 유사성과 같은 특성이 인간과 사회에 가져올 문제에 대한 우려도 증대되면

표 2 인간중심의 기술을 의미하는 개념

개념	목적	개념 및 특징
중간기술 (Intermediate Technology) 적정기술 (Appropriate Technology)	• 개발도상국 및 저개발국의 빈곤탈출 및 주민의 삶의 질 개선 • 개발도상국의 문화, 정치, 환경적 요소를 고려하여 삶의 질 향상과 빈곤퇴치에 적용	• 개도국의 자연·문화적 환경을 고려하여 제공되는 기술 • 전형적인 개도국 기술보다는 생산량이 높고, 선진국보다는 비용이 저렴 • 아프리카, 아시아 저개발국의 물 부족, 질병, 빈곤, 문맹 등의 문제 해결에 기여
사회적 기술 (Social Technology)	• 선진국 내 저소득층을 위한 기술 제공 • 사회적 격차 해소	• 적용 용이, 자본집약적이지 않을 것 • 에너지 집중적이지 않을 것 • 지역의 자원과 노동력을 사용 • 환경과 인간 건강에 도움이 될 것
시민에 의한 시민을 위한 시민의 기술 (Civic Technology)	• 시민 스스로가 ICT를 활용하여 사회현안을 공동해결 • 시민의 힘과 기술의 진보를 활용하여 공공분야의 혁신을 촉진하는 원동력으로 주목	• 시민이 ICT를 활용하여 사회현안을 공동 해결하기 위한 모든 아이디어를 현실화하려는 과정 • 지능정보기술을 활용해 시민이 의견을 직접 제안함으로써 정부의 효율적인 정책 활동 환경 조성

서 1970년대부터 '인간'을 기술 개발의 핵심 요소로 하는 인간중심의 기술 개념이 논의되기 시작하였습니다. 인간중심의 기술을 의미하는 개념은 앞서 설명했던 적정 기술뿐만 아니라 사회적 기술(Social Technology)과 '시민에 의한 시민을 위한 시민의 기술'이 있습니다. 이들의 공통점은 인간중심의, 인간이 필요한 기술을 제공하기 위해 개발된 개념이라 볼 수 있습니다.

우선 사회적 혁신 자체가 '인간적 수요'(human needs)를 바탕으로 한 것이기에 사용자들의 실생활로부터 비롯된 요구사항, 특히 우리 사회를 더 개선시키기 위해 필요한 사항들을 충족시키는 혁신이라고 볼 수 있습니다.

사회적 혁신은 대중들의 관심사와 직결되는 다양한 사회적 문제에서 출발한 기술 혁신들입니다. 비콘 기술을 활용한 장애인 도보를 위한 안내도, IoT 환경을 이용한 보건 의료 기기처럼 대부분의 경우 사용자들의 현장에서 비롯된 어려움에 기반하여 만들어진 것들입니다. 영국의 사이즈믹(Seismic)사가 개발한 소프트 입는 로봇은 허벅지, 발목, 등에 연결된 줄을 모터로 잡아당겨 사람이 걸을 때 들어가는 힘을 덜어주는 장치입니다. 이러한 로봇장치를 입으면 훨씬 적은 힘으로 다리를 움직일 수 있습니다. 노인이 되면 근력이 약해지고 이로 인해 낙상하는 사고가 빈번해진다고 합니다. 이러한 노인들의 보행을 돕기 위해 개발되었습니다. 특히, 뇌졸중이나 근위축증 환자의 재활훈련용으로 유용할 것으로 전망되고 있습니다. 결과적으로 사회적 혁신은 사용자들이 직접 어려움을 겪었고, 그것을 시장이나 정부가 아니라 자체적으로 해결하고자 하는 목적이 있었고, 이를 바탕으로 새로운 상품이나 기술, 시스템 등을 개발하여 널리 보급한 케이스라고 볼 수도 있습니다.

사회적 혁신은 '현장'에서 나온 것이기에 그 자체로 경험 기반 상품이자 비즈니스 모델입니다. 따라서 기술을 이용하는 사람들의 생각과 행동을 고스란히 반영한 것이라고 볼 수 있습니다. 사용자 경험은 단순히 기술을 이용하는 사람들의 습관이 아닙니다. 기술을 통해 누리는 가치와 성과까지 포함한 총합적 개념입니다. 따라서 사회적 혁신 과정에서 개개인이 즐겁게 시스템이나 디바이스를 이용한 경험뿐만 아니라, 그것을 바탕으로 얼마나 자신의 삶이 보다 '친사회적'으로 변했는지 체험할 수 있어야 합니다.

사회적 혁신은 장기적 모델로서 단기간으로 접근하는 기술이나 시스템이 아닙니다. 그런 점에서 사회적 혁신은 개인뿐만 아니라 지역사회와 커뮤니티를 생각하는 종합적 모델입니다. 그리고 단기적으로 대중들을 유인하는 전략이 아니라, 장기적으로 지속가능성을 고려하여 기술에서부터 수익모델, 확산 효과까지 동시에 고려하는 자세가 필요합니다. 애초에 '영 파운데이션'이라는 단체가 어떤 정당이나 기업과도 자유로운 독립적 단체로 발돋움한 것도 같은 이유입니다. 모두의 이해관계로부터 자유로운, 장기적 지속가능성을 도모할 수 있는 사회적 혁신 기획 단체가 되기 위함입니다.

나가면서…

과거 혁신은 일정 부분 기존에 존재하던 사회적 기반을 파괴하는 행위였습니다. 따라서 그 과정에서 다양한 낙오자가 발생할 수밖에 없고, 그들을 어루만질 수 있는 방법은 오로지 국가 정책 또는 복지 시스템에 의해서만 보장될 수 있었습니다. 그러나 더 이상 '국가'가 모든 것을 나서서 해결할 수 없는 사회가 되면서, 사실상 혁신은 여러 유형의 사회적 이해관계자들이 모여 함께 머리를 맞대고 고민해야만 하는 장기적 과제로 변화하고 있습니다. 특히 사회적 기업, 비영리 조직 등 그 목표가 매우 거창하면서도 구체적이지 않은 조직일수록, 자신들의 당면 과제를 해결함과 동시에 단체의 지속성을 위해 끊임없는 고민을 할 필요가 있습니다. 따라서 앞으로도 혁신가 개개인들의 역할은 매우 중요할 것으로 보입니다(Kanter, 1998).

그렇다면 이러한 사회적 혁신은 어떤 과제를 안고 있을까요? 우선 가장 중요한 것은 수익성(profitability) 측면입니다. 과거 국가 정책이나 공공 과제들은 굳이 새로운 시장을 만들어 내거나, 직업을 창출할 필요가 없었습니다. 그러나 점점 국가의 행정 프로그램들이 시장이 자체적으로 하지 못하는 일들을 '진흥책' 또는 '규제' 개념으로 풀기 위한 대책이 되면서, 사회 문제 해결을 하는 과정에서도 시장 창출, 고용 창출과 같은 과제들이 매우 필수적인 이슈가 되었습니다. 그런데 안타깝게도 아직까지 대부분의 사회적 기업·사회적 혁신 비즈니스들은 공공·국가 차원의 지원을 받기는 하지만, 그 이후의 실질적 성과를 내는 데에는 요원합니다. IBK연구소가 지난 2018년에 조사한 결과에 따르면 사회적기업은 업력이 짧은 10년 미만 업체가 전체의 69%를 차지하여 중소제조업 40.8% 및 중소서비스업 49.7%에 비해 높은 수준이며 매출 50억 이하 업체가 전체의 77.8%로 대부분 소규모이고 사회적기업 인증 후 플러스 였던 수익성은 정부지원이 중단되는 5년 경과 후, 수익성 평균이 −5.9%로 하락하는 것으로 나타났습니다. 사회문제를 해결하는 기업인 사회적기업이 지속가능한 성장을 하는 것이 현실적으로 쉽지 않음을 나타내는 것입니다. 그렇기 때문에 사회적기업이 사회문제를 해결하는 사회적 혁신을 적극적으로 할 수 있는 기반 조성이 필요하다고 생각합니다.

한편 최근 들어 사회적 혁신은 IoT나 다양한 기술 기반에 의해 그 성과를 확산할 수 있는 계기를 맞이하고 있습니다. 예를 들면 영국의 지하철 공사는 비콘(beacon)과 연결된 기기가 진동을 통해 시각장애인에게 길 안내를 하는 미래지향적인 모습을 보여주고 있습니다. 이에 따라 앞으로 앞을 보지 못하는 사람들도, 보다 효과적으로 위치를 파악하고 도시 안에서 안전을 확보하는 데 용이할 것으로 기대되고 있습니다.

이러한 기술적 처방들은 사회적 혁신이 유명한 운동가나 전문가들에 의해서만 주도되지 않고, 일반인들도 일상적인 수준의 편익을 느낌으로써 사회 문제를 해결하는 데 동참할 수 있게끔 하는 데 큰 도움을 줍니다. 그리고 해당 경험을 기꺼이 자신의 페이스북이나 인스타그램과 같은 개인용 매체를 통해 공유함으로써, 사람들의 더 많은 관심을 촉진할 수 있습니다. 따라서 기술적 처방을 통한 끊임없는 의미부여와 청중 동원, 그리고 사회적 니즈 만족과 함께 수익성 제고를 도모하는 작업을 통해 '국민 행복'의 시대로 가는 것이 향후 사회적 혁신의 과제라 할 수 있겠습니다.

Out Class Activity

백캐스팅 방법, ESTEEM 방법을 통해 팀에서 진행되고 있는 프로젝트의 비전 도출, 이해관계 상충 문제, 그것의 해결 방안 등을 생각해보자.

참고문헌

곽관훈. (2017). "기업의 사회적책임(CSR) 논의의 최근 동향", 경영법률, 27(2), 205−233.

구혜경·김정은. (2015). 공유가치로서 노인 일자리 창출의 가능성 탐색−국내외 공유가치창출 사례 분석을 중심으로 −, 소비자정책교육연구, 11:3, 41−74.

국가과학기술심의회. (2013). 과학기술기반 사회 문제 해결 종합 실천 계획.

권은정·안원현·김치용. (2013). "공유가치창출(CSV)을 통한 기업의 문화예술 지원과 수용자들의 반

김난도 외. (2015), 트렌드코리아 2016, 미래의 창.

김찬호. (2016). 무허가 정착지의 재개발에서 출발한 주거공동체: 경기도 시흥군 소래읍 복음자리 마을. 도시와 빈곤, 109(단일호), 24−32.

박노윤·김종배. (2018), "조직관리관점에서 살펴본 유한킴벌리의 CSV활동 특성", 윤리경영연구, 18(2), 57−90.

베네핏(benefit). (2012). '보다폰(Vodafone)이 은행까지?', 베네핏 매거진, http://www.benefit.is/957

송위진. (2013). 지속가능한 사회, 기술 시스템으로의 전환, 과학기술정책, 193, 4−16.

응에 대한 연구", 멀티미디어학회논문지, 16(3), 388−398.

이두희·고동수·김동수. (2013). "공유가치창출(CSV)을 통한 지역산업의 지속가능한 경쟁력 강화방안", 산업연구원.

이재형. (2016). "전략을 혁신하라", 청림출판.

이정기·이장우. (2016). "공유가치 창출(CSV) 전략의 유형화와 실천전략", Korea Business Review, 20(2), 59−83.

한국정보화진흥원. (2018). '인(人)테크'가 이끄는 인간 중심 혁신성장, IT & Future Strategy, 제8호, 3.

한수정. (2019), 디자인 씽킹 프로세스를 활용한 학습성과에 관한 연구, 예술인문사 회융합멀티미디어논문지, 9(7): 271−286.

Schumpeter, J. A. (2013). Capitalism, socialism and democracy. Routledge.

Brown, T., & Wyatt, J. (2015). Design thinking for social innovation. *Annual Review of Policy Design*, 3(1), 1−10.

Chesbrough, H. W. (2006). Open innovation: The new imperative for creating and profiting from technology. Harvard Business Press.

Kanter, R. M. (1998). From spare change to real change. The social sector as beta site for business innovation. *Harvard business review*, 77(3), 122−32.

Mulgan, G. (2006). The process of social innovation. innovations, 1(2), 145−162.

T. Brown. (2008). Design Thinking, *Harvard Business Review*. Vol.86, No.6, pp.84−92.

R. Ideo. (2014). Design Thinking toolkit for educators, Y. C. Chung and E. J. Kim, Edit the World, Seoul

찾아보기

✦ 후기

  지금으로부터 20년 전의 일입니다. 미국에서 박사 학위를 받고 얼마 안 되어 한국에 와서 처음으로 연세대학교에서 교수를 한 지 1~2년 남짓한 때였으니까 정말 철모르던 시절이었습니다. 그런데 우리 분야의 원로교수이신 김기영 교수님과 당시 총장이셨던 김우식 교수님이 머리에 피도 안 마른 교수를 부르셨습니다. 당연히 잔뜩 긴장하면서 찾아뵈었는데, 그날 매우 당황스러운 일이 하나 벌어졌습니다. 들도 보도 못한 "기술경영"이라는 분야가 무척 유망해 보이는데, 그것을 대학원생들에게 가르칠 수 있는 학과를 만들어 보라는 것입니다. 학부에서 공학을 전공한 사람들에게 대학원에서는 경영학을 가르칠 수 있어야 하고, 학부에서 경영학을 전공한 대학원생들에게는 기본적인 공학 지식을 가르칠 수 있어야 한다는 것입니다. 한마디로 기술과 경영을 융합하는 학과를 만들었으면 하신다는 것입니다.

  그 말씀을 처음 들었을 때, 솔직히 요새 표현으로 "××밟았다"라는 생각이 들었습니다. 그 당시 학교 본부 관계자께서는 해외 유명대학 수준의 논문을 쓰지 못하면 쫓아내겠다고 엄포를 놓으셨고, 수업은 한 학기에 네다섯 과목을 가르쳐야 하는 상황인데, 내 전공도 아닌 전혀 들도 보도 못한 전공의 학과를 만들어야 한다니 말입니다. 그래서 그때 저랑 입사 동기인 공대 임춘성 교수님과 함께 마지못해 제안서를 썼습니다. 당시 연세대학교와 교육부에 이런 전공으로 대학원 과정을 개설하려고 하니 학생 정원을 달라고 하는 제안서였습니다. 물론 우리가 한 일은 서류 작업밖에 없었고 그보다 더 힘든 사전 조정과 정치적인 이슈들은 이 일을 처음 시작하신 김기영 교수님과 김우식 교수님이 적극 지원해 주셨습니다. 그리고 그 덕분에 제안서가 채택되었습니다.

  당시 제안서를 쓰던 임춘성 교수님이나 저나 다들 학교 행정 경험이 많지 않은 때여서 몇 명의 정원이 적당한지도 몰랐습니다. 그래서 단순히 우리 둘이 이 과정을 하면 한 해에 몇 명의 대학원생을 지도할 수 있을까 생각하다가 석사 세 명 박사 네 명의 초미니 학과가 만들어졌습니다. 지금 생각하면 참 어리석은 일이었습니다. 한 학과가 경제적으로 타당성을 맞추어 진행되려면 적어도 20~30명의 정원은 있어야 하는데, 그런 것을 전혀 모르던 초짜 교수 두 사람이 제안서를 썼으니 말입니다.

그런데 지금 생각해보면 이런 작은 규모의 입학 정원이 오히려 연세대학교 기술경영학과를 지속성 있게 만들어준 요인이 아니었나 싶습니다. 정원이 많을 경우 경기 침체나 기타 여러 가지 외적 요인들 때문에 사람들의 관심이 적어지게 되고 학과 자체를 유지하기가 힘들어지기 때문입니다. 그런데 워낙 입학 정원이 작다 보니까 정원 미달이 된 적이 없고 덕분에 비공식적이지만 연세대학교에서 가장 입시 경쟁률이 높은 대학원 프로그램 중에 하나가 되었습니다. 한마디로 잘 나가는 인기학과가 된 것이지요.

그리고 기술경영학과 입장에서 참으로 운이 좋았던 것은 학과 과정이 설립되고 나서, 연세대학교 경영대학의 신영수 교수님께서 처음부터 이 과정을 아주 빡빡하게 운영해주셨다는 점입니다. 워낙 애정을 가지고 이 과정을 살려주셨을 뿐만 아니라, 세상 물정을 모르는 조교수보다는 훨씬 더 강력하게 모든 과정을 드라이브해주셨습니다. 덕분에 번듯하게 과사무실도 생겼고, 연세대학교 기술경영학과는 아주 터프한 프로그램이고, 열심히 공부하지 않으면 학위를 딸 수 없는 곳이라는 명성(?)을 얻게 되었습니다.

그 이후로 시간이 흘러 2011년, 기술경영으로 유명한 미국 MIT 대학의 Sloan School에서 연구년을 가질 수 있었고, 그때 저를 초청해주신 분이 User Innovation의 대가이신 Eric von Hippel 교수님이었습니다. 그리고 그 연결을 해준 배성주 교수가 우리 학교에 오게 된 것도 참으로 큰 도움이 되었습니다. 서론에서 말씀드린 Technology by the people 부분을 생각하게 된 계기가 되었기 때문이지요.

그러다가 2015년에 우리나라에서 열리는 CHI 2015에 조직위원장을 맡게 되었습니다. 그런데 그 학회의 가장 중요한 theme 중에 하나가 바로 사용자 경험(User Experience, UX)입니다. 인간중심의 기술 사업화의 가장 중요한 축인 Technology for the people을 실제 몸과 마음으로 경험한 셈입니다.

마지막으로 지난 2016년 스스로 기술사업화 회사인 HAII를 설립하면서 다시 한 번 많은 생각을 하게 되었습니다. 우리는 무엇을 위해서 기술을 만들고 발전시켜 나가는 것일까? 결국에 많은 사람을 행복하게 해주려는 것이지요. 그런데 물질적인 풍요 속에서도 현대인들이 행복하지 못한 이유는 무엇일까? 우리 자신만을 위한 기술은 우리를 행복하게 해주지 못합니다. 우리의 후속 세대, 우리의 이웃, 그리고 우리의 자연환경을 위한 기술만이 우리를 궁극적으로 행복하게 해줄 수 있고, 그런 기술이 바로 technology of the people입니다.

이제 연세대학교 기술경영학협동과정은 창립 이래로 시대의 큰 변화 흐름을 앞둔 듯합니다. 그 흐름이 무엇이 될지는 아직 아무도 확실하게 알지는 못합니다. 그러나 그 흐름이 무엇이든지 우리 삶을 송두리째 바꾸기 전에 연세대학교 기술경영학협동과정은 이미 제3의 도약을 하고 있으리라 생각합니다. 그리고 이 책이 그 도약의 시발점이 될 수 있기를 기대합니다.

✦ 감사의 글

이 책이 만들어지기까지 진정으로 많은 사람의 도움이 있었습니다. 그 중에서도 특히 각 챕터마다 수고를 해주신 공동저자들에게 감사를 드립니다.

이 책의 시작은 연세대학교 기술경영학협동과정에서 연세대학교 학생들에게 기술경영을 쉽고 재미있게 전달하고자 하는 취지에서 시작했습니다. 경영학의 다른 영역에 비해서 기술경영학은 역사가 짧고 일반 학부 학생들에게 그다지 많이 알려지지 않았기 때문에 기술경영학이라는 분야를 설명할 수 있는 책이 필요하였기 때문입니다.

연세대학교 기술경영학협동과정이 가장 자랑스럽게 생각하는 것이 있습니다. 바로 우리 과정에 진학해서 공부를 하거나 이미 졸업한 우리의 동문들입니다. 학과가 25년 가까이 되면서, 너무나 훌륭한 사람들이 진학을 하였고, 그들 중에는 기술경영학의 각 분야를 실무에서 오랫동안 직접 몸으로 경험했던 동문들이 많습니다. 그래서 기술경영학의 각 분야를 일단 14개의 소분야로 나누고 각 분야마다 해당 분야에서 가장 많은 경력을 가지고 있는 우리 동문들을 해당 수업의 특강 연사로 모셨습니다. 그리고 이분들이 모두 연세대학교 융합연구의 본산인 ICONS산하의 기술경영연구센터를 발족하고 연구원으로 참여해 주셨습니다.

그리고 각 연구원들과 함께 우선 강의자료를 만들어나갔습니다. 첫 학기에는 직접 얼굴을 맞대고 여러 번 회의를 거치며, 해당 내용을 어떻게 학생들에게 전달할 것인가에 대해서 논의를 하였고, 그 다음 해에는 어느 정도 정리된 내용을 가지고 백서를 만들었습니다. 그 다음 해에는 해당 백서를 수정 보완했고, 그 다음 해에는 해당 백서를 바탕으로 하여 실제 스타트업 기업을 대상으로 기술경영 전반에 걸친 전략을 수립하였습니다. 그리고 실제 산업체에서 이런 검증을 받은 다음, 비로소 각 장에 대한 내용을 책으로 엮게 되었습니다.

제1장은 인간중심의 기술경영에 대한 소개를 다루고 있습니다. 이 장은 기존의 기술경영협동과정의 오랜 고찰인 한국지능정보사회진흥원(NIA) 이기영 수석연구원이 도움을 주었습니다. 대한민국 디지털정부 추진의 전담기관인 한국지능정보사회진흥원(구. 한국전산원)에서 15년 이상 근무하였으며, 21년부터 한-캄보디아 디지털정부협력센터에서 캄보디아의 디지털정부로의 전환과 도약을 위해 노력하고 있습니다. 특히 영상회의 등 비대면 활동의 요구와 강화로, 캄보디아에서도 기존에 일하는 방식의 개선, 오프라인 중심의 공공서비스를 온라인으로 전환해야 하는 요구가 어느 때보다 증가하고 있으며, 이를 위해 IT 기술을 활용한 기존 프로세스를 새롭게 일하는 방식으로 개선하기 위한 창조적 혁신, 기술경영의 중요성이 강조되고 있다고, 캄보디아 프놈펜에서 전해왔습니다.

제2장은 기술예측의 의미와 중요성 및 방법론에 대해 초점을 맞추고 있습니다. 학생대표를 포함한 운영진으로서 2학기 동안 기술경영 협동과정에 도움을 준 김동우 연구원이 도움을 주었습니다. 김동우 연구원은 현재 KB금융지주 경영연구소에서 산업 및 기업분석 업무를 담당하는 연구위원으로 근무하고 있습니다. 이전에도 외국계 은행인 씨티은행과 DBS에서 다년간 기업 실적 및 기술 예측, 산업 전망 관련 분석 업무를 담당해 온 경험을 바탕으로 기술예측 부분을 담당하게 되었습니다. 점차 기술 변화 사이클이 단기화되면서 기술예측의 중요성이 심화되고 있는 상황에서, 향후 기술경영에 있어서 인간 중심 기술의 방향성에 대한 고민에 필요한 기초적인 내용을 다루었습니다.

제3장은 기술기획의 전반적인 내용과 함께, 기술 로드맵과 기술 트리 작성법 등을 소개하고 있습니다. 공동저자인 박승호 선임연구원은 미국 RPI Lally경영대학, KIST 정책기획실, KISTEP 예비타당성분석센터를 거쳐, 현재 해양수산분야 국가연구개발사업의 기획, 관리, 평가 및 사업화를 수행하는 해양수산부 산하 공공기관인 해양수산과학기술진흥원(KIMST)에서 근무하고 있습니다. 다양한 대형(총사업비 500억원 이상) 국가연구개발사업 기획의 타당성 분석과 수많은 R&D과제의 기획보고서를 평가했던 경험을 바탕으로 기술기획 챕터를 서술하였습니다.

제4장은 기술 혁신에 대한 내용을 다루고 있습니다. 기술경영학 협동과정 수료생인 조인성 연구원이 도움을 주었습니다. 조인성 연구원은 LG전자에서 오랜 기간 휴대폰 개발 업무를 담당하였으며 KT에서는 5G 서비스들을 기획하였고, 현재는 인터보이드라는 스타트업을 창업하여 기술경영 이론을 실무에서 활용중에 있습니다. 글로벌 무한경쟁 상황의 기업들에게 기술 혁신을 이해하는 것이 왜 중요하며 인간 중심의 기술 혁신은 무엇인지에 대한 내용을 담아주었습니다.

제5장은 혁신 전략에 대한 내용을 다루고 있습니다. 기술경영학 협동과정 수료생

인 조인성 연구원이 도움을 주었습니다. 조인성 연구원의 다양한 제품개발 경험과 기술/서비스 기획 업무 경험을 바탕으로 5장에서는 4장에서 언급한 기술 혁신을 어떻게 실무적으로 활용할지에 대한 방법론을 사례를 바탕으로 설명하고 있습니다.

제6장은 기술개발에 대한 내용을 다루고 있습니다. 연세대 기술경영에서 경영학 학위를 받은 이성호 박사가 도움을 주었습니다. 이성호 박사는 KT에서 플랫폼 분야에서 기술 진화 전략 및 개발 업무를 진행했으며, 현재 서울기술연구원에서 4차 산업혁명 기반 기술사업화 업무를 수행하고 있습니다. 플랫폼 전략 및 기술사업화에 대한 이론 및 실무 경험을 바탕으로 인간중심의 기술개발에 필요한 프로세스 및 방법론에 대한 내용을 담아주었습니다.

제7장은 기술 조직에 대한 내용을 다루고 있습니다. 기술경영 협동과정의 서지희 연구원이 도움을 주었습니다. 서지희 연구원의 주요 관심사는 우리나라 과학기술정책과 관련한 R&D 효율화, 기술사업화 등 입니다. 더불어 심리학을 전공한 학·석사 백그라운드를 바탕으로 기술조직, R&D조직에도 관심이 깊어 이번 인간 중심 기술 조직의 작성을 도와주었습니다.

제8장은 기술가치평가에 관한 내용을 다루고 있습니다. 기술가치평가에 대해서는 유광용(KT AI시스템엔지니어링TF, 부장) 연구원이 참여하여 주었습니다. 유광용 연구원은 연세대학교 기술경영 석사, 박사과정을 마치면서 무형자산 가치평가에 관한 연구를 지속하여 왔습니다. 또한, 한국기업기술가치평가협회, 특허청 산하 한국지식재산연구원을 거치면서 무형자산평가의 다양한 평가 경험을 축적하였고, 이를 평가방법론으로 발전시켜왔습니다. 현재는 KT에서는 소프트웨어 가치평가를 담당하였고, AI Core서비스 개발을 담당하고 있습니다. 이를 통해 기술, 특허에서 AI/소프트웨어까지 무형자산 가치평가의 스펙트럼을 넓혀가며 다양한 분야에서 이론과 실무를 겸비한 전문가로서 활동하고 있습니다.

제9장은 기술거래/마케팅에 대하여 이야기하고 있으며, 박성재 연구원이 도움을 주었습니다. 박성재 연구원은 현재 베트남 국영은행인 BIDV은행 전략기획부에서 전행 경영전략을 담당하는 부장으로 일하고 있습니다. 국내외 은행의 중장기 경영계획 및 전략 수립 업무를 진행하면서 얻은 현장의 경험들을 기반으로 인간 중심의 기술거래/마케팅에 대한 구체적인 내용을 싣는 데 도움을 주었습니다.

제10장은 기술 금융에 대한 내용을 다루고 있습니다. 기술경영 협동과정의 학생 대표로 장기집권한(?) 하태훈 연구원이 도움을 주었습니다. 하태훈 연구원은 현재 우리나라 벤처 캐피탈 분야의 핵심 주자로 확고하게 자리잡은 DSC Investment를 공동창업하고 Kosdaq에 상장시켰으며, 현재는 위벤처스를 창업하여 2년 반 만에 운용자산이 3,000억이 넘을 정도로 가장 빠르게 성장시키고 있습니다. 이 밖에도

중소벤처기업부 정책자문위원을 맡고 연세대 겸임교수로 활동하시며 실제 벤처캐피털 산업에서 오랜기간 동안 스타트업 기업에 대한 경영지도와 투자자문을 해왔던 경험을 바탕으로 인간 중심의 기술사업화에 필요한 자금을 어떻게 조달할 것인가에 대한 구체적인 내용을 담아주었습니다.

제11장은 기술 보호에 대한 내용을 다루고 있습니다. 기술 보호 부분은 특허청 산하기관인 한국지식재산연구원에 재직중인 정찬식 선임연구원과 한국지식재산전략원의 최진영 선임연구원이 도움을 주었습니다. 이들은 해당 기관에서 다년간에 걸친 특허와 관련된 지식재산권 평가를 위한 지표개발과 기업의 특허전략을 지원하기 위한 다양한 사업지원 등의 경험을 쌓아왔습니다. 이를 바탕으로 인간 중심의 기술 보호와 관련하여 다양한 기술 보호 방법에 대한 내용을 담아 주었습니다.

제12장은 기술창업과 사업화 전략에 대한 내용을 다루고 있으며, 이혜선 연구원과 김예진, 김현동 연구원의 협업을 통해 작성되었습니다. 이혜선 연구원은 실제 기술 창업과 사업화 경험을 바탕으로 인간 중심의 기술 사업화 전략을 어떻게 실현할 것인가에 대한 구성과 실제 기술창업 성공 사례와 전략을 담아주었습니다. 기술 창업에 대한 개념과 현황은 김현동 연구원이 정리해주었으며, 현재 Amway Asia Pacific 지역의 디지털 담당 부서장으로 일하고 있습니다. 과거 액센츄어 경영 컨설턴트로서 국내외 다양한 기업의 컨설팅 경험과 디지털 마케팅 경험을 바탕으로 기업가 정신 및 기술 창업 분야에 대한 다양한 정보를 제공해 주었습니다. 마지막으로 기술 사업화 및 상용화 프로세스에 대한 개념과 사례들은 김예진 연구원이 일반인도 쉽게 이해할 수 있도록 재구성하여 작성해 주었습니다. 현재 연세대학교 기술경영협동과정 박사과정을 수료하여, 의료관광 사업관리 실무경험과 서비스 혁신 연구를 진행중에 있습니다.

제13장은 기술경영을 혁신하는 제3의 힘인 기술 정책에 대한 내용을 다루고 있습니다. 기술경영 협동과정 박사과정을 수료한 강성룡 연구원이 집필에 도움을 주었습니다. 강성룡 연구원은 현재 한국－이스라엘 산업연구개발재단 사무총장으로 근무하고 있으며, 우리나라 산업기술혁신을 지원하는 한국산업기술진흥원(KIAT)의 로드맵기획팀장, 국제협력단장 등을 역임하였습니다. 오랜기간 동안 산업기술정책 연구, 기술전략 기획, 글로벌 기술협력 등을 담당했던 경험을 토대로, 기술정책의 발전 궤적과 한국의 사례를 조사하였습니다. 그리고 미래 기술 정책의 키워드를 분석하고, 인간 중심의 기술정책이 어떻게 추진될 것인지를 구체적으로 제시하였습니다.

제14장은 사회적 혁신의 역사와 현재 산업계의 비즈니스 모델 그리고 기술을 바탕으로 한 미래 지향적 변화에 대해 다루고 있습니다. 연세대학교 방송통신정책연구소의 천영준 박사가 집필을 도와주었습니다. 천영준 박사는 연세대 경영학과를

졸업하고 정치권에 잠깐 몸담았고 연세대 대학원 기술경영학협동과정에서 박사를 마쳤다. 기술 사업화를 위한 자금조달 모델에 대해 연구하고 강의 활동을 하고 있습니다.

아울러 전체 원고를 검토해주고, 참고문헌을 점검해주고, 내용의 첨삭까지도 도와준 연세대학교 HCI Lab 백한나 연구원에게도 감사합니다. 백한나 연구원은 현재 기술경영학협동과정 박사과정에 재학 중이며, 학부는 KAIST에서 공학(Computer Science)을 전공하고, 석사는 본 대학원에서 경영학 학위를 받았습니다. 철저하게 학생의 눈으로서, 본 책이 가능한 한 쉽고 재미있게 쓰이기를 노력해 주었습니다. 또한 이원욱 연구원은 이 책에 나오는 모든 비디오 자료를 정리해서 QR code로 접속할 수 있게 준비하여 주었습니다. 이원욱 연구원은 동영상을 통해서 사람들의 자세 및 행동을 모델링하는 연구를 진행하고 있습니다. 그리고 이번 제2판에 대해서 전체적으로 원고를 취합 검토하고 부족한 저에게 끊임없이 리마인드를 주신 이정찬 연구원께도 감사드립니다. 이정찬 연구원이 없었으면 이 책은 세상에 나오기 힘들었을 것입니다.

이 책에 쓰인 실제 사례는 플리토, 퀼슨, 엔피코어, 스탠딩에그, 라프텔, 그리고 코인플러그 회사와의 프로젝트에서 발생한 결과물들을 활용하였습니다. 바쁘신 와중에도 인터뷰와 프로젝트 진행에 적극 협조해주신 기업 관계자들께 감사드립니다.

기술경영학협동과정은 설립부터 지금까지 꾸준하게 여러 교수님들이 참여해 주셨습니다. 협동과정의 성격과 또 설립 취지에 맞추어 다양한 분야의 교수님들께서는 언제나 적극적으로 학과 일을 도와주시고, 학생들을 진심으로 지도해 주십니다. 이 자리를 빌려, 현재 기술경영협동과정 실무교수님으로 도움 주고 계신 곽주영 교수님, 김병규 교수님, 김성문 교수님, 김지현 교수님, 김학진 교수님, 박선주 교수님, 박세범 교수님, 박희준 교수님, 배성주 교수님, 서승범 교수님, 이삼열 교수님, 이정훈 교수님, 임수빈 교수님, 조영상 교수님, 정예림 교수님께 감사드립니다. 아울러 자문 교수로 도와주고 계신 김우주 교수님, 성태윤 교수님, 이봉규 교수님, 이정우 교수님, 이학배 교수님, 임춘성 교수님께도 감사드립니다.

이 책의 모든 챕터에 대한 강의 동영상을 촬영하고 편집해주신 연세대학교 OSE Center의 이광범 선생님께도 감사드립니다. 덕분에 이 책의 독자들이 생생한 강의영상을 편리하게 볼 수 있게 되었습니다. 그리고 이 책에 각별하게 관심과 애정을 가지고 출판을 진행하여주신 박영사 조성호 이사님께 감사드립니다. 이렇게 많은 분들이 도와주신 기술경영이 더 많은 분들에게 많은 도움이 될 수 있기를 기원합니다.

Special thanks to 김진우 교수님과 이정찬 박사과정님

- 기술경영 개정판이 출판되기까지 많은 분들의 노력이 있었습니다. 특히, 김진우 교수님과 이정찬 박사과정께서 편집 및 검수 전체 과정을 총괄해 주시어 빠른 시간 내에 높은 완성도로 출판을 마무리할 수 있었던 것 같습니다. 두 분의 노고에 진심으로 감사드립니다. (이교혁 드림)

- 개정판이라는 새 옷을 입혀 주신 김진우 교수님, 이정찬 박사과정의 노고에 감사의 마음을 전합니다. (박승호 드림)

- 모든 저자분들을 대표하셔서 본 저서의 개정 작업을 총괄해주신 두 분의 수고와 노력에 큰 감사의 마음을 전합니다. (변형균 드림)

- 본 작업에 김진우 교수님과 이정찬 박사과정께서 함께 해 주셔서 든든했습니다. 바쁘신 와중에도 학과를 위해서도 헌신해주신 점에 대해 깊이 감사드립니다. (이재형 드림)

- 본 저서의 개정과정을 총괄해주신 김진우 교수님과 이정찬 박사과정님 수고 많으셨습니다. 쉽지 않은 환경 속에서도 학과를 위한 그 성의와 노력에 감사드립니다! (김선무 드림)

- 이번 개정판이 나올 수 있도록 자신의 시간과 노력을 아낌없이 헌신해주신 김진우 교수님과 이정찬 박사과정의 노고에 무한한 감사를 드립니다. 한 권의 책으로 본 저서가 빛을 볼 수 있기 위해서는 그러한 밑거름의 중요성이 너무나 크다는 것을 같은 과정을 겪어본 자로서 너무나 잘 알기에 진심을 담아 감사를 드리는 바입니다. 수고 많으셨습니다. (유광용 드림)

- 본 챕터의 시작부터 마지막까지 신경 써 주신 김진우 교수님, 이정찬 박사과정께 진심으로 감사드립니다. (최화준 드림)

- 본 저서의 개정과정을 관리해주신 김진우 교수님, 이정찬 박사과정께 큰 감사를 표합니다. 두 분이 이렇게 학과를 위해 애써 주신 노력에 큰 감사와 존경을 전합니다. 감사합니다! (허주연 드림)

- 본 저서는 기술경영 학문의 발전에 보탬이 되고자 탄생되었고, 그 과정의 처음과 끝에는 김진우 교수님과 이정찬 박사과정님이 함께하였습니다. 그동안 애정을 쏟아 주신 점에 감사하는 마음을 전합니다. (홍서의 드림)

- 본 저서가 나오기까지 많이 애써 주신 김진우 교수님과 이정찬 박사과정에게 감사합니다! (구자영 드림)

- 김진우 교수님과 이정찬 박사과정께서 본 저서의 개정을 총괄해 주시지 않았더라면 현재의 모습으로 세상에 나올 수 있었을지 의문입니다. 그만큼 많은 역할을 하신 점에 깊은 감사를 드립니다. 항상 늘 건승하시길 기원드립니다. (김형중 드림)

저자소개

김진우 감수

구자영	구자영은 4차산업혁명분야 정책전문가이다. 연세대에서 생활디자인 학사, KAIST 디지털미디어공학 석사, 연세대 기술경영학협동과정에서 박사학위를 취득했다. 이후 한화그룹, LIG그룹, 동부그룹 등에서 신사업 개발업무를 수행했다. 최근에는 과학기술정보통신부, 서울시, 부산시에서 신성장 산업(핀테크, 빅데이터 등) 혁신정책을 추진했다. 현재는 기획재정부 기업환경과장으로 기업규제개선정책을 추진하고 있다.
김선무	김선무는 연세대학교 경영학 학사학위, 정보대학원 석사학위, 기술경영학협동과정에서 경영학 박사를 수료했다. CJ올리브네트웍스에서 IT중장기 전략수립 및 R&D전략 등 다양한 IT전략기획 업무를 수행하였고, CGV에서 극장의 DT전략을 수립하고 실행하였다. 현재 국내 1위 트랙터 제조사인 대동에서 DT전략팀장으로 재직 중이다.
김형중	김형중은 연세대학교 기술경영학협동과정 박사과정에 재학 중이며 SK그룹 지주회사인 SK(주)에서 지속가능경영, CSR, CSV, 환경경영, 고객경영 업무를 수행하며 관련 주제로 연구하고 있는 ESG Specialist이다.
류성일	류성일은 연세대학교 전기전자공학부를 졸업하고 동대학원에서 기술경영학협동과정 석사 취득 및 박사과정을 수료했다. 현재 SK텔레콤에서 빅데이터와 AI 관련 기술혁신 업무를 담당하고 있다. 발명 활동과 특허 출원 및 등록 이력이 있으며, 이 장은 그간의 실무 경험과 이해를 바탕으로 구성하였다.
박승호	박승호는 미국 RPI Lally경영대학, KIST 정책기획실, KISTEP 예비타당성분석센터를 거쳐, 현재 해양수산분야 국가연구개발사업의 기획, 관리, 평가 및 사업화를 수행하는 해양수산과학기술진흥원(KIMST)에서 근무하고 있다. 다양한 대형(총사업비 500억원 이상) 국가연구개발사업 기획의 타당성 분석과 수많은 R&D과제의 기획보고서를 평가했던 경험을 바탕으로 기술기획 챕터를 서술하였다.
변형균	변형균은 연세대학교 기술경영학협동과정 경영학 박사과정을 수료하였다. KT에서 Data Governance 담당, Data Transformation 담당을 역임하며 데이터 기반의 과학적 경영과 AI 및 빅데이터 기반의 신규서비스를 총괄했다. 현재 BC카드에서 AI빅데이터본부장으로 금융 데이터를 활용한 Data Monetization, 개인사업자 신용평가(CB) 서비스 및 AI모델링 기반의 전략적 의사결정을 책임지고 있다.
유광용	유광용은 연세대학교 경영학 학사, 기술경영학협동과정 석사 및 박사과정을 마치면서 무형자산 가치평가에 대한 연구를 지속하여 왔다. 또한 한국기업기술가치평가협회, 특허청 산하 한국지식재산연구원을 거치면서 무형자산평가의 이론만이 아닌 실무 경험을 축적하였고, 이를 바탕으로 평가방법론을 지속 연구하여 왔다. 현재 KT SW개발전략 TF에 근무하고 있으며, 소프트웨어 가치평가를 담당하는 등 최신 IT 트렌드에 발맞추어 무형자산 가치평가의 전문가로서 이론 및 실무의 스펙트럼을 넓혀가고 있다.

이교혁	이교혁은 연세대학교 기술경영학협동과정에서 인공지능 세부전공으로 공학 박사학위를 취득했다. SK 하이닉스 연구소, 벤처기업(구 보이스웨어, 현 리드스피커코리아) 기술연구소, 삼성전자 연구소 재직 경력의 인공지능 기술 전문가로서, 현재 인공지능 스타트업 카이어 대표로 재직 중이다. 벤처기업 재직 당시 코스닥 기술특례상장을 주도하였고, 삼성전자 재직 당시 자랑스런 삼성인상 기술상을 수상하였다.
이성호	이성호는 연세대학교 기술경영학협동과정 경영학 박사학위를 취득하였다. KT에서 플랫폼 분야의 기술 진화 전략 및 개발 업무를 진행했으며, 현재 서울기술연구원에서 4차 산업혁명 기반 기술사업화 업무를 수행하고 있다. 플랫폼 전략 및 기술사업화에 대한 이론 및 실무 경험을 바탕으로 인간중심의 기술개발에 필요한 프로세스 및 방법론에 대한 내용을 담아주었다.
이재형	이재형은 미시간대학교 경영대학원에서 MBA를 취득했고, 연세대학교 기술경영학협동과정 박사과정을 수료하였다. KT 전략기획실 등을 거쳐 KT그룹사 CFO 겸 경영총괄을 역임하였고, 현재 세종사이버대학교 겸임교수이자 비즈니스임팩트 대표로서 기업의 CEO, 임원, 중간관리자들을 코칭하는 일을 하고 있다. 전략·조직변화와 혁신·리더십 분야의 전문 코치로서, 저서로는 <전략을 혁신하라>, <스마트하게 경영하고 두려움 없이 실행하라>, <발가벗은 힘>, <테크노 사피엔스> 등 6권이 있고, 칼럼니스트로도 활동하고 있다.
이정찬	이정찬은 연세대학교 정보대학원 석사, 기술경영학협동과정 박사과정을 수료하였다. 한국지능정보사회진흥원(NIA)에서 공공데이터 관련 국가중점데이터 개방, 공공데이터포털 등의 업무를 수행하였으며, 현재는 정보시스템(DB) 품질관리 평가 업무를 수행하고 있다.
최화준	최화준은 연세대학교 기술경영학협동과정 박사과정을 수료하였다. 창업 생태계와 새로운 IT기술에 깊은 관심을 가지고 있다. 스타트업 연구재단인 아산나눔재단에서 아산기업가정신(AER) 집필진으로 활동했다
허주연	허주연 박사는 현재 경영컨설팅사의 대표이자 과학기술정보통신부의 기술창업 인스트럭터, 창업관련 기관들의 평가위원 등으로 활동하고 있다. 그리고 대학에서 벤처학 등을 가르치고 있다. 이러한 경험을 바탕으로 성공적인 기술창업을 위한 단계별 주요 활동 전반에 대한 기술 및 본 챕터의 개정 과정을 총괄하였다. 홍서의(기술경영학협동과정 석·박통합과정)는 과거 기업가 정신을 전공한 경험을 바탕으로 기존 저작물을 최신 내용으로 보완하였으며, 원고의 검토과정을 담당하여 완성도 향상에 기여했다.

제2판
기술경영

초판발행	2017년 1월 20일
제2판발행	2022년 9월 15일
중판발행	2024년 1월 31일

지은이	이정찬 외
펴낸이	안종만 · 안상준

편 집	전채린
기획/마케팅	장규식
표지디자인	이영경
제 작	고철민 · 조영환

펴낸곳	(주) **박영사**
	서울특별시 금천구 가산디지털2로 53, 210호(가산동, 한라시그마밸리)
	등록 1959. 3. 11. 제300-1959-1호(倫)

전 화	02)733-6771
f a x	02)736-4818
e-mail	pys@pybook.co.kr
homepage	www.pybook.co.kr
ISBN	979-11-303-1462-4 93320

copyright©이정찬 외 2022, Printed in Korea

정 가	32,000원